本书出版得到江苏省高校人文社会科学重点研究基地“江苏省知识产权发展研究中心”的支持

著作权法：原理、规范和实例

梅术文◎著

知识产权出版社
全国百佳图书出版单位

图书在版编目（CIP）数据

著作权法：原理、规范和实例／梅术文著. —北京：知识产权出版社，2014.8
ISBN 978－7－5130－2868－4

Ⅰ.①著…　Ⅱ.①梅…　Ⅲ.①著作权法－研究　Ⅳ.①D913.04

中国版本图书馆CIP数据核字（2014）第170584号

责任编辑：刘　睿　刘　江　　　　责任校对：韩秀天
文字编辑：姜　颖　　　　　　　　责任出版：刘译文

著作权法：原理、规范和实例

Zhuzuoquanfa：Yuanli、Guifan he Shili

梅术文　著

出版发行：知识产权出版社有限责任公司　　网　址：http：//www.ipph.cn
社　址：北京市海淀区马甸南村1号　　邮　编：100088
责编电话：010－82000860转8113　　责编邮箱：liurui@cnipr.com
发行电话：010－82000860转8101/8102　　发行传真：010－82000893/82005070/82000270
印　刷：保定市中画美凯印刷有限公司　　经　销：各大网上书店、新华书店及相关专业书店
开　本：720mm×960mm　1/16　　印　张：27.25
版　次：2014年8月第一版　　印　次：2014年8月第一次印刷
字　数：392千字　　定　价：60.00元
ISBN 978－7－5130－2868－4

谨以此书献给我的父亲母亲

前　言

但凡是法律的研习，莫不过原理、规范与实例的交集，著作权法亦不能例外。著作权法之原理，乃统领制度规则的学理以及贯穿实务操作的机理；它犹如一条永不枯竭的河流，让看似平常的法律规则与法律实践得以肆意浸润徜徉。著作权法之规范，乃立法者意志和社会公理的体现，是司法者、执法者与守法者的根本依凭；它以简练而准确的表达彰显着法律的原则与规则，凝缩着法律的体系和法学的智慧。著作权法之实例，乃现实生活与法的生动结合，是活生生的社会现实对法的需求与满足；较之于逻辑的自足，社会实践之树长青！

围绕著作权法的原理、规范与实例，本书共分 11 章，包括著作权概述，著作权的客体，著作权的主体，著作权的内容、取得与保护期限，邻接权，著作权的限制，著作权的利用，著作权的集体管理，技术措施和权利管理信息的保护，著作权的保护，网络服务提供者侵犯著作权的法律责任等内容。本书在关注传统著作权基本原理和规范的同时，照应网络环境下著作权法面临的挑战及其应对，系统探索著作权法研究中的各种争论、热点和难点，帮助研究者更深刻把握著作权制度的基本问题和前沿话题；深浅搭配，难易结合，为开展更深入的理论探究提供思路和素材。

本书比较全面地介绍了著作权制度和规则，并且辅之以代表性的实例，可以作为本科生和研究生的教科书和参考书，也可以作为司法考试、专利代理人考试的重要参考资料。

目　　录

第一章　著作权概述

中国古代哲学经典《易经》中有一个原则叫“三易”，即变易、简易和不易。所谓变易，是指世界上的事、世界上的人，乃至宇宙万物，没有一样东西是不变的。在时空当中，没有一事、没有一物、没有一情况、没有一思想是不变的。但复杂的道理在我们懂了原理、原则之后，就非常简单了。所以，宇宙间的任何事物，有其事必有其理，复杂的道理变得非常简化就叫简易。万事万物随时随地都在变化，却有一项永远不变的东西存在，就是能变出来万象的那个东西是不变的，那是永恒的存在，就是“不易”。[1] 由于“稳定的版权法对信息经济的增长是至关重要的，因为它为有偿使用信息提供了法律支柱”，[2] 本章所要做的，正是在长期历史流变中观察著作权的变易，在著作权基本概念和理论中把握该项制度的简易与不易。

第一节　著作权和著作权制度

一、著作权的含义

（一）溯源

通常情况下，著作权的英文表述是“copyright”，其本义是“拷贝权”，

---

[1] 南怀瑾：《易经杂说》，复旦大学出版社 2002 年版，第 5～8 页。

[2] ［加］大卫·约翰斯顿等著，张明澍译：《在线游戏规则：网络时代的 11 个法律问题》，新华出版社 2000 年版，第 186 页。

引申为“复制权”。[1] 很多学者习惯于使用“版权”这个词，认为它揭示了此种权利的本质。不过，随着复制和传播技术的发展，著作权不再仅仅局限于复制权，还包括控制作品传播和演绎以获得利益的权利。同时，版权的表述更注重经济利益，没有揭示著作权中的精神利益。

在西方大陆法系国家，著作权又被称为“作者权”，转译为英文是“author's right”。从语义上看，作者权可以涵盖作者对智力创作成果所享有的全部权利。但是，除少数国家只允许作者享有权利，亦即著作权不得转让外，大多数国家中，享有著作权的主体可以是作者，也可以是其他法定或约定的著作权人。所以，从表述上看，作者权的语言表述也不够准确。相较而言，日文中将此语词翻译为著作权，并为我国所借鉴，在某种意义上克服了作者权用语的褊狭之缺陷。

在我国，“著作权”和“版权”这两个术语都是舶来品，都是某种程度的转译。“版权”一词在我国较早见于清末资产阶级改良派思想家严复的论著。1904 年，严复翻译的《英文汉诂》由商务印书馆出版，版页上有“候官严氏版权所有　翻印必究”的版权印花，这是我国使用版权印花的最早实例。我国官方最早使用“版权”一词则是清光绪二十九年（1903 年）的《中美通商行船续订条约》。1910 年的《大清著作权律》放弃了“版权”的称谓而改采“著作权”。该法第 1 条明确规定：“凡称著作物而专有重制之利益者，曰著作权。”自此以后，这一用语便延续下来，北洋政府、国民政府和现在的中国台湾地区，一直使用“著作权”一词，“版权”仅指出版权。

新中国成立以后，著作权和版权这两个术语均被用来表示作者因创作而产生的权益这一含义。如 1950 年第一届全国出版会议的决议中，使用“著作权”一词；1953 年出版总署发出的《关于纠正任意翻印图书的规定》，使用的则是“版权”一词。1985 年颁布的《继承法》规定公民著作权中的财产权利可作合法遗产被继承，使用的是“著作权”。1986 年颁布

---

[1] 王兰萍：《近代中国著作权法的成长》，北京大学出版社 2006 年版，第 4 页。

的《民法通则》中将“著作权（版权）”这一用法列入法律条文。在起草我国《著作权法》的过程中，对这一权利术语的称谓则见仁见智，主要有三种提法：版权、著作权和作品权，其中尤以著作权和版权之争比较突出。主张使用“版权”的学者认为，以复制权为核心的版权概念无论是从历史渊源还是现代社会要求来看都具有合理性；主张使用“著作权”的学者则认为，版权概念没有充分体现保护作者权利，著作权的概念则符合著作权法的本意。[1] 实际上，对“著作权”“作者权”与“版权”的词语演进及发展进行考察的结果表明，不同的表述仅反映立法史上对相关法律保护重点、保护对象、保护内容和保护形式的不同选择，淡化它们的区别，是明智之举。

我国1990年9月7日颁布的《著作权法》在附则部分规定，本法所称的著作权与版权系同义语。2001年10月27日修改的《著作权法》规定，本法所称的著作权即版权。这种将著作权和版权等同使用和看待的立场，符合国际社会通行做法，也不会引起社会公众误解，应为妥当的选择。

（二）定义

从狭义上看，著作权是指著作权人对文学、艺术、科学作品依法享有的财产权利和人身权利。这一定义强调：（1）著作权的属概念，是财产权与人身权的统一体。（2）著作权的主体是著作权人，而不是作者，因为作者在某些情况下并不是著作权人。（3）著作权是权利人对文学、艺术、科学作品依法享有的权利。

从广义上看，著作权还包括邻接权，亦即表演者、录音录像制作者、广播电视组织者等作品的传播者在作品传播过程中就表演、录音录像制品和广播电视节目信号等依法享有的权利。

统括而言，著作权是权利人对作品和作品传播中的智力成果依法享有的专有权利。这一定义强调：（1）著作权包括创作者的权利和传播者的权利两种。（2）著作权的客体包括作品和作品传播中的智力成果。

---

[1] 冯晓青：《著作权法》，法律出版社2010年版，第2页。

二、著作权的特征

（一）著作权的特征

1. 著作权是专有权

著作权保护的作品是不能有形控制的智慧创作物，所以法律就需要强行规定其为独占权，从而保护权利人的利益。从具体内容上看，著作权人具有积极权能和消极权能。积极权能是权利人能够控制一定的行为，包括复制、发行、传播和演绎作品等内容。消极权能是权利人能够禁止未经许可对作品进行上述方面的使用。

2. 著作权具有期限性

作品本身是“不朽”的，但作品又总是在前人基础上展开并对后人的文化继受产生重大影响，因此，授予著作权不能没有期限；由此，时间性成为著作权的基本特征。但相对于专利权而言，著作权保护的期限较长：它不仅包括作者生前，而且还延及其死后的一定时间；并且，这样的时间呈现出日益增加的趋势。

3. 著作权具有地域性

著作权是依据各国自己的法律设立的权利，所以著作权具有鲜明的地域性。不同国家的法律是否保护以及如何保护外国人（含无国籍人）的著作权，完全取决于本国法律的规定，并且采取的是比较通行的“有条件国民待遇原则”，也就是只有在满足特定条件的情形下，才可以受到本国法的保护。例如迪斯尼公司对“米老鼠”形象享有著作权，如若有设立在法国、印度、巴西的公司未经许可复制了“米老鼠”，那么，迪斯尼公司应该在法国、印度、巴西的司法机关分别提起诉讼，然后根据各个国家的法律决定其是否享有著作权、是否应该得到保护以及得到怎样的保护等。

（二）著作权与所有权

著作权和所有权均是主要的民事权利，都具有独占性、绝对性和排他性，但是二者也有重大的区别，具体表现在以下方面。

1. 著作权是无形财产权，所有权是有形财产权

一旦权利人享有某项有形物的所有权，就可以直接占有、使用和控制它。如果出现第三人强行要求拿走该物品，权利人可以直接或者请求帮助排除对有形物的侵占。所有权的原始取得可以是基于对有形物的绝对占有，继受取得中权利人与受让人都可以触摸并见证到有形物的移转过程。相较而言，著作权是无形财产权，其客体是作者创作出来的以某种形式表现的文学、艺术和科学作品，权利人并不能对它进行直接的占有、使用和控制，往往是借助禁止他人未经许可的发表、修改、署名、复制、演绎和传播等实现个人的财产和精神利益。权利人是基于创作这一事实原始取得著作权，权利的继受取得中权利人和继受人之间均无法直接感知到作品的转移。

2. 著作权的理论基础蕴含公共性、平衡性和文化性的因素，所有权的制度基础不具有上述因素

作品的创作离不开前人的贡献，其延续也需要留有广阔的公共领域。比方说写一篇话题作文，就会运用到很多历史的、现实的素材，这些实例并不是作者创作的，而是来自其他媒体的报道或前人的创作。此外，还需要运用名人名言、使用各种论据、运用已经为大家公知的生活经验等，这些均表明，任何成功的作品总是站在“前人的肩膀”上。所以，离开了自己所处的时代、所掌握的语言和继受的文化，不可能进行作品的创作。鉴于此，著作权保护之目的，在于促进作品的创作和传播，满足人类日益增长的文化需求；制度设计中无不彰显着对创作者、传播者和使用者利益的平衡保护。相反，所有权的实现并不完全依赖于公共领域，它往往是个体劳动的直接结果，其理论基础中不具备公共性、平衡性和文化性等要素。

3. 著作权具有财产和精神双重属性，所有权只具有财产性

著作权中包含了精神权利和财产权利的双重内容。其中，著作权人的人身权体现了作者的人格属性，反映了作者的人格利益；著作权人的财产权则具有明显的市场流转和商品属性，彰显了作品的市场价值。相较而言，所有权只具有财产属性，仅仅包含财产因素。

4. 著作权具有期限性，所有权没有期限限制

著作权是对文学、艺术和科学作品在一定期限内享有的权利，超过这一期限，作品将进入公有领域，权利人亦随之失去对它的财产控制。针对有形财产的所有权不具有法定的期限，其保护周期完全取决于客体物的生物周期和寿命。

5. 著作权有地域性，所有权无地域限制

某一国家提供保护的著作权在其他国家也许并不能得到保护，外国人的作品能否被保护，也主要取决于本国的立法规定，因此是“有条件的国民待遇”。对于有形物提供所有权保护，则是各国的通行做法。虽然也会在个别场合存在立法的差异，但一般情形下的所有权人都会享有普遍的、无差别的国民待遇。

（三）作品的著作权与作品载体的所有权

任何作品都离不开物质载体。占有作品的载体，取得该载体的所有权，并不意味着取得附着在该载体上作品的著作权。《美国著作权法》第202条规定：对著作权的拥有，不等于体现了作品的任何有形物的拥有。法国《知识产权法典》第L111－1、3条规定：作者仅可基于创作的事实而享有对该作品的独占和对抗他人的无形财产权，该无形财产权与作为原件的财产所有权具有独立性。我国《著作权法》第18条规定：“美术等作品原件所有权的转移，不视为作品著作权的转移。”

具体来说，作品的著作权和作品载体所有权的关系，主要遵循以下的规则：（1）一般来说，作品载体所有权的转移并不会导致作品著作权的转移；（2）美术作品原件的合法持有人行使展览权；（3）追续权只适用于原始载体上的作品，因为我国目前还没有规定追续权，所以这一规则在我国并不适用；（4）一般情况下毁损记载有作品的载体仅仅是对有形物的处分，而没有触及著作权；（5）出版者将著作权人交付的作品丢失、毁损致使出版合同不能履行的，应该承担民事责任。[1]

---

[1] 《最高人民法院关于审理著作权民事纠纷案件适用法律若干问题的解释》第23条。

【实例】 **《赤壁之战》壁画案**

【案情简介】1982年4月15日，湖北晴川饭店（以下简称晴川饭店）工程指挥部与湖北省美术院签订“晴川饭店”室内艺术作品协议书一份。其中，涉及《赤壁之战》壁画的内容包括：餐厅壁画内容为《三国故事》，面积54平方米，由蔡某等4人创作；壁画创作稿酬，参照国务院文化部（79）733号文件精神，共计9 180元整。在创作中，协议中的壁画原名《三国故事》后更改为《赤壁之战》。壁画作品完成后，晴川饭店工程指挥部支付了合同价款。作者蔡某等曾对《赤壁之战》壁画进行拍照，用摄影作品的形式记载了《赤壁之战》壁画的艺术表现形式，以此向国内美术专业公开出版物投稿刊登，并在国内一些壁画作品展览中参展获奖，其壁画作品作者署名均为蔡某等。1995年8月，晴川饭店与外商合资成立了湖北晴川饭店有限公司（以下简称晴川公司）；晴川饭店将部分评估资产作为出资，移交给晴川公司，其中包括《赤壁之战》壁画。1997年6~7月，晴川公司对饭店进行整体翻修的过程中，《赤壁之战》壁画被拆毁。蔡某等4人诉至武汉中院，要求晴川公司赔偿损失。

【一审判决】❶（1）根据《中华人民共和国著作权法》（以下简称《著作权法》，且法律条文为2001年修正后的著作权法）第17条的规定，原晴川饭店工程指挥部与湖北省美术院的委托创作合同，对《赤壁之战》壁画著作权归属未作明确约定，著作权依法应归受托人。（2）蔡某等创作完成《赤壁之战》壁画后，将作品原件交付给委托人，委托人原晴川饭店工程指挥部支付了合同对价，取得了该作品的所有权。（3）当美术作品原件所有权转移后，某些要利用作品原件才能行使的部分著作权实际穷竭，著作权人所享有的权利，主要体现在自我保护其权利的一面，即禁止他人行使其著作权的权利，包括《赤壁之战》壁画美术作品原件所有人。在此情况下，著作权人是无法利用作品原件实施其权利的，除非经原件所有人同意。因此，蔡某等对其主张需要利用作品原件才能行使著作权的部分权利，在作品原件转移后，已实际穷竭，该美术作品原件的拆毁不是上述部分权利丧失的原因。但站在珍惜艺术品的角度上，晴川公司在装修时，对《赤壁之战》壁画美术作品可以完好珍藏，

❶ 武汉市中级人民法院〔2002〕武知初字第72号民事判决。

也可以转让或与作者协商处理，但这并非晴川公司必须遵守的法定义务，双方对此也无合同约定。故蔡某等认为晴川公司毁画应负有告知义务，且因晴川公司拆毁作品原件导致其无法行使其著作权等理由不能成立。晴川公司拆毁《赤壁之战》壁画美术作品原件的行为，不构成对蔡某等著作权的侵害。蔡某等请求晴川公司承担著作权侵权赔偿责任的主张不予支持。据此，法院判决：驳回蔡某等的诉讼请求。案件受理费 15 010元，由蔡某等共同负担。

上诉理由：蔡某等不服，向湖北省高级人民法院提出上诉称：原审的“穷竭论”缺乏法律依据，“权利穷竭”应有法律依据、合同约定等合理事由，且期限也应与关于著作权保护期限的法律规定相一致，不能在作品原件所有权转移时就已“穷竭”。原审认定被上诉人的毁画行为不属于侵犯著作权的行为定性错误，原审未有充分理由说明晴川公司的毁画行为不在《著作权法》第46 条第 11 项规定的“其他的侵犯著作权益行为”之列。被上诉人毁画应负有告知和与上诉人协商的义务却未履行，应负相应法律责任。

【二审判决】❶ (1)《赤壁之战》壁画的创作人蔡某等 4 人是该美术作品的著作权人，原件财产所有权应归晴川公司享有。(2) 晴川公司拆毁的是属于自己财产的美术作品原件，是对自己合法拥有的财产行使处分权，该行为不属于《著作权法》第 46 条规定的关于侵犯著作权行为之列，该行为不应属于侵犯著作权行为。理由在于：①只要晴川公司不违反《民法通则》第 6 ~ 7 条、第 71 条和《著作权法》第 18 条的相关规定，作为美术作品原件的所有人，在法律规定的范围之内全面行使其上述支配美术作品原件的权利时，就应享有排除他人干涉、不受限制的权利。反过来，蔡某等 4 名著作权人行使那些需要依靠作品原件才能行使的部分著作权等权利，在作品原件转移后，必须受到作品原件所有人是否同意及其如何行使所有权和展览权的严格限制，只有在原件所有人同意其可以通过作品原件行使相关权利时，其相关著作权才能得以实现，如复制权等。②在晴川饭店工程指挥部委托湖北省美术院创作《赤壁之战》时，双方并未就将来如果要拆卸该画时是否要履行告知的义务进行约定，我国著作权法对壁画等美术作品也均以一般受保护作品看待，并未对壁画

❶ 湖北省高级人民法院〔2003〕鄂民三终字第 18 号。

作品的拆毁、更换等问题作出特殊保护规定，同时也无其他相关法律对此义务加以特殊规定；在此情况下，不应认定晴川公司拆毁壁画的行为是未尽妥善保管义务、侵害蔡某等人著作权的行为。③况且从1983年该壁画制作完毕到1997年被拆毁的前后近十四年的时间里，蔡某等因该壁画多次获奖，作为该壁画的著作权人应认识到该壁画的重要艺术价值和对与该壁画相关的著作权进行自我保护的重要意义；其可以通过同原件所有人进行接触与告知，以提高作品原件所有人对《赤壁之战》壁画美术作品艺术价值的认知程度，或对该壁画的拆卸与损毁等保护问题达成一致，从而使作品原件所有人主动积极地在其拆卸该壁画时履行告知义务，或采取相关的维护与保存措施，最终起到保护壁画、避免该壁画出现损毁状况。但从本院所查明的事实来看，蔡某等从未就上述事项与该壁画原件所有人进行过接触，亦未就相关告知义务等事项进行协商；而该壁画的所有权人晴川公司对该壁画的认识，也只是将该壁画当作曾经装饰、美化饭店，促进该饭店经营效益的一件普通作品，一件已折旧完毕的普通物品，而将其拆卸下来后未加以妥善保管，最终导致该壁画的损毁。因此，晴川公司与蔡某等之间既无合同约定，更无法律规定晴川公司拆毁《赤壁之战》壁画原件前必须履行告知或协商的义务。因此，蔡某等就晴川公司拆毁《赤壁之战》壁画原件前必须履行告知或协商的义务及晴川公司拆毁《赤壁之战》壁画原件侵害了其著作权的主张无事实和法律依据，对其上诉请求本院不予支持。原审判决认为有关蔡某等主张需要利用作品原件才能行使著作权的部分权利，在作品原件转移后已实际穷竭的论述欠准确，但原审判决认定事实清楚，适用法律正确，程序合法，判决处理结果是正确的，应依法予以维持。法院判决如下：驳回上诉，维持原判。二审案件受理费15 010元，由上诉人蔡某等承担。

（四）著作权、专利权和商标权

1. 区别

著作权和专利权、商标权均是知识产权中的基本权利类型；著作权属于文学产权，专利权和商标权属于工业产权。三者的主要区别在于：

（1）权利的客体不同。著作权的客体是文学、艺术和科学作品；专利权的客体是发明、实用新型和外观设计等技术方案；商标权的客体是识别性标志。从权利客体的范围上可知，著作权旨在促进文化艺术的发展和繁荣，专利权意在鼓励科技创新和技术进步，商标权则是品牌运营和市场秩序的必要组成。从其实质内容来看，著作权所要保护的文学艺术作品，不指向其思想，而只涉及表达。例如《与贸易有关的知识产权协定》第 9 条规定，著作权保护应延及表达，而不延及思想、工艺、操作方法或数学概念之类。专利权不然，它所保护的技术方案在本质上就是一种思想、工艺、方法等。商标权所保护的则是一种符号标记，只要能够让消费者识别或区分商品和服务的来源即为足矣。

美国 1879 年审理的 Baker v. Selden 案[1]中，原告出版了一本解释簿记方法的书，在书中收录了使用该簿记方法的空白表格。被告在自己创作的书籍中使用了原告的方法。原告认为被告侵犯了自己作品的著作权。美国最高法院明确区分了著作权和专利权保护的界限，指出技术可以受到专利权保护，但技术的表达才受到著作权保护。作品中对技术的描述不能等同于对技术本身的垄断。著作权不能保护作品中披露的技术，否则便会造成著作权人对作品中描述的技术的垄断。

（2）客体受保护的条件不同。作品获得著作权的保护，要求其具有独创性，也就是为作者独立创作完成即可。技术方案要获得专利权的保护，会因为专利权的类型不同而有所不同。但无论是哪种专利权，均强调技术方案具有创造性、实用性和新颖性，只不过因为技术的创造性不同而在保护条件的严苛程度上有所不同。识别性标志获得商标权保护也必须满足多个要求，最核心的是具备显著性，也就是该标记具备将此商品或服务与其他商品或服务区别开来的能力。

（3）保护程序不同。大多数国家的法律规定，著作权的取得采取“自动保护”的原则，也就是说作品创作完成之时自动取得著作权，不需要向国家行政管理机关履行审查批准程序。与此相对应的是，著作权的维持也

---

[1] 101 U. S. 99 (1879).

不需要向特定机关缴纳费用。专利权、商标权与著作权不同，权利的取得需要经过申请、审查、批准等行政程序，权利的维持也需要向国家行政管理部门缴纳一定的费用。

（4）权利期限不同。著作权的期限一般较长。专利权的保护期限会因权利类型不同而有所差异，但是总体上看比著作权的期限短。对于商标权的保护虽然是有期限的，但是因为商标还与消费者利益和市场秩序有关，所以各国法律都允许商标权人在权利届满前一段时间续展商标的保护期。由于续展的次数不受限制，所以只要权利人愿意，商标权可以通过不间断地续展而得到永久的保护。

（5）权利内容不同。与专利权和商标权相比较，著作权不仅仅是财产权，而且包括署名、修改和保护作品完整等人身权利。即便在财产权中，其权能样态也不相同。著作财产权的权能样态表现为控制作品的复制、传播和演绎等行为。专利权人控制的行为会因客体类型而不同，主要是可以控制对专利产品的制造、使用、销售、许诺销售和进口等行为。商标权的权能则又有很大不同，权利人除了可以在核准登记的商品或服务上使用商标外，还可以禁止未经许可在相同或类似的商品或服务上使用同一或近似的商标。

它们的区别见表 1 – 1。

表 1 – 1　著作权、专利权、商标权的区别

名称 区别	著作权	专利权	商标权
权利客体	文学、艺术、科学作品，侧重于表达形式	发明、实用新型和外观设计，侧重于技术方案	识别性标志，侧重于外在的形式
客体受保护的条件	独创性	创造性、实用性、新颖性	显著性
保护程序	自动保护无需维持费用	行政机关特别授权；缴纳维持费用	只适用于注册商标；缴纳维持费用
权利期限	期限一般较长	期限适中	期限可以续展
权利内容	财产权与人身权 财产权能：复制、传播和演绎等	财产权 财产权能：制造、使用、销售、许诺销售、进口等	财产权 财产权能：使用权和禁止权

2. 联系

著作权、专利权和商标权均是知识产权的基本权利形态，在法律保护中存在交叉、重叠以及诸多共性规则。

（1）保护对象中存在交叉和重叠。著作权与专利权、商标权有着千丝万缕的联系，它们均属于知识产权，而且在对某一知识产品予以保护时，存在着一定程度的重叠，如对实用艺术品，既可以寻求著作权保护，又可寻求专利权保护，还可能给予商标权保护。不过要注意的是，上述保护方式在侧重点上不同。工业品如果具有美学上的意义并成为美术作品，可以得到著作权法的保护。工业品的外观具有新颖性并有美感时，可以经过申请获得外观设计专利。只有在该工业品的外观不具有功能性时，才可以满足显著性的条件成为商标权保护的对象。此外，如果权利人选择运用工业产权形式保护该客体，在该权利期满或者工业产权人放弃权利后，智慧创作物由此进入公有领域，不得再主张通过著作权进行保护。

【实例】“金唛”香麻油包装标贴著作权与外观设计专利权重叠保护案

【案情简介】王三茂食品油脂有限公司（以下简称“三茂公司”）享有“金唛”香麻油包装标贴的著作权。2000 年 3 月 16 日，经三茂公司同意，三茂公司法定代表人王三茂以个人名义，将该包装标贴向国家知识产权局申请了专利号为 ZL 00304773. 3 的外观设计专利，该外观设计专利授权公告日为 2000 年 10 月 18 日。2003 年 11 月，三茂公司因未缴纳专利年费，该专利失效。永隆商行于 1998 年开始经销贴有涉案标贴的三茂公司香麻油。三茂公司分别于 2004 年 8 月 24 日和 2004 年 8 月 28 日，分两次向永隆商行购买被控侵权产品香麻油共 9 箱，总计人民币 1 092元。同年，三茂公司以永隆商行侵犯外观设计专利权为由向深圳市中级人民法院提起诉讼。经比对，三茂公司涉案包装标贴作品与永隆商行销售产品所使用的包装标贴近似。

【一审判决】❶ 法院认为，就同一涉案标贴作品，三茂公司既享有著作权也享有外观设计专利权。但该外观设计专利因失效已进入公有领域。三茂公司

❶ 广东省深圳市中级人民法院〔2004〕深中法民三初字第 670 号。

对涉案标贴作品拥有的著作权，因三茂公司选择了外观设计专利权的保护，而外观设计专利权已进入了公有领域，而成为任何人都可以使用的公众财富，从而失去了著作权的专有权保护。永隆商行销售的产品所使用的包装标贴与三茂公司涉案包装标贴作品比对，两者在图案、文字、色彩浓淡、字体粗细大小及其排版上，构成近似使用。永隆商行未经三茂公司许可，以经营为目的，近似使用三茂公司涉案标贴作品行为，也因三茂公司选择外观设计专用权保护而失去著作权的专有权保护，而不被追究侵权责任。故三茂公司诉请，予以驳回。永隆商行辩称，予以支持。根据《著作权法》第17条、《专利法》第44条第1款第（1）项之规定，判决如下：驳回深圳市王三茂食品油脂有限公司的诉讼请求。案件诉讼费人民币3 510元，由深圳市王三茂食品油脂有限公司负担。

【二审判决】[1] 法院认为，三茂公司对同一涉案标贴作品，既享有著作权，也曾经享有外观设计专利权。三茂公司对涉案标贴作品的著作权依法应受法律保护。同时，三茂公司自愿将涉案标贴申请并获得外观设计专利权，从版权的保护进入工业产权的保护。该外观设计专利因未缴纳年费，已经失效，进入了公有领域，已经成为社会公众均可以使用的公共财富，因此，三茂公司的外观设计专利权不再受法律保护，不能禁止他人在相同或类似的产品上使用相同或近似的外观设计。永隆商行使用与该失效的外观设计专利相近似的包装标贴，使用方式与三茂公司失效的外观设计专利标贴使用方式相同，都是香麻油产品包装标贴，这属于对已经进入共有领域的公众财富的使用，没有侵犯三茂公司的专利权，同时，这种工业性使用也未侵犯三茂公司的著作权。三茂公司认为永隆商行侵犯其著作权的上诉理由不能成立，本院不予采纳。因此，驳回上诉，维持原判。

（2）工业版权的出现。工业版权是针对那些既具有技术发明特征又具有作品属性的客体所提供的一种保护。在该制度中，对保护对象的条件要求涵盖著作权和工业产权的某些条件。国际上关于工业版权的典型是集成电路布图设计权的出现。集成电路布图设计是具有某种电子功能的技术产品，具有受专利法保护的技术方案属性；同时它又是一种模具并可以被批

[1] 广东省高级人民法院〔2005〕粤高法民三终字第236号。

量复制，满足作品的要求。在这种背景下，国际社会专门建构了一种同时具备专利权、著作权特征的集成电路布图设计权。

三、著作权制度

著作权制度是指在特定社会范围内调整因文学、艺术和科学作品而产生社会关系的一系列习惯、道德、法律等行为规范的总和，它由社会认可的非正式约束、国家规定的正式约束和实施机制三个部分构成。其中，著作权法构成著作权制度中最为核心和基础的部分。著作权法就是调整著作权产生、归属、客体、运用、保护、管理等一系列社会关系的法律规范，它是国家确认的具有强制约束力的正式规则，也就是著作权法律制度。

著作权法有狭义和广义之分。狭义的著作权法仅指由国家权力机关制定并系统、集中调整著作权关系的法典，如我国的《著作权法》。这也是形式意义上的著作权法。广义的著作权法则包括调整著作权关系的所有法律法规。易言之，只要是具有国家强制力予以保障的正式规范，就可以构成著作权法。例如，我国由国务院制定的著作权法规，包括《著作权法实施条例》《计算机软件保护条例》《信息网络传播权保护条例》等，都属于著作权法的范畴。

【实例】　　国内比较重要的著作权法律文本

（1）《著作权法》，1990 年 9 月 7 日通过，1991 年 6 月 1 日实施，2001 年和 2010 年两次修改。

（2）《著作权法实施条例》，2002 年 9 月 15 日施行，2013 年 1 月 16 日修改。

（3）《著作权集体管理条例》，2005 年 3 月 1 日施行。

（4）《信息网络传播权保护条例》，2006 年 7 月 1 日施行，2013 年 1 月 16 日修改。

（5）《计算机软件保护条例》，2002 年 1 月 1 日施行，2013 年 1 月 16 日修改。

（6）《最高人民法院关于审理著作权民事纠纷案件适用法律若干问题的解

释》，2002 年 10 月 15 日施行。

(7)《最高人民法院关于审理侵害信息网络传播权民事纠纷案件适用法律若干问题的规定》，2012 年 11 月 26 日通过，2013 年 1 月 1 日施行。同时，2006 年通过的《最高人民法院关于审理涉及计算机网络著作权纠纷案件适用法律若干问题的解释》被废止。

具体来说，著作权法律制度的内容主要包括：(1) 著作权制度基础，包括立法目的和基本原则等。(2) 著作权客体制度，也就是确认著作权的保护对象。(3) 著作权主体制度，也就是著作权的权利主体及其确认规则，著作权主体归属的基本依据，外国人的著作权主体地位等。(4) 著作权内容制度，也就是著作权所能够控制行为的范围，具体的著作财产权和人身权内容。(5) 邻接权制度，如表演者权、录音录像制作者权以及广播电视组织权等。(6) 著作权限制制度，包括狭义上和广义上著作权的限制类型和基本条件，一般包括合理使用、法定许可、强制许可、权利穷竭等。(7) 著作权利用制度，也就是著作权合同的基本类型和具体条款，著作权转让和许可的基本要求等。(8) 著作权集体管理制度，也就是规范著作权集体管理组织的设立、权限和职责等。(9) 著作权法律保护制度。著作权法中以民事保护为主，涉及侵权行为、民事责任等实体性内容，以及禁令、财产保全和举证责任等民事程序性规定。有的国家还会同时规定著作权行政保护和行政管理制度，包括行政登记，行政管理和行政执法等内容。此外，在广义的著作权法中还包括一般由刑法所规定的侵犯著作权的犯罪类型和构成要件等刑事保护制度。(10) 技术措施和权利管理信息的保护制度，也就是在数字技术条件下对规避技术措施和权利管理信息行为进行禁止，以达到保护著作权的目的。(11) 网络服务提供者责任制度。这是针对网络环境下特殊行为主体侵害著作权所作出的规范，包括网络服务提供者侵权责任的要件、归责原则、“避风港”规则以及不同类型网络服务提供者侵犯著作权的民事责任及其豁免条件。

根据著作权制度法律效力的地域范围和制定主体的不同，可将其划分为著作权国内保护制度和著作权国际保护制度。著作权国际保护制度是指通行于国际社会的，具有广泛影响力和普遍适用性的正式与非正式行为规范，主要表现为国际条约和国际惯例，具体表现为四个方面：（1）多边著作权公约，即以世界知识产权组织（WIPO）为主要立法主体的、以规范著作权法律关系为内容的著作权公约，如《保护文学艺术作品的伯尔尼公约》。此外，联合国教科文组织、世界劳工组织等机构也专门制定了保护著作权或者邻接权的国际公约。（2）区域性的著作权条约。例如，欧盟关于著作权保护问题的一系列指令，就是区域性的著作权条约。（3）世界贸易组织《与贸易有关的知识产权协定》（以下简称《知识产权协定》或TRIPs协定）中的著作权规范。该协定的第二部分第1节不仅重述了国际社会对于版权和相关权利保护的最低要求，其有关外国人知识产权保护、知识产权基本原则和知识产权实施的规定，也同样能够应用到著作权领域。（4）自由贸易协定中的著作权规范。例如，2007年缔结的《韩美自由贸易协定》中就包括延长著作权保护期限、技术措施保护和网络服务提供者责任等一系列著作权规范。

【实例】　　代表性的著作权和邻接权公约

（1）《保护文学艺术作品伯尔尼公约》（《伯尔尼公约》）。1886年9月9日在瑞士首都伯尔尼签订。该公约先后进行过5次修改，现行文本是1971年7月24日法国巴黎修订本，又称巴黎文本。该公约1896年在巴黎增补过一次，1908年在柏林修订过一次，1914年在伯尔尼又对柏林文本增补过一次；1928年、1948年、1967年及1971年又分别在罗马、布鲁塞尔、斯德哥尔摩和巴黎进行了修订。该公约现有的最新文本，即1971年巴黎文本。虽然这个文本的个别行政条款于1979年作了一些小修改，改后的文本仍称为“1971年巴黎文本”。该公约现有150多个成员国，我国于1992年12月15日加入该公约。《伯尔尼公约》是版权领域最重要的国际公约，共38条，涉及内容广泛，包括基本原则、受保护作品、最低保护限度以及对发展中国家的特殊规定等。

（2）《世界版权公约》。1952年9月6日在瑞士日内瓦召开的政府间代表会议上签订，又称《1952年公约》《日内瓦公约》《万国版权公约》。该公约于1955年9月16日正式生效，旨在协调《伯尼尔公约》与《泛美版权公约》。1971年在巴黎作过修订。1992年10月30日，中国成为该公约的成员国。目前，该公约由联合国教科文组织管理。该公约与《伯尼尔公约》相互独立，各国可择其一参加或全部参加，但其主要内容都被《伯尼尔公约》所涵盖。

（3）《保护表演者、录音制品者与广播组织公约》（《罗马公约》）。1961年由国际劳工组织、联合国教科文组织及伯尔尼联盟共同发布，在罗马缔结。目前已有60多个国家参加。该公约是“非开放性”的，只有参加了《伯尼尔公约》或《世界版权公约》的国家，才能参加这个公约。我国尚未加入该公约。

（4）《保护录音制品制作者防止未经许可复制其录音制品公约》（简称《录音制品公约》或《唱片公约》）。1971年10月29日于日内瓦缔结，迄今有40多个成员国，我国于1992年11月7日加入。该公约共13条，其中第1至第7条为实体条款，第8至第13条为行政条款。该公约的制定对防止盗制录音制品和出售盗制录音制品以及防止擅自进口等方面有重要作用。

（5）《关于播送由人造卫星传播的载有节目信号公约》（《布鲁塞尔卫星公约》）。该公约于1974年缔结，1979年生效，目前有30多个成员国，中国尚未加入该公约。该公约要求成员国采取措施，防止任何播送者在本国地域内播送通过人造卫星发射的载有节目的信号。

（6）《世界知识产权组织版权条约》（WCT）和《世界知识产权组织表演和录音制品条约》（WPPT）。1996年12月2日至20日在日内瓦召开WIPO关于版权和邻接权若干问题的外交会议，外交会议通过了上述两个公约。WCT的主要内容是对《伯尔尼公约》1971年巴黎文本某些实质性条款进行修改，WPPT则是在1961年《罗马公约》的基础上又为表演者和录音制品制作者制定了专门的国际条约。以上两个条约由于主要涉及互联网下版权与邻接权保护，所以也被称为“互联网条约”。WCT与WPPT两个条约已分别于2002年3月6日和5月20日生效。2007年6月9日，上述两个公约在中国正式生效。

（7）《视听表演北京条约》（简称《北京条约》）。该条约于2012年6月24日经世界知识产权组织外交会议通过，6月26日在北京缔结，旨在为视听表演者提供著作权保护。该条约包括序言和30个条文，规定了视听表演者享有的精神权利和经济权利，尤其是为视听表演者的权利转让设定了法律规则。2014 年 4 月 24 日，我国全国人民代表大会常务委员会正式批准该条约。

第二节　著作权制度的理论基础

著作权制度的理论基础旨在阐述著作权及著作权法律制度存在的正当性，它从哲学层面回答为什么需要著作权和著作权制度，需要什么样的著作权和著作权制度的问题。著作权制度的理论基础是该制度产生以来一直引起普遍关注的理论命题。它既有自身的特殊性，又与权利的正当性、所有权制度的正当性、知识产权制度的正当性等理论命题勾连在一起，逐渐形成了基本的理论范式。概括起来，这些理论范式包括自然权利理论、所有权理论、激励理论和法定主义理论等。然而，反对和改造著作权制度理论的观点始终如影随形。特别是网络数字化技术的发展、全球著作权利益格局的失衡、民间文学艺术著作权保护等新技术和新问题的涌现，进一步加剧了著作权制度正当性的危机，由此也产生了更多的反对和改造著作权的相应学说和理论观点。利益平衡理论、社会规划理论和政策选择理论成为改造著作权理论基础的代表性学说。

一、著作权制度理论基础的范式

（一）自然权利理论

自然权利理论认为，著作权是自然权，即自然法上的权利；它基于天赋而来，为人初始所固有，是人之本性发展的必然结果。这种将著作权制度合理性的最终根据界定为自然权利的研究范式被称为自然权利理论。它在解读著作权合理性上具有相当重要的基础性地位，主要包括劳动论和意志论两种不同的观点。

1. 劳动论

“劳动论”认为，著作权制度的合理性在于，著作权是因劳动而产生的自然权利。作者如同一般的劳动者，应被赋予其对劳动成果的财产权。

版税就是其智慧劳动的报酬。❶ 按照该学说，著作权制度的理论基础就是权利人对作品的产生付出了创造性劳动，著作权制度是用来“报著者之苦心”的法律保障。

洛克是“劳动论”最重要、影响最深远的阐发者。在传世之作《政府论》中，他运用自然权利的思想捍卫了所有权观念和财产权制度的正当性。洛克认为：“土地和一切低等动物为一切人所共有，但是每人对自己的人身享有一种所有权，除他以外的任何人都没有这种权利。他的身体所从事的劳动和他的双手所进行的工作，我们可以说，是正当地属于他的。所以，只要他使任何东西脱离自然所提供的和那个东西所处的状态，他就已经掺进他的劳动，在物之上掺加他自己所有的某些东西，因而使物成为他的财产。”❷ 在这里，洛克建立了两个重要的假设：从本质上说，财产权先于社会制度而存在，独立于其他人的同意或政治法律；同时，人与自然的关系根据劳动加以界定。❸ 根据该理论，只要人们利用智力劳动作用于原始材料之上，他就可能获得财产权利。虽然《政府论》并没有详细地涉猎包括著作权在内的无形财产的正当性，但是同样认为，作者创作作品花费的时间和劳力，与其他劳动成果创作人的花费没什么不同，因此作品也应像其他劳动成果一样，获得应有的报酬。这为将著作权制度的合理性解释为保障劳动成果提供了丰硕的思想土壤。

“劳动论”在解释著作权制度正当性方面有其相当的说服力。首先，无论是有形财产还是知识财产，均是人类劳动创造的成果。二者不同之处在于，知识财产更多依赖于智力劳动的付出。著作权制度保护文学、艺术作品权利人的合法利益，也是因为文学、艺术作品的产生得益于作者的智力劳动。每个人的劳动付出应该获得相应的报酬，这受到法律保护不仅符合公平

❶ 赖文智编著：《图书馆与著作权法》，翰芦出版社 2002 年版，第22 页。

❷ ［英］约翰·洛克著，叶启芳、瞿菊农译：《政府论（下）》，商务印书馆 1964 年版，第19 页。

❸ ［法］皮埃尔·莫内著，曹海军译：《自由主义思想文化史》，吉林人民出版社 2004 年版，第 55 页。

观念，而且也是人类社会赖以建构法律秩序的基础。其次，与所有自然权利理论一样，“劳动论”给出了著作权制度得以存续的最终依据，从而为推动著作权制度的变革和发展提供了依据。该哲学思想不仅有助于立法者根据形势的变化，依据“劳动创造价值”的精神调整社会利益和经济利益的分配方案，而且也成为司法和执法中运用自由裁量权，公正、平等、有效地维护“劳动者”的合法利益提供指导准则。最后，“劳动论”得到了著作权具体制度的支持。例如，著作权法所保护的是具有独创性的作品，只有作者进行了智慧劳动的部分，才受到法律保护，而诸如思想、社会公认的表达、公共领域的表达等，因为没有作者的劳动付出，就不能受到保护。此外，在职务作品著作权归属、著作权限制、邻接权保护等不少制度内容上，也体现了以“劳动付出”作为制度设计依据的思想和理念。

然而，“劳动论”本身还是存在不少解释上的缺陷。首先，著作权是一种自然权利的观点长期受到批判。有学者认为，著作权把艺术作品变成一件非常有销路的商品，并因此而扼杀言论自由，因为任何艺术作品都是被人们自由欣赏的，是言论自由的表现。创作者属于文化领域，而文化是最自由的，不论是写作、绘画，还是谱曲等，作者的所为肯定是自由的，而且首先具有言论自由。但著作权却在创造力范围内剥夺了人们的言论自由。[1] 鉴于此，著作权是一种法定权利，而这一法定权利不是对自然属性的遵从，反而是以立法形式限定了人类本应享有的自由。其次，“劳动论”可以用来解释有形财产所有权的正当性，但未必考虑到包括作品在内的无形财产的特殊性。正如西娜·徐福林所言，“劳动论”的重要前提是适用于特定的不能公有的物品，因为它们在本质上是排他的。洛克也反复强调“不损害原则”（也称为“限制条件”），即“既然劳动是劳动者的无可争议的所有物，那么对于这一有所增益的东西，除他之外就没有人能够享有权利，至少在还留有足够的同样好的东西给其他人所共有的情况下，事情

---

[1] Wendy Mcelroy, “Intellectual Property The Late Nineteenth Century Libertarian Debate”, at http://www.libertarian.co.uk/lapubs/libhe/libhe014.htm，2005 年 12 月 7 日访问。

就是如此”。[1] 实际上，作品是可以为全人类所共有的，对作品享有排他性利益将会阻止人们对知识、文化、艺术的有效获取。最后，著作权具体制度设计中，往往偏离了“劳动论”的立场。著作权从创生之日起，似乎就更为看重对出版商、投资者和传播者等主体利益的保护。例如，在职务作品权利归属中，规定可以约定由雇佣人为著作权人；在电影作品著作权归属中，规定制片人享有著作权等。

2. 意志论

“意志论”认为，作品是作者人格和个体意志的延伸、体现和物化，著作权是人自我实现的手段和途径，只有作者才能占有和处分自己的作品。作者的精神利益处于主导地位，经济利益因人身权利而附带产生。

伊曼纽尔·康德于1785年发表了《论假冒书籍的非正义性》一文，旗帜鲜明地将作品与作者的意志和人身联系在了一起。这位德国历史上著名的哲学家认为，著作权实际上是人身权利，具有内在的、不可转让的属性。按康德的说法，作者的作品是通过传播者向其公众发表的演说。对作为有形艺术产品的一册图书，可拥有物权。但对于只是作为作者向其读者圈所作的演说的书籍，可拥有人身权利。[2]

同样也是来自德国的另一位著名思想家黑格尔则明确地把人与生俱来的权利建立在自由意志实体上，认为，“所有的物都可变为人们所有，因为人就是自由意志。作为自由意志，它是自在和自为地存在着的，至于与它对立的东西是不具有这种性质的。因此每一个人都有权把他的意志变为物，或者物变为意志。换言之，他有权把物扬弃而改变为自己的东西”。[3] 尽管黑格尔本人对于知识、技术等客体的性质感到困惑，但是，他仍然坚信他的分析思

---

[1] ［英］约翰·洛克著，叶启芳、翟菊农译：《政府论（下）》，商务印书馆1964年版，第19页。

[2] ［西］德利娅·利普希克著，联合国教科文组织译：《著作权与邻接权》，中国对外翻译出版公司2000年版，第1～2页。

[3] ［德］黑格尔著，贺麟、张正泰译：《法哲学原理》，商务印书馆1996年版，第53页。

路适用于解释对知识、技术进行保护的正当性。他说："还有一种通过精神的中介而变成的物"，"诸如精神技能、科学知识、艺术、甚至宗教方面的东西以及发明等等，都可以成为契约的对象，而与买卖中所承认的物同视"。❶

"意志论"同样拥有作为自然权利学说所固有的优越性。例如，它是一种对著作权制度正当性进行终极解释的学说，可以推动著作权立法、司法和执法沿着公平正义的方向发展，克服分析实证主义的固有弊端。此外，"意志论"针对作品和作者的关系，创立了作者精神权利的范畴，反映了著作权体系的二元性。更有进者，将著作人身权提高到无与伦比的地位，将其看作是著作财产权产生的基础，终至形成著作权的一元论。从理论上看，强调著作人身权应该是著作权与其他知识产权的重要区别之一，"意志论"恰好在此方面具有较强说服力。

但是，"意志论"同样有不足。首先，著作权的出现是解决复制作品引发的财产利益问题。在长期的历史演进过程中，财产利益始终居于实践中的核心地位。随着经济全球化的进一步发展，著作权与文化产业、经济贸易更加紧密地联系在一起，这些实践中的关注很难运用意志论进行简单的哲学解释。其次，"意志论"只是在特定的历史时期具有解释力的著作权正当性理论。有学者指出，"作品体现人格"的观念与特定的历史背景、文化思潮相关联；19 世纪的哲学观与美学观偶然地被法律选择，成为著作权合理性的基础。这种对作品的诠释出于历史的偶然，而非逻辑的必然。❷最后，"意志论"在解释具体的著作权规则时也有不尽如人意之处。例如，著作权的转让和许可、侵犯著作权的财产损害赔偿责任等，就很难在"意志论"的架构下进行合理诠释。

（二）所有权理论

著作权制度正当性的所有权理论认为，一个人可以对可触摸或不可触

---

❶ ［德］黑格尔著，贺麟、张正泰译：《法哲学原理》，商务印书馆 1996 年版，第 51 页。

❷ 李琛："质疑知识产权之'人格财产一体性'"，载《中国社会科学》2004 年第 2 期。

摸之物享有权利；这里的权利涉及对有形或无形的东西实施控制的权利，和（或）对获得来自这些东西的收入实施基本要求的权利。[1] 法律上保护著作权，就如同保护所有权一样。承认作者对其作品拥有类似于对物质财产（动产和不动产）享有同样的权利，其目的是通过授予创作者一种明确的基本权利来满足其正当愿望。

所有权理论体现了人类对著作权最为朴实的直觉认识。马丁·路德在《对印刷商的警告》的小册子中，揭露了某些印刷商盗用他的手稿，认为他们的行为与拦路抢劫的强盗毫无二致。[2] 这反映出不少权利人会自觉地意识到，著作权和所有权都具有同样的财产权属性，它们都具有独占性和排他性，并且可以直接获得经济利益。由于所有权出现并被立法认可的时间早于著作权，所以将著作权类比为该类公认的权利类型，不仅容易为社会公众所接受，而且因为所有权具有法定性，著作权的正当性便也不容置疑。

但所有权理论也面临严重的挑战。其一，著作权的对象是智力创作，即作品，而不是一种物体，因此，固定作品的具体物品的所有权与有关这同一作品的著作权并非等同。实际上，著作权与所有权有着诸多的区别。例如，著作权产生于作品的创作行为，而不产生于旨在获得对某种物的控制权的各种形式（占为己有、加工、交付、对财产孳息的收取等），特别是著作权不能由于时效而获得；著作财产权是有期限的，所有权权利是无期限的；著作精神权利与所有权无关。诸如此类，不胜枚举。因此也有不少人反对把著作权视为产权权利，而用“文学艺术产权”和“知识产权”指代该类权利，以显示其与所有权的区别。其二，著作权的公共性较强。著作权的客体是在成千上万人所作贡献的基础上完成的。因此，著作权的客体具有最后归人类共用进而成为社会财富的性质。在具体制度设计上，著作权保护与公共领域始终处于此消彼长、二元对应的发展之中，与所有

[1] ［美］约翰·克里斯特曼著，张绍宗译：《财产的神话——走向所有权的平均主义理论》，广西师范大学出版社 2004 年版，第 45 页。

[2] 吴汉东主编：《知识产权法》，北京大学出版社 1998 年版，第 12 页。

权的保护理念大相径庭。其三，所有权的正当性本身也是需要被追问的理论问题，将著作权的合法性简单归结为所有权，在某种意义上回避了该权利本身的正当性基础。

（三）激励理论

著作权制度的激励理论认为，授予著作权能够给创造者带来巨大的激励，促使其进行作品的创作，进而丰富社会文化产品和繁荣文化事业。《美国1787年宪法》规定："国会有权利通过赋予作者和发明人在有限时期内对于其作品和发明享有排他性权利的方式来促进科学和实用技术的进步。"这是立法采纳激励理论的典型表现。

激励理论是功利主义道德论在著作权制度正当性领域的反映。按照功利主义理论鼻祖边沁的表述："它按照看来势必增大或减少利益有关者之幸福的倾向，亦即促进或妨碍此种幸福的倾向，来赞成或非难任何一项行动。"[1] 当保护著作权被认为是符合该"幸福最大化原理"时，就被认为是正当的。当然，著作权在激励社会整体福利最大化的目标方面，是通过直接激励创作者进行作品创作而实现的。质言之，该理论以激励个体创作为论证中介，渐进解释了著作权制度所能达到的社会幸福目标。

法律经济分析在运用激励理论方面也卓有成效。由于作品具有可复制性，这便产生了一种风险，即权利人将因为作品的公共性和外部经济效应而无法收回成本，因为复制者们降低了作品的价格。著作权的设立将具有这样的功能，可以避免这一在经济上无效的产出。著作权能够保障作品的生产者获得适当的私人利益，以提供一定的激励，同时又要力图使个人收益同社会收益相等，以免导致社会损失的扩大，不利于新知识在全社会范围内的推广和利用。从长远来看，不断刺激好的创意转化为商品，会使市场竞争者的数量越来越多，而且行业分布会越来越广，对于促进良性竞争具有正面效应。文化产业的发展也从实证层面彰显了著作权制度的激励和

[1] ［英］边沁著，时殷弘译：《道德与立法原理导论》，商务印书馆2000年版，第58页。

保障作用。

激励理论解释著作权制度正当性的优势在于：（1）具有较强的确定性。通过成本—效益的简单理路相对中立、客观地说明了著作权所带来的社会福利。由于这一解释模式契合了文化产业发展和激励权利人创作的需要，得到了一些著作权立法例的明确肯定。（2）具有广泛的适用性和渗透力。[1] 它能够根据时代的变化，按照激励作者创作的实际需要对制度规则进行调适，这反过来又持续证明了著作权的正当性。同时，在其他著作权正当性理论证成中，也会自觉或不自觉地运用激励理论。例如后面要论证的利益平衡理论和社会规划理论，都或多或少地吸收了激励理论的思想。（3）具有较强的制度解释力。在著作权制度规则的设计中，鲜明地体现了激励理论的思想。例如，著作权制度不仅保护创作者，而且也保护投资者。在设计著作权的限制规则时，体现了“成本效益”的分析标准。

当然，激励理论也有着自身的缺陷，具体包括：（1）激励理论以激励个人创作达致社会福利的目标，会导致二者之间的脱节。首先，著作权保护中很容易产生重视个人利益，忽视社会福利的结果。实际上，著作权法所保护的强势文化产业集团会依傍着激励创作的理念而作出无视社会福利的立法寻租。其次，著作权保护中也会因为过分抬高社会福利的需要，而作出牺牲个人利益的制度选择。此时，“激励论”就会出现以社会总福利的名义抹杀创作者基本利益的情况，导致社会个体之间的不平等。（2）激励理论将著作权作为激励创作的基本方式，忽视了其可能存在的替代品。实际上，在著作权创作中，荣誉、受尊重、自我实现、奖励等其他激励方式同样具有重要的作用。激励理论不仅欠缺完整的说服力，而且会激励作品的创作者尤其是大的文化公司为获得巨大经济利益而垄断市场，进而与著作权制度的终极目标发生冲突。（3）激励理论缺乏足够的经验支持。虽然文化产业的发展证明了著作权制度在增进经济增长方面功不可没，但是

[1] 饶明辉：《当代西方知识产权理论的哲学反思》，科学出版社2008年版，第45～47页。

仍没有足够的具体经验数据和量化指标，来证明究竟哪些经济的增长就是由于著作权激励产生的。这在一定程度上削弱了著作权激励理论的说服力。(4) 激励理论也不能解释所有的著作权制度规则。例如，它不能说明著作人身权的合理性。同时，在著作权的限制规则中，也存在很多的政策考量并不是激励理论可以完全解释的。

（四）法定主义理论

著作权制度正当性的法定主义理论认为，著作权的种类、权利以及诸如权利的要件、保护期限等关键内容都必须由法律统一确定。著作权的正当性在于它是法律明确规定的权利类型。[1] 按照该种理论，先有保护著作权的法律，然后才有权利，权利来源于法律。

著作权法定主义在解释著作权的正当性上具有的优势在于：首先，从经验主义的角度看，权利只有在法律的保护下才具有意义。法定主义理论遵循法律分析实证的认知路线，通过更高一级的法律来解释下位法律的正当性。著作权的正当性在于著作权法律的规定，著作权法律的正当性在于宪法规范的正当性。它回避了自然权利论者的浪漫主义设想，也克服了功利主义观点实证分析的匮乏，可以更为直观地、强制性地反映出权利的正当性渊源。其次，从比较的视角看，不同的法律所保护的著作权确实存在差异。由于权利的正当性在于法律的规定，所以不同法例中存在不同的制度规则设计也就具有正当性。最后，著作权法定主义理论阻却了通过司法途径扩展著作权的途径。这一立场在一定时期有助于维护法制的统一和立法的权威，也重申了法官必须探究立法真意的要求，避免“法官造法”所带来的混乱。

但是，著作权法定主义作为一种权利正当性的预设，存在着难以克服的弊端：首先，该理论不具有终局性。由于它并不是一种价值思考和理念辩论，所以只是在相对的意义上发挥作用。它实际上并不能最终回答为什

[1] 郑胜利：“知识产权法定主义”，载《中国知识产权报》2004 年 3 月 9 日；李扬：“略论知识产权法定原则”，载《电子知识产权》2004 年第 8 期。

么需要著作权，以及需要什么样的著作权的问题。其次，该理论会导致机械理解著作权的主旨和取向。它不仅允许“恶法亦法”，而且从理论基础上没有办法发展著作权制度。当法律制度的设计严重滞后于科学技术发展与文化产业需求时，法官只能被动接受立法的规定。在法律没有规定或者存在明显漏洞时，缺乏创造性司法或者填补法律漏洞的正当性依据。

二、反对和改造著作权的时代背景

著作权的建立虽然只有300多年，但是关于该类权利和法律制度的正当性争论一直持续至今。从历史上看，既有通过否定著作权的自然属性而反对著作权制度设计的观点，也有指斥著作权保护盲目扩张而否定著作权合理性的主张。英国的文学产权大辩论（literary property debate）是18世纪英国著作权史上的一次重大的事件，这场辩论被评价为“代价高昂、规模庞大、耗时长久”，当时“在所有的地方被所有的人谈论”。该辩论起因于《安娜女王法令》对著作权期限的限制，后逐渐深入到“著作权的合理性”问题。反对著作权保护的理由之一是：保护作品会垄断知识和思想，损害公共利益。维护著作权者欲回应这种观点，必须澄清：著作权保护的对象不是知识和思想，而是一种受到更多限制的对象。进入20世纪中叶，反对和改造著作权的呼声更为高涨。导致这一思潮和运动的时代背景非常复杂。具体来说，下列因素具有重要的时代影响。

首先，数字和网络技术的发展，直接挑战传统著作权制度的合理性。网络技术本身就是一种共享性技术，许多学者认为将传统技术架构下的著作权私有理念移植到互联网领域缺乏正当性。万维网的创始人伯纳兹·李将万维网作为一种沟通和共享图像、数字/信息的工具。与传统的技术独占性相悖，共享程度越高，拥有的用户群体越大，网络的价值就能得到最大的体现，而闭关自守，不愿将信息和技术与他人共享就往往没有出路。这样，网络技术实际上给人们提供了一个信息广泛交流的平台，而每一个人既是信息的享有者，又是信息的制造者。在这样的背景下，“知识”指的是合作的过程、继受的过程及创新的过程。因特网是杰出的合作媒介，它能够有效地将每一位成员的知识、潜力和经验通过网络空间组织起来，从而创造出新的知识。为此，就需要有相应的制度保障机制，确保合作者之间分享创意和知识并携手共创新知识。[1] 所以，网络技术的架构本身就已经决定了私权控制的困难，或者说，在互联网上创设可以由私人控制的权利并不是自然的权利，也不是有价值的权利。网络让作品的创作成为互动、双向、动态的进程。网络上不少作品的形成是合作创造的结果。如果著作权法还固守传统环境下的理念和规则，就有可能遏制文化创新。

其次，著作权保护主体和范围的变化，打破了法律制度中的固有利益平衡。虽然从著作权法产生伊始，它就不是完全为了保护创作者的利益，但是毕竟所有的正当性论说都以作者权益为解释的出发点。进入20世纪中期后，著作权制度设计中逐渐抛弃了那层仅有的“遮羞布”，公开宣示并且加大力度保护投资者的利益。以电影作品、计算机软件和数据库为代表的产业投资者成为法律首要维护的主体。对于很多艺术家来说，收入在很大程度上与著作权无关。经济学研究显示，90%的艺术家只得到了各类著作权收入的10%，而10%的人得到了剩余的90%的收入。[2] 为了维护文化产业的发展，著作权保护的范围也在不断增加。数据库特殊权保护阻止了科学研究和消费者获取进入公共领域的信息。音乐产业的强大游说导致缩小了消费者的权利，拓展了权利人及其利益共同体的权限。[3] 英国和爱尔兰甚至为立法文件和裁判文书提供版权保护，阻碍了公众对公共信息的利用。

最后，国际著作权保护中受益主体不均衡，发达国家和发展中国家之间存在明显的利益分歧。随着全世界对高科技产品的需求日渐增多，著作

---

[1] ［美］洛根、斯托克司著，陈小全译：《合作竞争》，华夏出版社2005年版。

[2] ［荷］约斯特·斯密尔斯、玛丽克·范·斯海恩德尔著，刘金海译：《抛弃版权：文化产业的未来》，知识产权出版社2010年版，第8页。

[3] David Vaver, “Copyright Development in Europe”, at *The Commodification of Information*, edited by N. Elkin-Koren and N. W. Netanel, Kluwer Law International, 2002, pp. 223 ~ 237.

权已造就愈来愈庞大的商业利益，发达国家莫不急于将著作权的保护标准扩及全世界。如果将著作权保护的利益版图伸向国际空间，发展中国家和发达国家的获益程度就会出现明显的差异。迈克尔·皮瑞曼在题为“知识产权的政治经济学分析”的文章中，分析了知识产权在资本主义历史上的发展过程，认为知识产权是大资本在国家力量的保护下，维持垄断和对发展中国家的剥削，从而阻止利率下降趋势的一种手段，将破坏科技进步和损害人民特别是发展中国家人民的利益。因为过度保护，知识产权已经成为新的贸易壁垒和垄断工具，沦为经济侵略的手段，新的“知本帝国主义”正日益取代老牌资本帝国主义，知识产权贸易变成了一场不带硝烟的战争。❶

正是由于上述时代环境的发展和变化，传统著作权制度的正当性理论显现出较为明显的不适应性，无法正面、合理地回应科学技术、产业发展和民众伦理对著作权所带来的影响。其具体表现为：(1) 传统著作权理论没有重视知识的社会性和共享性，更为强调的是私人所有的正当性。例如，自然权利理论是在自由资本主义时代得以强化和整理的著作权正当性理论，其基本主旨是运用“天赋人权”的自然法理念解读私人享有知识产品财富的合理性，并没有考量知识的公共物品属性，其基本立足点是智力劳动成果的“私有”。(2) 传统著作权理论着眼于权利持有人的利益，考量的利益状态非常有限。例如，在整个激励理论的体系框架中，均从权利持有人个人投入和产出的效益对比中寻找制度设计的合理性，公平和其他价值观所指涉的相关群体的利益没有得到考量。作品是从广大艺术家和群众创作、展示和交流的内容里逐渐发展出来的。将作品的绝对控制权给予某位艺术家的确有些过分。❷ (3) 传统著作权理论针对的是国内立法的基础，没有顾及著作权制度设计对于国际社会产业利益和政治生态的回应性特质。著

❶ 卢建平：“知识产权犯罪门槛的下降及其意义”，载《政治与法律》2008 年第 7 期。

❷ ［荷］约斯特·斯密尔斯、玛丽克·范·斯海恩德尔著，刘金海译：《抛弃版权：文化产业的未来》，知识产权出版社 2010 年版，第 5 页。

作权制度和权利安排不仅是权利人利益保护和激励本国文化创新的法律规则，而且还与国际贸易、国际政治以及国际力量对比都有着密切关联。

三、反对和改造著作权的实践与方案

正是因为科学技术、经济社会条件和国际环境的变化，引发了反对和改造著作权的思潮和理论；一些学者旗帜鲜明地反对著作权，一些学者提出摒弃著作权后激励文化创新的方案，或者运用著作权的原理发起改造著作权的运动。实践中，也有社会活动者组织起来，直接发起反对著作权的运动。

（一）自由软件运动

自由软件运动是代表性的因应网络技术共享性特征并对著作权进行改造的实践。自由软件的概念最先是由美国麻省理工学院的理查德·马修·斯托曼（Richard Stallman）教授提出。作为著名的反知识产权理论学家，他认为自由软件是全人类的共同财富，应当自由传播。其创立的自由软件组织——自由软件基金会（GNU）提倡“copyleft”观念，即任何散布软件的复制版或修改版的人，都必须将作者赋予使用者的自由传递下去，任何使用者不得剥夺更下游使用者的自由。[1]“copyleft”以自由精神为蕴含，以利益共享为追求，以一种比较极端的方式冲击了著作权合理性认知的基本范式。GNU倡导软件的GPL许可（General Public License），具体有四个方面的限定：（1）出于任何目的均可自由运行软件；（2）为满足个人需要可自由修改软件；（3）可自由再传播该软件，或者免费或者收取少量费用；（4）可自由传播修改后的软件版本，并且可从该软件的最近发展中获益。[2]

（二）知识共享

知识共享即“creative common”，简称CC，它由美国学者莱斯格教授

---

[1] GNU官方网站，（http：//www. gnu. org）。

[2] Mikael Pawlo，“Efficiency，Innovation and Transparency：The Future of Intellectual Property Rights”．http：//www. itkommissionen. se/dynamaster/file_ archive/03012. pdf，2009年2月1日访问。

倡议发起，致力于让任何创造性作品都有机会被更多人分享和再创造，共同促进人类知识作品在其生命周期内产生最大价值。它提供多种可供选择的授权形式及条款组合，创作者可与大众分享创作，授予其他人再传播的权利，却又能保留其他某些权利。按照其不同组合模式，使用者可以自由复制、传播、展示及演出签署协议著作权人提供的作品，但是必须进行姓名表示，或者禁止商业使用，或者禁止改编，或者在改编后允许他人以相同方式共享等。也就是说，在承认著作权人享受完整权利的前提下，对著作权这一“权利束”进行分解；著作权人可以根据本人意愿和需要从中选择保留一些权利，然后释放另外一些权利，从而合理地保留部分权利（some rights reserved）。[1] 例如，“创作共用”协议2.0版本提供了最常见的授权组合方式，任何作品都可以通过选择这些组合声明自己的作品授权；这些组合方式构成了从“松”到“紧”的授权限制，给予作品的创造者更加灵活便利的选择。[2] 目前，我国不少博客网站使用了CC许可协议（含1.0、2.0、2.5版等不同中文或英文版本的协议）。该协议为创作人保留了部分权利，而使其其他权利迅速进入公有领域，从而增加人们自由、广泛获得和利用艺术作品、文学作品、个人思想等知识产品的权利。[3]

（三）行政补偿体系与“飞流”计划

美国学者费舍尔教授倡导著作权行政补偿体系，并且提出“飞流”计划以在实践上推动著作权的改造。行政补偿体系的运作机制为：音视频作品版权人欲许可他人使用作品获得补偿，则应向版权局申请作品登记。版权局给登记作品分配独一无二的文件名，以便后续检索作品传播、使用和修改信息。为补偿版权人，政府可授权必要的税费。按照这一模式，消费者免除每年因使用作品而支出的费用，同时，获取娱乐产品的边际成本近乎为零，能够随心所欲地欣赏尽可能多的歌曲和电影。价格歧视行为将被

---

[1] 郭剑寒、程博：“网络时代知识产权利益平衡”，载《山西师大学报（社会科学版）》2006年第4期。

[2] Creative Commons，http：//www.creativecommons.cn/，2006年11月20日访问。

[3] 孙璐：“谈博客作品的版权保护”，载《出版发行研究》2007年第2期。

杜绝。消费者还可以对所获得的数字娱乐产品进行任意加工。在行政机关愿意遵循上述补偿体系之前，费舍尔教授提出了“飞流”计划。根据其设想，权利人加入“飞流组织”后，其作品会一揽子许可给网络服务商、移动电信运营商或大学，然后免费提供给消费者使用。权利人只能根据作品利用情况从“飞流组织”获得一定的补偿。这一模式有三个方面的特征：一，权利人应该在“飞流组织”为作品进行注册；二，经过注册后的作品由“飞流组织”授权给其他媒体使用，“飞流组织”的成员可以为非商业目的传播和使用作品，非会员也可以免费从媒体上获得作品；三，借助数字权利管理系统计算作品使用次数，根据使用情况权利人将得到一定的补偿，补偿费来源于社会捐赠和广告等其他收入。❶

（四）盗版党

盗版党的前身，是一个叫海盗湾（piratebay）的搜索式网站。从网络下载用于个人使用的文件，这在瑞典曾经是合法的。迫于国际压力，2005年6月，瑞典政府修改本国法律，明确规定未经版权人许可，复制、分发、上传及下载著作材料为非法。2006年1月，不满著作制度现状的海盗湾骨干成立了“盗版党”。虽然在选举中没有赢得任何议会席位，“盗版党”却拿下了数万张选票。“盗版党”不支持废除专利权或著作权，而是呼吁“恢复著作权制度的本来面目”。“盗版党”认为，现在的著作权制度已经过时，很多企业利用著作权限制知识传播，局限了很多创造性工作；实际上，网络上分享电影、音乐等行为不应该被视为违法。此后，美国、德国、法国等国家的网络共享人士模仿瑞典“盗版党”建立了本国的“盗版党”，使之逐渐成为具有国际影响的改革著作权制度的社会运动代表。

（五）公平竞争的文化市场模式

荷兰学者约斯特·斯密尔斯和玛丽克·范·斯海恩德尔在《抛弃版权：文化产业的未来》一书中预想了废除版权后的公平竞争文化市场模

---

❶ ［美］威廉·W. 费舍尔著，李旭译：《说话算数：技术、法律以及娱乐的未来》，上海三联书店2008年版，第230页。

式。在该市场框架下，没有人能够通过所有权独占来控制文化产品的内容或使用形式，同时，竞争法等法律手段能够确保市场不会出现具有支配性地位的集团。该文化市场可以实现四个目标：（1）相比现在，应该有更多的艺术家能够从创作中获得合理收入；（2）制作、发行和推广资源应该属于多数人，即扩大处置权的分配范围；（3）应该存在范围宽广、供人自由利用的公共领域；（4）不应让少部分天皇巨星充斥市场，而应让大众广泛自由地接触艺术作品，从而作出自己的选择。他们认为，如果废除了著作权体制，又有充足的反垄断机制规划文化市场，那么，大型文化企业就不再向大众进行铺天盖地的市场推广，受众就可能形成对不同潮流的兴趣。这意味着艺术家的作品会卖得好，但永远也不能最为畅销。此举会给文化市场中大多数艺术家带来福祉。❶ 他们还通过案例分析了不存在版权的情况下，文字作品、音乐作品、电影作品等如何营利以及促进文化市场繁荣的可能途径。

四、改造著作权的理论

面对著作权制度基本理论所面临的挑战，一些学者开始思考在吸收传统著作权正当性范式的合理元素基础上，提出更有说服力、更有时代感、更具开放性和包容性的理论解说模式。

（一）利益平衡理论

利益平衡理论认为，著作权制度的正当性在于它实现了作品的创作者、传播者和使用者三者之间的利益平衡，使各种冲突因素处于相互协调的和谐状态。著作权制度的核心内涵首先是保护作者的权利，使创作者获得应有的回报；同时，著作权制度还要借助对创作者给予回报的机制，通过对社会弱势群体利益和对社会合作伦理的关注，促进文化的整体繁荣。❷ 著

❶ ［荷］约斯特·斯密尔斯、玛丽克·范·斯海恩德尔著，刘金海译：《抛弃版权：文化产业的未来》，知识产权出版社2010年版，第50页。

❷ 吴汉东：《著作权合理使用制度研究》，中国政法大学出版社1996年版，第10页。

作权的合理性不只在于法律对著作权的保护，更在于保护著作权能够达至私权利益与他人权益和社会公共利益之间的平衡。❶

“利益平衡”理论在解释著作权和著作权制度合理性方面的优势在于：（1）它清晰和完整地解释了著作权制度整体脉络。因为著作权法从来就不只是保护创作者利益的法律。“利益平衡”理论告诉我们，著作权制度应该实现创作者和投资者利益的平衡、创作者和传播者利益的平衡、私权主体和社会公众利益的平衡。正因为如此，著作权制度设计中必须综合考虑各类参与者的正当利益诉求，体现出更强的开放性和包容性。（2）它更为有效地解释了网络环境中著作权制度的正当性。网络环境下与著作权有关的利益相关人更为复杂，包括著作权人、网络服务提供者、网络用户、技术提供者等。著作权法应该为所有的利益相关人设计平衡保护的规则，该保护的伦理底线是不能因自己的权利受保护而造成对他人利益的伤害，从而在法律上坚决杜绝那些可能对他人造成无理伤害的行为。（3）它体现了著作权制度设计中追求分配正义的伦理精神。以前的著作权正当性理论重视权利的创造伦理，着眼于法律对著作权人利益的配置。而与之相反的是，“利益平衡”理论以分配为中心，它表明著作权的功能不只在于“鼓励创造”，更在于“分配正义”，从而克服了传统著作权理论范式忽略分配伦理的弊端。

“权利弱化和利益分享”理论是对“利益平衡”理论的进一步发展。该理论的基本含义是：减弱知识产权所有人的禁止实施权的功能，让知识产权所有人之外的其他人能够更有效地利用智慧创作物，然后通过利益分享形式使知识产权所有人的利益、智慧创作物使用者的利益和社会利益最大化。❷ 与“平衡理论”相比较，该理论有以下特点：（1）强调了通过弱化著作权以促成各方利益恢复平衡，体现了更强的针对性和可操作性；（2）将创作者、传播者和使用者的利益摆放在同样的位置，强调了法律保

❶ 冯晓青：《知识产权法利益平衡理论》，中国政法大学出版社 2006 年版，前言、导论。

❷ 曹新明：“知识产权法哲学理论反思”，载《法制与社会发展》2004 年第 6 期。

护的均衡性；（3）将抽象的利益平衡化约为具体的“许可权＋缔约请求权＋禁止权”的著作权权利构造，以切实保护使用者和传播者的利益。

对价理论也是利益平衡理论的进一步发展。按照这种理论，实现知识产权基本功能并确保该机制运行的“平衡点”是“对价”——平等个体之间自由与自由让度和补偿的衡平性。❶ 也就是说，为激励作者、发明家公布其成果，供世人分享，促进科学技术和思想文化进步，在国家主持下，作者、发明人与他人、社会、国家达成“社会契约”，进行利益和机会的对价；国家授予作者、发明人一定期限的、排他的独占权，换取他们公开表达其成果，并允许他人以一定形式接近、使用。❷

不过，无论是“平衡理论”“分享理论”还是“对价理论”，在解释著作权正当性方面也都还存在不足。首先，它们仍然是站在国内法的范畴上对著作权合理性进行解释。该理论还是不能很好地说明国际著作权利益格局和制度运行的根据。其次，它们会产生“平均主义”的错觉，影响对权利人利益的保护。“平衡精神容易被一些人有意或无意地等同于平均主义，从而为肆意侵犯他人知识产权找出合法的借口。”❸ 再次，“利益平衡”精神在私法领域随处可见。这样一来，协调知识产权矛盾的利益平衡路径在针对性方面似乎显得不够充分和不尽全面。最后，它们更多的是解释著作权制度的合理性，而没有指出实现该合理性的基本途径。由于没有为权利人之外的其他人赋予某种形式的权利，法律所追求的“平衡”“分享”或者“对价”目标缺乏实现的动力和标准。

（二）社会规划理论

社会规划理论主张，包括著作权、商标权和专利权等在内的知识产权能够而且应当加以架构，不但因为它们为社会带来的知识产品会使人们达

---

❶ 徐瑄：“知识产权的正当性——论知识产权法中的对价与衡平”，载《中国社会科学》2003 年第 4 期。

❷ 何贵忠：《版权与表达自由：法理、制度与司法》，人民出版社 2011 年版，第 84～85 页。

❸ 李扬：《网络知识产权法》，湖南大学出版社 2002 年版，第 13 页。

至一种优良的生活，而且在于它们自身的架构会成为构筑理想社会的要素，从而把人们带入到一个公正的、有吸引力的理想社会中去。[1]按照该种理论，著作权人的私人利益只有在符合公共利益或者民主目标时才具有正当性。日本学者阿部浩二认为，对著作权的保护，不是将作者自身的保护作为第一要义，而是置于以促进科学和工艺的发展为起因的位置上。[2]据著作权专家内塔内尔（NeiL Netanel）所述，著作权法对于培育健康的、参与性的和多元的公民社会具有两大功能。其一是生产功能。著作权激励人们就一系列广泛的政治、社会和审美问题创造性地表达其想法，从而为民主文化和公民集会提供讨论基础。其二是结构性的功能。著作权为那些创造性的交流活动提供支持，使其不必依赖于国家的补助、精英的赞助和各级文化机构。[3]美国学者费舍尔则认为，知识产权法领域内多种规则的融合，将通过在激励创造与激励传播和使用这二者之间达到最优的平衡而使得消费者福利实现最大化。在他所描述的有吸引力的文化里，所有人都有权使用丰富的信息资源和艺术资源，而且都能够参与到文化意义的创造过程中来。如果人们可以接触到“现实”空间和“想象”空间的各种基本信息，他们的社会沟通能力将得到增强。知识产品的创造和传播，为人们的这一构想开拓了渠道。[4]

社会规划理论具有的优势在于：（1）它吸收了传统著作权理论范式的合理内核，使著作权的正当性有了更为合理的基础。作为一种改造著作权理论的学说解释，它出现于传统范式之后，自然注意到传统范式的不足；在肯定经济激励、劳动创造和自由意志的同时，将上述因素归入到公共利益和民主制度的结构化机制当中，超越了较为狭隘的私权理念，进而与更

---

[1] 饶明辉：《当代西方知识产权理论的哲学反思》，科学出版社 2008 年版，第 90 页。

[2] ［日］阿部浩二：“各国著作权法的异同及其原因”，朱根全译，载《法学译丛》1992 年第1 期。

[3] 郑万青：《全球化条件下的知识产权与人权》，知识产权出版社 2006 年版，第 39 页。

[4] William Fisher, *Theories of Intellectual Property*, *New Essays in the Legal and Political Theory of Property*, S. Munzer ed., Cambridge University Press, 2000, p. 165.

为宏大的市民社会理论发生了理论上确证，在视阈上更为开阔。(2) 它使著作权与民主政治勾连起来，第一次引导人们去探索著作权的政治功能。较之于利益平衡理论，它从言论自由、公正与有吸引力的文化、消费者福利等范畴解释著作权法保护使用者和公众利益的理由；同时，又从民主政治的角度分析了著作权立法中实现利益平衡的民主途径，克服了利益平衡理论过于抽象的弊端。(3) 它具有时代针对性。它对于当下著作权过度保护的实践提出了理论基础上的针砭，有助于推动著作权回归到服务社会公共利益目标。为了实现社会规划的目标，著作权保护客体、著作权期限、著作权限制和侵犯著作权法律责任等制度设计都应该综合考量私权和公益的目标，而不应该仅仅受到权利人利益游说组织的影响。

社会规划理论的缺陷在于：(1) 它具有明显的目的论指向和家长制色彩。社会规划论者大多依据知识产权具有什么样的功能或目的来论证知识产权正当性，是在“优良社会观”目的指向下的理论分析。它为社会所有成员设立一个优良生活的模板，带有浓厚的家长制色彩。某些规范会对人们的选择产生不利影响，具有“非自由主义”特征。(2) 它具有论证结果上的不确定性。对于不同的社会图景，不同的人有不同的看法。理想社会的设计在本质上带有个人乌托邦的色彩。它将公正分配的各种要素纳入著作权合理性的论证思路，将这些具有争议性的问题融于著作权体制加以解决，不具有现实可能性。[1]

（三）政策选择理论

政策选择理论认为，著作权制度的合理性在于它能够与国家的整体发展政策相互契合，著作权的保护强弱依赖于本国经济、贸易和科技发展现状；著作权是政策选择的结果，需要政策的扶持或者干预。詹姆斯·博伊尔将数字时代的著作权比喻为“环境保护运动”，呼吁政策的必要干预和控制。他在著作《巫师、软件和愤怒》（*Shamans*，*Software*，*and Spleens*）

[1] 饶明辉：《当代西方知识产权理论的哲学反思》，科学出版社 2008 年版，第 111 ~ 112 页。

中指出我们在信息社会中所要面临的挑战——特别是政策性的挑战。传统的以作者范式为基础而构建的体系模糊或暗化了“公共领域”的重要性，而后者恰恰是作品得以生产的智力和文化的共同体。基于对公共领域价值的发现的制度重视，他宣称要重新评判知识产权的哲学依据，重视对公共资源的维护，防止少数人利益侵害大多数人的需要。[1] 具体到网络空间，博伊尔教授描述了“自由主义诀窍”，即没有发达的因特网，就没有政府的延续；但是，没有任何政府能够控制在那里发生的一切。就此而言，网络空间只能是自由的，自由是它的本质。[2] 在具体的哲学态度方面，博伊尔教授阐明了在信息政策方面进行“环境保护运动”的必要性，主张要像在工业化进程中保护环境一样，保护知识公共资源。

苏姗·K. 塞尔在著作《私权、公法——知识产权的全球化》中通过分析国际知识产权协定签署中所涉及的国际关系或国际政治背景，展示了在国际政治中，权力是如何日益为私人利益而不是由政府所行使，阐明了TRIPs背后的政治活动和其产生之后的争论。作者认为，TRIPs协定是12名有影响力的跨国公司的首席执行官游说的结果，是私人的政策主张和国际的立法相互渗透、相互作用和反作用的结果。作者运用国际政策和国际政治的分析模型揭示了国际著作权制度的正当性基础。

政策选择理论的优势在于：(1) 它具有明显的针对性。该理论对于网络环境下的著作权制度合理性具有较强的解释力，同时还适用于国际环境下著作权制度形成和发展动因的分析。(2) 它具有相对的灵活性。该理论可以解释著作权和著作权制度在理论基础上的动态发展过程，为著作权根据时代需要进行适度调适提供了依据。

政策选择理论的不足在于：(1) 它具有运用上的不确定性。将权利或法律制度的最终依据归为某种政策选择，会导致制度设计上的随意变动，

---

[1] James Boyle, *Shamans, Software, and Spleens*: *Law and the Construction of the Information Society*, Harvard University Press, 1996, Appendix.

[2] ［美］劳伦斯·莱斯格著，李旭等译：《代码：塑造网络空间的法律》，中信出版社2004年版，第31页。

进而忽视制度和权利本身的公平、正义与理性价值。（2）它容易滋生国际上的政策对抗。由于不同国家可以基于本国实际选择著作权的保护水平、保护范围和保护力度，那么必然的结果是著作权在国际标准上的不统一。虽然它在表面上反映了一种政策博弈并推动制度设计的国际立法客观实际，但是却没有深入到制度和权利的根本层面为国际著作权立法共识的形成提供更有说服力的基础。

第三节　著作权制度的沿革与演进

著作权制度是人类历史发展到一定阶段的产物。作为一种新型私权，著作权并非与传统民事权利同步产生。在私权昌明和立法繁荣的罗马法时期，并不存在授予文学艺术作品以权利的制度安排。但在 17 世纪之前，一些法域确实出现过早期的著作权观念。近代著作权法发端于英国，它的产生历经一个过程：从对著作权不予保护到保护出版者的权利，再到保护作者的权利。《安娜女王法令》是人类历史上第一部保护作者权利的法律，故而名载史册。进入 18 世纪以后，虽然历经各种争议，但是著作权制度在世界代表性的国家逐渐建立起来，成为后起国家效仿的普适制度。历经 19 世纪和 20 世纪的演变，21 世纪的著作权制度在网络技术和全球化的双重洗礼下，焕发出新的时代活力。

一、著作权观念的萌动

著作权观念萌动于作者对于个人作品的自然情感和支配理性。据人种史学家的考证，智力作品的所有权这一概念在印刷术发明以前几百年甚至在远古时代就得到不同方式的承认。维克托·黑曾（Victor Hazen）认为，著作权的现代理念和起因可在希伯来人的口头叙述中发现轨迹。当时的私法和宗教法律要求这些口头叙述者表明自己的身份，这种要求可视为是远古社会著作权制度的替代物。[1] 按照印第安人的内部规定，每个人都有自己的歌，且属其专有；他人须接受歌曲所有者击一石斧，方可使用其拥有的歌曲。[2]

相传，在古希腊和罗马时期，智力劳动已经同经济利益产生了某种联系。毕达哥拉斯、西塞罗等人都曾从自己的演讲或写作中获取报酬。[3] 公元前 3 世纪的罗马，图书业已经变成了有教养的罗马人世界的一部分；在这里，书写已经发展成为休闲阶层的一种严肃的职业。诗人马修（Martial）曾抱怨他的作品被未经授权地朗诵，他最早使用“剽窃”一词，并将把他的诗句攫为己有的对手称为骗子。中世纪的欧洲，罗马主教通过修道系统垄断知识。修道院发展出了一系列管理书籍原稿的抄本和交换的规则。这些书稿可以用来换土地、牛羊、货币以及其他特权。[4] 公元 557 年，爱尔兰僧侣哥伦巴（Columba）来到邻近的修道院，在未经许可的情况下抄录修道院院长斐尼安（Finian）收藏的一本书《赞美诗集》，被后者起诉到戴尔梅特（Diamait）国王那里。在裁决中，戴尔梅特国王指出：“牛犊归其母牛，同理，抄本归其原作”To every cow its calf, to every book, its copy。[5] 哥伦巴成为历史上的第一位盗版人，这个“牛犊归母牛”的原则也被主张著作权的人反复使用。

不过，无论具有怎样朴素的情感和实际的表达，在前印刷时代，在近

---

[1] V. Hazen, *The Origin of Copyright in Ancient Jewishlaw*, *Bulletin of the Copyright Society of the USA*, 1960；转引自李雨峰：《枪口下的法律：中国版权史研究》，知识产权出版社 2006 年版，第 62 页。

[2] 吴汉东、曹新明主编：《西方诸国著作权制度研究》，中国政法大学出版社 1998 年版，第 4 ~ 5 页。

[3] S. M. Stewart, *International Copyright & Neighboring Rights*, Butterworth & Co., Ltd., 1989, p. 13.

[4] V. Hazen, *The Origin of Copyright in Ancient Jewishlaw*, *Bulletin of the Copyright Society of the USA*, 1960；转引自李雨峰：《枪口下的法律：中国版权史研究》，知识产权出版社 2006 年版，第 62 页。

[5] ［美］约翰·冈茨、杰克·罗切斯特著，周晓琪译：《数字时代，盗版无罪》，法律出版社 2008 年版，第 22 ~ 23 页。

代文明之前，还没有原创性作品之作者的统一认识，也未能产生比较有影响的权利设计和制度安排。相反，在著作权观念初起的时代，文本的权威来自于口述文化的公有性质以及神权的影响，作品及其创作更多地不被认为是个体智慧的结晶，因此也不能被归为某个个人享有的权利。卡拉·赫茜认为，长期以来，作家是上帝的侍女。伊斯兰法关于反对“盗名”或者“欺诈”的规定，是用来禁止那种通过书面文本上虚假署名、盗用某位名师之声望或权威的行为。但这位名师并不拥有其书籍中表达的思想。文艺复兴运动将诗人、发明人和艺术家的社会地位提升到前所未有的高度，但他们的“天才创造”还是被理解为神的启示，而不纯粹是其智力、技巧或者世俗劳动的产物。[1] 正因为如此，著作权观念和反著作权观念始终是近代以前两种具有对立倾向的意识形态，这也成为著作权制度产生的掣肘。

二、出版特许权制度

出版特许权是随着印刷术推动出版业产生后，出版商通过申请获得封建统治者的特许，享有印刷特定作品独占地位的法律制度。这一令状特许权制度最早见于15世纪的威尼斯和16世纪的英国，17和18世纪的法国、德国等国家也产生过类似的制度。1469年，威尼斯共和国授予冯·施贝叶（J. Von Speyer）在威尼斯印刷出版的专有权，有效期为五年。这被认为是西方第一个由统治政权颁发的、保护翻印之权的特许令。[2] 典型的出版特许权制度存在于英国的15～17世纪。1483年英国组成的书商公司（Stationery Company）将羊皮纸供应商、出版商、装订工人集于一堂，由王室授予出版的“垄断”特权，使出版成为专卖事业。1533年，亨利八世为了镇压宗教改革的宣传，授权给出版公司更大的权力。1538年是英国出版品检查制度的开端。这年的11月16日亨利八世公告建立了第一套皇家授权制度，其中重要内容包括：禁止输入国外所印制的非英文书籍；除非得到

---

[1] ［美］卡拉·赫著，金海军、钟小红译：“知识产权的兴起：一个前途未卜的观念”，载《科技与法律》2007年第1期。

[2] 郑成思：《版权法》，中国人民大学出版社1990年版，第9页。

枢密院或指定人的许可，不准印刷英文书籍；除非得到国王、枢密院或主教的许可，不准出版英文经书。出版公司的负责人及监视员不但有权搜查、扣押、烧毁违禁的作品，还可以将私自出版书籍的人逮捕下狱。出版品检查制度进一步强化了出版商的特权。1558 年，英国建立了书籍登记制度。❶ 1563 年，汤姆斯·库柏请求皇室授予其对某一词典修订版的专有权利，皇室经过衡量同意给予其 12 年的专有权利。❷ 当出版商的地位优势消失后，取而代之的是拥有复制本的卖书商逐渐控制了图书业，控制了对图书出版的权利；相反，出版商正如他们曾经经历过的那样，又变成了复制本所有人的有偿代理人。❸ 在法国历史上也出现了类似的出版特许权。在 18 世纪初叶，巴黎享有特权的印刷商和书商同各省的书商之间发生激烈冲突。前者强调延续特权直到期满的好处，而后者享受的特权不多或没有特权，他们以总体利益为由反对延续这种特权。❹ 德国历史上同样有出版特许权制度。封建君主以特许令状的形式授予出版商在自己的地域上印刷、出版图书的专有权利，未得到该令状的人则不得出版图书。

根据德国学者的介绍，除了直接保护出版商利益的印刷特许权外，历史上还出现了多种形式的特许权，主要包括概括的特许权、作者特许权和属地特许权。❺ 概括特许权是保护一系列或者一个级别的作品，比如 1496 年向印刷及出版商阿尔杜斯·马努梯优斯颁发的出版希腊语书籍的特许权，不问文章内容的新旧。德国最古老的此类特许权是由当时的皇帝于 1501 年向康拉德·凯尔蒂斯授予的，这项特许权是为了让他在纽伦堡出版 10 世纪的女诗人诺内·冈德斯海姆的诗作。作者特许权是作为对智力创作成果的

---

❶ 赖文智：《图书馆与著作权法》，翰芦出版社 2002 年版，第 17 页。

❷ 李雨峰：《枪口下的法律：中国版权史研究》，知识产权出版社 2006 年版，第 30 ~ 31 页。

❸ 同上书，第33 页。

❹ ［西］德利娅·利普希克著，联合国教科文组织译：《著作权与邻接权》，联合国教科文组织译，中国对外翻译出版公司 2000 年版，第 18 页。

❺ ［德］M. 雷炳德著，张恩民译：《著作权法》，法律出版社 2005 年版，第 16 ~ 18 页。

报酬来考虑的。1486 年，这类特许权第一次颁发给了马库斯·萨波尔利库斯，是因为他所撰写的威尼斯城市史文笔优美、真实可靠，使人们都能从中得到知识，因而值得褒奖。按照该特许权，他有权把该作品交给某个出版商荣誉般地出版，而且任何其他人都无权将该作品予以发表。这种作者特许权还不能看做是现代意义上著作权的肇始——因为这些精神作品所得到的仅仅而且全部都是间接的保护，也就是说，特许权的保护只是跟印刷联系在一起。属地特许权是为了保护特定群体的利益，普遍禁止在法定期限内把已经出版的书籍进行翻印。例如，1531 年的特许令中禁止巴塞尔城市内的所有印刷商把那些已经在巴塞尔出版的书籍在出版后 3 年内再次翻印。

需要指出的是，出版特许权是封建王室出版品检查权和出版商维护垄断独占利益结合的产物，与著作权主要保护作者的创造性劳动有明显不同。该制度表面上看是保护印刷商利益，但究其实质却是书籍检查制度的延续，具有控制舆论和维护封建专制的公共功能，因此并不是一种建立在保护创作者利益基础上的私权制度。出版特许权在某种意义上也是以作品为保护对象，有时也可以作为作者维护自身权益的制度形式。但是，在出版特许权制度框架下，作者也许可以将其手稿卖给一家获得特许的出版商，以换取一次性付费，但对他来说，真正的物质性回报却在于：手稿的发表或许会间接地让他获得期待中的、来自王室或者贵族的赞助。作者本身不能出版他们自己的作品，并且，除非他们以自己的名誉获得一项特权，否则他们不能从图书的销售中获得任何利润。❶ 因此，出版特权制度并不是近代意义上的著作权制度。

不过也应该看到，随着作者群体的觉醒，特别是英国国会势力的抬头，新兴的中产阶级开始对出版品的检查制度表达出排斥立场。在 1694 年国会拒绝更新“许可法案”（Licensing Act）后，过去通过国家授予独占出版权

---

❶ ［美］卡拉·赫茜著，金海军、钟小红译：“知识产权的兴起：一个前途未卜的观念”，载《科技与法律》2007 年第 1 期。

达到出版、言论管制目的的结合形态受到破坏；出版公司不甘既有利益受损，开始向国会请愿，要求恢复检查制度，但此诉求未被接受。出版者后来则改为以著作权人的利益请求立法保护，获得国会支持。❶ 1707 年，图书业的 13 位成员在向平民院的提案中正式表达了这一观点。他们指出，撰写、印刷和销售图书都要花费一定的时间和金钱，但是国内外的盗版行为却消耗了这种财产，因此他们主张这种“文学产权”应当属于作者或者其受让人或者复制本的购买人。❷ 这为从特权向私权的发展奠定了必要的思想、制度和阶级储备。

三、近代著作权制度的起源：《安娜女王法令》

1709 年《安娜女王法令》（全称为《为鼓励知识创作而接受作者及购买者就其已印刷成册的图书在一定时期内之权利的法》❸）是世界第一部保护著作权的法律。该法令虽然以鼓励学习、保护作者的权益为目的，但因规定著作权可以自由转让，在出版商掌握昂贵的印刷工具的社会背景下，作者为了取得报酬，必须将著作权转让给出版商，否则出版商不愿将著作印刷成书，因此，出版商仍为最大获利者。但它首次加入保护著作权人权益的色彩，社会上开始产生著作权人应对作品具有权利的想法。❹ 正因为如此，该法在世界上首次承认作者是著作权保护的主体，确立了近代意义的著作权思想，对世界各国后来的著作权立法产生了巨大影响。

《安娜女王法令》规定已出版的书籍，自法律公布之日起 21 年内享有重印该书的专有权利；未出版的书籍，其版权保护期为 14 年，期满后作者尚健在的可续展 14 年。该法还规定了版权保护的手续：作者应到书商公会

---

❶ 赖文智：《图书馆与著作权法》，翰芦出版社 2002 年版，第 17 页。

❷ 李雨峰：《枪口下的法律：中国版权史研究》，知识产权出版社 2006 年版，第 42 页。

❸ 原文为：An Act for the Encouragement of Learning, by vesting the Copies of Printed Books in the Authors or purchasers of such Copies, during the Times therein mentioned.

❹ 赖文智：《图书馆与著作权法》，翰芦出版社 2002 年版，第 18 页。

将其作品注册，并应向某些大学和图书馆提供样书 9 本。不过，该法令保护的范围仅仅限于图书，对于作品的演出、改编以及雕刻等艺术形式都未提及，也未涉及保护作者的人身权利。

【深度探索】　　近代著作权制度产生的推动力

近代著作权制度产生的推动力包括：一，生产力的变革。在前资本主义时期，科学和技术一般是分离和脱节的，科学技术应用于生产还是偶然的和不自觉的行为。从前资本主义末期到资本主义初期，正是自然经济向商品经济转化的时期；在这一过程中，劳动产品占主导地位的体力因素逐渐让位于智力因素，新的生产方式第一次使得自然科学为直接的生产过程服务。❶ 二，多种利益主体的利益争夺和由此形成的政策需求。英国在中世纪后期，多元权力（王室、宗教团体、议会、大贵族、商人团体）为赢得对社会的控制而展开相互竞争；王室以授予书商公会出版专有权为代价换得他们对书籍实施审查，从而催生了制度化的出版特权，并在近代多种力量的影响下将特权平等化为现代版权。❷ 三，特定的利益结构。自中世纪以来，英国一直存在王权、诸侯（贵族）和富裕的中产阶级（市民）三种力量的分合；它们任何两方的联合都可以打败第三方，这为市民阶级经由议会限制王权，保护市民的财产权提供了一种结构性保障。❸

四、代表性国家著作权制度的确立与发展

著作权制度自其产生、形成并发展到今天，已经历 300 多年。总体上看，西方著作权制度建立的时间早于东方国家，发达国家的著作权制度早于发展中国家。同时，在西方著作权制度确立和发展进程中，一度出现了两种不同的著作权立法模式和价值观念：英美法系国家的著作权法构筑在"财产价值观"的基础上，奉行"商业著作权"学说，认为著作权的实质

---

❶ 吴汉东："科技、经济、法律协调机制中的知识产权法"，载《法学研究》2001 年第 6 期。

❷ 邓建鹏："宋代的版权问题"，载《环球法律评论》2005 年第 1 期。

❸ 金海军："16～18 世纪英国知识产权的历史与功能：一种社会结构整体观"，见刘春田主编：《中国知识产权评论（第 1 期）》，商务印书馆 2002 年版。

乃是为商业目的而复制作品的权利；大陆法系国家则将“人格价值观”作为其著作权立法的哲学基础，认为著作权不仅包括财产权而且包括精神权，不仅包括复制作品的权利而且包括表演作品等权利。然而，随着经济全球化、地区经济一体化、版权保护电子化和数字网络化的进一步发展，大陆法系与英美法系之间的著作权制度差异渐趋缩小，它们在著作权领域呈现出相互影响、相互渗透乃至相互融合的趋势。

（一）英国

《安娜女王法令》的出台标志英国历史上出现了首部著作权法令。自此之后，英国又先后颁布了1814年著作权法、1842年著作权法、1911年著作权法和1956年著作权法。在著作权法被全面修订之前，英国议会还通过了一些修正法案对著作权法进行修正。例如，1833年通过《戏剧版权法》修正1814年法，此法承认公开表演和演奏的权利；1968年通过《外观设计著作权法》修正1956年法，将艺术著作权引入工业制品的范围。英国现行著作权法是1988年颁布实施的《著作权、外观设计和专利法》，该法自1989年1月起生效。该法具有以下特点：（1）将著作权保护的作品划分为一般意义上的作品以及录音、影片、广播、电视节目和版面设计等作品。（2）将具有实用性的工业美术品纳入著作权保护范围；但一旦付诸工业应用后，其著作权即丧失。（3）规定了女王、议会等在特殊情况下成为作品的著作权人。[1]

2003年，英国按照欧盟指令的要求修改了本国的著作权法，主要内容包括：（1）界定网络传播权法律关系，包括传播的概念、向公众传播的作品和传播权的主体。其中传播的含义较广，但向公众传播被限定在以有线或无线方式的按需传播。（2）对临时复制的法律性质进行判断，认为作品的复制件包括暂时存在或永久保存的复制件。在作品传输过程中直接或附带产生复制件都属于复制。（3）对向公众传播权和复制权进行限制。特别

[1] 吴汉东、曹新明主编：《西方诸国著作权制度研究》，中国政法大学出版社1998年版，第251～253页。

是对基于科研、个人的使用，图书馆为便于研究或私人学习对存有作品的复制，以及在教学过程中或备课时复制、传播文学、戏剧、音乐或者艺术作品的限制作出规定。(4) 明确规定技术措施和权利管理信息。就技术措施而言，包括破解技术措施、破解技术措施的装置和服务、法律责任；在权利管理信息方面，规定电子形式的权利管理信息、破解权利管理信息的责任。(5) 对网络服务提供商的行为进行规范。按照《欧盟电子商务指令》的要求，该法令对网络服务提供者的法律责任进行了规定，包括相应的通知和反通知程序等。

（二）美国

1776 年建国的美利坚合众国（美国）虽然只有 200 多年的历史，但却是世界上较早建立著作权制度的国家之一。其 1787 年宪法第 1 条第 8 节第 8 款授权国会，确保作者和发明者在有限的时间内享有对其各自的作品和发明的专有权，以此推动科学和艺术的进步。这成为美国著作权立法的宪法依据。

具体来说，美国著作权法的发展主要经历了三个阶段：(1) 1790 年著作权法。该法提供了对“地图、图表和图书”的版权保护；著作权保护期为 14 年，可以续展一次；作者应当在出版前到居住地的法院登记注册，并在出版后的 6 个月内向国务卿办公室提交一册样书。(2) 1909 年著作权法。该法扩大了著作权保护的客体，规定著作权的客体包括“所有由作者创作的作品”；延长了著作权的保护期，将续展期改为 28 年，从而使保护期最长可达 56 年。(3) 1976 年著作权法。该法规定，无论作品是否发表，一律受到保护；作品的保护期统一为作者的有生之年加 50 年，将判例法中的合理使用原则纳入法典。1976 年著作权法后经多次修订，仍施行至今。其中，比较大的修订有：1989 年的《伯尔尼公约实施法》，1990 年的《建筑作品版权保护法》和《视觉艺术家权利法》，1998 年的《千年数字版权法》(DMCA) 和《版权期间延长法案》（也称为“波诺法案”），2005 年的《家庭娱乐和版权法》。1976 年著作权法的现行条款收录于《美国法典》第 17 篇。

美国的著作权制度具有以下特点：一是必须能够以有形的物质形式固定下来的作品，才能取得权利。二是著作权的内容涉及复制权、演绎权、发行权、表演权、展览权等经济权利。三是著作权保护的重点不是作者本人，而是发行者和社会，因此，对作者权利的限制相对较多。四是著作权本身的含义已经包括了邻接权在内，即把录音录像、广播、电影等传播作品的方式也视为作品而授予版权保护。五是雇佣作品和委托作品基本上属于雇主或委托者所有。六是确立的著作权登记注册制度。七是实行“实质相似”的标准来判定著作权侵权。[1] 八是属于典型的“版权主义”立场，注重维护作者的财产利益，重视版权产业的发展，作者的精神权利没有受到重视。

DMCA（《千年数字书版权法》）是对1976年著作权法的最重要修正，也是美国应对数字网络环境下著作权法变化的重要举措。DMCA共分为五个部分，分别为“实施WIPO条约”“互联网版权侵权责任”“计算机的维护或修复”“临时复制；远程教育；图书馆与档案馆之责任”以及“船体设计的著作权保护”。其中，第一部分作为美国1976年版权法新增的第12章“版权保护和管理系统”；第二部分对1976年版权法第5章进行修改，在511节之后加入512节“对网上内容的责任限制”。新增第12章主要包括：(1)禁止任何人规避有效地控制接触作品的技术保护措施。(2)任何人不得伪造版权管理信息、未经版权所有人或法律授权故意消除或改变版权管理信息。(3)从民事和刑事两方面对涉及技术保护措施和版权管理信息的侵权和犯罪及其刑罚作了规定。新增512节主要是关于网络服务商的侵犯版权责任。服务商是指上网服务或网上服务的提供者，或其系统、网络的运行者。为了保障网络通信畅通，DMCA界定了服务商提供服务过程中可能涉及的侵犯版权责任。该法律同时明文规定了若干网络服务商免责事由，被称为“避风港”。

---

[1] 李正华：“中美知识产权制度比较研究”，见江平主编：《比较法在中国（第2卷）》，法律出版社2002年版。

（三）德国

1837 年，普鲁士王国颁布了《保护科学和艺术作品的所有权人反对复制或仿制法》，对科学和艺术作品予以保护，保护期为作者终身加死后 30 年。这是德国第一部现代的著作权法典。随着德意志帝国❶的建立，在 19 世纪中后期，相继颁布了一系列适用于德国全境的著作权制度，包括《文学作品、摘要、说明、乐曲和戏剧作品著作权法》《艺术作品保护法》和《保护摄影作品反对未经授权而仿制法》。随着德国民事规则法典化进程的推进，新的著作权单行法也得以颁行，这就是 1901 年通过的《关于文学作品与音乐作品的著作权法律》以及 1907 年通过的《关于美术作品与摄影作品的著作权法律》。

"二战"后，德国分裂为联邦德国和民主德国两个国家。联邦德国和民主德国均于 1965 年颁布各自的著作权法。1965 年民主德国的著作权法典废除了 1901 年和 1907 年的著作权规范，既规定了著作权和邻接权，还规定了著作权合同。1965 年联邦德国颁布的《关于著作权与邻接权的法律》是德国的现行著作权法。该法于 1966 年 1 月 1 日实施。为了保障由著作权集体管理组织所确定的各项权利，处理该类组织的内部关系以及该组织与使用者之间的关系，同时颁布并生效的还有《关于保障著作权与邻接权的法律》。1990 年德国统一后，联邦德国的全部著作权法律在原来的民主德国地区生效，同时废止了当地的著作权法。1993 年 6 月 9 日，在两德统一的基础上对联邦德国的 1965 年著作权法进行了重大修订，并于 1993 年 6 月 24 日在德国全境实施。2003 年 4 月 11 日颁布的《关于信息社会著作权的法律》对著作权法进行了修改，将欧盟 2001 年生效的《关于信息时代著作权协调指令》的内容转化为国内法，以规范数字时代的著作权问题。

德国著作权法的特点主要有：（1）在名称上，以《著作权及有关权保护法》命名，体现了既保护著作权人合法权益，又保护邻接权人正当权益

❶ 普鲁士王国在俾斯麦首相的铁血政策领导下，于 1871 年统一德国，号称德意志帝国。

的特点。(2) 保护的内容包括文学、艺术、科学作品及改编作品，计算机程序作为文字作品予以保护。(3) 在著作权主体资格上，通常只有作者才能成为著作权人，法人、雇主、委托人一般不能成为著作权人。(4) 在著作权产生手续上，规定作品一旦创作完成即自动享有著作权，不需登记、交存样本或标上著作权标记。(5) 既保护著作权人的人身权利，又保护其财产权利。(6) 注重对邻接权的保护。(7) 规定了合理使用、法定许可、强制许可等限制制度，同时附以严格的条件。(8) 在作品利用方面，采用“授予某种（或某些）权利”来表达与转让及许可相似的意义。(9) 对侵权责任进行了详细规定。❶

（四）法国

1791 年，法国颁布《表演权法》，规定作者享有公开表演权，其受让人或者继承人享有 5 年的权利。1793 年又颁布《作者权法》，进一步确认作者享有复制权，其受让人或者继承人可享有 10 年的权利。该法令承认作者对作品不仅享有财产权，而且享有人身权。法国大革命时期的两部著作权法令没有采用《安娜女王法令》中以作品复制件为中心的哲学思想，而是开创了以作者为基础的著作权保护理念。这两部法令成为法国早期的著作权法，一直沿用到 1957 年才为新的著作权法即 1957 年 3 月 11 日通过的《文学、艺术产权法》所取代。1985 年通过的《关于作者权和表演者、录像制作者、视听广播企业的权利的法律》是对 1957 年法律的重要补充。

法国现行著作权法是 1992 年 7 月 1 日通过的第 92－597 号法，即《知识产权法典》之“文学、艺术产权”部分。其基本特点是：(1) 该法以“人格价值观”为理论基础，遵循精神权利和经济权利“二元论”观点，在保护著作财产权的同时，强调对作者精神权利的全面保护。(2) 考虑到新的创作和传播作品技术对著作权制度的影响，法案对无线电、电影、摄影、电视、录音机、录像机和复印机等技术带来的著作权问题进行了规范。

---

❶ 吴汉东、曹新明主编：《西方诸国著作权制度研究》，中国政法大学出版社 1998 年版，第 373～374 页。

(3) 著作权被视为不可分割之个人权利，不能被转移，但是可以作为使用权转移，允许他人行使著作权中的某些权利。

2006 年 6 月 30 日，法国议会参议院和国民议会（下院）同时通过了政府提交的《信息社会版权法案》，对现行著作权法进行了修正。这一法案的主要内容包括：(1) 加强对版权人传播权利的保护。针对电子信息产品的盗版问题，法案规定，从互联网非法下载电子信息产品的个人行为将被处以小额罚款，蓄意绕过版权保护技术从事电子信息产品复制将受到重罚。按照规定，破解电子信息产品加密技术的电脑黑客，会被判处 3 750欧元罚金；向公众提供解密技术的人，最高会被判处 6 个月监禁和 3 万欧元的罚金；销售加密产品破解软件的人，最高会被判处 3 年监禁和 30 万欧元的巨额罚金。❶ (2) 对复制权的限制。个人出于非商业目的复制电子信息产品的自用行为，法案没有约束力。法案还规定，残疾人、图书馆、博物馆、档案机构、新闻媒体以及教学科研机构为了教学和科研目的而进行的电子信息产品复制，不受法律追究。(3) "通用兼容性" 标准的采纳。市场销售的电子信息产品在保护版权的前提下必须具有"通用兼容性"。法案为此提出，设立专门机构负责受理软件开发商、电子产品制造商和服务供应商的申诉。

（五）日本

1893 年，日本正式制定保护作者权利的著作权法。1899 年，日本将其著作权法、《脚本乐谱条例》《摄影著作权条例》等进行综合修订，制定了统一的作者权益保护的法律，并正式命名为著作权法。这也被认为是日本历史上的第一部著作权法。1970 年，日本制定了新的著作权法，以应对新技术所带来的制度问题。该法后来历经多次修订仍然有效，是日本的现行著作权法。

日本于 1997 年、1999 年和 2000 年三次修改著作权法，以实现本国法

---

❶ 严明："法国议会通过电子信息产品版权保护法案"，载新华网，2006 年 7 月 2 日访问。

律的“数字化议程”。（1）1997年6月日本版权法修改时，创立了“向公众提供权”，形成了新的“公共传送权”，除了所有的有线/无线、数字/模拟以及同步/交互式的向公众传送外，还包括向公众提供。就载体而言，网页、按需电视、互联网播放都在其中，这样，“公共传送权”与表演权、发行权并列，共同构成“公共传播权”（communication to the public）；而“公共传播权”和“复制权”“演绎权”并列，共同构成著作财产权之专有权。与上述相关联，此次修改还确立了表演者与录音制作者的提供权。[1]（2）1999年日本版权法复次修订，重点规定了技术措施保护和权利管理信息保护。（3）2000年日本版权法再次修订，加入针对特殊人群的权利限制：一方面，对于盲人，通过个人电脑在网络公开传输作品的盲文数据，可以不经授权；另一方面，对于聋哑人，通过个人电脑网络交互传输电视上的伴音字幕，可以不经授权。经过三次修法，日本版权法的内容和精神已基本符合WIPO版权条约的要求。日本也已正式加入“互联网条约”。

（六）澳大利亚

1900年澳大利亚建立英联邦国家，随即于1905年由议会通过其历史上的第一部著作权法，并于1907年1月1日在全国生效。1911年，英国的新著作权法通过并于1912年1月1日在澳大利亚实施。直到1968年，澳大利亚才又颁布自己的著作权法并于1969年5月1日实施，从而终止了1911年著作权法的效力。1968年著作权法保护的对象广泛涉及文学、戏剧、音乐、艺术作品以及唱片、电影、广播节目及作品的版式，但该法取消了著作权登记制度。1980年、1984年、1986年、1988年澳大利亚频繁修改著作权法，加强对著作权人的保护，加大对侵权者的惩罚力度。

《澳大利亚著作权法》具有以下特点：（1）在名称上采用“著作权法”概念，以著作权来概括作者及传播者的全部权益，邻接权是著作权法的一部分；（2）该国著作权法的保护对象广泛，涉及文学、艺术、科学作品及其改编作品；（3）在著作权主体资格上，既承认作者是著作权人，也承认

---

[1] 周艳敏：“日本版权制度的‘数字议程’”，载《电子知识产权》2002年第2期。

他人通过著作权转让、继承等方式成为著作权人；（4）对作者的经济权利作了详细规定；（5）规定了合理使用、法定许可等限制制度；（6）允许著作权人转让其全部或者部分著作权，转让的权利限于经济权利；（7）详细规定了权利人受到损害后所能采取的民事和刑事救济措施。❶

澳大利亚于2001年3月4日开始实施《数字议程法》，这是《澳大利亚著作权法》在数字时代的重大修改。其基本内容包括：（1）增加了向公众传播权。早在1994年澳大利亚就公布了“变革高速公路——新传播环境下的版权法”的报告。这一报告提出了一个内容广泛的“向公众传输的权利”，既包括以任何通过接收装置观看或使用的方式向公众传播版权材料的权利，也包括广播权以及有线传播权。这种传输权可以把按需服务和计算机网络传输包括在内。❷ 这种内容广泛的权利构想被2001年法律采用。（2）例外规定。将现行版权法的例外规定延伸至数字环境，包括现行合理使用的规定适用于向公众传播的新权利，以及图书馆和档案馆通过使用新技术对电子形式的版权材料的保护。此外，关于教育机构和助残机构的法定许可的规定也扩大到传播权。同时，法律还增加了有关数字电视的例外规定。新的和扩大部分的例外规定对于促进学生、研究人员、残疾人、文化机构以及居住在偏远地区的人们获取电子形式的版权材料将发挥重要作用。（3）就技术措施和权利管理电子信息提供了执法新措施。但是，允许为公共利益的取得规避设施和服务。（4）明确了网络服务提供者的法律责任。其中包括直接责任和侵权许可。前者明确规定，除非被指控的网络服务提供者或传播者自己承认传播了侵权内容，否则他不承担直接的法律责任。后者明确了仅仅为侵权提供便利的人，包括在线服务提供者（OSP），将不予确认为授予了侵权许可，同时，参照下列因素确认是否承担侵权许可责任：OSP对防止侵权的努力程度；OSP与侵权人关系的性质；OSP是

---

❶ 吴汉东、曹新明主编：《西方诸国著作权制度研究》，中国政法大学出版社1998年版，第318页。

❷ 薛虹：“因特网上的版权及有关权保护”，见郑成思主编：《知识产权文丛（第1卷）》，中国政法大学出版社1999年版，第96页。

否采用了合理的步骤以防止侵权。[1]

第四节　我国著作权制度的产生与发展

中华民族历史悠久，文化璀璨。在漫长而从未间断的中华文化长河中，产生了数不胜数、流传千古的文学和艺术作品。唐诗、宋词、元曲和明清小说，各引领一时风骚。此外，造纸术、[2]印刷术[3]均最早见于中华文明。活跃的作者群、多元的文化表现形式、成熟的印刷技术和庞大的出版商阶层，无不促成著作权观念暗潮涌动。然而，在封建专制以及私权匮乏的时代环境下，还不足以产生保护私人利益的稳定的著作权法律制度。我国近代意义上的著作权法制肇始于外强入侵时的变法图存需求。但遗憾的是，清朝末年和中华民国时期的著作权立法均受限于动荡不安的社会局势而不可能得到很好的实施。中华人民共和国成立后，著作权法制也因为意识形态和国家治理理念等多种因素而长期搁置不前。直到进入改革开放的新时代，我国的著作权制度建设才真正步入正常轨道，在技术革新、国际接轨和战略选择中不断调适、不断完善，逐渐跻身世界先进行列。

一、中国古代的著作权观念

中国古代文化发达，文学创作群体充盈，文化表达形式多样。在各种创作形式和各类创作群体中，主流文人学士虽奉“格物致知”和“学而优则仕”为圭臬，但还是有不少创作者产生过著作权观念的萌动。史料记载，宋代杨大年、刘子仪都精于骈文，他们的骈文是专门学唐朝李义山的。后

---

❶ 高思：“APEC 版权研讨会综述”，载《电子知识产权》2001 年第 9 期。

❷ 东汉元兴元年（105 年）蔡伦改进造纸术，他用树皮、麻头及敝布、渔网等植物原料，经过挫、捣、抄、烘等工艺制造的纸，是现代纸的渊源。

❸ 印刷术始于隋朝（581～618 年）的雕版印刷，经宋仁宗时（1041～1048 年）的平民毕昇发展、完善，发明活字印刷，并由蒙古人传至欧洲，所以后人称毕昇为活字印刷术的始祖。

起仿效，一时成了风气，但是很多人生吞活剥，剽窃义山的句子，这现象，终于连唱戏的优伶也看得不大顺眼了。有一次，皇帝在宫内请客，杨大年等都在座，一个优伶扮着李义山，故意穿了破碎的衣服跑出台来；大家问他缘故，他答道：我是被诸位官员剽夺挦扯，才弄得这样狼狈的。该讽刺故事也许是山野传闻，但却从一个侧面反映出保护作品完整性、反对抄袭、剽窃和篡改的、这样极为朴素的著作权观念。

更值得一提的是，我国宋朝时期就已出现保护版本并禁止翻印的记录。南宋光宗绍熙（1190～1194 年）年间，四川眉山王称编撰的《东都事略》一书印有长方牌记："眉山程舍人宅刊行/已申上司不许覆板"。而眉山程舍人宅是当时著名的刻书坊之一。这是我国迄今发现的最早关于版权实例的记载。不过，此中维护的是刻印者的利益，尚未反映对作者权益的保护。清人叶德辉《书林清话》卷二《翻版有例禁始于宋人》中详细记载了宋代段昌武《丛桂毛诗集解》三十卷前有在国子监登记的"禁止翻版公据"。该出版商提出"禁止翻版"的理由如下。其一，作者投入了大量的精力"口讲指画，笔以成篇"，"平生精力，毕于此书"；其二，该书具有原创性，"一话一言，苟足发明，率以录焉"；其三，出版商罗氏及其侄子的版本质量好，"校雠最为紧密"；其四，这也是最重要的理由，若其他出版商嗜利盗版，"则必窜易首尾，增损意义"，辜负了罗氏及原作者的一片良苦用心。为此，经出版商向国子监提出申请，给付"执照"，禁止他人翻版，并赋予该出版商对其他盗版者"追版劈毁，断罪施行"的权利。1266 年，当《方舆胜览》再版时，出版商提出与以上相似的理由，请求禁止其他出版商的翻版行为。[1]

需要探讨的是，上述史料记载对著作权人利益保护的内容，是否就表明中国古代存在著作权制度呢？或者可否就由此得出结论：著作权制度起源于中国呢？对此，学术界存在两种对立观点：一种观点断言版权制度起

[1] 邓建鹏："宋代的版权问题"，载《环球法律评论》2005 年第 1 期。

源于我国宋代，另一种观点则否定我国古代存在真正意义上的版权。❶ 对此，笔者认为应该从两个方面理解。首先，随着印刷术的发明和推广，必然会引发版权保护的诉求，因此在中国古代最早出现对版本进行保护的法律规则应不足为奇。因此有理由相信，对作品或者版本的法律保护，的确最早出现在中国。其次，从制度谱系上看，中国古代对作品或版本的法律保护，并非现代著作权法的早期表现形式。或者说，这些对作品或者版本的保护不是所谓的著作权法，而是一种文化治理的措施。从该措施的表象看，它是出版商试图寻求官府保护以禁止日益猖獗的盗版行为；但从实质上看，它没有形成稳定的制度，也没有推动形成出版特许权，它只是封建统治者基于利益需要而偶尔进行的恩赐。宋代版权从出版商的利益主张过渡到寻求权力机构保护、促使版权制度形成的过程，基本上处于王朝对自身政治利益过分关注（如控制载有不利于专制统治的思想言论的书籍，或制止危害科举考试用书的出版）的支配下。因此，宋代的版权形态经济表现为某些营利出版商的版权利益主张与个别地方官府偶尔、零散的行政庇护。来自民间对版权保护请求的努力无法达到制度化之下的规模效益。❷ 因此，中国古代根本没有出现版权保护法律制度，但版本保护是存在的，且这是中国古代著作权法律文化之源。❸

【深度探索】　　中国古代没有产生版权法的原因

宋代的版权形态，并没有导致版权法的催生，这是为什么呢？学者研究认为，以下原因导致在中国古代封建专制的土壤上不可能产生保护私人利益的版权法。

(1) 宋代版权保护产生的基本动因不是经济利益，而是思想控制。对此，安守廉认为官府有关版权或出版业的行为只是反映帝国控制思想传播的努力。

---

❶ 李明山主编：《中国近代版权史》，河南大学出版社 2004 年版，序言；周林、李明山主编：《中国版权史研究文献》，中国方正出版社 1999 年版，第 5 页注 2。

❷ 邓建鹏："宋代的版权问题"，载《环球法律评论》2005 年第 1 期。

❸ 王兰萍："中国古代著作权法律文化之源"，载《华东政法学院学报》2005 年第 2 期。

他将关注的落脚点放在官府出版管制的努力上。[1]

(2) 中国古代并未产生出版商特权。中国古代的皇权集中，没有形成多元利益结构。由于王室垄断了几乎所有的资源和权力，它无法在同一级政府的不同部门和分支之间、不同政府之间、政府和民众之间以及民间内部形成一定的分权。中国城市行会的出现不仅没有对国家权力形成制约，反而是依附于国家权力的。昂格尔在解释帝制中国法律的性质时曾经指出，中国的商人们既没有动因也没有机会维护自己的利益，发展自己的法律，因此，他们不可能发展成为独立于君主集权政府的“第三等级”。[2]

(3) 士绅阶层权利意识缺失。士绅在他们所在的社会构成了所谓的作者群的主要部分，他们在中国古代文艺的创作过程中发挥着主力军的作用。但是，“学而致仕”和“信而好古”的意识形态在很大程度上遮蔽了他们文学成果私有化的理性之光。儒家传统文化成为排斥知识私有化的思想防线，致使著作权观念与中国传统文化的主流意识格格不入。

二、我国近现代的著作权制度

1840 年鸦片战争以来，我国逐渐沦为半殖民地半封建国家。在内忧外患之下，包括制定著作权法在内的法律制度成为清末变法修律、应对国外强权、实施立宪图变的重要一环。1903 年《中美续议通商行船条约》是我国历史上第一部涉及著作权的条约，也是现代著作权法律制度引入我国的开端。1908 年，清政府迫于帝国列强的压力和国内学者的强烈要求，派观察员参加了《伯尔尼公约》成员国柏林会议。1910 年，清政府颁布了中国历史上第一部著作权法《大清著作权律》。该法共 5 章 55 条，其特点为：(1) 著作权客体范围狭小，仅包括文艺、图画、帖本、照片、雕刻、模型；(2) 受保护的主体一般是作者本人，但对合作作品、委托作品、口头

---

[1] 安守廉：“知识产权还是思想控制：对中国古代法的文化透视”，见梁治平编著：《法律的文化解释》，三联书店 1994 年版。

[2] ［美］昂格尔著，吴玉章、周汉华译：《现代社会中的法律》，译林出版社 2001 年版，第94 页。

作品、翻译作品的著作权归属与继承作了特殊规定；（3）关于作者的权利，该法并未从正面进行规定，而是通过禁止某些行为间接作出规定；（4）采取注册主义的保护方法，规定作品完成后必须呈报注册始得保护；（5）规定了著作权的保护期限为作者终身加死后30年，法人作品、照片为30年；（6）对侵犯著作权及其处罚作了详细规定。《大清著作权律》颁布后一年，即1911年，清政府被推翻，故这一法律并未切实施行。但是作为中国人制定的第一部著作权法律，它对后世依然产生了重大影响，并成为后人修法的重要历史参考。

在北洋政府和国民政府统治时期，也制定了两部著作权法律。1915年，北洋政府颁布一部《著作权法》。该法分为总纲、著作权人之权利、著作权之侵害、罚则、附则五章，共计45条。其中，除把登记主管机关由民政部改为内务部并在受保护的“著作物”中增加了“讲义”“演术”等项外，完全与《大清著作权律》相同。1928年国民政府又颁布了一部《著作权法》及其实施细则。该法分为总纲、著作权之所属及其限制、著作权之侵害、罚则、附则五章，共计40条。该法于1944年、1949年、1963年、1985年作了全面修订。直到1985年修订，才基本摆脱了《大清著作权律》的影响，目前仍在我国台湾地区实施。

三、新中国著作权制度的产生与发展

新中国成立以后，虽然也曾出现过保护著作权人利益的零碎规定，但是法律规定非常不全面。“文化大革命”期间，仅有的稿酬规则也完全失效。改革开放以来，我国著作权制度建设逐渐步入正轨，取得了令世人瞩目的成就。

（一）1949~1991年的著作权制度

自新中国成立后至1990年，在长达40年的时间里，我国并无一部单一的著作权法典，相应的法律规则散见于各种法律、法规和规章中。

1950~1966年，有关的法律法规、决议规定中承认著作权的保护。1950年，第一届全国出版会议通过《关于改进和发展出版工作的决议》，指出稿酬应在兼顾作家、读者和出版者三方面利益的原则下与著作者协商解决。1952 年，当时的中央人民政府出版总署制定《关于国营出版社编辑机构及工作制度的规定》，指出依据选题计划向作者约稿应当订立合同。1957 年，当时主管著作权工作的文化部起草了《保障出版物著作权暂行规定》，准备对已经出版的著作权实行全面保护。1961 年，文化部发布废除稿税制度，实行一次性付酬的办法。

总体上看，在这一历史阶段，著作权的保护虽然并不全面，但是相应的制度规则仍在发挥作用。以 20 世纪 50 年代的稿酬为例，作者可以从作品的创作中获得较高的财产利益。据介绍，当时职工的平均月薪只有 40 元左右，而一部长篇小说却能得到稿费数千元，就是 1 万字左右的论文亦能得到 200 元。当时有一个口号叫“一本书主义”，反映出当时的文化人属于“高薪阶层”。举例而言，老舍、张恨水、艾青、吴祖光等人，都在 50 年代初用稿费在北京买下了四合院。青年作家刘绍棠 16 岁时发表第一部小说集《青枝绿叶》，4 万字，收入 1 800元；短篇小说《山楂村的歌声》6 万多字，收入 2 000元。[1]

然而，随着“文化大革命”的开始，作者因创作而获得物质报酬的观念被归入资产阶级腐朽思想的范畴而受到严厉批判，相应的法律规则也完全失效，著作权保护更无从谈起。

1976 年 10 月，“文化大革命”结束。1978 年 12 月，中国共产党十一届三中全会召开，党和国家确立了对外开放、对内搞活经济的政策，我国著作权制度建设得以慢慢恢复，并逐步健全。1977 年，国家出版事业管理局发布了《关于实行新闻出版稿酬及补贴试行办法》，恢复了稿酬制度。1980 年又发布了《关于书籍稿酬的暂行规定》，并于 1984 年经文化部出版局修订为《出版稿酬试行规定》；在此基础上，作家的稿酬获得制度全面建立。根据规定，作者享有出版权、改编权、汇编权和翻译权，外国人在中国首次出版的著作享有著作权，台湾、香港、澳门同胞在著作权的保护

[1] 陈明远：《知识分子与人民币时代》，文汇出版社 2006 年版，第 223 页。

上与大陆同胞享有同等待遇。1990 年 6 月，国家版权局又制定《书籍稿酬暂行规定》，适当提高了书籍稿酬的标准。

在保护文字作品稿酬之外，其他的著作权人利益保护制度也在逐渐建立。例如，原广播电视部发布《录音录像制品管理暂行规定》《录音录像出版物版权保护暂行条例》及《录音录像出版工作暂行条例》，对音像出版单位以及表演者、音像制品作者的权利进行保护。

此外，在民事法律中也明确宣示著作权的民事权利属性。1985 年 4 月 10 日通过的《中华人民共和国继承法》第 3 条明确规定，著作权中的财产权利可以作为遗产被继承。1986 年 4 月 12 日通过的《中华人民共和国民法通则》，将包括著作权在内的知识产权作为民事权利之一种进行规范。该法第 49 条规定："公民、法人享有著作权（版权），依法有署名、发表、出版、获得报酬的权利。"

我国在著作权管理体制建设方面也取得明显进展。1985 年，经国务院批准，国家版权局正式成立，承担管理国家著作权事务的职责。这不仅理顺了相应的工作机制，也为加强著作权立法、执法和管理工作提供了体制保障。

（二）我国现行著作权法的制定和修改

1990 年 9 月 7 日，第七届全国人民代表大会常务委员会第十五次会议通过《中华人民共和国著作权法》（以下简称《著作权法》），1991 年 6 月 1 日实施。这是新中国成立以来第一部全面保护著作权的法律，是我国著作权法律制度中最重要和最基本的法律，在规范著作权行为中起着统领作用。现行著作权法经过 2001 年和 2010 年两次修订，已经达到国际先进水平。

1. 2001 年《著作权法》的修改

2001 年 10 月 27 日，为完善我国著作权法律制度，促进经济、科技和文化的繁荣发展，并适应我国加入世界贸易组织的进程，第九届全国人大常委会第二十四次会议审议通过《关于修改〈中华人民共和国著作权法〉的决定》，对 1990 年《著作权法》进行了修正。修正后的《著作权法》由原来的6章56条变更为6章60条。具体言之，我国著作权法从以下几个方面得到了完善。

(1) 给予外国人国民待遇，改变“内外有别”的制度。修正后的《著作权法》遵循《伯尔尼公约》和《知识产权协定》的精神，给予外国人以国民待遇，同时提高本国人所受到的著作权保护待遇，达到内外平衡，协调发展。

(2) 扩大著作权保护的客体范围。修正后的《著作权法》将实用美术作品、杂技艺术作品等纳入保护范围；将计算机程序作为文字作品予以保护，延长其保护期限，取消以登记作为取得著作权要件的规定；将“电影、电视、录像作品”扩大解释为“电影作品和以类似摄制电影的方法创作的作品”。

(3) 增加了著作权人的权利内容。修正后的《著作权法》增设电影作品、计算机程序的著作权人的出租权；拓宽“表演权”的外延，将其解释为“公开表演作品，以及用各种手段公开播送作品的表演的权利”；规定了信息网络传播权，将其解释为“以有线或者无线方式向公众提供作品，使公众可在其个人选定的时间和地点获得作品的权利”；将“摄制权”解释为“以摄制电影或者以类似摄制电影的方法将作品固定在载体上的权利”。

(4) 规定了出版者的版式设计权。版式设计权是与著作权相关的一项独立的民事权利。修正后的《著作权法》增加了对版式设计的保护内容，规定出版者有权许可或禁止他人使用其出版的图书、报纸、杂志的版式设计。

(5) 增加了著作权的利用方式。修正后的《著作权法》不仅规定了著作权许可使用合同，而且增加规定了著作权转让合同。

(6) 完善了有关著作权限制的规定，平衡著作权人的利益和社会利益。修正后的《著作权法》对合理使用中的个人复制、表演、播放、公务使用、翻译等行为给予一定的限制；同时，借鉴其他国家的规定，将为编写出版教科书而使用他人作品的行为列入法定许可的种类之一，以促进科教兴国战略的实施。

（7）增加了权利人可以通过依法成立的社会组织行使著作权的规定。目前，在著作权制度比较完善的国家，一般都规定了权利人通过著作权集体组织代为行使权利的制度。修正后的《著作权法》第8条规定的就是著作权集体管理制度。

（8）增加了对著作权人的救济措施，加大对侵权行为的惩处力度。修正后的《著作权法》明确规定了侵犯著作权的法定赔偿额；在归责原则上采取过错责任与过错推定原则相结合的归责原则，以加强对受害人的法律救济；在对侵权行为予以查处时，增加规定著作权人的诉讼保全制度等。

2. 2010年《著作权法》的修改

2010年2月26日，为进一步完善我国著作权法律制度，并根据执行世界贸易组织中美知识产权争端案裁决的现实需要，第十一届全国人大常委会第十三次会议审议通过《关于修改〈中华人民共和国著作权法〉的决定》，并自2010年4月1日起施行。本次修正涉及2个条款，修正后的《著作权法》共6章61条。

（1）删除“依法禁止出版、传播的作品，不受本法保护”。2007年4月10日，美国以我国相关法律不符合WTO的《知识产权协定》为由提起WTO诉讼。2009年专家报告认为，“不受本法保护”意味着此类作品不能享有著作权法第10条规定的权利，违反了《伯尔尼公约》和TRIPs协定的有关规定。同时，专家组在报告中强调其裁决不影响中方对文化产品的内容审查权。为了直接、有效实施知识产权WTO争端案专家组报告的建议，统一多年来对《著作权法》第4条第1款存在的不同认识，立法机关删除了“依法禁止出版、传播的作品，不受本法保护”的规定。

（2）增加著作权质押条款。修正后的《著作权法》增加了1条作为第26条，即“以著作权出质的，由出质人和质权人向国务院著作权行政管理部门办理出质登记”。我国1995年《担保法》和2007年的《物权法》均规定了著作权质押，区别在于《物权法》中规定，登记不再是质押合同生效的要件，而是质权成立的要件。根据上述规定，有必要对著作权质权登记的主体和登记部门进行明确规定。

需要说明的是，2010 年《著作权法》修改所坚持的三个原则：一是切实履行国际义务，使《著作权法》相关规定符合我国已经加入的国际公约的要求；二是立足小修改，对于《著作权法》中迫切需要修改的、各方意见比较一致的、不会引起较大争议的问题一并进行修改；三是对于需要进一步研究的、国内相关各方意见分歧较大的问题，暂不修改。国家版权局代表国务院提交的审议报告中提出了建立作品登记制度、删除依法禁止出版传播作品不受保护、地方人民政府著作权行政管理部门、著作权质押、著作权行政管理部门执法手段等五项修改建议，全国人大常委会最后修订了前述两个方面的内容。

上述两次《著作权法》修改均与世界贸易组织有关：第一次修改是为了满足加入世界贸易组织的直接需要，第二次修改是为了履行世界贸易组织关于中美知识产权争端案裁决的现实需要。因此，这两次《著作权法》修改均具有被动性和局部性的特点，而不是为适应我国经济社会的发展和科学技术的进步的现实需要对《著作权法》作出的主动、全面的调整。

3．2011 年启动《著作权法》的第三次修改

根据国务院领导批示和国务院 2011 年立法工作计划，《著作权法》修订工作被列入国务院当年立法工作计划三档——需要积极研究、论证的项目。2011 年 7 月 13 日，国家版权局召集相关部门和专家在京举行了“《著作权法》第三次修订启动会议暨专家聘任仪式”，标志着《著作权法》第三次修订工作正式启动。2012 年 2 月 1 日，国务院办公厅发布《关于印发国务院 2012 年立法工作计划的通知》，其中将《著作权法》修订从三档提升为二档——需要抓紧工作、适时提出的项目。2012 年 3 月，国家版权局发出通知，公开对《著作权法》（修改草案第一稿）征求意见。2012 年 7 月，国家版权局公布《著作权法》（修改草案第二稿）。在公开征求意见的基础上，形成《著作权法》（修改草案第三稿）。

本次修法过程中采取的主要方法是：（1）将目前规定于行政法规中、应在著作权法中规定的一般性问题上升至法律——主要是《著作权法实施

条例》《计算机软件保护条例》和《信息网络传播权保护条例》三部行政法规中的内容，如著作权产生时间、“三步检验法”、技术保护措施和权利管理信息等；（2）根据国际公约的基本要求，在现行著作权法中增加必要内容，使其与相关国际条约一致，如作者的出租权、表演者出租权、技术保护措施和权利管理信息等；（3）将实践证明行之有效的司法解释的相关规定上升到著作权法中，如著作权和相关权登记、委托作品的使用等；（4）将业界反复呼吁和实践中迫切需要的、在征求意见过程中初步达成共识的内容写入法律中，如著作权集体管理组织延伸性集体管理、实用艺术作品、信息网络传播权和广播权的界定、视听作品归属、职务作品归属、著作权专有许可和转让登记、著作权纠纷行政调解等。

（三）我国著作权法的特点

从法律规则的具体内容上看，我国著作权法历经两次修改后，具有以下特点：（1）充分保护作者的合法权益，对著作权人的人身权和财产权同等保护。修订后的著作权法规定了4种人身权和12种财产权，激发广大作者的创作积极性。（2）充分保护作品传播者的利益。作品的传播者指出版者、表演者、录音录像制作者和广播组织者等传播作品并享有邻接权的主体。修订后的著作权法对作品传播者的邻接权作出更详细的列举，有利于促进文化、艺术、科学作品的传播。（3）充分实现著作权人权利与社会公共利益的平衡。修订后的著作权法通过合理使用、法定许可等制度限制著作权人的专有权利，防止垄断滋生而阻碍社会文明的整体推进。（4）充分体现国际化和现代化的特色。修订后的著作权法一方面大力保护外国人在中国的著作权，积极维护中国信守条约的良好形象；另一方面，对新技术条件下的新型作品给予充分保护，以促进著作权法的现代化。

（四）我国著作权法律制度体系的构建

除了以《著作权法》为统领著作权法律制度的基本法律依据外，根据《著作权法》相关规定，国务院先后制定了“六条例”。这“六条例”具体是指：《实施国际著作权条约的规定》（1992年9月25日发布，1992年9月30日施行）、《计算机软件保护条例》（2001年12月20日发布，2002年

1 月 1 日施行，2013 年 1 月 16 日修改)、《中华人民共和国著作权法实施条例》(2002 年 8 月 2 日发布，2002 年 9 月 15 日施行，2013 年 1 月 16 日修改)、《著作权集体管理条例》(2004 年 12 月 28 日发布，2005 年 3 月 1 日施行)、《信息网络传播权保护条例》(2006 年 5 月 18 日发布，2006 年 7 月 1 日施行，2013 年 1 月 16 日修改)、《广播电台电视台录音制品支付报酬暂行办法》(2009 年 11 月 10 日发布，2010 年 1 月 1 日施行)。上述“一法六条例”(一部法律、六部行政法规) 是我国著作权法律体系的基本内容。

此外，关于侵犯著作权犯罪的问题规定于《刑法》；国务院著作权行政管理部门制定了 9 部部门规章和 44 部规范性文件，相关司法部门为解决《著作权法》在民事和刑事司法实践中的具体适用问题，制定了 6 部司法解释或指导意见，部分省、自治区和直辖市人大常委会或政府还根据本地情况制定了地方性法规或地方政府规章。在国际条约方面，目前我国已经先后加入 7 部国际著作权条约：《保护文学艺术作品伯尔尼公约》《世界版权公约》《保护录音制品制作者防止未经许可复制其录音制品公约》《知识产权协定》《世界知识产权组织版权条约》《世界知识产权组织表演和录音制品条约》及《视听表演北京条约》。

可见，经过 20 多年的努力，我国已经形成较为完备的著作权法律体系，其基本框架由法律、行政法规、地方性法规、部门规章、地方政府规章、规范性文件、司法解释及相关国际公约共同组成。

四、我国现行著作权法总则

我国现行《著作权法》第一章总则部分共有 8 个条款。其中，第 1 条规定著作权法的立法目的和依据，第 2 条规定著作权保护的主体范围，第 3 条规定著作权保护的客体，第 4 条规定著作权行使的原则，第 5 条规定著作权客体的排除领域，第 6 条规定民间文学艺术作品的著作权保护，第 7 条规定著作权的行政管理部门，第 8 条规定著作权集体管理。考虑到在随后的章节中将具体分析第 2 ~ 3 条、第 5 ~ 6 条和第 8 条的内容，因此在本部分简要探讨下列三个总论性的问题。

（一）著作权法的立法目的和依据

《著作权法》第1条规定，为保护文学、艺术和科学作品作者的著作权，以及与著作权有关的权益，鼓励有益于社会主义精神文明、物质文明建设的作品的创作和传播，促进社会主义文化和科学事业的发展与繁荣，根据宪法制定本法。由此可见，我国著作权法的立法目的有三个。

1. 保护文学、艺术和科学作品作者的著作权以及与著作权相关的权益

著作权法是保护创作者利益的民事法律。没有作者的创作活动，没有为创作而付出的艰辛劳动和投资，就不会有文学、艺术和科学作品的产生，也就不存在建立在作品之上的著作权。保护著作权人的合法利益，激励他们创作出更多有利于社会发展的作品，是著作权法律的首要目的。在现代传播技术条件下，作者权益的实现也离不开传播者的艰辛付出。传播者作为与著作权有关的权利人，投入了创造性劳动和大量资金，形成了自己的权益。在将创作者权利和传播者权利进行一体立法的体系中，保护传播者的权利也成为立法的重要目的。

2. 鼓励有益于社会主义精神文明、物质文明建设的作品的创作和传播

鼓励作品的创作和传播是保护著作权人和邻接权人合法权益的必然结果。只有给予创作者和传播者以有力的法律保护，创作者和传播者才会有足够的动力去生产、传播作品，发展文化产业和文化事业。同时也应看到，作为著作权法的立法目的，鼓励作品的创作和传播还蕴含着其他深意。保护作者和传播者的合法利益固然是本项目实现的充分条件，但并非必要条件。鼓励作品的创作和传播还必须要借助于社会公众的积极参与，得益于文化消费。现代意义的著作权制度旨在实现作品创作者、传播者、使用者的均衡保护。可见，著作权法保障社会公众能够接触到各种作品，促进创新成果合理分享，调和社会公共利益，这也是鼓励作品创作和传播的重要内容。

3. 促进社会主义文化和科学事业的发展与繁荣

从立法的最终目的上看，著作权法旨在实现社会主义文化的发展与繁荣。社会主义文化包括文化产业和文化事业两个部分，促进文化产业和文

化事业的发展繁荣是著作权法的基本追求。从这个意义上看，著作权法也是文化法的重要组成部分。相较而言，著作权法促进科学发展与繁荣的目标取向并不明显。科学事业的发展需要一个综合的法律环境，与专利法、科技法等法律部门的关联更为密切。

《著作权法》还同时明确规定著作权立法的依据是宪法。不过，我国法律中并没有明确指明这是根据宪法的哪一个条款，哪个规范。事实上，与美国在宪法条款中明确规定版权保护不同，❶ 我们只能通过宪法解释间接寻找版权立法的依据。我国《宪法》第 19 ~ 20 条、第 22 条、第 24 条阐明了国家发展社会主义教育、科学、文化事业，建设社会主义精神文明，提高公民的科学文化和思想道德素质的义务。第 35 条规定，公民有言论、出版的自由。第 38 条规定，公民的人格尊严受到保护。第 47 条规定，公民有从事科学研究、文学艺术创作和其他文化活动的自由，国家有义务帮助和鼓励公民从事教育、科学、技术、艺术和其他文化事业方面的创造性活动，促进人的发展。第 33 条第 3 款规定，国家尊重和保障人权。由于版权是重要的人权，也是维护人格尊严的必要途径，同时更是促进文化发展的重要条件和有力工具，因此上述条款可以被间接解释为是版权立法的宪法依据。

（二）著作权行使的原则

《著作权法》第 4 条规定，著作权人行使著作权，不得违反宪法和法律，不得损害公共利益。国家对作品的出版、传播依法进行监督管理。这是对著作权人行使权利所提出的基本要求，也是权利人行使权利时应该遵循的基本准则。具体来说包括以下内容。

1. 不得违反宪法和法律的原则

任何权利都不是绝对的，它必须在宪法和法律规定和允许的范围内才能被自由行使。著作权人在行使权利时，也应该遵循宪法和法律的规定与

❶ 美国宪法第一章第八节第八条明确规定，授予知识产权权利人对各自著作或发明一定时期的专有权利。

精神。在宪法和法律有具体规范时，权利人应该按照规则要求，不违反宪法和法律的禁止性规范；在宪法和法律没有具体和明确要求时，也应该遵循宪法和法律的基本精神和价值取向，让权利的行使不逾越宪法和法律的基本精神。

2. 不得损害公共利益的原则

公共利益，从字面上理解，可称之为公共的利益，简称公益。《辞源》中公益的含义为“公共之利益。相对于一个人之私利、私益而言。”著作权保护的最终目的与公共利益的实现之间并行不悖。著作权人按照法律规定正确、合理、适当行使著作权的过程，既是实现私人民事权益的过程，也是达至公共利益目标的途径。然而，著作权的行使中还是可能出现在手段、方式、强度与结果等方面与公共利益相互冲突的情形。权利人在行使著作权时应该遵循不得损害公共利益的原则，这表明权利人不得滥用著作权以达至危害公共利益的目标；当著作权行使过程中出现私人利益与公共利益的严重冲突时，应该进行必要的利益衡量和价值评判。换言之，以违反公共秩序或善良风俗的方式行使著作权的行为，不能产生当事人意欲产生的法律效果。

3. 接受国家对作品的出版、传播进行监督管理的原则

作品的创作是个人的私事，创作者因为创作行为获得著作权并受到法律保护。但是，作品的出版、传播还受制于出版法和传播法所设定的出版、传播要求，受到国家有关法律的监督和审查。出版法与版权法是两种不同形式的法律部类。作为保护著作权人利益的民事法律，著作权法属于私法范畴。这并不意味着国家放弃对作品传播进行必要的公法上的干预。例如，我国对境外电影的引进采取审查制度。虽然境外著作权人对该电影享有的著作权依法受到保护，但是该影片在未经审查的情形下不得在我国境内播放，这体现了权利人行使权利时，必须接受国家对作品的出版、传播进行监督管理。

（三）著作权的行政管理部门

《著作权法》第 7 条规定，国务院著作权行政管理部门主管全国的著

作权管理工作；各省、自治区、直辖市人民政府的著作权行政管理部门主管本行政区域的著作权管理工作。这是对著作权行政管理部门所进行的总则性规范。

著作权行政管理，是指国家著作权行政管理机关通过行政行为，代表国家对著作权工作进行管理的行为。根据有关规定，国务院著作权行政管理部门的职能有：（1）贯彻著作权法律、法规，制定与著作权行政管理有关的办法；（2）查处在全国有重大影响的著作权侵权案件；（3）批准设立著作权集体管理机构、涉外代理机构和合同纠纷仲裁机构，并监督、指导其工作；（4）负责著作权涉外管理工作；（5）负责国家享有的著作权管理工作；（6）指导地方著作权行政管理部门的工作；（7）颁发强制许可证；（8）承担国务院交办的其他著作权管理工作。

《著作权法》同时还明确各省、自治区、直辖市人民政府的著作权行政管理部门主管本行政区域的著作权管理工作。《著作权法实施条例》第37条第1款规定："有著作权法第四十七条所列侵权行为，同时损害社会公共利益的，由地方人民政府著作权行政管理部门负责查处。"因此，立法应该规定，县级以上地方人民政府的著作权行政管理部门主管本行政区域的著作权管理工作。具体说来，县级以上地方著作权行政管理部门的职能主要包括：（1）检查本地区内著作权法的实施情况，了解本地区著作权法实施过程中存在的问题，提出解决问题的建议，并及时向国家著作权行政管理部门反映；（2）对于发生在本地区的侵权行为进行查处；（3）接待来信、来访，并为著作权人及有关部门提供法律咨询、服务；（4）宣传、普及著作权法律知识，组织本地区内的各种宣传工作，为各行业、部门举办讲座、培训，编写、出版有关著作权保护的资料、刊物；（5）在人民法院需要时，为其处理著作权纠纷案件提供帮助。

【深度探索】　　美国的著作权行政管理部门

美国从1870年开始，版权登记一律交国会图书馆进行，并延续至今。从1846年起，国会图书馆正式成为法定的出版作品提交存储机构。今天所称的美国版权局是国会图书馆下属的一个机构，主要职能是版权登记与信息查询，保存出版商提交的图书并造册，并没有实质性的行政执法权。根据《美国版权法》第701条的规定，美国版权局主要履行以下职权：就有关版权事宜向国会图书馆提建议、为联邦部局提供有关版权的信息和帮助、出席国际版权会议、进行有关版权的研究、履行国会指定的其他职责等。

第五节　著作权制度的变革趋势

从1709年的《安娜女王法令》开始，著作权制度现已历经300多年的演进。在此过程中，其权利性质与内容、保护范围、方式和手段等都发生了深刻的变化。尤其是20世纪中期以来，世界各国的著作权法变动更为频繁。理解现代著作权制度的变革趋向，必须将其置放到现代信息技术革命中去思考。“随着一旦已经发生的、表现为工艺革命的生产力革命，还实现着生产关系的革命。”❶ 现代信息技术革命作为一种先进生产力出现在历史舞台，必然要求生产关系形态的变革，由此又会导致作为上层建筑领域的法律制度的变化。同时，由于信息技术革命功能的发挥也离不开制度的参与，尤其离不开知识产权制度包括著作权制度的参与，因此著作权制度的变革还是各国运用制度和技术的互动关系促进经济增长和文化繁荣的具体体现。在现代信息技术的带动下，著作权制度呈现出现代化、国际化和战略化的趋向。

一、著作权制度的现代化

著作权自始即为技术之子。❷ 著作权制度的现代化就是要求在制度建设中充分关注新技术带来的各种影响，使制度建设适应复制技术和信息技术发展的进程。从历史上看，著作权制度的发展史就是不断适应复制和传播技术的变革而不断现代化的过程。英国版权法委员会主席沃尔认为，著

❶ 马克思：《机器、自然力和科学的应用》，人民出版社1978年版，第111页。

❷ Paul Goldstein, *Copyright Highway*, *Hill And Wang Adivision of Farrar*, *Straus and Giroux*, New York, 1994, p. 27.

作权法从其产生之日起，就一直不断地对录音、摄影术、电影摄影术以及广播诸领域的革新作出相应的反映。可以毫不夸张地说，著作权本身就是现代传播技术的“副产品”。❶ 具体来说，著作权制度的现代化过程历经印刷版权、电子版权和数字版权三个不同时期。

（1）印刷版权时代。印刷机以及此后在印刷技术上的改进，极大地改变了作者身份的经济意义。更加便宜的复制件，就意味着有更多的读者，而更多的读者，则带来了在总体上获得更大收益的前景。随着印刷成本的降低，每一复制件所承载的文学内容的相对价值就提高了。这是历史上第一次，作者天才创作的价值得以超过抄写员劳动的成本。❷“印刷时代”的到来，使复制成本大大降低，扩大了作品的传播，创造了巨大的经济利益，出版业成为高利润行业。从18世纪初叶《安娜女王法令》产生到19世纪末，是为著作权制度史上的“印刷版权”时期，其著作权权项主要是复制翻印权。❸ 正是在这个意义上，有人把著作权称为“印刷出版之子”，版权（著作权）即是“出版之权”。在“印刷时代”的版权制度中，以英国的《安娜女王法令》为代表的著作权制度得以萌生。也正是因为印刷技术在全球的普及，直接推动了著作权制度在世界范围内的建立。

（2）电子版权时代。以照相技术、电影、自动卷轴钢琴、留声机、广播、电视等技术的发明为标志，作品的传播进入了“电子时代”。“电子时代”作品的表现形式是作品的电子化，通过模拟电子技术的应用，将电子化了的作品固定在有形载体之上。在“电子时代”，作品的传播途径多元化，传播更加迅速、便捷。在“电子时代”，著作权法保护对象的范围大为扩大，涵盖了摄影作品、电影作品、电视作品、广播作品等电子作品，

---

❶ ［英］R. F. 沃尔等：“版权与现代技术”，王捷译，载《国外法学》1984年第6期。

❷ ［美］保罗·戈斯汀著，金海军译：《著作权之道：从谷登堡到数字点播机》，北京大学出版社2008年版，第32页。

❸ 吴汉东：“从电子版权到网络版权”，见《私法研究（创刊号）》，中国政法大学出版社2002年版。

权利形态也日益多元化，涵盖了改编权、表演权、放映权、摄制权、广播权等内容。

（3）数字版权时代。1945 年，美国莫克利（J. W. Mauchly）教授及其学生埃克特（J. P. Eckert）发明世界上第一台电子计算机。1969 年，美国国防部高级研究计划署（the Advanced Research Projects Agency，ARPA）利用新的通信技术将加州大学和斯坦福研究院的 4 台电脑主机连接起来，形成了一个“网络”（network）。计算机技术与通信技术的结合，是“数字时代”形成的基础。在数字网络环境下，著作权赖以存在的物质基础发生了重大变革，作品的类型不断增多，新型使用方式不断涌现。网络空间中作品易于复制、广泛传播的特点，导致了侵权门槛降低，增大了侵权风险，对传统著作权法律制度构成挑战。在“数字时代”，著作权保护延伸到互联网环境，信息网络传播权作为重要的著作权类型出现，技术措施和权利管理信息在著作权法中得到保护，网络服务提供者侵犯版权的责任制度和“避风港”规则得到特别的规范。

从具体内容上看，著作权制度的现代化包括制度基础、权利客体、作品利用方式和权利保护体系的现代化等。

（1）制度基础的现代化。制度基础是与人的观念和社会形态紧密相连的范畴，当复制技术和传播技术影响着人的一般认知和社会的基本结构之时，也冲击着人们的一般著作权观念。尤其是数字网络技术的出现，传统著作权的基本理论面临挑战，自由软件运动、“盗版党”的兴起以及知识共享协议等实践，均挑战着传统著作权的合理性。著作权制度面对着理论基础的现代化调适需求。通过强化著作权利益平衡理念，实现利益分享，促成著作权实现公正自由的文化生态和民主目标，将成为各国著作权制度发展的全新价值追求。

（2）权利客体的现代化。随着科学技术的发展，产生了一些新的受保护客体，著作权制度逐渐将它们纳入到受保护的范围之中。或者说，著作权制度承认它们是著作权保护的作品种类。从印刷版权到电子版权再到网络版权的现代化演进过程，也是权利客体不断拓展的过程。著作权由起初仅仅保护文字作品，逐步发展为对图形作品、摄影作品、电影作品、雕塑美术作品、杂技艺术作品、建筑作品、模型作品、数字作品等均提供保护。同时，由于人们对作品形式的认识还在深化，所以不少国家的立法中还作出弹性兜底规定，对“应当受到保护的其他作品”“法律和行政法规规定的其他作品”提供保护。

（3）作品利用方式和权利内容的现代化。随着科学技术的发展，产生了一些新的作品利用方式，著作权法逐渐将这些新的利用方式纳入权能范围。或者说，著作权制度让权利人有权利控制对于作品的新的利用方式。这突出表现在两个方面。其一，复制权所控制的复制行为，可以涵盖一切复制技术所提供的复制方式。有的国家法律甚至规定这些复制行为指向现在和将来复制技术所产生的一切永久或者暂时的复制行为。其二，传播权所能控制的传播行为，随着传播技术的发展而不断扩展。随着电子传播技术和网络传播技术的发展，机械表演、放映、数字网络传播等行为均被纳入传播权控制行为的范围。

著作权体系中的邻接权制度的产生和发生，也与新的利用作品的方式密切相关。[1] 无线电广播技术、录音录像技术、电视技术和卫星传播技术的产生，将表演者、录音制作者和广播组织的作用凸显出来。这些传播媒介虽然没有创作出新作品，但是为作品的传播付出了创造性的劳动和大量的投资，他们在此过程中形成的利益理应受到保护。由此，表演者权、录音制作者权和广播组织权逐渐产生，并成为著作权法体系中的重要内容。

（4）权利限制规则的现代化。著作权的权利限制是实现创作者、传播者和使用者利益平衡的基本调节器。在著作权制度现代化进程中，也必然面对着权利限制方式的不断跟进和完善。进入数字版权时代，不仅对于权利限制的一般标准要重新进行评判，而且对于其具体的情形还要进行筛选。当技术措施和数字版权管理系统进入著作权保护视野后，权利限制制度将受到技术措施和合同约定的严重冲击，如何在数字时代实现权利限制方式

[1] 李明德、许超：《著作权法》，法律出版社2003年版，第12页。

的现代化，成为著作权制度规则完善的重要任务。

（5）权利保护手段的现代化。著作权的保护往往采取民事形式。在进入电子版权和数字版权时代后，著作权的刑事保护手段进入法律视野。由于作品更容易被复制和传播，技术措施和权利管理信息等自力救济方式也在著作权法中受到保护。在网络环境下，网络服务提供者成为著作权保护的重要“瓶颈”。各国立法由此专门设立网络服务提供者侵犯著作权的责任与豁免条款，以强化网络时代著作权的保护，促进网络信息服务产业的成长。

二、著作权制度的国际化

著作权制度的国际化趋势是指著作权的基本原则和主要规则在全球范围内具有普适性。它意味着在国际著作权保护框架下，国际法高于国内法，国内法同于国内法，国内法遵从国际法。其实质意义在于，各国的著作权制度表现出一种趋同化与一体化的基本特点。具体来说，著作权制度的国际化趋势表现在三个方面。

首先，制度变革成果的国际条约化。通过国际条约确认各国在著作权保护内容、保护标准、保护水平等方面的最低要求，成为克服因著作权地域性特征导致本国权利人利益无法在境外得到有效保护这一缺陷的重要途径。就《伯尔尼公约》与《世界版权公约》而言，世界上大多数国家目前都是这两大著作权公约的成员国。《知识产权协定》的生效，使著作权从文化领域正式进入国际贸易领域，著作权问题第一次直接同国际贸易挂钩；同时，也标志着著作权制度进入了统一标准的新阶段。[1] 该协定不仅在目标、基本原则、实施程序、争议的防止和解决等问题上有统括性规定——当然适用于著作权领域，而且在条约中明确了其与《伯尔尼公约》的关系，规定了计算机软件、数据库、著作权期限、邻接权等具体内容。这直

---

[1] 吴汉东、曹新明主编：《西方诸国著作权制度研究》，中国政法大学出版社 1998 年版，第 33 ~ 34 页。

接导致缔约方需要协调本国立法与该协定的内容，促成著作权制度进入更高的国际化水准。

现代信息技术的出现和普及，使得不用借助载体即可进行著作权跨国贸易；网络技术的特征要求主权国家携手确定著作权保护的一般规则。世界知识产权组织在1996年通过《世界知识产权组织版权条约》（WCT）和《世界知识产权组织表演和录音制品条约》（WPPT），并分别于2002年3月6日和5月20日生效。随着时间的推移，WCT和WPPT得到越来越多的国家批准，成为全球各国应对现代信息技术革命、共同推进著作权制度国际化的具体体现。

其次，制度表现的国际趋同化。在具体的制度表现上，由于国际公约为各国著作权制度设定了最低的保护标准，所以各国在制定和修改著作权法时，有必要考虑国际上的通行做法，与《伯尔尼公约》等国际公约的最低保护标准保持一致。尤其是TRIPs协定中还规定了强制实施的各种执法措施，在将知识产权与贸易规则挂钩的同时赋予了知识产权国际标准以强制执行的效力，从而在国际法层面进一步推动了国内法的趋同。这种规则趋同化的两个突出表现是：一，不同法系国家之间尽管在著作权制度价值理念上的区别依然存在，但在涉及现代信息技术的著作权保护时这样的差别已越来越小；二，发达国家和发展中国家之间尽管在权利保护水平、保护内容、保护标准等方面存在差异，但都会按照“最低限度保护”原则建构本国的著作权法律制度。

最后，制度渊源的国际多样化。在经济全球化和地区经济一体化过程中，除了世界范围内的国际公约发挥着制度国际化的推动力量外，地区性的知识产权一体化也成为制度一体化的重要途径。欧盟是目前地区经济一体化最高的组织，自1992年正式签订《马斯特里赫》欧盟条约以来，推出了协调欧盟国家制度的一系列指令，促成各国著作权立法趋于接近。TRIPs协定生效以来，世界卫生组织、世界粮农组织、食品和农业基因资源的当事方和生物多样性公约当事方的国际会议均将知识产权问题纳入观察和规制的视野，这是发展中国家进行体制转换的结果。进入21世纪以来，自由贸易协定（FTA）成为美国推行价值观和拓展知识产权保护的手段。美国通过双边性以及区域性的自由贸易协定、反假冒协定以及经济战略合作协议等形式，拟定并推行网络著作权保护、延长著作权期限、强化边境措施和透明度的规定，不断提高著作权的保护水平。

三、著作权制度的战略化

技术的发展、文化产业的兴起已经使著作权摆脱了其所处的次要地位。自1950年起，随着新的复制、传播和利用作品的手段在市场上涌现，工业化国家出现了广义上的出版业和娱乐业。信息技术及大众传播工具飞跃发展，文化财产和文化产品在国际上的流通进一步扩大，文化产业对国家财富的贡献越来越大。事实证明，著作权能够促进创作活动，使创作者获得经济报酬，使其作品受到尊重，作者地位得到承认；同时，它还会有利于经营者，使其投资有保障，从而确保文化产业的飞速发展，使作品得到有利于社会的广泛传播。❶ 不仅发达国家，就是发展中国家，创作活动在教育、音乐、电视及其他文化领域也发挥着愈来愈重要的作用。著作权制度的战略化，正是要统合著作权制度在经济增长、文化发展和知识存量中的功能，对著作权规则进行全局性的或决定全局的谋划。

首先，多元利益主体参与著作权制度的建立与运行过程。著作权制度的建设越来越像专利制度一样，更多地受制于利益团体。现代信息技术在著作权领域造就了多元的利益主体，加剧了权利主体之间、权利主体和消费者之间的对峙；以软件行业、电影行业、音乐行业和消费者组织为代表的利益团队将会在制度建设中为着自己的目标而影响立法，从而在著作权制度战略化中发挥作用。

其次，不同国家的著作权制度规则在遵循最低保护标准的同时仍体现出战略上的差异化考量。这种差异化是战略上的具体考虑。制度建设的战

❶ ［西］德利娅·利普希克著，联合国教科文组织译：《著作权与邻接权》，联合国教科文组织译，中国对外翻译出版公司2000年版，第34~38页。

略化使得国家之间最终签署的有关著作权保护的国际条约表现出折中、平和以及具有较宽泛解释空间的特征。在运用著作权立法调整信息技术带来的各种问题时，各国因此会对条约作出有利于本国实际发展水平的解释，或者选择不同的立法模式、立法结构和保护手段等。

最后，著作权的制度功能体现着不同经济文化发展水平下的战略考量。一般来说，著作权制度设计的目标和功能在于保护创作者的合法利益，进而促进社会的进步和文化的繁荣。但是以美国为代表的发达国家，运用版权对相关产业的强保护已成为维系其贸易顺差的有力工具。正是在这样的功能战略下，发达国家总是基于国家利益、企图将自己所拟定的信息社会游戏规则强加于发展中国家，而不会考虑或很少考虑发展中国家社会结构的实际状况和实际承受能力，这使得发展中国家在发展信息技术上存在着诸多困境。建立适宜本国而又不违背国际通行规则的法律制度，就成为发展中国家参加新一轮带有全球化色彩的、社会变革运动的、必不可少的战略选择。发展中国家一般主张权利的弱保护，而发达国家则主张权利的强保护；同时，发展中国家之间、发达国家之间也会在权利保护的强弱上出现多样的表现。不同国家基于不同的目标形成利益的组合，在国际著作权制度中发挥各自不同的战略作用。

第二章　著作权的客体

从狭义上看，著作权是对文学、艺术和科学作品依法享有的专有权利，它由作者和其他著作权人行使，可以带来精神和物质上的收益。所以，日记、小说、散文、舞蹈……都是法律上要保护的对象。但是，各种“涂鸦”之作能不能当然就享有著作权，却不能一概而论。有人写了一篇长文，结果主要是重复、抄袭前人的作品，不仅不能享有权利，反而属于违法行为。是否构成作品，也不能以字数或者艺术成就为评判标准。有人写了一篇名为“生活”的现代诗，只有一个字“网”，不仅可以获得著作权，而且还在现代诗歌大赛中获了奖。这样简练的现代诗，也可以成为著作权的客体。由此可见，判断某一种表达形式是否能够成为作品，需要依照法律规定，结合法学理论和实践进行分析。本章将就此展开讨论。

第一节　概　　述

一、著作权客体的概念和要件

著作权客体就是著作权法律关系中权利人的权利和义务人的义务所共同指向的对象。由于著作权是绝对性和排他性的权利，因而著作权客体依权利人权利指向的对象予以确定，也称为著作权法保护的对象。

著作权客体的特征在于：(1) 著作权的客体是作为智力活动成果的作品。著作权客体究竟为何，学界存在不同观点。通说认为，著作权客体是人们直接支配和获得利益的知识产品，即作品。但也存在不同的观点。例如，有一种观点认为，著作权的客体是对作品的支配权。鉴于支配权是一种法律上的能力而非权利义务指向的对象，应该属于权利本体的内部构造，因此本书遵循通说，认为著作权的客体就是作品。（2）著作权的客体反映了著作权的本质特征。理论上，知识产权的本质特征由其客体得以显现，这已基本无异议。著作权的客体当然也反映出了著作权的本质特征。（3）著作权的客体具有非物质性。这一特征使得著作权具备了作为知识产权的共同特性。作品的非物质性体现出作品是作为精神的、主观的东西而存在。在知识商品化和全球化过程中，作品成为知识产品的一种类型而受到著作权法的保护。

由于著作权客体是作品，因此有必要分析作品的构成要件。我国《著作权法实施条例》第 2 条对作品所下的定义是：文学、艺术和科学领域内，具有独创性并能以某种有形形式复制的智力创造成果。由此可见，获得著作权法保护的作品必须满足一定的条件，具体包括以下方面：（1）作品必须具有独创性。所谓独创性，是指作品由作者独立创作完成，不是抄袭、剽窃他人成果而形成的智力劳动成果。（2）受到法律保护的是作品的表现形式。思想/表达二分法是确定著作权客体范围的基本准则，其含义是：著作权法所保护的客体，只能是作品的表达形式，而不能是作品的思想观念。（3）作品必须具有可复制性。作品虽不需要以有形载体予以固定，但可以通过印刷、绘画、摄影、录制、表演、放映等多种方式得以再现。（4）作品是法律规定的文学、艺术和科学领域的智力活动成果。称得上创作并成为作品，作者的智力活动是必不可少的。然而，并非所有的智力成果都属于作品，因为科学技术和经营性标记等就不属于作品。也就是说，著作权法保护的只是属于著作权法规定的文学、艺术和科学领域的创作。

此外，在英国、美国等国家还规定受到保护的作品必须以有形形式固定。也就是说，作品必须依附于一定的物质载体上。但是，也有不少国家对此并无要求。《伯尔尼公约》第 2 条规定，各成员国可以通过立法决定一般作品或者某一特定种类作品享受保护的条件是必须以某种有形形式加以固定。我国《著作权法》规定，作品无论以何种形式表现出来，一经创作即自动取得著作权。也就是说，作品无论是否以有形形式固定，都应该受到著作权法保护。但是《计算机软件保护条例》第4条规定："受本条例保护的软件必须由开发者独立开发，并已固定在某种有形物体上。"因此，计算机软件受到著作权法保护的条件中包括物质固定性。

关于独创性和思想/表达二分法的理解，涉及著作权客体的核心与本质，因此下文还将详加分析。

二、独创性

要想成为受著作权法保护的作品，最核心的要素就是具有独创性。独创性是典型的法律术语，也称为原创性，其基本含义是由作者独立构思而成的；作品的内容或者表现形式与已经发表的作品不相同，即不是抄袭、剽窃、篡改他人的作品形成的。这种界定虽然严格，但是却不好操作。实际上，如何判断独创性是整个著作权制度中最基本的问题，也是非常难理解的问题。最近，加拿大的法学家建议，验证原创性有两种标准：一是"呕心沥血"标准；二是"挑选和排列"标准。在加拿大法律中，只要满足其中任何一个标准，就足以受到版权法保护。[1]笔者倾向于从多个方面综合判定独创性的要求。

第一，独创性意味着作品乃作者独立创作完成，不存在任何抄袭、剽窃，也没有完全照搬已有的创作。也就是说，即便是针对同样的主题，作品也应该有着不同于以往的表达，反映作者个人的心得体会。对于某些作品，虽然其部分元素是借鉴前人的作品，但是在整体上具有独创性，也应该成为作品得到著作权保护。这就好比是立体三角形的每一个平面虽然都是已有的，但并不影响其整体的独立创作属性。

第二，独创性意味着作者进行了智力劳动。在美国曾经有法官运用

---

[1] ［加］大卫·约翰斯顿等著，张明澍译：《在线游戏规则：网络时代的11个法律问题》，新华出版社2000年版，第174页。

“额头冒汗”的原则来判断是否具有独创性。“额头冒汗”是非常形象的说法，也就是说，只要在创作过程中开动脑筋并且额头都出汗时，最终形成的成果才具有独创性。对于该原则，应该从两个方面理解。其一，它表明作品不必达到一定创作高度才受到保护。因此，以高新技术和创作行为相结合而产生的诸多信息产品理应纳入著作权法的保护范畴。其二，“额头出汗”原则并不意味着只要有智力付出就能够获得著作权。例如，收集本班同学的电话号码所形成的成果不是作品，这样的收集行为不是“智力劳动”，单纯依照“额头冒汗”原则并不能得出正确结论。

第三，独创性针对的是作品的表现形式，而不是作品所蕴含的思想。对于同样的思想观念，可以有不同形式的表述，如文字的、线条的、色彩的等。即便是文字的表述，也可以有不同的文字组合、不同的情节和不同的叙述方式。所谓的独创性，正是对这些表现形式的要求，而不会涉足思想领域。例如，大家都可以将《罗密欧与朱丽叶》和《梁山伯与祝英台》的主题思想归纳为“歌颂爱情”，但是绝不能因为二者主题思想的一致而否定这两部作品的独创性。

第四，独创性体现了一定程度的创造性，反映了作者个人的意志、观念和想法。智力活动是人脑的思维活动。作者通过大脑思维，将客观存在的各种素材、资料加以综合、提炼，并将自己的创作意图或独特构思融入其中，产生出别人可以感知的具有作者个人风格的文学、艺术或科学作品，这个过程就是创作。在创作过程中，作者的主观创造是不可缺少的，不能是简单的现象罗列、事实堆积。

第五，独创性不要求作品的新颖性，不取决于作品本身艺术价值的高低，与作品表现形式的简单或复杂无关联。无论是鸿篇巨制还是短文小品，也不管是轰动、畅销的艺术珍品还是自得其乐的零碎文字，都可以获得著作权保护；法律并不去追究蕴藏在文字、艺术和科学作品背后的艺术价值、应用价值和文学价值。这不同于申请专利的技术方案，一项技术能否获得专利权，一般来说必须是具有新颖性、非显而易见性的技术构思。

【实例 1】 “五朵金花”作品名称是否受保护 *

云南某卷烟厂以“五朵金花”为名称，生产销售香烟，并于1983年向国家工商局申请注册了香烟商标。《五朵金花》电影剧本的作者得知后，以卷烟厂侵犯其著作权为由向法院提起诉讼。本案争议的焦点是：电影剧本《五朵金花》作品的名称是否单独受我国著作权法保护？该案一、二审法院审理均认为，电影剧本《五朵金花》作品名称不能单独受我国著作权法保护，理由如下：

第一，名称是否受法律保护，要看其是否具备单独成为一部独立完整的文学作品应当具备的要素。一部受著作权法保护的独立完整的作品，应当具备两个方面的要素：一是能独立表达意见、知识、思想、感情等内容；二是具有独创性。电影剧本《五朵金花》是一部完整的文学作品，但“五朵金花”一词并不具备一部完整的文学作品应当具备的要素。首先，“五朵”和“金花”，其文字上不能独立表达意见、知识、思想、感情等内容；其次，在云南，众所周知，“金花”作为白族妇女的称谓，古已有之，并非剧本作者独创。因此，“五朵金花”一词只能与作品内容一起共同构成一部完整的文字作品。

第二，“五朵金花”一词并不构成《五朵金花》电影剧本的实质或者核心部分。即便作品的名称（或者其中一部分）并不具备一部完整的文学作品应当具备的要素，但是，只要它构成了该作品的实质或者核心部分，仍应予以著作权法保护。这一点在判定一部作品是否剽窃了他人的作品时，尤其应当予以审查。“五朵金花”一词不论从形式上还是从内容上均不构成《五朵金花》电影剧本的实质或者核心部分。如果对其单独给予著作权法保护，禁止他人使用“五朵金花”一词，既有悖于社会公平理念，也不利于促进社会文化事业的发展与繁荣。

第三，卷烟厂的行为既不损害原告的著作权，也不妨碍原告行使其著作权。无论从原告权利的角度考查还是从著作权侵权行为表现形式的角度考查，被告的行为都不损害原告著作权中任何一项人身权或财产权，也不妨碍原告行

---

* 昆明市中级人民法院〔2002〕昆民六重字第2号民事判决书；云南省高级人民法院〔2003〕云高民三终字第16号民事判决书。

使其著作权。

【实例2】 侵权作品的著作权保护

东方公司利用日本Yanoman公司享有著作权的两幅拼图中的部分图案，并结合地球、小星球图片设计了“宇宙神”图。后东方公司以新星厂生产的拼图图案侵犯其“宇宙神”的著作权为由将新星厂诉至法院。该案审理中涉及的主要问题就是东方公司的“宇宙神”图是未经日本Yanoman公司的许可擅自使用其作品而产生的侵权作品，东方公司对该侵权作品是否享有著作权，其享有的著作权能否受我国著作权法保护。本案在佛山市中院判决前，原告撤诉，但依然留给我们诸多思考。

东方公司“宇宙神”图是否属于作品，关键看其独创性的来源。因为尽管是“侵权作品”，也有两种情况：一是侵权作品与被侵权作品是同一作品，如原封不动或基本未加改动地照抄某一作品。在这种情况下，因为没有产生新的作品，所以此时的侵权作品实际上不是著作权法意义上的“作品”；在它上面并不产生著作权，因而也不受法律保护。另一类是侵权作品中含有独创的部分，已经构成相对独立于被侵权作品的新作品，如部分抄袭或未经许可对他人作品进行演绎等。此时，侵权作品作为一个不同于被侵权作品的新作品而产生了相对独立于被侵权作品的著作权，该权利依法受到保护。

当然，侵权作品的著作权人在行使其著作权时是受到限制的。首先，他可能要面临被侵权作品著作权人的起诉；此外，在主张自己权利的时候只能就自己独创的部分获得利益。国家版权局版权司在《关于地图著作权纠纷的答复》中认为，对于这种建立在侵犯他人著作权之上的作品，通常称为有权利瑕疵的作品，其著作权往往不能主动行使，因为一旦公开利用，必然侵犯他人著作权。但是，当第三人侵犯有权利瑕疵的作品的著作权时，其著作权人同样具有对抗之能力（被动行使著作权的能力）。有权利瑕疵的作品应享有的权利和应承担的责任应明确区分，否则，因作品的权利有瑕疵而使盗版人免除应承担的责任（甚至是刑事责任），这样的结果将是荒唐的。本案中，如果新星厂未经许可使用了东方公司“宇宙神”图具有独创性的部分，即应构成侵权，东方公司就有权主张其权利。不过，东方公司侵犯日本Yanoman公司的著作权会使其对新星厂的权利受限制，即在最后确定赔偿数额时应考虑到“宇宙神”

中含有侵犯他人权利的成分，应仅就其具有独创性的部分确定赔偿数额。

【实例3】 作品角色的著作权保护

1994年“美国沃尔特·迪斯尼公司诉北京出版社、新华书店总店北京发行所侵犯著作权案”❶中，被告因其复制发行的《善良的灰姑娘》《白雪公主的新家》等九本书中的卡通形象与原告享有版权的英文原著中的形象完全相同，并在每本书的封面均用了米奇老鼠的形象。请问，被告的行为是否构成侵权？

该案直接指向作品角色的著作权保护问题。一般来说，作品角色有两种：一是卡通形象。卡通形象既具有与人类不同的虚构外貌，又具有以文字和故事情节加以展示的个性特点。就思想观念与表达的分界来说，具有某种虚构外貌，同时又具有某种个性特点的卡通形象，使得法院更倾向于将它们认为是思想观念的表达。❷所以对于那些名气很大、具有明显独创性的角色形象，例如“米奇老鼠”“喜羊羊”“三毛”等，可以提供著作权保护。二是文学作品中描述的人物形象。一般来看，在文学作品中的人物形象是否应该获得版权保护上，法院有所迟疑并设定了较为严格的条件。美国第二巡回上诉法院的汉德法官在1930年的“尼克斯”案中曾提出过一个“独特描述与展开”的测试标准：一个人物形象在作品中越是得到了独特的描述或展开，就越有可能得到具体的或戏剧作品之外的保护。而在1954年的“华纳公司（马尔他猎隼）”一案中，第九巡回上诉法院又提出了一个“构成被叙述故事”的测试标准。按照这个标准，文学作品中的人物只有在得到最充分的描述，以至于该人物形象本身就构成了被叙述的故事的程度时，才可以获得版权保护。人物形象真正构成被叙述的故事是可以想象的。但如果人物仅仅是讲故事游戏中的一枚棋子，他就不在版权保护的范围内。❸基于以上分析，北京出版社在自己出版的丛书中使用具有独创性、受到著作权保护的卡通形象，其行为属于未经著作权人许可的复制发行，已构成侵权，应当承担侵权责任。

---

❶ 北京市第一中级人民法院〔1994〕中经知初字第141号。

❷ 李明德：《美国知识产权法》，法律出版社2003年版，第167页。

❸ 同上书，第165页。

三、思想/表达二分法

前已述及，思想/表达二分法是确定著作权客体范围的基本准则。一般来说，著作权法上的“思想”也称为“思想观念”，是指作品的思想、思路、观念、理论、构思、创意、概念、工艺、系统、操作方法、技术方案等，甚至包括了属于专利法保护的发明、程序、工艺和方法等。著作权法中的“表达”也称为“表达形式”，是指对于上述思想观念的各种形式或方式的表达，如文字的、音符的、数字的、线条的、色彩的、造型的、形体动作的表述或传达等。❶ 在具体的组成部分上，符号、结构和体裁等要素共同构成了作品的表达。三者并不是处于分散、游离状态，而是密不可分地联系在一起，使作品的内容得以充分、完整地表现。❷ 例如，仅仅为了记载有关信息而设计的表格，不能获得法律保护，但是，如果所设计的表格不仅是为了记载信息，而且本身还传达了足够的信息，则可以获得著作权法保护。

就思想/表达二分法的起源而言，可以追溯到 18 世纪英国的文学产权大辩论。在这场辩论中，维护著作权的人士认为：著作权保护的对象不是知识和思想，而是一种受到更多限制的对象。那么这个对象是什么？如何界定作品？起初，维护著作权者把作品限定为“被印刷的词句”，著作权仅仅是“印刷和重印作品的权利”。这种界定尽管明确了作品不是思想，但大大地限制了作者的利益，任何改头换面地利用都能逃避责任。于是，人们希望找到一种新的界定方式，它必须足以担当双重功能：（1）足以分清私权支配的范围和公众自由使用的领域；（2）具备足够的弹性，以制止改头换面的使用。于是，人们选择了“表达”来界定作品，这是目前为止

---

❶ 李明德：《美国知识产权法》，法律出版社 2003 年版，第 137 页。

❷ 吴汉东主编：《知识产权基本问题研究》，中国人民大学出版社 2005 年版，第 192～195 页。

人们尚无法超越的抽象境界。❶ 与此同时，“表达”也成为与“思想”相对应的法律范畴而逐渐得到承认。

在对后续作品是否抄袭此前作品的判定时，也往往会依赖于思想/表达二分法。一般来说，如果两部作品的思想观念部分具有相似性，并不会构成抄袭；反之，如果两部作品的表达形式具有相似性，则很有可能属于剽窃。

【实例】　　尼科尔诉环球电影公司案 *

在此案中，上诉人（一审原告）尼科尔是戏剧《阿比的爱尔兰玫瑰》(*Abie's Irish Rose*) 的作者。被上诉人（一审被告）环球电影公司公开制作了一部电影，名为《科恩一家与凯利一家》(*The Cohens and The Kellys*)。上诉人认为被上诉人的电影作品抄袭自她的戏剧。在联邦地区法院判决环球电影公司不构成侵权后，尼科尔向美国第二巡回上诉法院提起上诉。

上诉人的戏剧《阿比的爱尔兰玫瑰》描写了一个生活在纽约富人区的、只有父子俩的犹太人家庭。父亲固执地坚持他的儿子必须娶正统的犹太女子为妻。儿子违背父亲的意志，与一个爱尔兰的天主教女子秘密结婚。为了减轻此事对父亲的打击，儿子向父亲隐瞒了他的新娘的信仰和种族以及他们的婚姻，并告诉父亲对方是一位犹太姑娘。父亲请来了拉比，按照犹太教的仪式准备婚礼。与犹太人父亲一样，爱尔兰人父亲也固守其宗教信仰，拒斥其他教派。他认为，自己的女儿将要嫁的是一位爱尔兰的天主教男子。真相大白之后，两位父亲都因其孩子与异教徒结合而怒不可遏，都在寻求解除他们之间的婚姻。一年以后，两位父亲都宣布放弃这一努力。这对年轻夫妇有了一对双胞胎。他们的父亲各自来到这对年轻人的家，并在那儿相遇。当他们得知各有一个孩子用了自己的教名时，两人和解了。

被上诉人的电影《科恩一家与凯利一家》描写了两个生活于纽约穷人区、长期以来互相憎恨的犹太人和爱尔兰人家庭。犹太人家庭有一个女儿，爱尔兰

❶ Brad Sherman & Lional Bently, *The Making of Modern Intellectual Property: the British Experience, 1760 - 1911*, Cmbidge Univercity Press, pp. 9, 27 ~ 31, 28 ~ 35.

* Nichole V. Universal Picture Corp., 45 F. 2d 119, 7 USPQ 84 (2d Cir. 1930).

人家庭有一个儿子。两家的孩子相爱并秘密结婚。一位想娶犹太人女儿的律师告诉犹太人，他将继承一大笔财产。爱尔兰男子来寻找他的犹太新娘，被愤怒的犹太人父亲赶走。当他得知女儿与仇敌的儿子早已秘密结婚的真相后，无比愤怒。这对年轻夫妇有了一个孩子。一直被禁止去看望新生儿的爱尔兰人一家到犹太人家中，两位父亲发生了剧烈冲突。女儿被父亲赶走，她带着孩子回到了她丈夫那贫寒的家中。此时，那位实现不了目的的律师向犹太父亲披露，其所继承的财产实际上属于爱尔兰人。如果他愿意与之分享，该律师将保守秘密，但被犹太人父亲拒绝。他冒雨去仇敌的家中告诉真相，返还财产。当犹太人父亲即将离去时，爱尔兰人父亲同意与他平等地分享这些财产。至此，双方和解。

上诉法院认为，上诉人的戏剧《阿比的爱尔兰玫瑰》受著作权法保护，但是，被上诉人的作品与上诉人的截然不同。所以，被上诉人未侵犯上诉人的著作权。因此维持了地区法院的判决。在该案中，汉德法官运用“摘要层次法”进行了分析。他指出：“就任何作品，尤其是就戏剧作品来说，随着越来越远离情节，会有一系列越来越具有普遍性的模式与之相应。最后一个模式可能就是该戏剧是有关什么的最一般的陈述，有时可能只包括它的名称。但是，在这一系列摘要概括中，有一个不再受到保护的点。否则，剧作家就可能阻止他人使用其‘思想观念’。除了思想观念的表述，他的财产权永远不及于思想观念。”

除了根据作品的具体要素判定思想与表达外，有时也会出现一些特殊的情况，因此还应该遵循以下原则判断何谓思想，何谓表达。

（1）合并原则。当思想观念只有一种或有限的几种表述时，则著作权法不仅不保护思想观念，也不保护表达。这可以应用至功能性的和事实性的作品，如竞赛规则、游戏规则、实用艺术品的外观设计和计算机软件等。像象棋游戏规则就不可以获得版权。[1]

（2）情景原则。按照这一原则，文学作品中必然出现的某些因素，如事件、人物的特性和背景等，不受版权保护。因为这些要素是特定主题或

---

[1] 李明德：《美国知识产权法》，法律出版社 2003 年版，第 139 页。

思想观念的必然派生物，或者说作者在处理同一主题时不可避免地会使用到类似因素。例如，有关纽约警察的电影中往往会出现醉鬼、妓女、呕吐和汽车追逐等一类人物和情节。显然，对这些要素提供版权保护必然会阻止其他人就同一主题或思想观念进行创作。❶

（3）操作方法、技术方案和实用功能不受保护原则。因为这些实用功能的说明在理论上属于思想范畴，不适用著作权法保护。如果某人撰写了一本菜谱，而其他人根据这本菜谱所描述的步骤做出了这道菜，那么并不构成侵权。只有当他使用同样的表达方式撰写这样的菜谱时，才会构成侵权。

（4）事实归入思想原则。客观事实本身不能受到著作权法的保护，因为它们在本质上属于思想。虽然作者可能是第一个发现、报告或描述客观事实的人，但他并不能对事实享有著作权。当然，这里的事实并非仅指客观事实，而是只要求以事实的名目表现出来即可，例如考古报告、统计报告以及学术论证结论等。

对于采访、说明书、传记文学、编年史等题材而言，当它们与被说明对象之间的关系是绝对的、唯一的时候，作者不可能再有第二种表达方式，则这样的表达不具有独创性，不是作品，也不受著作权法保护；当其除了包含上述绝对的、唯一的信息表达之外，还加上了作者的主观评价，该评价性内容应该是作品，受著作权法保护。美国第五巡回上诉法院在1981年审理的“米勒”案❷中，原告创作了《黎明前的83小时》，后被告据此创作了电视剧。电视剧播出后，原告起诉被告侵权。法院在审理中明确指出，尽管作者在书中描述了事实，并且原告也最先发现了这些事实，但“发现者”仅仅是发现和记载。即便有原创性的“表述”，也因为事实不起源于任何人而不受版权法保护。也就是说，事实是处于公有领域中可供每个人使用的。

---

❶ 李明德：《美国知识产权法》，法律出版社2003年版，第139页。

❷ Miller V. Universal City Studies, Inc., 650F 2d 1365, 212 USPQ 345 (5th Cir, 1981).

【实例】　　　　　　　“采访稿”是否受保护

1992年12月，某省建筑行业先进工作者表彰大会在某市召开。会后组织先进工作者进行座谈，交流经验，《××》杂志社派记者参加了该座谈会。在会议过程中，该记者进行了录音，会后又对一些先进工作者进行采访，并将先进工作者在表彰大会上的发言稿复印带走。回杂志社后，该记者根据录音整理、采访笔记、先进工作者发言稿等材料，写了一篇《建筑行业经验谈》，发表在《××》1993年第2期上。1993年底，该记者偶然在《××文艺》杂志上发现一篇署名“张某”的报告文学《梦系广厦》，文中大篇摘引《建筑行业经验谈》的内容，甚至一连数段一字不变。《建筑行业经验谈》作者认为张某侵犯了其著作权，要求其赔偿损失，公开道歉。张某不予理睬，记者经多次交涉未果，愤而诉诸法院。

审判过程中，被告方认为《建筑行业经验谈》一文所引用的事例、数据都是从会议代表书面材料或座谈录音中摘引出来的，并非由原告自行创作，因而该采访稿《建筑行业经验谈》不是作品，不受著作权法保护，被告引用该文未构成侵权。原告方则认为，记者采访会议，势必要以会议中代表的发言录音作为素材，并对这些素材加以整理使用，以保证其报道的客观性、真实性。但原告采访稿中的事例、数据，并不是简单地照抄原发言材料，而是根据自己的写作构想对素材进行了取舍和加工，采访稿中运用了原告的智力劳动，这种写作方法应是创作，而应由原告享有著作权；被告不经原告允许，大篇抄袭，构成侵权。

法院认为，原告所作采访侧记《建筑行业经验谈》一文，虽根据他人材料写成，但并非简单照抄，而是根据自己的写作意图，运用自己的学识和构思，对这些素材进行了整理加工、择取安排，具有写作者写作风格，因而原告的写作过程属于著作权意义上的创作，该采访侧记属于著作权意义上的作品，属著作权法保护之列，判决被告公开道歉，赔偿损失。

第二节　作品的分类

一、作品种类的划分

理论上，作品有不同的分类标准。根据表现形式，可以分为：（1）以语言文字表现的作品，如书籍、小册子、演讲；（2）以动作表现的作品，如舞蹈、哑剧作品；（3）以声音表现的作品，如音乐作品；（4）以形状或色彩表现的作品，如美术作品；（5）以图纸或模型表现的作品，如模型作品等。按照作品的创作来源，可以分为原始作品、演绎作品及组合作品。按照作品是否发表，可以分为已发表作品和未发表作品。按照作品的署名情况，可以将作品分为实名作品、假名作品和无名作品。❶

在立法实践中，不同立法例会根据不同的划分方法或角度，规定受保护的作品种类。例如，《美国版权法》第102条列举了8类受到保护的作品，分别是：（1）文字作品；（2）音乐作品，包括配词；（3）戏剧作品，包括配曲；（4）表意动作和舞蹈作品；（5）绘画、图形和雕刻作品；（6）电影和其他视听作品；（7）录音制品；（8）建筑作品。虽然不同国家在列举受保护的作品种类时各不相同，但基本的出发点是罗列各种作品类型，以便为其提供著作权保护。

二、我国著作权法上的作品分类

《著作权法》第3条规定："本法所称的作品，包括以下列形式创作的文学、艺术和自然科学、社会科学、工程技术等作品。"这些作品具体包括：文字作品；口述作品；音乐、戏剧、曲艺、舞蹈、杂技艺术作品；美术、建筑作品；摄影作品；电影作品和以类似摄制电影的方法创作的作品；工程设计图、产品设计图、地图、示意图等图形作品和模型作品；计算机软件；法律、行政法规规定的其他作品。下文将结合有关规定，对不同类型的作品进行简略说明。

（一）文字作品

文字是人类用来进行交际的约定俗成的可见符号系统，它可以克服口头语言所受的时间和空间限制，实现人与人之间的有效交流。《著作权法实施条例》第4条第（1）项规定，文字作品，是指小说、诗词、散文、

❶ 冯晓青：《著作权法》，法律出版社2010年版，第44页。

论文等以文字形式表现的作品。实际上，除了文字以外，在著作权法律领域，以数字、记号等类似文字的各种符号表现的作品，都统称为文字作品。根据 TRIPs 协定第 10 条的规定，计算机软件也是文字作品。因此，文字作品实际上包括所有用文字或其他同于文字的各种符号来表达思想或情感的作品。

（二）口述作品

口述作品，又称口头作品。《著作权法实施条例》第 4 条第（2）项规定，口述作品是指即兴的演说、授课、法庭辩论等以口头语言形式表现的作品。它属于语言作品的一种，其根本特征就是未经任何物质媒介的固定，例如，教师的讲课，政治家或社会活动家的即席演讲、祝词，宗教家的谈经布道，律师在法庭上的即席辩论，艺人说书，酒席上的即兴赋诗等。口头作品应当是口头创作产生，如果预先写好然后经口头表述、朗诵或者宣读，就不是口述作品，而应理解为是对作品的表演。表述、朗诵或者宣读者可以享有表演者的权利。

对于口述作品，大多数英美法系国家并不保护，因为对口述作品确认取证相当困难，所以在这些国家要求作品都必须以物质形式予以固定，直接排除了口述作品。另外还有一些国家，认为口述作品也应该受到保护。但在具体保护方式上，又有不同：有的国家将其作为一种独立类型；有的国家将其视为文字作品的一种；有的国家认为其是某种类型的“表演”；还有的国家将口述作品与未固定的音乐、舞蹈等冠以“未以物质形式固定的作品”一起受到保护。《伯尔尼公约》规定口述作品是公约的保护对象，但是这种保护具有选择性，即既可以保护，也可以通过国内立法规定所有作品或任何特定种类的作品如果没有以某种物质形式固定便不受保护。

（三）音乐、戏剧、曲艺、舞蹈、杂技艺术作品

音乐是指凭借声波推动而存在、在时间中展现、通过人类的听觉器官而引起各种情绪反应和情感体验的艺术门类，是人类创造的诸多文化现象之一。《著作权法实施条例》第 4 条第（3）项规定，音乐作品是指歌曲、交响乐等能够演唱或者演奏的带词或者不带词的作品。构成音乐作品的要

素是旋律、和声和节奏。当配词和音乐连在一起，一般作为整体归入音乐作品。

“戏剧”一词有两种含义：狭义的戏剧专指话剧，即“drama”；广义的还包括东方国家、民族的传统舞台演出形式，如中国的戏曲、日本的歌舞伎、印度的古典戏剧、朝鲜的话剧等。《著作权法实施条例》第4条第（4）项规定，戏剧作品是指话剧、歌剧、地方戏等供舞台演出的作品。它将人的连续动作同人的说唱表达有机地编排在一起，能够在舞台上表演或反映。因此法律上的戏剧作品是广义上的戏剧。需要说明的是，戏剧作品指的是剧本，而不是一台戏的现场演出活动。其理由在于：（1）剧本作为一种文字形式，尽管基本手段是文字，但剧本的本质不在于叙述而在于戏剧性，即它的基本价值在于可演性。（2）《伯尼尔公约》第11条第2款提及“戏剧作品的译本”，显然只有戏剧作品的剧本才会有译本之说。（3）我国《著作权法实施条例》将戏剧作品界定为“供舞台演出的作品”，言下之意也是指向戏剧的剧本。

曲艺亦称说唱艺术，是以带有表演动作的说唱来叙述故事、塑造人物、反映社会生活、表达思想感情的一种艺术形式。我国目前的曲艺种类约有400种，如相声、快板、评书、大鼓等。《著作权法实施条例》第4条第（5）项规定，曲艺作品是指相声、快书、大鼓、评书等以说唱为主要形式的表演作品。它大抵有两种情形：[1] 一种是以底本或脚本为基础，由演员加以表演，这相当于戏剧作品的情形；另一种是即兴的说唱，又相当于口述作品。在后一种情形，说唱者既是曲艺作品的创作者，又是曲艺作品的表演者。

舞蹈是人体动作的艺术，正如《毛诗序》所说：“情动于中而形于言。言之不足，故磋叹之；磋叹之不足，故咏歌之；咏歌之不足，不知手之舞之，足之蹈也”。《著作权法实施条例》第4条第（6）项规定，舞蹈作品是指通过连续的动作、姿势、表情等表现思想情感的作品。同样的道理，

---

[1] 李明德、许超：《著作权法》，法律出版社2003年版，第37页。

著作权法中的舞蹈作品也不是指现场演员在舞台上的表演，而是指对舞蹈的动作设计和安排，无论它是以书面还是以其他形式固定下来均可。

杂技有广义与狭义之分。狭义的杂技指的是耍（耍器物）、变（变魔术）、练（人体机巧动作）等表现的表演艺术；广义的杂技也包括马戏。《著作权法实施条例》第4条第（7）项规定，杂技艺术作品，是指杂技、魔术、马戏等通过形体动作和技巧表现的作品。可见，法律上的杂技艺术作品也是指向广义的杂技类型。我国杂技在世界上享有很高的声誉，杂技造型具有独创性，将其规定为著作权法保护的客体，有利于杂技艺术的发展。需要注意的是，杂技表演是技术和艺术的集合，其中的杂技动作、难度等技巧成分，如魔术表演中的隐饰动作、马戏表演中跳跃障碍等高难度动作、杂技表演中的走钢丝、顶碗、呼啦圈、滚球等，不能受到著作权保护。

（四）美术、建筑作品

《著作权法实施条例》第4条第（8）项规定，美术作品是指绘画、书法、雕塑等以线条、色彩或者其他方式构成的有审美意义的平面或者立体的造型艺术作品。它主要包括：（1）绘画；（2）书法与篆刻；（3）雕塑，即雕刻和塑造。美术作品必须是经由人类创作而形成，自然形成的冰花、雨石、树根、奇峰等，都不是美术作品。

建筑作品是一种与美术作品并行的作品类型。美国1990年《建筑作品法》、英国1988年版权法、《伯尼尔公约》等均强调建筑作品是独立的作品类型。《著作权法实施条例》第4条第（9）项规定，建筑作品是指以建筑物或者构筑物形式表现的有审美意义的作品。它是通过对各种建筑的实体与空间及周围的自然环境的统一组织和处理，使建筑物既有实用功能，又达到审美要求的一种空间艺术。根据我国法律规定，建筑作品不是指建筑模型，而是建筑物或其构筑物本身。

【深度探索】 建筑作品的保护范围及其著作人身权

与中国现有的规定不同，《美国版权法》第10条对建筑作品进行了定义。“建筑作品是指，体现于有形表达工具（包括建筑物、建筑设计或草图）上的建筑物的设计。建筑作品包括整体外形，以及空间和设计中各种因素的排列、结合，但不包括单个的标准特征。这表明：（1）建筑作品是指建筑物以及建筑物的设计，而不是指三维的建筑结构，而且，建筑作品可以体现在任何有形的表述工具上，如建筑设计图上，而不一定非要体现在实际的建筑物上。（2）建筑作品包括整体的外形、空间和设计中各种因素的排列、结合。建筑式样的独创性通常采取的形式是，选择、协调或编排不受保护的因素，使之成为原创性的受保护的整体；一件建筑作品可能将新的、受保护的设计因素纳入标准的、不受保护的建筑特征中；内在的建筑式样可能受到保护。（3）单个的标准特征不受保护，如通常的窗户、门和其他的大宗建筑部件。

建筑作品作者的精神权利包括作者身份权和作品的完整权。前者是指，建筑作品的作者可以要求在建筑物上和有关该建筑物的作品中写上自己的姓名；后者是指，未经权利人同意，不得对其作品进行有损其名誉或声望的任何歪曲、篡改或其他改动或损害其作品。行使作品完整权是一个非常棘手的问题，因为建筑物的主人可以为使用建筑物而对其进行某些必需的实用或技术上的改造，这样做是合情合理的。于是发生了著作权和所有权的冲突。美国版权法允许建筑作品的建筑物所有人可以不经该建筑作品作者的同意，改动或授权改动该建筑物，拆毁或授权拆毁该建筑物，这体现了对建筑物所有权人的保护。

【实例】　　中国书法家赢得跨国著作权官司 *

1994年春夏之交，中国著名书法家关东升应美国知名大公司道琼斯公司总裁康彼得先生之邀，题写了具有独特风格的“道”字，并题写“君子爱财，取之有道。康彼得先生正”作为落款。2002年2月，道琼斯公司未经其许可将该款“道”字用于其公司的商业标识，应用范围包括网络、报纸广告、图书、户外广告、公司简介、各种宣传材料等。2003年3月，关东升向北京市第一中级人民法院递交起诉状，状告道琼斯公司侵犯其书法作品著作权，请求法院判令被告停止侵权行为，公开赔礼道歉，赔偿经济损失及精神损失人民币500万元等。

2003年7月，北京市第一中级人民法院对这起案件进行了公开开庭审理。

---

* 北京第一中级人民法院民事判决书〔2003〕一中民初字第2944号。

法院认为，原告1994年所书写的“道”字为书法艺术创作成果，属于书法作品。原告作为创作者，对该作品享有著作权。道琼斯公司虽然受赠获得该作品的原件，并未获得该作品的著作权，不能据此认为原告已许可其将该作品作为商业标识使用。因此，道琼斯公司的行为侵犯了原告对其作品享有的复制权、发行权及信息网络传播权。由于其在以商业标识方式使用原告作品过程中，未给原告署名，同时将原告书法作品的题跋、落款、名章、闲章删去，构成对原告就其作品所享有的署名权、修改权的侵犯。由于原告因道琼斯公司侵权行为所遭受的损失及道琼斯公司因此所获得的利益不能确定，法院根据著作权法的规定酌情确定赔偿数额。对于原告关东升提出的巨额索赔数额，法院认为，原告主张的经济损失赔偿数额过高，道琼斯公司使用“道”字作品作为其商业标识，虽然使用方式包括广告、网页、名片等多种方式，但性质都是一致的，都应视为一项侵权行为。另外，虽然关东升提出了精神损害赔偿的请求，但由于其未能就道琼斯公司侵权行为给其造成的精神损失的实际费用提供证据，因此法院对该项诉讼请求没有支持。9月22日，北京市第一中级人民法院作出一审判决，美国道琼斯公司因将关东升教授书写的“道”字书法作品用于其商业标识，侵犯了关东升对其作品享有的著作权，被判立即停止侵权行为，书面赔礼道歉，并赔偿经济损失405 684元。

（五）摄影作品

摄影是记录事物影像的一种科学技术手段，是建立在机械、化学、光学等一系列现代科学技术基础上，运用照相器材和设备记录和显示事物影像的过程。摄影作品是指借助器械，在感光材料上记录客观物体形象的艺术作品。《著作权法实施条例》第4条第（10）项规定，摄影作品，是指借助器械在感光材料或者其他介质上记录客观物体形象的艺术作品。摄影作品不是美术作品，这是除英国等少数国家以外大多数国家的通例。因为摄影作品的创作过程更多依赖被摄影对象及摄影工具，如使用蔡司镜头与使用普通镜头拍摄同一物体的效果肯定不同。因此，摄影作品与美术作品的独创性在本质上并不相同。

（六）电影作品和以类似摄制电影的方法创作的作品

电影，是指根据“视觉暂留”原理，运用照相以及录音手段把外界事物的影像及声音摄录在胶片上，通过放映以及还音，在荧幕上造成活动影像并伴以声音以表现一定内容的技术。电影作品是以电影技术为手段，以画面和音响为媒介，在银幕上予以放映、播放的作品。以类似摄制电影方法创作的作品，指的是与电影作品摄制方法类似、表现途径一致的作品。《著作权法实施条例》第 4 条第（11）项规定，电影作品和以类似摄制电影的方法创作的作品，是指摄制在一定介质上，由一系列有伴音或者无伴音的画面组成，并且借助适当装置放映或者以其他方式传播的作品。

在《伯尔尼公约》和英美等国的著作权法中，都有与“以类似摄制电影方法创作的作品”相类似的表述。因为仅规定电视、录像等作品而未穷尽其他类作品，载有音像节目的半导体芯片、激光视盘等作品就会被遗漏在此类作品之外。在某些国家，也可以用“视听作品”（Audiovisal Works）概括电影、电视、录像作品，但并未最终形成通说。不过在国内实践中，也常常以视听作品指称电影作品和以类似摄制电影方法创作的作品。下文为表述方便，也将电影作品和以类似摄制电影方法创作的作品简称为电影类作品或视听作品。

【实例】　　　　手机电影 *

2005 年 10 月 7 日，法国举办“手机电影节”。举办者巴黎电影中心曾向一些电影制作人员、作家、音乐家和其他创作人员共发放了 100 部第三代移动通信（3G）手机，让他们去进行试验性拍摄。他们拍摄的许多作品参加了此次“袖珍电影节”的竞赛。此次电影节的参展影片既包括短至 30 秒钟的短片，也包括标准长度的在意大利首都罗马拍摄的手机影片，既有幽默滑稽片，又有个人日记形式的影片和其他特写影片，充分展现了一种新兴艺术形式。在开幕式上，共放映了 6 部参赛影片和英国导演迈克·菲吉斯的《时间密码》。所有参赛电影和其他一些电影都将在巴黎电影中心的影院放映，人们在中心大厅设置的手机屏幕上也可以欣赏到这些电影。参加电影节的人们如果有意尝试一下手机电影这种新的艺术形式，还可以使用电影中心的特别工作室和编辑设

* “法国举办别开生面手机电影节‘袖珍电影节’”，载 http：//news. xinhuanet. com/ent/2005 - 10/09/content_ 3595909. htm，2007 年 12 月 25 日访问。

备，在演员和技术师的帮助下一显身手，制作自己的微型电影。电影节负责人洛朗斯·赫兹伯格表示，他不认为一些大导演会使用手机拍摄电影，但是手机电影是一种新形式，并将吸引许多喜欢手机电影的人，同时他也不赞成视手机电影为一种花招的观点，并举例说数码摄像机一开始为传统电影制作人所不齿，而今它已广为人们接受。另外一些参加电影节的电影制作人则表示，由于手机本身功能的限制，使用手机拍摄电影反而让他们更加有创造力。据悉，使用手机拍摄电影受到的限制就如同使用早期原始的电影设备制作电影一样。

（七）工程设计图、产品设计图、地图、示意图等图形作品和模型作品

《著作权法实施条例》第4条第（12）项规定，图形作品，是指为施工、生产绘制的工程设计图、产品设计图，以及反映地理现象、说明事物原理或者结构的地图、示意图等作品。模型作品是指为展示、试验或者观测等用途，根据物体的形状和结构，按照一定比例制成的立体作品。其中，工程设计图指的是为拟建工程的实施在技术和经济上进行全面安排、提供依据的图形作品和模型作品，产品设计图指的是为进行产品生产而设计的图形作品和模型作品；前者如发电站设计图、铁路设计图，后者如新一代洗发液设计图等。地图是以图形或模型（如地球仪）表示地球表面某些现象、空间分布的一部分或全部的图形作品，如军事地图；示意图是指借助简单的点、线、几何图形等符号来说明内容较为复杂的事物及其原理，或为显示事物具体形状或轮廓而绘制的略图（草图），如三峡工程示意图、长征二号捆绑式火箭示意图。

（八）计算机软件

计算机软件是指计算机程序及有关文档。计算机程序，是指为了得到某种结果而可以由计算机等具有信息处理能力的装置执行的代码化指令序列，或者可以被自动转换成代码化指令序列的符号化指令序列或者符号化语句序列。同一计算机程序的源程序和目标程序为同一作品。文档，是指用来描述程序的内容、组成、设计、功能规格、开发情况、测试结果及使用方法的文字资料和图表等，如程序设计说明书、流程图、用户手册等。

按照TRIPs协定的规定，计算机软件应被看作文字作品而受到保护。我国著作权法没有明确将计算机软件作为文字作品保护，而是将之归入一类特殊的客体予以规范。我国《著作权法》第59条也规定，计算机软件的保护办法由国务院另行规定。2001年12月，国务院颁布了修改后的《计算机软件保护条例》，于2002年1月1日起实施。但是，计算机软件作为著作权保护的客体，是否需要通过单行条例进行专门保护，还是存在不同的观点。实际上，除了个别的特殊制度规则外，计算机软件中的文档部分完全可以作为文字作品保护。对于计算机程序，则可能存在著作权法、专利法和商业秘密保护等多种途径，单一的著作权规则无法提供周延的保护。对于计算机程序中可以由著作权保护的内容，除了在终端用户使用权等少量规则较为特殊、需要加以专门条款规定外，并不需要单行立法的规制。鉴于此，将计算机软件视为文字作品进行保护，也并无不可。

【深度探索】 计算机软件版权保护模式的确立及其争论

1964年，美国版权局通过版权登记的方式为计算机软件提供版权的法律保护。1972年，菲律宾首次将“计算机程序”写入其版权法的保护对象，成为世界上第一个用版权法保护计算机软件的国家。1980年12月12日，美国国会通过了对美国版权法的修正案，修改后的《版权法》第101条中增加了“计算机程序是为了得到某种结果而直接或间接地用于计算机内的一组语句或指令”这一定义，明确了计算机软件作为版权客体的地位。第117条对软件专有权利作出限制，即允许对程序作必要的修改和以存档为目的的复制，该规定为其他诸多国家所效仿。世界知识产权组织曾于1978年和1983年推出了《保护计算机软件示范法条（草案）》，均是以版权保护为基础，结合其他法律部门而设计的综合性软件保护法，作为对各国计算机软件著作权保护立法的一种建议和参考。1985年6月，德国的立法机构完成了对其1965年《版权法》的修改，正式把计算机程序列入受保护的作品范围。之后，大多数国家和地区都通过版权立法，将计算机软件列入版权法保护对象。TRIPs协定第10条[1]以及

[1] 《知识产权协定》第10条第1款规定：“计算机程序，无论是源代码还是目标代码，应作为《伯尔尼公约》（1971年文本）下的文字作品给予保护。”

WCT的第4条[1]为计算机软件作为作品在其缔约方获得版权保护提供了统一的标准和依据。现在，计算机软件作为一种新型作品受到著作权保护逐渐成为各个国家和地区的共识，几乎所有已经建立著作权保护制度的国家和地区都将计算机软件作为作品给予著作权保护。

将计算机程序纳入著作权保护也引起了种种批评，其代表性观点有：(1)人不能直接识别计算机程序，这种程序主要有实用功能，因为它可借助于电子手段完成某一特殊任务或得出某一特殊结果。因此，它也不属于美学范围，而属于实用范围。(2)著作权不保护思想；计算机程序应受专利权保护。(3)应当保护的是计算机程序的内容，而不是其正式表现形式，后者属于著作权的范围。(4)对计算机程序实行一种与现行著作权制度一样开放的国际保护制度是不合时宜的，对发展中国家尤其如此，因为在这些国家中，重要的是像对硬件所做的那样，为在当地编制的、与人们希望进口的计算机程序在“功能上相等”的计算机程序建立“专门市场”（巴西）。(5)计算机程序用户应拥有备用拷贝，著作权法在作品方面没有规定这一可能性。(6)不违反著作权保护制度，就不可能将计算机程序列为受著作权法保护的作品——这就会导致歪曲该制度。[2]版权法保护计算机程序的最大问题是，法律中没有根据程序的情况作出具体规定。依照法律对文学作品的要求，受保护的程序要具有原创性，这种原创性要求作品达到一定的高度、水平。是否达到这一要求，由法院根据程序对数据和指令的选择、收集、分割等一般知识进行比较，而这往往导致计算机软件不能得到著作权保护。

针对上述批评，大体可以回应如下：(1)计算机程序是一种作品。(2)著作权为保护作品免受未经授权的使用而规定的经济权利适合计算机程序：将一件作品输入计算机存储器相当于复制，将其在屏幕上放映出来相当于演出。(3)人不能直接识读计算机程序这一点并不妨碍人们将其视为一件作品，而且它与录制在电磁带上并只有借助于电子手段才能识读的视听作品和音

---

[1] WCT第4条规定：“计算机程序作为《伯尔尼公约》第2条意义上的文学作品受到保护，此种保护适用于各计算机程序，而无论其表达方式或表达形式如何。”

[2] ［西］德利亚·利普希克著，联合国教科文组织译：《著作权与邻接权》，中国对外翻译出版公司2000年版，第77页。

乐作品并没有什么两样。(4) 在承认著作权保护方面没有把作品的价值、用途和表现形式考虑在内。因此，计算机程序不属于美感或美学范畴，它们有实用功能，并且是用编码或其他形式表达出来的，这些事实都不影响计算机程序可以成为著作权保护的对象。(5) 将计算机程序置于专利权制度管理之下，并不能满足保护该程序所含思想的需要，要是这样做的话，就会产生过分的垄断，从而影响智力的继续开发，还可能导致取消竞争。(6) 著作权不仅保护作品的正式表现形式，而且还保护作品的内容。(7) 国际传统的著作权制度正在自动和有效地保护着各种作品，而建立保护计算机程序的、同样的国际制度则需要很多时间。(8) 缺乏法律保护抑制创造性。如果仅仅是外国作品不享受这种保护，那么它们就可能同受到保护的本国作品进行不正当竞争，并且可能取而代之，因为用户只要能免费得到或以低廉的价格得到外国作品，就极少会使用本国作品。

(九) 法律、行政法规规定的其他作品

这是一个弹性的兜底条款。随着科学技术的不断发展，有可能产生法律所无法预测到的作品种类，一劳永逸地列举出所有的作品类别是不可能的，也会制约法律规则的前瞻性。因此，立法规定一个弹性条款，为未来的著作权法发展留下了余地。

需要特别说明的是，现实生活中各种类型的作品能否受到著作权法的保护，并不仅仅在于它们能否被归入《著作权法》所规定的某一种类型。也就是说，那些虽然可以被归为音乐作品、口述作品、舞蹈作品或摄影作品的表达形式，能否最终获得保护，还要看其是否满足作品的要件。例如，那些日常生活中的寒暄、交谈、证件照或一般的留影等，一般不具有著作权法所要求的独创性，所以不属于著作权法保护的作品。再比如，在地图和示意图等作品中，受到保护的也只是绘制者独特选择、编辑和加工的部分，而不能包括处于公有领域的事实或者没有独创性的表达。

第三节　著作权客体的特殊类型

在著作权法明确列举的作品之外，还会出现比较特殊的著作权客体类

型。这些客体类型要么与一般的作品存在保护要求上的区分，要么在保护方式上与普通作品存在不同选择。就目前著作权法的发展阶段而言，民间文学艺术、实用艺术作品和数据库是比较特殊的著作权客体，它们不能简单归入著作权的某一类，因此有必要进行专门探讨。

一、民间文学艺术作品

《著作权法》第 6 条规定，民间文学艺术作品的著作权保护办法由国务院另行规定。这表明，我国立法将民间文学艺术作品纳入著作权保护范围。但是何谓民间文学艺术作品，法律并未予以明示。根据 1976 年世界知识产权组织和联合国教科文组织共同制定的《突尼斯示范著作权法》，民间文学艺术作品是指在某一国家领土范围内可认定由该国国民或者种族群落创作的、代代相传并构成其传统文化遗产之基本组成部分的全部文学、艺术和科学作品。不过，随着对民间文学艺术作品本质认识的不断深入，对于这一表述是否还合乎时代的发展存在不同的观点。一种观点认为，民间文学艺术作品的提法不够准确，比较适当的提法应当是“民间文学艺术”（folklore）或者“民间文学艺术表达”（expression of folklore）。❶ 另一种观点认为，既然目前国内立法已经使用民间文学艺术作品的表述，也就没有必要使用其他术语。❷ 从国际立法的发展看，1982 年的《保护民间文学艺术表达、防止不正当利用及其他侵害行为的国内法示范条款》以及 1989 年《关于保护传统文化和民间文学艺术的建议案》中使用了民间文学艺术表达或者民间文学艺术等表述，因此继续使用民间文学艺术作品会在某种程度上限缩法律的保护范围。不过考虑到法律已有的规定，本书还是采取民间文学艺术作品的表述。

民间文学艺术作品代表了本民族文化艺术遗产的独特部分。在我国出台《非物质文化遗产保护法》后，很多地方开始以对非物质性文化遗产进

❶ 李明德、许超：《著作权法》，法律出版社 2003 年版，第 49 页。

❷ 冯晓青：《著作权法》，法律出版社 2010 年版，第 67 页。

行保护的方式对民间文学艺术提供法律保护。《传统工艺美术保护条例》规定了国家保护传统工艺美术的原则、认证制度、保护措施、法律责任等，是民间文学艺术保护方面的重要文件。当然，这些保护主要是行政手段，而不是民事权利保护。实际上，著作权法要为民间文学艺术作品所提供的是一种民事保护，因此并不与非物质文化遗产的保护模式发生冲突。

具体来说，民间文学艺术作品具有以下特征。

（1）主体上的群体性。民间文艺作品在最初创作时可能没有确定的作者，也可能是群众的集体创作，不过可以确定的是，该作品已经体现了社会群体整体的创作风格和特点；在长期的延续过程中，群体中的每个人都可能对该民间文学艺术作品的传承作出贡献，当地的风土人情都可能渗透于其中，使之成为本民族文化生活中密不可分的一部分。但是在法律上，能够行使权利的并不是群体中的每个个人。相反，实践中可以享有权利的是所在地区的文化主管部门或者政府。对此，《突尼斯示范著作权法》即规定，主管当局可以对本国民间创作的作品享有并行使权利。我国司法判例中也确认民间文学艺术作品原创地政府机关可以作为民间文学艺术作品民事案件中的诉讼主体。

（2）时间上的延续性。民间文学艺术是经世代相传、不断变化而逐步形成的，具有明显的继承性，体现了各个历史单元特有的文化风格，具备浓烈的民族色彩。对民间文学艺术进行保护，不仅是经济考虑，更多的还在于维护民族情感，这决定了民间文学艺术作品并不能按照普通作品的时间性要求进行保护。《突尼斯示范著作权法》规定，对本国民间创作的作品提供的保护不受时间限制。不过，对于未经加工、整理的民间文学艺术作品发表后是否规定一定的保护期，则存在不同的认识。如埃及、摩洛哥等国认为，应从发表之日开始计算保护期；非洲知识产权组织则认为，其保护期也是无限的。

（3）表现形式上的特殊性。民间文学艺术作品是人们在长期的生产实践活动中创造的、不占有任何物理空间但却能够被人的感觉所感知的一种文化表达形式。在这个意义上讲，民间文学艺术作品可以成为其他作品创作的源泉。其他主体可以根据民间文学艺术进行改编、整理和演绎，创作出普通的著作权法上的作品。例如，经过整理而成为西部民歌的《掀起你的盖头来》《达坂城的姑娘》等，就属于前述的音乐作品而直接受到法律保护。但是在进行演绎创作时，必须尊重民间文学艺术作品的著作权。

【实例】　《乌苏里船歌》案*

中央电视台在1999年11月直播了一台“南宁国际民歌艺术节”晚会。当时的主持人在郭颂演唱之后说：“刚才郭颂老师唱的《乌苏里船歌》明明是一首创作歌曲，可长期以来我们一直把它当作是赫哲族民歌。”并且，在郭颂演唱时，屏幕上打出的《乌苏里船歌》作曲为汪云才、郭颂，作词郭颂、胡小石。赫哲族四排乡政府及双鸭山市赫哲族研究所认为，《乌苏里船歌》是从赫哲族民歌《想情郎》改编而来，上述这些行为严重侵犯了赫哲人的著作权，所以代表赫哲人对郭颂、中央电视台等提起诉讼。2002年12月27日，一审判决原告赫哲族胜诉。法院认为，在东北赫哲族中流传的民间音乐曲调《想情郎》属于赫哲族传统的一种民间艺术形式，应受法律保护。在符合我国宪法和特别法律关于民族区域自治法律制度的原则且不违反法律禁止性规定的前提下，原告作为民族乡政府，可以以自己的名义提起诉讼。《乌苏里船歌》的主曲调是郭颂等人在赫哲族民间曲调《想情郎》的基础上进行了艺术再创作，改编完成的作品。郭颂等人使用《乌苏里船歌》时应客观地注明该歌曲曲调是根据赫哲族传统民间曲调改编。

被告郭颂、中央电视台对判决有异议、提出上诉。2003年12月17日，北京市第二中级人民法院作出终审判决，维持一审判决结果，驳回上诉。法院认为郭颂、中央电视台以任何方式再使用音乐作品《乌苏里船歌》时，应当注明“根据赫哲族民歌曲调改编”。被告在《法制日报》上发表《乌苏里船歌》系根据赫哲族民间曲调改编的声明，分别给付黑龙江省饶河县四排赫哲族乡人民政府因案件诉讼支出的1 500元合理费用。法院没有支持赫哲族乡政府索赔50万元的诉讼请求。

* 北京市第二中级人民法院〔2001〕二中知初字第223号民事判决。

【深度探索】 民间文学艺术表达私权保护模式的选择

民间文学艺术表达保护的基本思路和基本模式[1]主要包括：第一，综合保护机制。采取法律制度、政策体系、自发保护、商业团体介入的结合。第二，民事保护制度。民事保护中主要是对无形文化遗产提供者给予知识产权保护。第三，行政保护，包括设立民间文学艺术表达保护中心、公布民间文学艺术表达名录、建立民间文学艺术表达数据库、确定民间艺人名单等。第四，建立新的法律制度——特别保护机制，为民间文学艺术表达的受益人、持有者提供类似于知识产权的保护，或者对知识产权制度进行改造、完善和扩张。

传统著作权保护架构在适用民间传统文化时困难重重：(1) 许多国家认为，民间创作表现形式属于公有领域。(2) 政治区划与文化领域的界限往往不相吻合。(3) 历史上的边界变动，以及艺术表现形式的性质时而"变化"，均引起了一些问题。(4) 在许多情况下，一种民间创作的内容并非一家独有。几个社区都可以使用同一种表现形式或至少是一部分表现形式，并可要求享有同样的专有权。(5) 民间创作的表现形式不断发展变化，因此一个主管当局很难对某一种向公众传播的民间创作表现形式的"纯度"发表意见。(6) 对民间创作表现形式明确实行公有领域有偿使用制度可以保证有更多的人参与对民间创作表现形式的利用。[2]

相较于版权保护的模式，不少学者认为采用特殊权利保护的模式更有利于民间文学艺术的发展。这主要基于：(1) 主体的特殊性。民间文学艺术的权利主体主要是群体，并且应该由法律授权的机构去享有或行使该权利。这使得民间文学艺术与一般版权作品的权利主体具有差异性。(2) 表现形式的特殊性。民间文学艺术的外在形式包括以下四种：一是言语表现形式，如故事、史诗、传说、诗歌、谜语、文字、标志、名称和符号；二是音乐表现形式，如歌曲和器乐；三是行动表现形式，如舞蹈、游戏、典礼、仪式和其他表演，而无

---

[1] 吴汉东："文化多样性的主权、人权与知识产权问题分析"；杨巧："浅谈民间文学艺术的法律保护"，见"非物质文化遗产保护与知识产权"国际研讨会（2007 年）论文集、发言、评论或主持发言。

[2] ［西］德利娅·利普希克著，联合国教科文组织译：《著作权与邻接权》，中国对外翻译出版公司 2000 年版，第73～74 页。

论其是否已浓缩为某种物质形式；四是有形表现形式，如艺术品，尤其是素描、设计、油画、雕刻、雕塑、陶艺、镶嵌、木工、金属器皿、珠宝、编织、刺绣、纺织、玻璃器皿、制毯、服饰、手工艺、乐器和建筑形式。更为重要的是，上述表现形式还在不断变化，没有通过一定的作品形式固定下来，难以成为著作权保护的客体。（3）保护期限的特殊性。一般认为，对民间文学艺术的保护应该是无期限的，不同于著作权保护的期限性特征。（4）权利内容的特殊性。对民间文学艺术的侵害主要集中于两方面：一是未清晰标明来源，二是对民间文学艺术进行歪曲利用。因此，对民间文学艺术权利内容进行设计主要从防止这两方面的侵害行为入手。（5）哲学基础上的特殊性。著作权的观念是建立在财产权基础上的，具有激励创作的经济学预设。但是民间文学艺术的创作者并没有把自己的创作当作私有物品，赋予其私权也并不是为了激励这类作品的创作。

二、实用艺术作品

顾名思义，实用艺术作品就是指具有实用性的艺术作品。例如，绘制了精美图案的陶瓷，或者以特定艺术造型铸造的陶瓷，都可以因为具有实用性和艺术性而成为实用艺术作品。

实用艺术作品与工业品外观设计之间具有密切的联系。首先，二者均具有实用性，可以进行工业化复制。其次，二者都是富有美感的设计，体现了某种美学构思和表达。因此，实用艺术品可以受到著作权法和外观设计专利权法的双重保护。《伯尔尼公约》第2条第7款对此进行了规定。它要求成员国保护实用艺术作品和工业品外观设计；各成员国可以将实用艺术品作为艺术作品进行保护，也可以仅仅保护实用品的外观设计；实用艺术作品的保护期限可以短于一般文学艺术作品的保护期，但不得低于该作品完成后的25年。此外，如果某一成员国仅仅提供对于工业品外观设计的保护，不提供实用艺术品的保护，那么其他成员国对于起源于该国的实用艺术作品，也只提供工业品外观设计的保护，尽管其他成员国可以以著作权方式保护起源于本国的实用艺术品。

不过，著作权法所要保护的实用艺术作品，并不是该作品的所有元素。因为实用艺术作品存在艺术性与实用性不可分离、艺术性与实用性可以分离两种情况；前者如玩具、珠宝饰物、造型实用物品等，后者如印花布、绣品、陶瓷等。[1] 如果实用艺术品中的实用功能和美感功能可以区分开来，包括物理上或者观念上区分开来，那么，著作权法可以就其所具有的美感部分提供法律保护。因为著作权法是不保护思想的，所以对于实用艺术作品中的技术方案等构成思想的实用性部分不提供保护。此外，著作权法保护的实用艺术作品中的艺术成分，还必须满足独创性等著作权客体保护的一般要求。例如，有人使用优美的人体造型作为香水瓶装香水，虽然该香水瓶具有装香水的实用功能，但即使香水瓶不涉及人体造型，也不会影响其装香水的功能。在这种情况下，香水瓶的艺术美感能够与其实用功能在观念上进行分离，因此仍然受到著作权法的保护。相反，如果一部小汽车的流线型设计能够基于动力学原理降低小汽车在高速行驶时遇到的空气阻力，并保持车身平稳，则无论该设计多么赏心悦目、具有美学价值，都不能受到著作权法的保护。因为在这种情况下，设计所带来的艺术美感是无法与其具有的实用功能分离的。[2]

我国著作权法没有明确规定实用艺术作品受到著作权法保护，但是从有关规定来看，在法律未明确予以澄清之前，可以将其理解为通过美术作品保护实用艺术作品。其理由在于：（1）由于美术作品并非仅指“Fine Arts”，还应包括“Works of visual Art”（可观赏的艺术作品），而实用艺术作品正是可观赏的艺术作品。只不过实用艺术作品有时很难与纯粹的美术作品进行区分，因此立法上没有将实用艺术作品单独列为著作权客体。（2）实用艺术品如景泰蓝等享有著作权法保护，有利于保护中国传统的实用艺术作品。（3）实用艺术作品与外观设计不同，前者注重于观赏，后者注重工业运用。运用著作权保护实用艺术作品，并不与工业品外观设计专

---

[1] 李明山、常青主编：《中国当代版权史》，知识产权出版社 2007 年版，第 447～448 页。

[2] 王迁：《著作权法学》，北京大学出版社 2007 年版，第 33 页。

利权保护发生冲突。(4) 1990年《著作权法》规定了美术作品的著作权保护，而没有列出实用艺术作品。但在1991年的《著作权法实施条例》中将美术作品的外延扩展到立体的造型艺术作品，可以认为是包含了实用艺术作品。1992年《实施国际著作权条约的规定》明确外国人的实用艺术作品可以受到著作权保护。2001年《著作权法》修改后，《著作权法实施条例》第4条美术作品的解释中也涵盖了立体的造型艺术。从立法发展和有关文献解释看，法律从未否认通过美术作品保护实用艺术作品，也未否认对实用艺术作品提供著作权法保护。

据此可知，我国《著作权法》已经为实用艺术作品提供了法律保护。而且，对于实用艺术作品的保护期限，与普通美术作品的保护期限一样。不过，为了避免引起不必要的争议，在著作权法中增加实用艺术作品的单独规范，有助于澄清实践中的各种不一致认识，促进实用艺术作品的保护。

三、数据库

数据库是通过系统汇编作品、数据或者其他材料，使用者可以通过电子或者非电子手段使用其中数据的数据集合。一部分数据库在汇编中体现了选择、编排、排列方面的独创性，构成汇编作品。我国《著作权法》第14条规定，汇编若干作品、作品的片段或者不构成作品的数据或者其他材料，对其内容的选择或者编排体现出独创性的作品，为汇编作品。可见，如果数据库构成汇编作品，数据库制作人就可以享有著作权，禁止他人未经许可复制、传播、演绎该数据库资料。但是对于数据库中不享有著作权的数据或资料，他人可以自由使用。另外一部分的数据库在选择、编排、排列方面不具有独创性时，理论上就不能获得著作权保护。这种情况在数据库较少、经济价值低的环境下，尚不会产生较大的利益冲突。但是随着数字技术和信息技术的发展，电子数据库大量出现，它们逐渐摆脱公益性、教育性和经济价值低的属性。制作者不仅在数据库制作中投入了巨大的资金和精力，而且还面临不小的市场竞争。与此同时，使用者和竞争者要获取电子数据库也更为便捷，并且可以在已有数据库上迅速而系统地获取对自己有用的数据，或者反复使用而不必支付任何成本。在这种情形下，不保护数据库制作者的利益，不仅会减弱制作者的积极性、影响到广大消费者获取各种信息的便利性，而且也会变相鼓励恶性竞争，妨碍公平合理的市场秩序。其中，对于符合《反不正当竞争法》规定的不正当竞争行为，固然可以进行调整，但是对于那些发生在非竞争关系中、非由经营者侵犯数据库制作者利益的纠纷，现有法律则很难有效干预。

在这样的背景下，数据库的特殊权利保护被提上议事日程。所谓数据库的特殊权利保护（拉丁文 sui generis），就是在立法上建构一种不同于著作权的新型民事权利，如数据库抽取权或者数据库权，规定只要在内容的获得、校验、编排等方面具有质量或数量上实质性投入的数据库，不管其是否享有版权或其他权利的保护，都享有民事权利保护。欧盟于 1996 年 3 月 11 日颁布《数据库法律保护指令》，要求各成员国在 1998 年 1 月 1 日前以法律、法规、行政条款的方式将指令的内容贯彻到国内。这是世界上第一次以特殊权利形式保护数据库。目前，数据库的特殊权利保护已经在欧盟范围内得到了切实的实施。此外，在 1996 年 12 月世界知识产权组织召开的外交会议上，还初步讨论制定《世界知识产权组织数据库条约草案》，但始终未能就该条约的有关内容达成一致。随后，世界知识产权组织多次讨论数据库保护问题，但始终没有形成有约束力的文件。

当然，数据库制作者的特殊权利保护也会产生一系列的问题。其中最为突出的是侵犯消费者的利益，阻碍其他使用者进行再制作，妨碍公共利益目标的实现。特殊权利保护会为数据库产品的消费者设定使用数据或文献的各种条件与措施，不仅影响普通用户基于著作权合理使用的合法利益，而且会侵害消费者的知情权和公平交易权。对于其他竞争者而言，特殊权利保护也会成为先行市场进入者禁止后来者的有力武器，鼓励了数据、材料甚至是客观事实、信息的垄断，同样会妨碍公平竞争的市场秩序，危害促进文化信息共享等公共利益目标的实现。在这种意义上，就数据库提供特殊权利保护持有慎重立场是合适的。

【深度探索】　　　　数据库保护的国际比较

美国、日本、韩国等国家目前是在汇编作品的框架下解决数据库的保护问题。美国立法对于“选择和安排构成智力创作”的数据库，按照汇编作品给予版权保护。但是，美国国内就是否应专门立法确认新的权利形态仍然意见不一。数据库保护立法历经美国第104届至第107届国会，仍未最终确立。1996年、1997年和1999年提交国会讨论的、给予数据库特殊权利保护的法案均未获得通过。日本在1986年修正著作权法时把数据库当作著作物的一类，明定数据库的含义为：将信息组合，如文章、数值、图表等有系统地编制，使此种信息能被计算机取用。数据库要取得著作权必须符合原创性要求。创作数据库时，创作者须决定搜集资料的策略和选择标准，决定资料是否储存、整合资料的结构和规格，以便利资料快速的取用。这种分析实际上仍然要求获得保护的数据库必须满足作品的原创性要求。韩国通过《著作权法》《因特网信息产业发展法》和《专利法》保护数据库。有独创性的数据库，受到《著作权法》和《因特网信息产业发展法》的双重保护；没有独创性而未能成为著作权保护对象的数据库，受到《因特网信息产业发展法》的保护。为解决有关数据库构筑或检索方法等技术层面的保护问题，韩国1993年开始受理数据库专利申请，并于1997年作出授权。

相反，欧盟已经建立了数据库的特殊权利保护模式。根据《数据库法律保护指令》，只要在其内容的获得、校验、编排等方面具有质量或数量上实质性投入的数据库，不管其是否享有版权或其他权利的保护，都享有特殊权利。它包括：(1) 提取权。它是指以任何手段或任何形式永久或暂时地把一个数据库中的全部或实质部分内容转移到另一媒体上的权利。(2) 再利用权。它是指通过发售复制件、出租、在线或其他传播方式向公众提供数据库中的全部或实质部分内容的权利。(3) 非实质部分受保护权。数据库制作者有权禁止非正常利用或不合理损害其合法利益、重复和系统提取或再利用数据库内容的非实质部分的行为。欧盟立法允许数据库的合法用户可在下列情形下不经数据库制作者的许可抽取或再利用该数据库的实质内容：(1) 私人目的——为私人需要复制非电子数据库；(2) 教学或科学研究需要——使用只是为了教学或科研的示例说明，只要对所使用的材料加以注明并以某种程度证明其目的是非商业性的；（3）公共安全、行政或司法程序要求；（4）涉及以往国内法所允许的，又不与上述三点例外相抵触的其他版权例外的情况。数据库特殊权利自数据库制作完成之日起生效，有效期限为15年——自完成之日起的第2年1月1日起计算。在此期间发生实质性变化的数据库可拥有新的保护期。

第四节　著作权客体的排除领域

著作权法保护的客体范围广泛，但是并非所有作品都适用著作权法保护。判断哪些作品不为著作权法保护，存在三个方面的基本考虑：一是本国的政策选择，二是促进该类作品传播，三是保护消费者和其他使用者的利益。实际上不同国家所排除的著作权客体既有相同点，也存在不同之处。例如，官方立法文件在中国不适用著作权法保护，但在英国却是著作权保护的客体。[1] 我国2010年《著作权法》修正案出台之前，违禁作品不受著作权法保护，但是在2010年《著作权法》修改后，这一条款被删除。具体来说，我国立法中的著作权客体排除领域包括官方文件及其正式译文、时事消息和历法、通用数表、通用表格、公式等。

一、官方文件及其正式译文

将官方文件及其正式译文排除在著作权客体之外，为国际公约所允许。《伯尔尼公约》第2条规定，本同盟对立法、行政或司法性质的官方文件以及这些文件的正式译本的保护由其国内立法确定。我国《著作权法》第5条明确规定：法律、法规，国家机关的决议、决定、命令和其他具有立法、行政、司法性质的文件，及其官方正式译文不适用著作权法保护。官方文件不适用著作权法的原因：（1）这类作品具有社会规范的性质，促进它们广泛传播和利用有助于实现政府职能。（2）为了更为自由地利用外国

[1] 英国规定，官方文件享有政府版权或王室版权。由于版权具有地域性，国际公约又没有强制性的要求，所以该规定也只在英国有效，中国人在国内仍可自由使用英国的官方文件。

政府等国家机关所发布的各种信息，这在某种程度上也提高了不同国家之间法律和政策的公开性和透明度。(3) 官方文件的创作体现了全体社会成员的共同意志或者国家意志。在创作过程中由国家或者地方税收支持，为全体社会成员所有并不违反创作者或者出资者的意志。

展言之，我国著作权法上所指称的官方文件及其正式译文包括：(1) 法律和法规。这是指全国人大及其常委会制定的法律，国务院制定的行政法规，民族自治地区的自治条例和单行条例。(2) 行政规章。国务院各部委和地方政府依法制定的行政规章。(3) 司法解释。亦即由最高人民法院或最高人民检察院或司法行政机关发布的司法解释。(4) 国家机关的决议、决定、命令和其他具有立法、行政、司法性质的文件。(5) 政府间组织的正式文件以及国际组织的正式文件、决议。例如，联合国发布的文件、国际社会成员缔结的国际条约等。(6) 上述文件的正式译本。也就是由国家有关机关将上述法律文件翻译成不同民族的语言文字或者外国文字的正式译本。但是，非正式的译本，无论是个人翻译还是团体翻译，都由翻译者就其译本享有著作权。例如，刘某个人将《美国版权法》翻译成中文，尽管《美国版权法》本身不适用著作权法保护，但是刘某对其译木亨有著作权，未经其同意不得进行复制、传播。

官方文件及其正式译本虽不享有著作权，但是编辑出版的法律法规却可以因为在选择、编排上具有独创性而享有著作权。同时，根据1990年《法规汇编编辑出版管理规定》，编辑法规汇编应遵守下列分工：(1) 法律汇编由全国人民代表大会常务委员会法制工作委员会编辑；(2) 行政法规汇编由国务院法制局编辑；(3) 军事法规汇编由中央军事委员会法制局编辑；(4) 部门规章汇编由国务院各部门依照该部门职责范围编辑；(5) 地方性法规和地方政府规章汇编，由具有地方性法规和地方政府规章制定权的地方各级人民代表大会常务委员会和地方各级人民政府指定的机构编辑。全国人民代表大会常务委员会法制工作委员会和国务院法制局可以编辑法律、行政法规、部门规章、地方性法规和地方政府规章的综合性法规汇编；中央军事委员会法制局可以编辑有关军事方面的法律、法规、条令汇编；

国务院各部门可以依照本部门职责范围编辑专业性的法律、行政法规和部门规章汇编；具有地方性法规和地方政府规章制定权的地方各级人民代表大会常务委员会和地方各级人民政府可以编辑本地区制定的地方性法规和地方政府规章汇编。根据工作、学习、教学、研究需要，有关机关、团体、企业事业组织可以自行或者委托精通法律的专业人员编印供内部使用的法规汇集；需要正式出版的，应当经出版行政管理部门核准。

二、时事新闻

时事新闻是指通过报纸、期刊、广播、电视台等传播媒介报道的单纯事实消息。《伯尔尼公约》第2条第8款规定，本公约的保护不适用于日常新闻或纯属报刊消息性质的社会新闻。时事新闻不适用著作权法的原因：（1）报道时事新闻的目的就在于让社会公众尽快了解，因而没有必要给予著作权法保护；（2）时事新闻只是单纯反映一定客观事实的存在，无须付出多少创造性劳动；（3）单纯消息在某种意义上只具有唯一的表达形式，如果此种唯一表达形式享有著作权，就会妨碍信息的传播。

正因为如此，我国《著作权法》中不受保护的时事新闻实际上指向的是单纯事实消息。这意味着新闻报道、采访手记或者时事述评等并非一定不受著作权法保护。在新闻稿件中，如果是撰写者对单纯的消息进行了加工、整理，增加了自己的分析评论，或者对这些单纯消息进行了艺术的加工，超出了客观事实描述的范围，那么对于这些不再是单纯事实消息的作品，当然应该提供著作权保护。

此外，根据《最高人民法院审理著作权民事纠纷案件适用法律若干问题的解释》第16条的规定，通过大众传播媒介传播的单纯事实消息属于《著作权法》第5条第（2）项规定的时事新闻。传播报道他人采编的时事新闻，应当注明出处。

三、历法、通用数表、通用表格和公式

历法是以科学为依据计算时间和节气的方法，如年历。通用数表是以

文字、数字反映一定量的关系的图表，如平方表、立方根表、三角函数表、元素周期表。通用表格是为某一行业、部门或基于特定目的而为一定项目制作的通行表格，如通用的银行储蓄单。公式是用数字、符号反映量的关系的式子，如表示矩形的面积 S 和它的长 a、宽 b 之间的关系的公式为 S = ab。历法、通用数表、通用表格和公式等不适用著作权法的原因：（1）它们中的不少部分已经成为人类公共财产，即成为公知公用的事物，不能为某个人所独享；（2）它们本身就是为了人们应用以推进社会发展的，不宜受著作权法保护；（3）这些表达形式中即使具有独创性，但一旦通用化，在表达形式上就具有唯一性或有限性，也不宜提供著作权保护。

同样需要注意的是，历法、通用数表、通用表格和公式不受著作权法保护，但如果是在上述作品的基础上再创作的作品，则可以享有著作权。例如，利用历法创作出来的台历或挂历，利用通用数表、通用表格和公式创作出来的学生论文等，如果满足独创性条件就可以享有著作权。此外，通用表格和通用数表不适用著作权法保护，但如果是非通用的表格或数表，只要符合独创性要求，就可以享有著作权。

【深度探索】　违禁作品的著作权保护

2010 年《著作权法》修改之前，该法第 4 条第 1 款规定："依法禁止出版、传播的作品，不受本法保护。"根据规定，违禁作品有三种情况：（1）违背一般法律原则的作品。（2）违背社会公德和社会伦理的作品。（3）故意妨害公共秩序的作品。例如，全国人大常委会《关于处理违法的图书杂志的决定》规定，反对人民民主专政、煽动民族和种族歧视和压迫、反对世界和平、泄漏国家机密、宣扬盗窃、淫秽等书籍、杂志，属于违禁作品。我国 2001 年颁布并于 2011 年修订的《出版管理条例》规定，任何出版物不得含有下列内容：（1）反对宪法确定的基本原则的；（2）危害国家统一、主权和领土完整的；（3）泄露国家秘密、危害国家安全或者损害国家荣誉和利益的；（4）煽动民族仇恨、民族歧视，破坏民族团结，或者侵害民族风俗、习惯的；（5）宣扬邪教、迷信的；（6）扰乱社会秩序，破坏社会稳定的；（7）宣扬淫秽、赌博、暴力或者教唆犯罪的；（8）侮辱或者诽谤他人，侵害他人合法权益的；(9) 危害社会公德或者民族优秀文化传统的；(10) 有法律、行政法规和国家规定禁止的其他内容的。

违禁作品是否受著作权保护？在理论上有两种截然不同的观点。

第一种观点认为，违禁作品不应为著作权法保护。其理由是：(1) 文艺创作必须坚持为社会主义服务的方向，必须有利于社会主义精神文明；(2) 民事权利应当合法；(3) 虽然制止违禁作品的传播是出版法及其他法律的任务，但是著作权法应同这些法律呼应，避免冲突；(4) 著作权在创作完成时自动产生，并不意味着任何作品均产生著作权，它只表明符合法定条件的作品于创作完成时自动受到保护；(5)《伯尔尼公约》第 17 条为成员国不保护特定作品提供了依据，外国对此也有不予保护的立法例。

第二种观点则认为，违禁作品虽然可以依据著作权法享有著作权，但是基于维护统治和社会公德的需要，相关法律可以禁止这类作品的出版和传播。其理由是：(1) 著作权法与出版法不同。此处的"违法"指的主要是违反出版法；著作权的享有和保护不以能够出版、传播为条件，作品一经创作完成，即使内容违禁，作者仍享有著作权。著作权法只应规范民事关系，而对违禁作品的管制是行政法中的新闻出版法的任务。(2) 作品内容是否违法，只有在其被公之于众后方能评判。(3) 判断作品内容是否违法的标准会随时间的推移而变化，会随法域的不同而不同。(4) 如剥夺违禁作品的著作权，则任何人都可以随意使用这些作品而无须承担民事侵权责任，其后果反而方便了这些作品的传播。(5)《伯尔尼公约》第 17 条的实质是不允许剥夺著作权。该条规定，如果本同盟任何成员国的主管当局认为有必要对于任何作品的发行、演出、展出通过法律或条例行使许可、监督或禁止权利，本公约的条款决不应妨碍本同盟国成员国政府的这种权利。

2007 年 4 月 10 日，美国以我国相关法律不符合《知识产权协定》为由在 WTO 提起诉讼。2009 年出台的专家报告认为，"不受本法保护"意味着此类作品不能享有著作权法第 10 条规定的权利，违反了《伯尔尼公约》和 TRIPs 协定的有关规定。同时，专家组在报告中强调其裁决不影响中方对文化产品的内容审查权。鉴于此，《著作权法》于 2010 年进行了修订，将第 4 条中"依法禁止出版、传播的作品，不受本法保护"的内容删除。立法机关提出的修改理由是：(1) 现行《著作权法》第 4 条第 2 款能够涵盖第 1 款的规定，同样能够达到禁止出版和传播违禁作品的目的；(2) 不影响我国现行法律制度中对有关内容禁止出版和传播的规定；(3) 对我国文化产品的内容审查体制不产生任何影响；(4) 统一多年来对该条的不同认识；(5) 有效实施知识产权 WTO 争端专家组报告的建议。

【实例 1】

我国《著作权法》不适用于下列哪些选项？(　) (2011 年司法考试第三卷第 61 题)

A. 法院判决书

B. 《与贸易有关的知识产权协定》的官方中文译文

C. 《伯尔尼公约》成员国国民的未发表且未经我国有关部门审批的境外影视作品

D. 奥运会开幕式火炬点燃仪式的创意

答：选 ABD。根据《著作权法》第 5 条，法院判决书和《与贸易有关的知识产权协定》的官方中文译文属于官方文件，不能受到著作权法保护；《伯尔尼公约》成员国国民的未发表且未经我国有关部门审批的境外影视作品自创作之日起享有著作权；奥运会开幕式火炬点燃仪式的创意，可以归入思想的范畴，不能受到著作权法保护。

【实例 2】

下列各项中，哪项不属于我国著作权法保护的客体？(　) (2012 年专利代理人资格考试第二卷第 1 题)

A. 某幼儿园小朋友的绘画

B. 某民众用手机拍摄的运动会 100 米决赛照片

C. 某农民在民歌节上即兴创作的歌曲

D. 某市人民政府发布的关于进一步加强社会保障房建设的通知

答：选 D。D 项为国家机关具有行政性质的官方文件，因此不属于著作权法保护的客体。

第三章　著作权的主体

在初步了解著作权客体之后，难免会存在这样的疑问：究竟在什么情况下可以成为著作权人呢？是不是创作了作品就获得了著作权呢？换言之，是不是作家所写的小说，本人就一定享有著作权呢？现实中还发生了这样的纠纷，某个同学到某景区旅游，在那儿请一位画师给自己画了一幅肖像；后来，该同学发现这幅画像大量印行在该景点的门票上，自己一无所知还没有得到好处，因此感到困惑，自己难道不是画像的著作权人吗？未经许可的使用难道不应该被制止吗？对这些问题的回答都必须从确定作者和著作权归属的规则上着手分析。

第一节　概　　述

一、著作权主体的概念

从民法学理论上看，民事权利的主体是指民事法律关系的参加者，包括权利主体和义务主体。不过，在著作权法上，著作权的主体仅仅指向权利主体，又称为著作权人，即依法对文学、艺术和科学作品享有著作权的自然人、法人或其他组织。著作权主体即著作权人。

著作权人与作者的含义不同。一般而言，作者是原始著作权人；在特殊情况下，著作权人并非作者，作者也并非著作权人。著作权的主体依一定身份和法律的直接规定而确定。根据《著作权法》第 9 条规定，著作权人包括：(1) 作者；(2) 其他依照本法享有著作权的公民、法人或者其他组织。

二、著作权主体的分类

著作权主体包括不同的类型，根据不同的标准有不同的分类。其中，比较主要的有以下几种。

(一) 根据自然属性分类

根据自然属性不同，著作权主体可分为自然人、法人及其他组织，在特定情形下，国家也能成为著作权主体。著作权的主体一般是自然人，因为只有自然人才能创造出具有独创性的作品。在我国《著作权法》中没有采用“自然人”而是“公民”的表述，这是为著作权的地域性特征所决定的。[1] 实际上，公民是享有某国国籍的自然人，而世界上大多数国家的著作权法都为外国人和无国籍人提供保护。因此，大部分自然人都可以成为著作权法上的权利主体。

法人能否成为著作权主体，世界各国的认识并不一致。大多数大陆法系国家认为，法人不能成为作者，但他们可以凭借某种法律事实成为著作权人。也就是说，在雇佣关系中原始的权利主体属于自然人，但是可以通过合同的方式将其中的经济权利转让给雇主所有。法国、俄罗斯、瑞士等国的著作权法持上述观点。英美法系国家则普遍认为，除自然人外，著作权也可归属于一个有别于自然人的法律实体，他们直接被看做是工作中创造出作品的作者。例如，美国版权法中，雇佣作品的版权从一开始就归属于雇主（法人），而非事实上创作了作品的雇员，除非双方有相反的约定。不过，以上各国均最终认可法人作为著作权主体而存在。我国《著作权法》规定满足一定条件时法人可以视为作者，似乎采取了英美法系的立场；同时，立法又规定在职务作品中著作权一般属于创作者，特殊情况下属于单位，这一立场又不同于英美法系国家。

其他组织，在我国又称为非法人单位，主要指不具备法人资格的法人

---

[1] 戴建志：《合作作品的著作权》，法律出版社 1998 年版，第 12 页。

分支机构、合伙等组织。有学者反对非法人单位成为著作权主体。但现在普遍认为，非法人单位也能成为著作权的主体。只是非法人单位无法承担责任时，能否将这种责任上推至其主管法人，或下卸至组成非法人单位的自然人，则尚无定论。

国家在特定情形下也能成为著作权主体。根据我国现有法律规定，国家可以在下列情况下成为著作权主体：(1) 作者死亡后相关的著作权无人继承又无人受遗赠的；(2) 法人或其他组织变更、终止时没有承受其权利义务的，著作权归国家享有；(3) 接受著作权人赠予或遗赠；(4) 通过受让取得；(5) 由国家主持创作的作品，或者由国家投资创作的作品。目前，国家的许多科研项目通过招标方式遴选项目承担单位或个人，有些项目对国家有重要意义，国家会在招标文件中载明或在合同中约定项目成果的著作权由国家享有。国家清史编纂委员会项目中心于 2004 年 6 月 18 日发布的《国家清史纂修工程项目招标及申报指南》第 31 条规定："清史纂修工程是国家重点项目，使用国家专项经费，所有项目成果均归国家所有。编委会代表国家依法拥有此类成果的知识产权，项目负责人和课题参与人员作为作者享有署名权。"另外，在有些国家，当某些作品涉及国家和社会利益时，国家主管部门可以依法以征收的形式将某些作品收归国有。在国家作为著作权主体而享有经济权利时，一般是由国家的某一主管部门负责维护和行使相关的权利。《著作权法实施条例》第 16 条规定，国家享有著作权的作品的使用，由国务院著作权行政管理部门管理。

（二）根据国籍分类

著作权的主体是本国主体与外国主体的统一。不仅本国人依照法律规定可以成为受本国著作权法保护的著作权主体，外国人也可以依照法律规定成为著作权主体。在我国，中国公民、法人或者其他组织的作品，无论是否发表，都可以享有著作权。这表明，只要是具有中国国籍的自然人，以及依据中国法律成立的法人或其他组织，其作品无论是否发表，都依法享有著作权，受到法律的保护。这是我国立法对本国权利主体的基本立场。

对外国人主体，《伯尔尼公约》第 3 条、《世界版权公约》第 2 条均有详细规制。我国《著作权》第2条第2~4款规定了外国人受到中国著作权法保护的条件。虽然这是一种“有条件的国民待遇”，但其基本精神与《伯尼尔公约》和《世界版权公约》的要求完全一致。具体来说，有三种情况：(1)外国人、无国籍人的作品根据其作者所属国或者经常居住地国同中国签订的协议或者共同参加的国际条约享有著作权，受本法保护。可见，判断作品是否受本国著作权法保护，首先要看作者的国籍。如果作者是伯尔尼公约成员国国民，当然受到我国著作权法保护；如果是非伯尔尼公约成员国的作者，但是在成员国中有经常居住地，也应该受到我国著作权法的保护。(2)外国人、无国籍人的作品首先在中国境内出版的，依照本法享有著作权。(3)未与中国签订协议或者共同参加国际条约的国家的作者以及无国籍人的作品首次在中国参加的国际条约的成员国出版的，或者在成员国和非成员国同时出版的，受本法保护。此外，外国人、无国籍人的作品在中国境外首次出版后，30日内在中国境内出版的，视为该作品同时在中国境内出版，受到我国著作权法保护。

上述第(2)和(3)种情况自出版之日起受保护。这两种判断标准都是根据作品的国籍来判断作品是否应该受到保护，而作品的国籍是根据其出版地进行确认。也就是说，任何人的作品首先在中国境内出版，都受到我国著作权法的保护；未与中国签订协议或者共同参加国际条约的国家的作者以及无国籍人的作品首次在中国参加的国际条约的成员国出版的，或者在成员国和非成员国同时出版的，也因为作品的出版地而视为起源于成员国，受到我国著作权法保护。根据《伯尔尼公约》的规定，还存在另外一种情况：对于电影类作品而言，只要电影制片人的总部或惯常居所在某一成员国中，只要建筑作品和建筑物中的艺术品位于某个成员国，都视为有关作品来源于该成员国，可以在其他成员国得到相应的保护。

《计算机软件保护条例》第5条规定，中国公民、法人或者其他组织对其所开发的软件，不论是否发表，依照本条例享有著作权。外国人、无国籍人的软件首先在中国境内发行的，依照本条例享有著作权。外国人、无国籍人的软件，依照其开发者所属国或者经常居住地国同中国签订的协议或者依照中国参加的国际条约享有的著作权，受本条例保护。

【实例】

甲无国籍，经常居住地为乙国，甲创作的小说《黑客》在丙国首次出版。我国公民丁在丙国购买了该小说，未经甲同意将其翻译并在我国境内某网站传播。《黑客》要受我国著作权法保护，应当具备下列哪一条件？（ ）（2010年司法考试第三卷第15题）

A.《黑客》不应当属于我国禁止出版或传播的作品

B. 甲对丁翻译《黑客》并在我国境内网站传播的行为予以追认

C. 乙和丙国均加入了《保护文学艺术作品伯尔尼公约》

D. 乙或丙国加入了《保护文学艺术作品伯尔尼公约》

答：选D。本题考查无国籍人的作品受到保护的条件。根据《著作权法》第2条：（1）外国人、无国籍人的作品根据其作者所属国或者经常居住地国同中国签订的协议或者共同参加的国际条约享有的著作权，受本法保护。（2）外国人、无国籍人的作品首先在中国境内出版的，依照本法享有著作权。（3）未与中国签订协议或者共同参加国际条约的国家的作者以及无国籍人的作品首次在中国参加的国际条约的成员国出版的，或者在成员国和非成员国同时出版的，受本法保护。所以，我国采取了双重国籍原则，即（1）作者国籍，或者无国籍人的经常居住地同中国有协议或共同参加国际公约；或者（2）作品国籍，即作品首次在中国或者中国参加的国际条约的成员国出版（含同时出版）就可以受到法律保护。本题中D项符合规定。

（三）根据取得方式分类

从取得方式上看，著作权主体分为原始主体和继受主体。著作权原始主体是指在作品创作完成后，直接根据法律的规定和合同的约定，在不存在其他基础性权利的前提下对作品享有著作权的人。在著作权的原始归属上，各国大体上有以下三种倾向：（1）在任何情况下，著作权的第一权利人只能是作者；（2）在一般情况下，作品著作权第一权利人为作者，但是对于作者依雇佣合同、委托合同或劳务合同所创作的作品，著作权权利人则不一定就是作者；（3）在一般情况下，著作权第一权利人是作者，但对于某些特殊作品，其著作权第一权利人为附载该作品之有形物质载体的所有人。[1] 按照通说，著作权的原始主体主要就是作者。

继受主体是指通过受让、继承、受赠或法律规定的其他方式取得全部或一部分著作权的人。与原始主体相比，继受主体具有以下特征：（1）继受主体取得著作权，必须源于先已存在合法的原有著作权。（2）继受主体一般不能取得著作人身权，只能取得著作财产权的部分或全部。一般认为，民事主体通过以下形式成为著作权继受主体。

1. 因继承、遗赠、遗赠抚养协议取得著作权

《著作权法》第19条规定："著作权属于公民的，公民死亡后，其本法第十条第一款第（五）项至第（十七）项规定的权利在本法规定的保护期内，依照继承法的规定转移。著作权属于法人或者其他组织的，法人或者其他组织变更、终止后，其本法第十条第一款第（五）项至第（十七）项规定的权利在本法规定的保护期内，由承受其权利义务的法人或者其他组织享有；没有承受其权利义务的法人或者其他组织的，由国家享有。"《著作权法实施条例》第15条规定："作者死亡后，其著作权中的署名权、修改权和保护作品完整权由作者的继承人或者受遗赠人保护。著作权无人继承又无人受遗赠的，其署名权、修改权和保护作品完整权由著作权行政管理部门保护。"上述规定确立了以下规则：首先，有继承人时，著作财产权的继受主体为该继承人。对于自然人而言，我国《继承法》规定，遗产按照下列顺序继承：第一顺序为配偶、子女、父母。第二顺序为兄弟姐妹、祖父母、外祖父母。继承开始后，由第一顺序继承人继承，第二顺序继承人不继承。没有第一顺序继承人继承的，由第二顺序继承人继承。对于法人或其他组织而言，由承受其权利义务的法人或者其他组织享有该权利。其次，自然人的著作人身权的保护规则。有继承人或受遗赠人时，由作者的继承人或者受遗赠人保护；没有继承人或受遗赠人时，由著作权行政管

[1] 吴汉东主编：《知识产权基本问题研究》，中国人民大学出版社2005年版，第219～220页。

理部门保护。最后，无继承人或者受遗赠人时，著作财产权的保护。《著作权法》规定了自然人无继承人或者受遗赠人时著作人身权由国家保护，而没有对著作财产权的归属进行规范。但是根据我国《继承法》第32条，无人继承又无人受遗赠的遗产，归国家所有；死者生前是集体所有制组织成员的，归所在集体所有制组织所有。[1] 需要说明的是：无人继承又无人受遗赠的遗产，无论是收归国家所有还是收归集体所有，都不是按照继承遗产的程序转移，而是根据我国《民事诉讼法》有关无主财产的程序转移。对于法人或其他组织，没有承受其权利义务的法人或者其他组织的，著作财产权由国家享有。

【实例】　　《我的前半生》著作权继承事件

《我的前半生》是末代皇帝溥仪的自传。2007年，群众出版社以该书没有著作权继承人、著作权人去世时也没有遗嘱为由向西城区人民法院申请确认该书为无主财产。8月22日，曾在20世纪60年代出版发行了《我的前半生》的群众出版社作为申请人，申请法院认定该书为无主财产。出版社称，1967年溥仪去世，该书的著作权由溥仪的夫人李淑贤女士继承。1997年，李淑贤去世，而她无儿无女，也没有其他继承人，去世时也没有遗嘱。西城区人民法院受理申请后，依法进行了审查核实。2007年9月25日，依照特别程序规定，对上述财产在《人民法院报》发出"财产认领公告"。公告写明，自公告之日起1年内如果无人认领，法院将依法判决。

该案引起广泛争论：（1）关于继承法的继承顺位是否太少的问题。1997年，李淑贤去世，而她无儿无女，也没有其他继承人，去世时也没有遗嘱。但是她的其他亲属可以继承。（2）关于著作权继受主体的特殊性。同心出版社代理人付明德认为，著作权中的财产权利不同于普通的财产权，不能简单适用继承法的相关规定；在著作权的继承中，被继承人只能是作者，继承人也只能是作者的继承人。作为原作者溥仪的其他第二顺序继承人，在第一顺序继承人

[1] 但也有学者建议修改相关规定，保障著作权人死亡后没有继承人也没有受遗赠人时，广大国民均有自由利用其作品的权利。李雨峰：《著作权的宪法之维》，法律出版社2012年版，第205页。

李淑贤死后应有权继承《我的前半生》一书的著作权。

就在1年公告期将至之际，2008年8月22日，一位自称是溥仪侄女的金女士到西城区人民法院申请认领《我的前半生》版权。金女士称，溥仪夫人李淑贤晚年的日常生活全由她和丈夫照料；当看到法院发布的版权认领公告后，金女士想起李淑贤女士临终前曾交给她一份委托书，内容是希望将《我的前半生》版权拍卖，所得款项用于处理李淑贤和溥仪的身后事务。对于认领后如何处理《我的前半生》一书，金女士说，她认领版权后，将按照李淑贤女士遗愿处理版权，办理李淑贤和溥仪的有关事务。

法律规定，在财产认领公告期内，有人对财产提出请求，当事人可以另行起诉，同时，此案特别程序依法终结。西城区人民法院依法裁定该无主财产案终结审理。

2. 因合同而取得著作权

这包括两种情形。第一种情形是指依委托合同取得著作权。这种情形下委托人既可以取得著作财产权，又可以取得著作人身权。第二种情形是指著作权的转让和许可。这时，一般只发生全部或部分著作财产权的移转。

第二节　作　　者

一、作者的概念和特征

作者是最基本和最主要的原始主体。作者的权益受到著作权法的重点保护，往往只有作者才能享有最全面的著作权。根据《著作权法》第11条第2款和第3款，作者是创作作品的公民。由法人或者其他组织主持，代表法人或者其他组织意志创作，并由法人或其他组织承担责任的作品，法人或者其他组织视为作者。作者须具备以下特征。

1. 作者一般是自然人，在满足一定条件下，法人或者其他组织可以视为作者

将作者限定在自然人的范围，体现了人文主义的基本观念。创作是自然人心理活动的过程，体现了个人的意志和情感，创作作品的自然人是当

然的作者。

根据我国《著作权法》，法人或其他组织在满足一定条件下也可以视为作者。法人是依法成立，拥有一定财产或经费，具有一定的场所、名称和组织机构并能独立承担民事责任的组织；其他组织主要指合伙、法人的分支机构及其他不具有法人资格的组织，如教研室、课题组等。具体来说，法人或者其他组织视为作者的条件为：（1）由法人或其他组织主持。在作品的创作过程中，各个章节的组织、安排均源于法人或其他组织，法人或其他组织在作品形成的全部过程中发挥主导作用。如果法人或者其他组织还为参与创作的个人提供资金和其他创作便利环境，也在一定程度上体现了该作品的创作是由法人或其他组织主持。（2）根据法人或其他组织的意志而为的创作活动。作品的内容及表现方式完全取决于法人或其他组织，自然人只是将法人或其他组织的意志记载下来。（3）由法人或其他组织承担责任。一般来说，作品以单位名义发表，由法人或者其他组织承担相应的法律责任。但是如果具体执笔人有剽窃、抄袭行为，创作者也应该承担责任。其他组织由于不能独立承担责任，所以应该根据情况进行处理。如果是合伙组织创作的作品，合伙人应该承担无限连带责任；如果是法人的分支机构或者不具有法人资格的教研室、课题组创作的作品，应该由设立该组织或委托该课题的法人承担责任。

2. 作者是具有创造能力的自然人、法人或其他组织

法律上并不要求作者一定要有行为能力，无行为能力人和限制行为能力人也可成为作者。对于剥夺政治权利的公民，也仅仅限制其与言论出版有关的发表权和发行权等，并不能阻止这些公民进行创作，因此，被剥夺政治权利的公民仍然可以成为作者。由于我国法律也允许在一定情形下将法人或其他组织视为作者，因此，法律实际上也拟制认为法人或其他组织具有创造能力。如果作品由法人或者其他组织主持，体现了法人或者其他组织的思想和意志，则正是该种创造能力的具体彰显。

3. 作者必须实施了具体创作行为

创作是直接产生文学、艺术和科学作品的智力活动。通俗地说，创作

就是指“说什么”（内容）和“怎样说”（表达）的形成过程。中国古代文论家刘勰认为创作包括两个过程：①物色之动，心亦摇焉；②因情以立体，即体成势。也就是说，当人的思想感情因客观事物而萌发，作者根据思想情感的表达要求，选择体裁，形成文章，这个过程就是创作。这表明，成为作者的前提是要有感而发，形成意志和思想，然后是以一定的表达形式为外界所感知。只有这两个过程同时具备，才可以称之为实施了具体创作行为。可见，创作本身是一种事实行为，而非法律行为。

在著作权法中，“创作”一词并没有通常的、从无到有的意思，作品的独创性也不必具有绝对意义。作者的灵感并非一定得不受外界的任何影响。作品中采用的思想可以是旧的，这并不妨碍作品具有独创性，因为我们认为，著作权允许智力创作源于之前已经存在的事物。唯一需要的是，作品应与在其之前出现的作品不同，它不应该抄袭或模仿另一作品。❶

在美国 1884 年的“平版印刷”一案中美国最高法院对“authors”作出了广义的界定：“在这个意义上，作者是指‘任何东西是由他而起源，他是起源人，是制作人，是科学或艺术作品的完成者’。”❷

4. 辅助者不是作者

根据《著作权法实施条例》第 3 条第 2 款的规定，为他人创作进行组织、提供咨询意见、物质条件或其他服务的人不能认为是作者。这些为创作进行组织、提供有关参考资料、审阅校订稿件、提供咨询意见的人，可以统称为创作中的辅助者。由于辅助者所进行的劳动并不是创作活动，他们没有在自己的思想或情感基础上形成相应的表达方式，因此不能成为作者。同样的道理，在建筑作品中，作者是建筑物的设计者而不是具体的建筑施工者。

【实例 1】　　　　　电脑向画家争著作权

画家韩某为宁夏回族自治区 40 周年大庆构思设计出手绘草图。韩某先后

❶ ［西］德利娅·利普希克著，联合国教科文组织译：《著作权与邻接权》，中国对外翻译出版公司 2000 年版，第 44 页。

❷ Burrow - Giles Lithographic Co., v. Saronny 111 U. S. 53 （1884），转引自李明德：《美国知识产权法》，法律出版社 2003 年版，第 136 页。

将其构思设计的手绘图稿及其他有关照片及资料交给原告宁夏威海公司在电脑上合成，确定初步效果图后，又根据“大庆办”和自治区领导的审查、修改意见制作出定稿图样。现原告宁夏威海公司主张对该美术作品的著作权，起诉至法院。

原告的理由：(1) 这些作品不是一般的传统手工绘画作品，而是人脑与电脑完美结合的产物；(2) 原告的行为直接产生出作品定稿，被告只是从事了辅助行为。

被告认为，自己才是从事了创作行为的人，原告的机械操作过程不具备独创性，仅仅是一种利用电脑的加工制作过程，是辅助活动。

一审法院认为，画家韩某是纪念品图案作品的著作权拥有者。原告在制作效果图过程中，仅凭计算机操作技术，运用计算机的功能和程序将韩某制作的美术作品在计算机上合成制作成效果图；该效果图没有超出原创作手稿的框架，不是一种新的作品表现形式，而是对原作品的合成制作。原告只是付出了一定的劳务，可获得劳务报酬。

【实例 2】

甲教授完成了一本学术著作，现在有以下人员主张自己也是该书的作者。其中谁的理由符合著作权法的规定？（ ）（1998 年律师资格考试第三卷第 18 题）

A. 乙主任：“我曾经为这个课题申请经费进行了组织协调，并主持过这个课题的研讨会。”

B. 丙研究生：“我曾经为甲教授的这项研究查找资料，为他抄写过一部分手稿。”

C. 乙讲师：“我曾经撰写过该书的两章，尽管甲教授后来对两章作了较大的修改，但基本保持了原稿的结构和内容。”

D. 戊教授：“甲教授在研究这个课题时，曾多次与我讨论有关的学术问题，我提出的一些意见已被他采纳。”

答：选 C。A 选项中，为创作进行组织工作属于辅助行为，不选。B 选项中，为创作查找资料和抄写稿件属于辅助工作，不选。C 选项中，乙讲师进行了创作，虽然甲教授进行了修改，但是保持了原稿的结构和内容，表明该创作成果依然得以保存，因此应选。D选项中，提供咨询意见也属于辅助行为，不选。

二、作者的推定和证明

我国《著作权法》第11条第4款规定，如无相反证明，在作品上署名的公民、法人或者其他组织为作者。这里的署名包括各种惯常的署名方式。推定署名者为作者，意味着只有署名者可以行使与该作品相关的著作权。这也有利于维护作品传播者或使用者的利益，只要查明作品的署名与权利行使者保持一致，利用作品的一方即可主张已经尽到合理的注意义务。

除了上述一般情形下的作品推定外，还有一种特殊情况。也就是在著作权原始主体不能确定时，可以根据作品署名或占有原件的事实，在没有相反证据的情形下，直接推定署名者或者原件持有者为作者，享有著作权。也就是说，如果作品的署名为假名，或者作品未署名，或者因时代阻隔无法考察真实作者，则此时法律并不打算费尽心思去考证到底是谁创造了该作品，而是直接将署名人推定为作者，不论其是否为真正的创作人。《伯尔尼公约》第15条规定，对于不具名作品和假名作品，如果出版者的名字出现在作品上，在没有相反证据的情况下，该出版者即视为作者的代表，并以此资格有权维护和行使作者的权利。当作者公开其身份并证实其为作者时，本款的规定即停止适用。对作者的身份不明但有充分理由推定该作者是本同盟某一成员国国民的未出版的作品，该国法律得指定主管当局代表该作者并有权维护和行使作者在本同盟成员国内之权利。我国《著作权法实施条例》第13条规定："作者身份不明的作品，由作品原件的所有人行使除署名权以外的著作权。作者身份确定后，由作者或者其继承人行使著作权。"

当确认作者出现争议时，需要由当事人提供证明作者身份的证据。根据《最高人民法院关于审理著作权民事纠纷案件适用法律若干问题的解释》第7条第1款规定，当事人提供的涉及著作权的底稿、原件、合法出版物、著作权登记证书、认证机构出具的证明、取得权利的合同等，可以作为证据。

第三节　特殊作品的著作权归属

著作权主体的归属依一定的身份、法律的直接规定和双方协议而确定。其中，作者成为著作权主体主要是依据其创作者主体身份。在合作作品、委托作品、电影类作品、职务作品等情形下会依照法律规定直接确定著作权主体。在委托作品中往往依据协议确定著作权归属。此外，演绎作品、汇编作品以及美术作品、自传体作品等在确认著作权主体归属时也存在一些特殊问题。本节将结合我国著作权法的相关规定，介绍若干种特殊作品著作权主体的归属。

一、演绎作品的权利主体

（一）法条

《著作权法》第12条规定："改编、翻译、注释、整理已有作品而产生的作品，其著作权由改编、翻译、注释、整理人享有，但行使著作权时不得侵犯原作品的著作权。"

（二）演绎作品

演绎作品不是我国著作权法上的法定术语，而是一个广为使用的学术名词。它是指在已存在作品的基础上创作而成的作品，包括改编本、译作、修订本、文选、摘要、节录等。演绎作品的独创性体现在对原作品的演绎，这是演绎作品的独特之处。具体来说，其独创性或体现在内容安排和表现形式两个方面（如改编），或只体现在内容安排上（如选集和文选），或表现形式上（如译作）。只有通过汇编、翻译、注释、整理等演绎创作形成的作品具有独创性时，演绎者才能对该作品享有著作权。换言之，演绎行为产生的、没有独创性的表达形式，不能享有著作权。例如，通过翻译软件产生的表达形式，就因为没有独创性而不能成为演绎作品。

演绎作品的最基本特征就是在已有作品基础上进行的再创作，对此需要注意以下问题。首先，演绎作品是在已有作品表达形式或内容安排上进行演绎。如果在创作中仅仅借助于原有作品的思想，则不属于此处的演绎作品。其次，演绎作品所得以产生的原作并不存在数量上的限制。换言之，借助一部、两部或多部原有作品都可以产生新的演绎作品。最后，借助处于公共领域作品的表达形式产生的新作品，也属于演绎作品。

根据演绎方式的差异，演绎作品有不同的类型。我国《著作权法》中规定的演绎方式主要包括改编、翻译、注释、整理。因此，较为典型的演绎作品包括改编作品、翻译作品、注释作品以及整理作品。改编作品是在原有作品的基础上，通过改变作品的表现形式或用途，创作出具有独创性的新作品。例如，把小说、短篇小说、戏剧作品等改编成电影或电视作品等。翻译作品是在原作的基础上，将该种作品的语言文字转化为另一种语言文字而形成的作品。例如，汉语创作的《尘埃落定》翻译成英文或者少数民族语言文字，形成的作品就是翻译作品。注释作品是指对已有作品进行释义、注释、说明、阐述而产生的作品。它可以是对古诗文、古代典籍进行的字、词、句的解释，也可以是对法律条文、现有文献的注释和解读。整理作品是对内容零散、层次不清的文字作品或者材料进行条理化、系统化加工后形成的作品。例如，对古籍的校点、补遗形成作品。注释和整理仅仅适用文字作品。

（三）权利归属和行使

演绎作品著作权归属与行使的特点和要求在于：（1）演绎作品的著作权归属演绎者。演绎者在演绎过程中投入了创造性智力活动，实施了独立的创作行为，属于演绎作品的作者，当然应该享有著作权。（2）演绎作品的权利主体在进行演绎创作以及行使演绎作品著作权时受到限制。如果已经存在的作品属于私有领域，演绎者从事演绎行为时应该获得原作品著作权人的许可；演绎者在行使自己的著作权时，不得侵犯原作品的著作权。我国《著作权法》只是规定演绎作品的权利主体在行使著作权时不得侵犯原作的著作权，而没有规定演绎者进行演绎时要取得权利人许可。但这并不意味着演绎者从事演绎行为时没有许可的要求，因为演绎权是任何著作权人所当然享有的权利，此处应该理解为不容赘述而已。但是，立法强调演绎作品著作权人行使权利时仅需承担“不得侵犯原作品著作权”的消极义务。这也意味着权利行使时并不需要再次取得权利人许可，而是应该不以积极行为侵犯原作的著作权即为足矣。（3）第三人在使用该类演绎作品时，除了应该征得演绎作品权利人的同意外，还应征求原作作品著作权人的同意。《伯尔尼公约》第14条第2款规定，根据文学或艺术作品制作的电影作品以任何其他艺术形式改编，在不妨碍电影作品作者授权的情况下，仍须经原作作者授权。（4）由于原作品的权利人享有精神权利，因此演绎作品应尊重原作。原则上，演绎作品的作者应坚持其原作的主题思想和完整性，对该作品进行忠实的改编、翻译、注释或整理，不得进行歪曲、篡改。实际上，演绎者能在多大程度上离开原作，引进原作没有的内容以便对原作进行自由改编，甚至只将它用作编写新作品的思想源泉，这要取决于原作作者事先明确对他授权的情况。[1] 因此，即便是演绎处于公有领域的作品，也应该尊重该类作品权利人的精神权利。

【实例1】　　　　卡通形象米老鼠的演绎作品

诞生于1928年11月18日的米老鼠，到2007年11月17日已经整整80岁了。米老鼠诞生于1928年11月18日，故早在1978年11月18日，其权利期限就已经超出了我国现行著作权法规定的保护期限，其著作权已经进入了公有领域。但米老鼠的著作权目前还比较复杂，米老鼠形象的不少演绎作品的著作权仍在我国著作权保护期内。因为自1927年初创开始，迪斯尼公司和获得其授权的公司每年都会推出新的米老鼠动漫作品；每推出一次新作品都相当于对该卡通形象进行了一次新的演绎，形成了一个新的演绎作品，而中国著作权法规定的法人演绎作品的保护期限也是创作之日起50年。

【实例2】

张某创作了一部小说，李某经张某同意将该小说改编为电影剧本，某电影公司欲将该剧本拍摄成电影。根据著作权法及相关规定，下列哪些说法是正确的？(　)（2012年专利代理人资格考试第二卷第62题）

---

[1] ［西］德利娅·利普希克著，联合国教科文组织译：《著作权与邻接权》，中国对外翻译出版公司2000年版，第81页。

A. 该电影剧本的著作权由李某享有

B. 该电影剧本的著作权由张某和李某共同享有

C. 电影公司拍摄该电影只需征得李某同意

D. 电影公司拍摄该电影需要征得张某和李某同意

答：选AD。因为演绎作品的著作权人是演绎者，所以李某作为改编者，享有电影剧本的著作权。因此A对B错。尽管李某享有剧本的著作权，但电影公司依据该剧本拍摄电影时不得侵犯原小说的著作权，即还需要征得原著作权人张某的同意。因此C错D对。

二、合作作品的权利主体

（一）法条

《著作权法》第13条第1款规定："两人以上合作创作的作品，著作权由合作作者共同享有。没有参加创作的人，不能成为合作作者"；第2款规定："合作作品可以分割使用的，作者对各自创作的部分可以单独享有著作权，但行使著作权时不得侵犯合作作品整体的著作权。"

《著作权法实施条例》第9条规定："合作作品不可以分割使用的，其著作权由各合作作者共同享有，通过协商一致行使；不能协商一致，又无正当理由的，任何一方不得阻止他方行使除转让以外的其他权利，但是所得收益应当合理分配给所有合作作者。"

《计算机软件保护条例》第10条规定："由两个以上的自然人、法人或者其他组织合作开发的软件，其著作权的归属由合作开发者签订书面合同约定。无书面合同或者合同未作明确约定，合作开发的软件可以分割使用的，开发者对各自开发的部分可以单独享有著作权；但是，行使著作权时，不得扩展到合作开发的软件整体的著作权。合作开发的软件不能分割使用的，其著作权由各合作开发者共同享有，通过协商一致行使；不能协商一致，又无正当理由的，任何一方不得阻止他方行使除转让权以外的其他权利，但是所得收益应当合理分配给所有合作开发者。"

《最高人民法院关于审理著作权民事纠纷案件适用法律若干问题的解

释》第11条规定："因作品署名顺序发生的纠纷，人民法院按照下列原则处理：有约定的按约定确定署名顺序；没有约定的，可以按照创作作品付出的劳动、作品排列、作者姓氏笔画等确定署名顺序。"

（二）合作作品

合作作品也称为共同作品，是指两个或两个以上的自然人、法人或其他组织共同创作完成的作品。构成合作作品的基本条件有三：（1）合作作者需具有共同的创作合意。这就意味着合作作者之间在创作某一作品时具有共同创作的愿望，并且在内心有着将各自创作的部分纳入作品中的意图。该种合意可以是通过书面合同等明确的意思表示反映出来，也可以是借助创作过程的协助、修改、补充等方式默示体现出来。（2）合作作者需有着共同的创作行为。共同创作行为是指每个创作者为作品独创性的形成作出了创造性贡献。共同创作可以是混合进行，也可以是分开进行，只要各方为作品的完成作出了实质性的直接贡献，且将创作行为指向同一部作品，就可以是共同创作行为。但是，合作作者对于作品的实质性贡献并不必等同。美国 Eckert v. Hurley Chicago Co.，Inc. 案中，法院认为：尽管合作作者之间的贡献不必相同，该合作作者的贡献无论是在质量上还是数量上都是显著的，从而可以推定各方当事人意图创作一件合作作品；[1] 但是，如果没有参加创作，仅为创作提供咨询意见、物质条件、素材或其他辅助劳动的人，不能够成为合作作者。

在我国，合作作品分为整体作品和结合作品两种。[2] 整体作品又称为共同作品，是指创作成果无法分割的合作作品；结合作品也称为合成作品，是指可以将不同合作作者创作部分进行分割使用的合作作品。

（三）权利归属与行使

合作作品的权利归属与行使的特点和要求在于：（1）合作作品的著作

[1] 230 U. S. P. P. Q 612（N. D. Ⅲ. 1985）. 转引自李明德、许超：《著作权法》，法律出版社2003年版，第149页。

[2] 在德国和美国，合作作品仅仅指向整体作品，而不包括结合作品。参见冯晓青：《著作权法》，法律出版社2010年版，第125页。

权属于合作作者。合作作者共同创作了作品，属于权利主体当无疑义。不过，《计算机软件保护条例》同时规定，合作开发者可以签订书面合同约定软件著作权的归属。(2) 整体作品著作权的行使。此时，著作权由各合作作者共同享有，通过协商一致行使；不能协商一致，又无正当理由的，任何一方不得阻止他方行使除转让以外的其他权利，但是所得收益应当合理分配给所有合作作者。(3) 结合作品著作权的行使。作为一个整体，各合作作者对合作作品享有共同的著作权，其权利的行使应与整体作品著作权行使方式相同：在坚持协议优先的同时，任何一方不得转让作品，但可以通过许可等其他方式行使著作权，所得收益由各方根据个人对作品贡献大小进行分配。同时，由于该类作品可以分割而不影响合作作品的整体，因此作者对各自创作的部分可以单独享有著作权，但行使著作权时不得侵犯合作作品整体的著作权。(4) 每个合作作者都有权单独行使禁止权。合作作者可以单独主张禁止权，禁止其他人未经授权对合作作品的使用；发生争议时，每个合作作者都可以单独提起诉讼。(5) 合作作品署名权的行使。合作作品存在多个作者署名。关于署名的先后顺序，有约定的按约定确定；没有约定的，可以按照创作作品付出的劳动、作品排列、作者姓氏笔画等确定。

【实例】　　油画《吹响响》案*

原告邹某称，其于1983年创作了油画作品《田间小曲》（以下简称《小曲》），并独自署名发表在油画丛刊《画廊》杂志1984年第1期上，后该幅作品售出。1984年其因参加美展需要复制该作品，肖某得知此情后提出由其来复制，且署双方的名字并以二人名义参展。其同意后，肖某在临摹《小曲》的基础上完成《吹响响》的制作。该两幅作品相比，除了一些小改动外几乎完全相同，因此《吹响响》应属合作作品。但邹某在2006年调查发现，肖某自1984年以后，在没有通知和取得其同意的情况下，多次复制、销售《吹响响》，且在其个人画展及各类画册、宣传册上展览、印制该幅作品，署名均为

* 四川省高级人民法院民事判决书〔2007〕川民终字第668号。

肖某个人，并在接受访问时宣称《吹响哨》为其个人创作作品。邹某认为肖某的行为严重侵犯了其所享有的发表权、发行权、署名权、复制权、展览权，故诉请法院判令肖某立即停止侵权，并刊登声明，承认其对合作作品享有著作权且赔礼道歉；赔偿其经济损失 12 万元及合理开支。

肖某称，邹某系自己的学生，曾在自己指导下基于几个小孩在草垛上吹哨子的照片创作完成了《小曲》，其间肖某还亲自动笔帮邹某完善。肖某称也看到过上述照片，并产生了创作灵感，且于 1984 年独自完成《吹响哨》的创作。由于肖某当时没有著作权法的概念，加之感谢邹某所拍摄照片带来的灵感，且出于提携学生的考虑，在参展时主动在画上署了邹某的名字。因双方并无合作创作的协议，邹某也未参与创作，故邹某并非《吹响哨》的合作作者。肖某还反诉称，因邹某擅自起诉给其造成经济损失，因此请求法院确认该作品的著作权归其个人所有，并判令邹某赔偿其合理开支 2 万元。

法院庭审查实，1984 年前后，肖某与邹某约定在《小曲》的基础上合作创作由二人共同署名的参展作品；当年 7 月，肖某执笔完成《吹响哨》第一稿并以二人名义参展，随后多次获奖。后来，肖某在第一稿的基础上又完成了第二稿，两稿为同一作品，其中第二稿被他人收藏。此后，肖某将《吹响哨》标注“与邹某合作”字样并选入 1998 年 1 月四川美术出版社出版发行的《肖某油画集》，并于当年 5 月将该画集赠送给邹某收藏。2005 年 1 月，肖某在美国的个人画展上展出该作品；当年，又将该作品随文刊印于《美术》杂志上；2006 年 9 月，又将该作品印制在画展的请柬、宣传画册、宣传画上。在此三次活动中，均未在作品上署邹某的名字。《小曲》与《吹响哨》相比，在构图上均采用仰视草垛上部的儿童的视角，整个画面呈金字塔形布局；同时，油画的左上部均以远处的竹林、茅屋为背景，且均选取三女一男四个吹哨子的儿童为画面的主题元素等。不同之处在于，《吹响哨》在画面最高处增加了一个太阳并以暖色调为主，《小曲》的色调偏冷，且二者在儿童的衣物颜色等细节上也存在差异。

法院认为，此案争议的焦点是《吹响哨》是否属合作作品。依照《著作权法》的相关规定，如无相反证据证明，则在作品上署名的公民为作者。1984 年《吹响哨》是以两人的名义参展并获奖，也是以两人共同署名的方式发表，其意义就在于宣示了作品的作者，而且肖某还在其画集中明确标注该作品系与邹某合作。再者，著作权法保护的对象是作品且应有独创性，即作者思想或情感的表达，有客观的表达形式，具有可复制性，但却不保护构思。肖某在绘制《吹响响》前接触过《小曲》及相关照片，表达形式上也是采取了与《小曲》相同的金字塔形构图和三女一男吹哨子的儿童形象；其整体构图、人物形象刻画等方面都包含了邹某《小曲》的独创性成果，故肖某辩称邹某未执笔绘制即不属于共同创作的主张不能成立。因此，《吹响响》应为合作作品。

肖某在使用诉争作品时未署合作者邹某的名字，且邹某也并未放弃其署名权或同意肖某不署其名，故肖某的行为侵犯了邹某的署名权，应当承担侵犯邹某署名权的民事责任。因《吹响响》为油画作品无法分割使用，因此肖某独自使用该作品时应首先与邹某协商；肖某在未与邹某协商的情况下，将该合作作品作为个人作品予以展览，随文刊印于《美术》杂志上，印制在请柬、宣传画册、宣传画上并向公众提供的行为属侵犯邹某作为合作作者共同享有的展览权、复制权、发行权。依照法律规定，美术作品原件所有权只有在发生转移的情况下，持有者才享有展览权。肖某虽称其持有该作品的原件，但在合作双方未约定作品原件的所有权转移给肖某一人的情况下，肖某主张其持有该作品的原件故享有展览权的抗辩也不能成立。

因该案中邹某的实际损失及肖某的违法所得不能确定，故法院采用法定赔偿方法，综合考虑肖某侵权的主观过错、侵权行为方式、影响范围、侵权持续时间、作品类型，酌情确定邹某的经济损失，确定邹某所支付的律师代理费中2万元及公证费800元属于合理开支。故依法作出判决，认定争诉油画作品《吹响响》系合作作品，判决被告肖某自判决生效之日起立即停止侵权行为，赔偿邹某经济损失5.08万元，并刊登声明赔礼道歉，对邹某的其余诉请及肖某的全部诉请予以驳回。

【实例2】

甲、乙合作完成一部剧本，丙影视公司欲将该剧本拍摄成电视剧。甲以丙公司没有名气为由拒绝，乙独自与丙公司签订合同，以十万元价格将该剧本摄制权许可给丙公司。对此，下列哪一说法是错误的？（　）（2010年司法考试第三卷第16题）

A. 该剧本版权由甲乙共同享有

B. 该剧本版权中的人身权不可转让

C. 乙与丙公司签订的许可合同无效

D. 乙获得的十万元报酬应当合理分配给甲

答：选C。本题考查合作作品著作权利用。《著作权法实施条例》第9条规定，合作作品不可以分割使用的，其著作权由各合作作者共同享有，通过协商一致行使；不能协商一致，又无正当理由的，任何一方不得阻止他方行使除转让以外的其他权利，但是所得收益应当合理分配给所有合作作者。所以A、D都是正确的，C是错误的。同时，著作权人身权在一般情形下是不能转让的，所以B选项也正确。

【实例3】

甲、乙、丙、丁四人合作创作一部小说，甲欲将该小说许可给某电影制片厂改编后拍成电影，乙则想把它许可给某网站在网络上传播，丙对这两种做法均表示反对，丁则不置可否。对此，下列哪一选项是正确的？（　）（2008年司法考试第三卷第19题）

A. 如果丙坚持反对，甲、乙均不能将作品许可他人使用

B. 甲、乙有权不顾丙的反对，将作品许可他人使用

C. 如果丁同意，则甲、乙可以不顾丙的反对将作品许可他人使用

D. 如果丁也表示反对，则甲、乙不能将作品许可他人使用

答：选B。《著作权法实施条例》第9条规定，合作作品不可以分割使用的，其著作权由各合作作者共同享有，通过协商一致行使；不能协商一致，又无正当理由的，任何一方不得阻止他方行使除转让以外的其他权利，但是所得收益应当合理分配给所有合作作者。所以本题中因为甲、乙行使的不是转让权，而是许可使用权，丙无正当理由，不得阻止甲、乙行使，答案B是正确的，当选。

三、汇编作品的权利主体

（一）法条

《著作权法》第14条："汇编若干作品、作品的片段或者不构成作品的数据或者其他材料，对其内容的选择或者编排体现独创性的作品，为汇编作品，其著作权由汇编人享有，但行使著作权时，不得侵犯原作品的著作权。"

（二）汇编作品

汇编作品[1]是指汇聚若干作品、作品的片段或者不构成作品的数据或者其他材料，对其内容的选择或者编排体现独创性的作品，包括报纸、期刊、百科全书、选集、文选、数据库等。汇编作品的独创性体现为对作品、作品片段、数据等材料的选择、编排、组合等方面具有结构、风格和形式上的独特性，彰显了"选者的眼光"。

根据我国法律的规定，汇编作品包括作品汇编与事实汇编两种类型。作品汇编是指经由汇聚作品、作品的片段而形成的作品。除立体艺术作品外，大多数作品、作品的片段均可成为汇编作品的一部分。事实汇编是指汇聚不构成作品的数据库或者其他材料而形成的作品。

汇编作品与合作作品的区别在于：（1）前者的各作者之间不必具备合意的要件，而后者的各个作者则要求有共同的创作愿望。（2）前者中各个作者的成果是可区分的，而后者中各个作者的成果有时不可分。（3）前者以汇编人的名义发表，后者以合作作者的共同名义发表（少数情况下存在例外）。

（三）权利归属与行使

汇编作品权利归属和行使的特点与要求在于：（1）汇编作品的著作权

---

[1] 1990年《著作权法》，汇编作品被称为编辑作品，仅指汇编作品、作品的片段而形成的作品。因该表述容易与文字的编辑加工相互混淆，因此2001年《著作权法》已经弃之不用。

属于汇编人。作为一个整体，汇编人对汇编作品的形成做出了创造性的贡献，可以基于其创作行为而成为著作权人，这与其他作品著作权主体的归属并无区别。但是，汇编人不能对被其选入的作品、作品片段、数据和其他材料主张著作权。(2) 汇编作品的权利主体在行使权利时受到限制，即不得侵犯原作品的著作权。这主要是针对作品汇编而言。因为进行作品汇编时，原作品、作品的片段可能尚处于著作权保护之中。与演绎作品相似，进行作品汇编和行使汇编作品著作权时也有两个方面的要求：一，由于原作品的著作权人享有汇编权，所以汇编人在从事汇编时应该取得原作品、作品片段权利人的许可；二，在行使汇编作品的著作权时，承担不侵害原作著作权的消极义务。当然，无论是作品还是作品片段，都不会因为被纳入某一汇编作品而导致其原作的著作权受到影响。就事实汇编作品而言，由于事实、数据本身并不享有著作权，因此汇编人在从事汇编与行使权利时没有上述限制。不过，在我国并未对数据库提供特殊权利保护，因此权利人对事实汇编享有的权利不及数据和材料本身，权利人并不能依据著作权而禁止其他人对该数据、事实本身的使用。如果其他经营者利用数据、事实的行为构成不正当竞争，可以寻求《反不正当竞争法》的保护。

国家版权局《关于习题集类教辅图书是否侵犯教材著作权问题的意见》（国权办〔2003〕38 号）即指出：根据《著作权法》第 14 条规定，构成汇编作品的教科书，在其内容的选择或编排上是具有独创性的，应受到著作权法的保护。如果某教科书在内容的选择或编排上具有独创性，他人按照该教科书的课程内容和编排顺序、结构编写配套教辅读物，应视为对该教科书在著作权意义上的使用，在未经必要许可的情况下，这种使用即构成对该教科书著作权的侵害。

四、电影类作品的权利主体

（一）法条

《著作权法》第 15 条第 1 款规定：“电影作品和以类似摄制电影的方法创作的作品的著作权由制片者享有，但编剧、导演、摄影、作词、作曲等作者享有署名权，并有权按照与制片者签订的合同获得报酬”；第2款规定：“电影作品和以类似摄制电影的方法创作的作品中的剧本、音乐等可以单独使用的作品的作者有权单独行使其著作权。”

（二）权利归属和行使

电影和以类似摄制电影的方法创作的作品简称为电影类作品，包括电影、电视剧等。作为作品的一种类型，《著作权法》第3条中进行了明确的规定，前章已经述及其概念和特征，此处不赘。

关于电影作品的著作权主体，各国规定不一。在美国、加拿大、澳大利亚等国，电影作品的著作权归属于制片人；在英国，允许电影作品的作者与制片人通过合同来确定其权利归属；在法国，电影作品的原始著作权只能属于参加电影创作的每个自然人（导演、编剧、对白作者、歌曲作者等）；在德国，虽然承认电影作品的著作权属于参加创作的创作者，但这些权利视为自始已交由制片人行使，这被称为经济权利的法定转让。

我国电影类作品的权利归属和行使上的特点与要求有：(1）作为整体的电影类作品的权利主体是制片人。其理由是：制片人是电影类作品的决策者和主持者，一般为影视作品的产生筹措资金，且负责电影类作品的发行工作；为激励电影类作品的创作和市场利用，需要授予制片人权利，以保证其通过权利的运用获得相应的经济利益。(2）对于整体的电影类作品，导演、编剧、作词、作曲、摄影等作者享有署名权，并可以通过与制片者签订合同获得经济报酬。(3）可以单独使用的剧本作品、音乐作品的权利主体是该类作品的作者。这些作品的权利人可以单独行使其著作权。例如，在没有约定的情形下，电影作品片尾曲的作者可以单独授权他人演唱该歌曲，并不受到制片人著作权的影响。

五、职务作品的权利主体

（一）法条

《著作权法》第16条第1款规定：“公民为完成法人或者其他组织工作任务所创作的作品是职务作品，除本条第二款的规定以外，著作权由作者享有，但法人或者其他组织有权在其业务范围内优先使用。作品完成两年内，未经单位同意，作者不得许可第三人以与单位使用的相同方式使用该作品。”本条第2款规定：“有下列情形之一的职务作品，作者享有署名权，著作权的其他权利由法人或者其他组织享有，法人或者其他组织可以给予作者奖励：（一）主要是利用法人或者其他组织的物质技术条件创作，并由法人或者其他组织承担责任的工程设计图、产品设计图、地图、计算机软件等职务作品；（二）法律、行政法规规定或者合同约定著作权由法人或者其他组织享有的职务作品。”

《计算机软件保护条例》第13条规定：“自然人在法人或者其他组织中任职期间所开发的软件有下列情形之一的，该软件著作权由该法人或者其他组织享有，该法人或者其他组织可以对开发软件的自然人进行奖励：（一）针对本职工作中明确指定的开发目标所开发的软件；（二）开发的软件是从事本职工作活动所预见的结果或者自然的结果；（三）主要使用了法人或者其他组织的资金、专用设备、未公开的专门信息等物质技术条件所开发并由法人或者其他组织承担责任的软件。”

（二）职务作品

职务作品也被称为雇佣作品，是指自然人为完成法人或者其他组织工作任务所创作的作品。判断职务作品主要依据两个标准：（1）作品的创作者与该法人或其他组织之间存在雇佣关系；（2）作品的创作旨在完成单位的工作任务，该作品的创作与工作性质相符合，是其应当履行的职责。职务作品与“法人或其他组织视为作者”的情况不同。前者是自然人为完成工作任务而独自创作，单位一般只是起到监督和督促作用；后者是由法人或其他组织主持下创作，体现法人或其他组织的意志。

根据我国法律的规定，职务作品分为普通职务作品和特殊职务作品两类。普通职务作品是指通常情形下自然人为完成法人或者其他组织工作任务而创作出的作品。特殊职务作品是指自然人在完成法人或者其他组织工作任务过程中，主要是利用法人或者其他组织的物质技术条件创作，并由法人或者其他组织承担责任的工程设计图、产品设计图、地图、计算机软件等职务作品，以及法律、行政法规规定的特殊职务作品。《著作权法实施条例》第 11 条第 2 款规定，“物质技术条件”是指该法人或者该组织为公民完成创作专门提供的资金、设备或者资料。《计算机软件保护条例》第 13 条明确规定，满足下列条件之一的情形开发出的计算机软件为特殊职务作品：（1）针对本职工作中明确指定的开发目标所开发的软件；（2）开发的软件是从事本职工作活动所预见的结果或者自然的结果；（3）主要使用了法人或者其他组织的资金、专用设备、未公开的专门信息等物质技术条件所开发并由法人或者其他组织承担责任的软件。

（三）权利归属与行使

世界各国对职务作品著作权归属采取了不同的立场：法国、德国等国家规定，职务作品的原始著作权由创作作品的雇员享有，但是雇员可以通过合同将经济权利转让给雇主；美国的著作权法则规定，雇佣作品的著作权属于雇主，雇主被视为作者享有著作权，除非双方当事人明确以书面合同的形式作出了相反的约定；巴西的著作权法规定，职务作品的著作权由双方共有，除非当事人另有约定。

我国职务作品的权利归属和行使上的特点与要求有：（1）普通职务作品的权利主体是作者，但作者的许可权受到限制，具体包括以下方面：首先，法人或者其他组织在两年内有权在其业务范围内优先使用该作品。换言之，作品完成两年内，未经单位同意，作者不得许可第三人以与单位使用的相同方式使用该作品。《著作权法实施条例》第 12 条进一步规定，职务作品完成两年内，经单位同意，作者许可第三人以与单位使用的相同方式使用作品所获报酬，由作者与单位按约定的比例分配。作品完成两年的期限，自作者向单位交付作品之日起计算。其次，作品完成两年后，法人或其他组织仍可以在其业务范围内继续使用该作品，作者也可以许可其他人使用。由于单位已经不再享有优先使用权，所以此种情况下既不需要征得单位的许可，也不需要与单位分享报酬。最后，根据现有法律规定推定可知，作者可以在任何时候许可第三人以与单位不同的方式使用该作品。（2）特殊职务作品的权利主体是法人或其他组织，作者仅享有署名权和受奖励权。

【实例 1】　　　　　　教案职务作品著作权案 *

1990 年 1 月，高某调入重庆市南岸区四公里小学从事小学语文教学工作。根据该校的管理规定，从事教学工作的教师必须在课前备课，编写教案，并在每学期期末向学校上交教案。从 1990 年至 2002 年，高某先后交给四公里小学教案本 48 册。在高某要求返还教案本后，四公里小学曾返还教案本 4 册，其余 44 册记载高某教案的孤本已经被四公里小学以销毁或者变卖等方式处理，下落不明。

2002 年 5 月 30 日，高某向重庆市南岸区人民法院起诉，要求被告归还 44 册教案本或赔偿损失。2003 年 10 月 24 日，该院以高某不享有教案本所有权为由判决驳回其诉讼请求。高某不服，上诉至重庆市一中院。2004 年 3 月 29 日，重庆市一中院判决驳回上诉，维持原判。2004 年 11 月 25 日，重庆市人民检察院提出抗诉，重庆市一中院决定再审，并于 2005 年 5 月 23 日判决维持该院二审民事判决。随后，高某以四公里小学私自处分自己教案原稿的行为侵犯了自己的著作权为由，再次提起诉讼。

高某认为：现存的 4 册教案本所载教案具有独创性，构成作品，且应属于职务作品。作为一般职务作品，作者应享有著作权。由于自己的教案没有复制件，被告私自处分教案原稿的行为侵犯了著作权。

四公里小学则认为：小学教案不强调创造性，现存的 4 册教案本所载小学教案缺乏独创性，不构成作品。如果涉案教案属于作品，那么就应当属于职务作品。学校应享有涉案教案职务作品的著作权。

重庆市一中院认为：涉案教案属于作品。根据《中华人民共和国著作权法实施条例》，著作权法所称作品，是指文学、艺术和科学领域内，具有独创性并能以某种有形形式复制的智力成果。作品的“独创性”不同于被告所说的“创造性”，而是指作品系作者独立创作，而不是剽窃他人作品。虽然被告返还给原告的 4 册教案本所载只是小学语文教案，但是教学过程等栏目中记载的内容主要是原告高某独立创作，被告也未就该内容系抄袭这一反驳事实主张

---

* 重庆市第一中级人民法院〔2005〕渝一中民初字第 603 号。

提供证据加以证明，故教学过程等栏目中记载的内容具有独创性，应当属于著作权法上所称的作品。

涉案教案作品属于职务作品。根据《中华人民共和国著作权法》，公民为完成法人或者其他组织工作任务所创作的作品是职务作品。涉案的教案作品是原告为完成被告的教学工作任务而编写的，应当属于职务作品。

涉案教案职务作品著作权由作者享有，学校有权在其业务范围内优先使用。涉案的教案不属于法律、行政法规规定或者合同约定著作权由被告享有的职务作品；此外，虽然原告创作涉案的教案职务作品利用了被告一定的物质技术条件（如空白教案本等），但并不是主要地利用了被告的物质技术条件，而且涉案的教案职务作品也不是由被告承担著作权法律责任。因此，涉案的教案应当属于《中华人民共和国著作权法》规定的一般职务作品，著作权由作者高某享有，但四公里小学有权在其业务范围内优先使用。

根据前述生效判决，被告享有教案作品载体的所有权；而根据前述认定，原告应当享有教案作品的著作权。根据《中华人民共和国民法通则》第 4 条的规定，民事活动应当遵循诚实信用的原则，双方在行使各自的权利时都不得损害对方的权利。一般情况下，所有权人对作品载体的处分只会导致作品载体本身灭失，并不会导致作品也随之灭失，从而不会侵犯作品的著作权。但是，在知道或者应当知道教案本是记载原告教案作品唯一载体的情况下，被告作为所有权人对作品唯一载体的处分不仅会导致作品载体本身灭失，也会导致作品随之灭失，原告享有的教案作品著作权将无法实现，从而侵犯了原告享有的教案作品著作权。

法院作出如下判决：被告重庆市南岸区四公里小学校私自处分原告高某教案原稿的行为侵犯了高某的著作权；被告赔偿原告经济损失 5 000元。

【实例 2】

职业作家甲是某市作协成员，于 1998 年完成职务作品中篇纪实报告文学。关于该作品的使用，下列那些选项是正确的？（ ）（2000 年司法考试第三卷第 74 题）

A. 著作权由甲享有，作协在业务范围内有优先使用权

B. 2 年内，未经作协同意，甲不得许可第三人以与作协相同的方式使用

C. 2 年后，甲可以自由许可第三人使用

D. 2 年后，作协可以在其业务范围内继续使用

答：选 ABCD。由于该中篇纪实报告文学为普通职务作品，因此著作权由作者甲享有，单位在其业务范围内有优先使用权。在两年内，甲不得许可第三人以与作协相同的方式使用。因此 A 和 B 均正确。由于单位只能享有两年的优先使用权，因此两年后，甲可以自由许可第三人使用，这是行使著作权的表现。因此 C 正确。至于单位在两年后是否可以继续使用，存在不同看法。从法律仅仅规定“优先使用权”来看，言下之意是两年后单位享有的是“使用权”。因此，D 项亦为正确。

六、委托作品的权利主体

（一）法条

我国《著作权法》第 17 条规定：“受委托创作的作品，著作权的归属由委托人和受托人通过合同约定。合同未作明确约定或者没有订立合同的，著作权属于受托人。”

《最高人民法院关于审理著作权民事纠纷案件适用法律若干问题的解释》第 12 条规定：“按照《著作权法》第十七条规定委托作品著作权属于受托人的情形，委托人在约定适用范围内享有使用作品的权利；双方没有约定使用作品范围的，委托人可以在委托创作的特定目的范围内免费使用该作品。”

《计算机软件保护条例》第 11 条规定：“接受他人委托开发的软件，其著作权的归属由委托人与受托人签订书面合同约定；无书面合同或者合同未作明确约定的，其著作权由受托人享有。”第 12 条规定：“由国家机关下达任务开发的软件，著作权的归属与行使由项目任务书或者合同规定；项目任务书或者合同中未作明确规定的，软件著作权由接受任务的法人或者其他组织享有。”

（二）委托作品

委托作品是受托人根据与委托人订立的合同，根据委托人的要求为其

创作的作品。该类作品具有两个基本特征：（1）受托人接受委托人的委托创作作品。在创作过程中，作品可能体现受托人的思想和观点，也可能体现了委托人的意愿和要求。在一般情形下，受托人较为专业，提供技术方案；委托人体现个性，发挥主观能动性。（2）委托关系的存在是委托作品产生的前提条件。委托人与受托人签订协定，在合同中明确双方的权利义务关系。在合同形式上，如法律未作特别要求，则可以是书面合同、口头合同。在是否必须支付报酬上，可以是有偿的，也可以是无偿的。

委托作品与合作作品的区别在于：（1）委托人的思想、观点只能为受托人限定范围，并不能取代作品创作中所有的智力劳动；合作作者则一起参加创作活动。（2）委托作品对社会的责任由受托人承担；而合作作品对社会的责任由合作作者共同承担。（3）委托人可能要在作品完成后向受托人支付报酬，著作权归属也应由合同约定；合作作品的著作权人是合作作者。

按照我国法律的规定，委托作品与职务作品不同。前者是平等关系，后者则体现职务隶属关系。实际上，在欧美国家并不严格区分委托作品和职务作品，而是将委托作品归入职务作品。例如，《美国版权法》第101条规定，雇佣作品包括两种情况，一种情况是雇员在其职责范围内所创作的作品，另一种情况是通过特别订购或委托而产生的作品，且当事人明确约定该作品为雇佣作品。可见，在满足一定条件下，美国版权法将委托作品视为雇佣（职务）作品的一种。

（三）权利归属与行使

委托作品的著作权主体确认有其特殊性，这种特殊性源于委托作品的特征。由于委托人不创作作品，但是却发出指令，而且在很多情形下支付报酬，所以在合同中往往依照意思自治的原则，与受托人约定由委托人取得著作权。从受托人的角度看，其创作作品的动因也不在于获得著作权，而是为了相应的对价，如获得报酬、感谢等。所以立法上赋予有关著作权的协议以法律效力，并不损害合同双方的利益。

但是，在具体的规范上，代表性立法仍存在差异。有的国家注重维护委托人之利益，规定在一般情况下著作权人应是出资创作该作品的人，如美国、英国、印度等；有的国家则重视作者权益之保护，规定委托作品的著作权首先应属于作者，如突尼斯；还有的国家采用二者兼顾的方法，规定由作者与委托人共享委托作品的著作权。

我国著作权法有关委托作品的权利归属和行使的特点与要求在于：(1) 委托作品的权利主体优先依约定确定。这是委托作品权利归属的最主要特征，也体现了私法上对个人自治能力的信任和尊重。(2) 委托作品的权利主体在没有约定或约定不明时，著作权属于受托人。这体现了对作者权益的优先保护。(3) 委托人在不享有著作权情形下依照约定或者法定免费使用委托作品。具言之，在委托作品著作权属于受托人的情形下，委托人可在约定适用范围内享有使用作品的权利；双方没有约定使用作品范围的，委托人可以在委托创作的特定目的范围内免费使用该作品。(4) 关于受托人与委托人能否约定著作人身权的归属，我国著作权法未有明示。学术上存在不同的观点。一种观点认为，类推《著作权法》第16条关于职务作品的著作权归属，并根据该条没有明确禁止约定著作人身权归属的事实，可以认为应包括著作人身权的约定。另一种观点则从著作人身权不得转让的基本观点出发，认为：上述规定不应理解为可以约定著作人身权的归属，特别是署名权是专属于作者的；将上述约定的“著作权”解释为包括署名权在内的著作人身权，背离了著作权保护的宗旨，特别是会助长现实中并非罕见的替人“捉刀”的行为。[1] 笔者认为，在没有法律明确禁止的情况下，只要这种约定内容本身不违背公共利益，不误导社会评价，没有侵犯文化消费者权益时，应肯定委托作品中有关人身权归属约定的法律效力。(5) 由国家机关下达任务开发的软件著作权的归属和行使规则，原则上也应该由项目任务书或者合同规定；未作明确规定的，软件著作权由接受任务的法人或者其他组织享有。

【深度探索】美术或摄影委托作品中著作权与肖像权的冲突

当美术或摄影作品涉及个人肖像时，如果受托人享有著作权，则会发生与

---

[1] 冯晓青：《著作权法》，法律出版社2010年版，第136页。

委托人著作权的冲突。有的国家规定，涉及个人肖像的委托作品，其原始著作权归委托人。《澳大利亚著作权法》第35条规定，当照片、人像或者雕刻是为了私人或家庭目的而委托他人拍摄、绘制或制作，著作权应由委托人享有。《意大利著作权法》第98条规定，在没有相反约定的情况下，委托他人拍摄肖像照片的人可以不经摄影师许可而发表、复制或授权他人复制作品。但是对肖像作品进行商业性复制时，应向摄影师支付合理的报酬。

我国《著作权法》和《著作权法实施条例》没有规定委托作品中肖像权和著作权发生冲突时的处理规则。国家版权局《关于对影楼拍摄的照片有无著作权的答复》❶中提出了下列处理原则：（1）根据《著作权法实施条例》第23条的规定，著作权自作品创作完成起产生。法律没有要求非营利性作为产生著作权的条件。凡作品，包括影楼拍摄的摄影作品，都受法律保护。（2）顾客同影楼的关系，应属于民法中的承揽合同关系。因承揽合同关系产生的照片，应属于《著作权法》第17条规定的委托创作。该条规定："受委托创作的作品，著作权的归属由委托人和受托人通过合同约定。合同未明确约定或者没有订立合同的，著作权属于受托人。"很明显，影楼拍摄的照片的著作权，有合同约定的，依合同确定著作权的归属；没有合同约定或者合同未明确约定的，应推定著作权属于影楼。照片著作权属于影楼的，他人以著作权法规定之方式使用照片，应事先经影楼的许可。（3）由于照片还可能涉及顾客的肖像权，因此影楼在行使著作权时应遵守《民法通则》第100条的规定，即营利性使用照片，须事先取得肖像权人的许可。（4）在著作权属于影楼（即受托人）时，顾客（即委托人，也同时是肖像权人）使用照片也必须尊重著作权人的利益。根据国家版权局的答复，如果双方在拍摄照片时都明确顾客将以复制、发行广告等方式营利性使用照片，或者在没有协议的情况下，有理由认为影楼明知顾客将营利性使用照片并且没有提出异议，顾客应有权在其经营活动范围内营利性使用照片。但是，顾客必须向影楼支付相应的报酬。如果双方没有明确顾客将营利性使用照片，或者没有理由认为影楼明知顾客将营利性使用照片，在著作权属于影楼的情况下，顾客欲营利性使用照片，应事先取

❶ 国权办〔1997〕12号。

得影楼的许可。

【实例】

某“二人转”明星请某摄影爱好者为其拍摄个人写真，摄影爱好者未经该明星同意将其照片卖给崇拜该明星的广告商，广告商未经该明星、摄影爱好者同意将该明星照片刊印在广告单上。对此，下列哪一选项是正确的？（　）（2010年司法考试第三卷第22题）

A. 照片的著作权属于该明星，但由摄影爱好者行使

B. 广告商侵犯了该明星的肖像权

C. 广告商侵犯了该明星的名誉权

D. 摄影爱好者卖照片给广告商，不构成侵权

答：选B。该个人写真的创作属于委托作品，因为没有约定著作权归属，应由摄影爱好者享有著作权。因此，A项错误。根据《民法通则》第100条，公民享有肖像权，未经本人同意，不得以营利为目的使用公民的肖像。广告商和摄影爱好者均属于营利性使用公民肖像，构成侵权，所以B项正确而D项错误。根据《民法通则》第101条，公民、法人享有名誉权，公民的人格尊严受法律保护，禁止用侮辱、诽谤等方式损害公民、法人的名誉。本案中，广告商并没有以侮辱、诽谤方式损害该演员的名誉，所以C项错误。

七、美术作品的权利主体

（一）法条

《著作权法》第18条规定：“美术等作品原件所有权的转移，不视为作品著作权的转移，但美术作品原件的展览权由原件所有人享有。”

（二）权利归属与行使

根据法律规定，美术作品等作品原件所有权转移，著作权仍为原来创作作品的作者享有。通过前文有关作品与作品载体关系的分析可知，这只是以美术作品为例表述了著作权法上的一项基本原理。因为所有的作品载体所有权的转移，都不会导致著作权的转移。

比较特殊的是，美术作品原件的所有权人可以享有一定范围的展览权。

根据我国《著作权法》第10条，展览权是公开陈列美术作品、摄影作品的原件或者复制件的权利。可见，只有美术作品或者摄影作品的著作权人才可以享有展览权。鉴于美术作品的原件具有很高的收藏和展览价值，如果没有展览权的转移，美术作品所有权人就可能不会花费巨大费用购买美术作品，这也妨碍了美术作品著作权人利益的实现，甚至制约艺术收藏市场的繁荣。因此，国际社会的通例是由美术作品原件所有权人获得对作品原件的展览权。我国也作出了类似的规定。不过需要注意的是，我国著作权法仅仅规定美术作品原件的所有权人享有对原件的展览权，这表明：美术作品的著作权人依然享有对作品复制件的展览权。此外，摄影作品著作权人虽然也享有展览权，但是法律并没有规定摄影作品原件所有权转移会导致展览权的转移。

【实例】

美术学院教授王某受某公司的委托，创作了一件象征该公司文化和精神的雕塑，并按照合同约定将该雕塑原件交付给该公司，但双方未约定雕塑著作权的归属。根据著作权法及相关规定，下列哪些说法是正确的？（　）（2012年专利代理人资格考试第二卷第62题）

A. 王某享有该雕塑的著作权

B. 该公司享有该雕塑的著作权

C. 王某享有该雕塑原件的展览权

D. 该公司享有该雕塑原件的展览权

答：选AD。根据法律规定，受委托创作的作品，著作权的归属由委托人和受托人通过合同约定；合同未作明确约定或者没有订立合同的，著作权属于受托人。因此，本案雕塑作品的著作权属于王某，A对B错。同时，美术作品原件的展览权由原件所有人享有，而雕塑属于美术作品之一种，其展览权属于原件所有人该公司享有，所以C错D对。

八、其他特殊作品著作权主体归属的情形

《最高人民法院关于审理著作权民事纠纷案件适用法律若干问题的解

释》还规定了两类特殊作品的著作权归属：（1）该司法解释第13条规定，除构成法人或其他组织视为作者的情形外，由他人执笔，本人审阅定稿并以本人名义发表的报告、讲话等作品，著作权归报告人或者讲话人享有。著作权人可以支付执笔人适当的报酬。（2）该司法解释第14条规定，当事人合意以特定人物经历为题材完成的自传体作品，当事人对著作权权属有约定的，依其约定；没有约定的，著作权归该特定人物享有、执笔人或整理人对作品完成付出劳动的，著作权人可以向其支付适当的报酬。

第四章 著作权的内容、取得与期限

权利人获得著作权后，不仅可以享有署名、修改等精神利益，而且可以控制作品的使用行为，进而获得经济利益。著作权的内容包括著作人身权和著作财产权，核心是控制作品利用的行为种类，亦即权能。实际上，作品使用方式非常丰富，甚至在不同类型作品上因使用作品而能够带来的利益也不完全相同。例如，大家非常熟悉的小说类文字作品，一般人最先想到的使用方式自然是将作品交由出版社出版，通过复制、发行获得经济利益。除此之外，还可以授权他人将小说改编成戏剧或电影，从而获得一定的收益。但是，电影类作品的使用方式却不完全同于此，著作权人往往通过授权他人放映电影、出租电影以及播放电影而获得相应利益。加之，不同时代的复制和传播技术所能允许的利用作品方式也不相同，如在数字网络时代，任何作品都可以通过数字化复制和信息网络传播而得到利用。因此有必要结合作品类型、技术特征以及作品的不同使用方式，具体分析著作权人控制行为的范围。

第一节 概　　述

一、概念

著作权内容是指著作权人享有的专有权利的总和，是著作权法中最为核心的部分，它表明权利人可以控制行为的范围。因为专有权利是用于控制特定行为的，享有一项专有权利就意味着能够控制他人利用作品的特定行为。[1] 这种行为主义的认识观揭示了著作权内容的实质。从著作权人自己的角度看，著作权的内容是通过行为控制实现物质和经济利益的手段。从社会公众和使用者、传播者的角度，著作权的内容意味着作品使用的授权要求，未经许可而对作品进行的特定利用行为，将构成对著作权的侵犯。

著作权内容中的专有权利，往往是从积极和消极两个层面进行规范。从积极层面看，著作权的内容意味着权利人自己可以进行的行为范围。例如发表权，就是权利人自己决定作品是否公之于众以及如何公之于众的权利，这是一种积极状态的权能。从消极层面看，著作权的内容是指权利人禁止他人未经许可实施一定行为的权利。例如发表权，还表明未经权利人许可，任何其他人不得将作品公之于众。在这两项权能中，具有决定性意义的是消极方面的权能。

著作权人享有的专有权利范围，随着科学技术发展，在不同时代会有不同的形式。从理论上看，一般认为著作权人有两项权利：著作人身权和著作财产权。著作财产权是著作权人依法享有的自己使用或者授权他人使用其作品并获得报酬的权利。著作人身权是作者或者著作权原始主体依法享有的与其人身不可分离且不可转让和放弃的、不具有直接财产内容的权利。学者认为，英美法系奉行“财产价值观”，认为著作权的实质乃是为商业目的而复制作品的权利；大陆法系奉行“人格价值观”，将天赋人权思想引入著作权理论范畴，确立了以保护作者精神权利为中心的著作权观念，即“作品是人格的反映”。[2] 当然，随着知识产权制度国际化的进一步发展，上述两大法系在著作权内容上的差异已经发生改变。更多的国家开始将“财产价值观”和“人格价值观”糅合起来，以便更好地维护著作权人的各种权益。

---

[1] 王迁：《著作权法》，北京大学出版社 2007 年版，第 69 页。

[2] 吴汉东：《著作权合理使用制度研究》，中国政法大学出版社 1996 年版，第 10 页。

二、著作人身权的概念和特征

著作人身权在大陆法系国家通常称为作者人格权（德国、日本），在英美法系国家则称为精神权利（Moral Rights），我国著作权法称之为著作权人享有的人身权，它涉及保护作者在其作品中体现的人格和非物质利益。因此，著作人身权是指作者对其作品所享有的各种与人身相联系而又无直接财产内容的权利。《伯尔尼公约》认为，著作人身权是不受作者经济权利影响，甚至在经济权利转让之后，作者仍保有要求其作品作者身份的权利，并有权反对对其作品的任何有损其声誉的歪曲、割裂或其他更改，或其他损害行为。

著作人身权具有的特点：（1）不可让与性。著作人身权专属于作者，视为作者的法人或其他组织也享有著作人身权，通常不得转让、继承和放弃。（2）永久性。著作人身权一旦形成，大部分情形下永久存在，即使作者死亡以后，著作人身权也不会消灭。（3）身份性。著作人身权依附于创作者，基于作品的存在而存在，如影随形。

著作人身权的内容，各国著作权法的规定不尽相同。《德国著作权法》规定的著作人身权的内容有发表权、署名权、保护作品完整权。《法国知识产权法典》规定的有发表权、署名权、保护作品完整权和收回权。《英国版权法》规定的精神权利有：作者或导演身份权、反对对作品进行损害性处理的权利、作者免予受虚假署名的权利、某些照片或影片的隐私等。不过，《英国版权法》是将精神权利规定为与版权平行的权利，也就是说，版权是一种经济权利。《伯尔尼公约》则规定了署名权和保护作品完整权这两项精神权利。

著作人身权与一般人身权的区别在于：（1）主体范围不同。著作人身权并非人人可以享有，它只属于创作作品的作者或取得作者法律地位的人；一般人身权中的人格权一般每个人都可以享有，身份权则是基于血缘或某种法律事实而产生。（2）法律意义不同。一般人身权乃人之所以为人的条件和基础，著作人身权则是基于一定法律事实而产生的权利。（3）保护期限不同。一般人身权保护期限为主体存续期间，自然人死亡后不再享有，但可以由继承人维护其生前的人身利益。著作人身权保护期限是无限的，特殊情形下也可延伸到作者死后的一定期限。该权利由作者的继承人代为行使。

三、著作财产权的概念和特征

著作财产权，又称经济权利，是指著作权人自己使用或者授权他人以一定方式使用作品而获取物质利益的权利。也有人认为，著作财产权就是著作权人依法通过各种方式利用其作品的权利。

著作财产权可以转让、继承或放弃。与著作人身权不同，著作财产权本质上就是民法上的财产权，它能够给著作权人直接带来经济利益，在市场经济环境下，能够根据价值规律测定其经济价值，可以进行许可和转让。著作财产权也是继承的标的，可以进行法定继承、遗嘱继承或者按照遗赠抚养协议进行转移。此外，作为一种财产权，权利人也可以放弃，从而令其进入公有领域。

著作财产权遵循“互不相关原则”。也就是说，著作权人在经济上利用其作品的专有权利，如复制权、发行权、表演权、改编权、翻译权等，都是互不相关的权能形式，权利人对某一项权能的行使，并不必然代表着其他权能的行使。只有著作权人明白无误地表示愿意将某种权能许可或者转让给第三者的情况下，才能进行该种权能的许可或者转让。

从理论上讲，著作财产权可以分为复制权、演绎权与传播权三大类。复制与演绎，又都将以传播为归宿。但无论是现有的两个基本版权公约还是大多数国家国内的版权立法，都并未以这三大类为基础对经济权利作出规定，而是根据各国（或公约）的不同情况及立法（或缔约）时的背景，将这三大类中的某一类或两类展开，作出过细的规定。[1]

[1] 郑成思：《版权法》，中国人民大学出版社 1997 年版，第 151 页。

四、著作人身权和著作财产权的关系

在英美法系国家，著作权被称为版权，其核心就是将作品视为一种纯粹的财产，保护的重点在于以复制为基础的著作财产权。在这些国家中，长期不承认权利人享有人身权。美国版权法中长期不规定著作人身权，直到为加入《伯尔尼公约》，才规定艺术作品著作权人享有有限的著作人身权。在大陆法系国家，著作人身权较之于著作财产权居于更加重要的地位。著作人身权先于著作财产权而产生。不过，即便是在大陆法系国家，德国和法国对两者关系的认识仍有重大区别。德国一元论认为，著作权中的精神权利和经济权利是不可分离的整体，著作权本身是作者的精神权利和经济权利的复合体。精神权利的保护期限与经济权利的保护期限相同，有关经济权利的规定与精神权利的规定直接相关。法国二元论则认为，著作权中的精神权利和经济权利并非不可分离的整体，而是可以相互分离的，著作权是由两个相互独立的作者人格权和财产权构成。经济权利保护有一定期限，而精神权利保护没有期限限制，对经济权利的规定也与精神权利的规定无关。[1] 在日本和英国，著作权被定性为财产权，但是它规定了作者人格权或精神权利，具有类似于著作人身权的制度功能。

现在，还是有一些学者不赞同赋予作品精神权利，原因有：首先，艺术作品实际上是一个连续的发展过程，绝对所有权的观点站不住脚。精神权利维系着一个由巨星、卖座片和畅销书组建的体系。其次，没有精神权利的一个好处是艺术作品可任人改动，展示场合也不再受限。艺术家有权大幅修改他人的作品，注入自己的理解，但应该声明改动后的作品实际上是基于原作的全新作品。最后，取消精神权利也不会抹杀原作，作品的收听、观看和阅读丝毫不受影响。[2]

---

[1] 冯晓青：《著作权法》，法律出版社 2010 年版，第 81 页。

[2] ［荷］约斯特・斯密尔斯、玛丽克・范・斯海恩德尔著，刘金海译：《抛弃版权：文化产业的未来》，知识产权出版社 2010 年版，第 6～7 页。

第二节　著作人身权的内容

我国著作权法规定的著作人身权有：发表权、署名权、修改权和保护作品完整权。

一、发表权

（一）概念

发表权是指决定将作品公之于众的权利，即作者决定作品是否公之于众，何时、何地以及以何种方式公之于众的权利。发表权的核心是发表，它包括两个要素：

1. 将作品公之于众的行为

除了明确的意思表示外，一些国家的法律中还规定推定发表的情形，并使之成为对发表权的限制。具体来说，包括著作权人转让或者许可他人使用其未发表的作品，将未发表的美术作品或摄影作品的原件所有权转让给他人，以及作者同意将作品用于拍摄电影。❶

我国《著作权法》第18条规定：美术等作品原件所有权的转移，不视为作品著作权的转移，但美术作品原件的展览权由原件所有人享有。从中应当可以推出：如果这幅美术作品从未被以任何方式发表过，则其原件转移之后，作者不得以享有发表权为由阻止他人第一次向公众展示这幅作品。《德国著作权法》第44条对此有明确规定：美术或摄影作品即使从未发表过，其原件所有人也有权公开展览。除非著作权人在让与著作原件时明确表示禁止公开展览。❷

2. 将作品以某种方式公开，并为公众知晓

发表的对象是公众，这是发表权成立的基本要素。朋友之间的传阅、

---

❶ 《日本著作权法》第18条第2款。

❷ 王迁：《著作权法》，北京大学出版社2007年版，第73页。

亲友之间的评点，都不能认定为发表。不过需要强调的是，发表的对象是公众，仅仅是表明作者的主观意愿和提供作品方式，至于公众是否实际知悉或关注该作品，则在所不问。《德国著作权法》第 15 条第 3 款规定："如为数人再现作品，属于公开再现，除非这些人的范围被加以特定限制并且相互之间或举办者之间存在一定的个人联系。"《最高人民法院关于审理著作权民事纠纷案件适用法律若干问题的解释》第 9 条规定：著作权法第 10 条第（1）项规定的"公之于众"，是指著作权人自行或者经著作权人许可将作品向不特定的人公开，但不以公众知晓为构成条件。

（二）性质

关于发表权的性质，理论界有两种不同的主张：第一种主张，即一元论，认为发表权仅属于人身权范畴，或者认为发表权属于财产权，因为只有发表作品才能获得经济利益；第二种主张，即二元论，认为发表权兼有人身权和财产权的双重属性。

笔者认为，发表权之核心在于公之于众行为的实施，而这属于作者是否愿意向公众展示作品的精神利益范畴，本质上不是以直接追求物质利益为目标。发表行为所带来的，也主要是个人表达、价值实现和声望名誉等方面的精神利益。所以，将发表权界定为著作人身权更符合该类权利的本质。然而，发表权的行使往往间接带来经济利益，或者说，发表权总是与其他的经济权利相互伴随发生。没有经济方面的利用行为，不可能行使发表行为；没有发表行为，很多经济上的利用行为将沦为空谈。在这种情况下，规定发表权的立法例中又不得不迁就发表权的该种属性，在保护期限、权利行使方式上做出特殊规定，使之具有某些接近经济权利的特性。

（三）特点

发表权具有以下特点：

（1）无论何种作品，发表权只能行使一次。权利人只要以著作权法规定的方式，将作品公之于众，就是发表。对于作者来说，发表权已经行使完毕，不得再次行使这项权利。例如，作者通过"博客"上传了某篇论文，就意味着作品已经发表。此后若该论文登载在某学术刊物上，也不再属于“发表”，而仅仅是行使复制权和发行权的体现。

根据《著作权法实施条例》第20条的规定：“著作权法所称已经发表的作品，是指著作权人自行或者许可他人公之于众的作品。”从该规定看，如果他人未经作者许可而使其作品被公之于众，那么作者的发表权不因他人的这种侵犯发表权的行为而丧失。❶

（2）发表权通常不能单独行使，需要和其他著作财产权一起行使。诚如前述，发表行为需要与经济利用行为共同为之。比如，老舍先生允许某话剧社将其创作的《龙须沟》进行公演，这既是行使发表权，又是行使著作财产权中的表演权。

（3）发表权通常不能转移，但对作者去世以后尚未发表的作品的发表权有特殊规定。这主要表现在两个方面：第一，作者明确表示不愿意发表的作品，在著作权存续其间，不得擅自发表；第二，作者生前对作品是否发表未作明示的，推定其同意发表，作者去世后50年内，其发表权由继承人或受遗赠人行使；没有继承人又无人受遗赠的，则由作品原件的合法所有人行使。此外，在一些特殊情形下，可以推定作者同意发表。❷ 主要包括：①当作者将未发表的作品转让时，受让人有权将该作品提供给公众，即推断作者已经行使发表权；②作者将其未发表的美术作品或摄影作品原件转让时，受让人有权公开展出这些作品；③如果电影作品的著作权归电影制片人所有，将作品以行使著作权的方式提供或提示给公众时，应视为作者同意发表。❸

（4）如果作品涉及第三人，行使发表权还受到第三人权利的制约。比较常见的情况是，作者的发表权受到肖像权、隐私权等人格权的限制，或者受到商标权等其他知识产权的限制。如一张人物特写摄影作品，或一张人物或人体的画像，作者要发表这些作品，都应取得被拍摄人和被绘画人的同意。

---

❶ 冯晓青：《著作权法》，法律出版社2010年版，第84页。

❷ 《著作权法实施条例》第17条。

❸ 冯晓青：《著作权法》，法律出版社2010年版，第182页。

(5) 发表权具有期限性。这一特征使之不同于其他著作人身权。按照我国法律规定，发表权的保护期限与著作财产权相同。

(6) 发表权是否已经行使，对于著作权人和传播者、使用者会产生相应的法律影响。发表权只能行使一次，所以对于著作权人来说，只有未发表过的作品才享有发表权。对于传播者和使用者来说，往往只有已经发表的作品，才可援引合理使用或法定许可、强制许可的规则，在未征得权利人同意的情况下自由利用作品。只有在少数情况下，如图书馆等公益文化机构对于未发表作品，也可以为保存版本需要在未征得权利人同意时进行复制。

(四) 地位

尽管发表权被誉为首要的人身权利，然而并非所有的国家著作权法都将其予以承认和保护。《伯尔尼公约》也没有出现发表权的保护。之所以发表权至今还未见诸公约，主要有以下原因：(1) 某些国家认为作者是否享有发表权，应当在著作权纠纷发生时由法院依照具体情况去处理，而不应当作为不可变通的、作者享有的权利规定在法律中；(2) 赋予作者以发表权，会使许多著作权纠纷难以解决，甚至影响著作权制度的有效性；(3) 作者在发表作品的同时，往往是在行使著作财产权，只要对著作财产权给予充分的保护，就可以有效保护发表权。

【实例 1】

王某和李某合作撰写了一本法学专著《刑法的精神》，王某撰写了前 6 章，李某撰写了后 4 章，后由于各种原因该书未出版王某即病逝了。对下列说法，你认为正确的有（　）

A.《刑法的精神》系王某与李某创作的可分割的合作作品

B. 本书的著作权应属于王某和李某

C. 王某的继承人有权单独发表王某撰写的部分

D. 李某不能单独发表后 4 章，必须经王某继承人同意

答：选 ABC。D 是错误的，因为根据发表权行使规则，在作者死后，生前对作品是否发表未作明示的，推定其同意发表，作者去世后 50 年内，其发表

权由继承人或受遗赠人行使。同时，根据合作作品权利行使规则，可以分割使用的，允许分别使用，但不得损害整体著作权。

【实例2】

2010年作家钟某创作完成了一部小说，但未发表，也未明确表示不发表。后钟某将该小说的手稿送给好友李某收藏。2011年钟某因病去世，立下遗嘱由其唯一的儿子继承全部遗产。根据著作权法及相关规定，有关该小说发表权的下列哪种说法是正确的？（ ）（2013年专利代理人资格考试第二卷第23题）

A. 该小说的发表权应由李某行使

B. 该小说的发表权可由钟某之子行使

C. 该小说的发表权应由钟某之子和李某共同行使

D. 该小说的发表权已不受著作权法保护

答：选B。根据法律规定，作者生前对作品是否发表未作明示的，推定其同意发表，作者去世后50年内，其发表权由继承人或受遗赠人行使；没有继承人又无人受遗赠的，则由作品原件的合法所有人行使。本实例中因钟某有继承人，所以发表权应由继承人即钟某之子行使，因此B正确。

二、署名权

（一）概念

署名权是指表明作者身份，在作品上署名的权利。在《伯尔尼公约》中，署名权被称为“表明作者身份权”（the right to identify as author, the right to claim authorship）。按照世界知识产权组织对《伯尔尼公约》的解释，署名权包括正反两个方面的意思。从正面讲，作者有权（以任何善意方式）在自己的作品上署名，以表明自己的作者身份。从反面上讲，作者有权禁止在并非自己的作品上，署自己的名字。

古罗马的作者曾把作品视为自己的“孩子”，这影响了大陆法系国家，在这些国家，“署名权”是作者享有的典型的“身份权”。也就是说，作者的身份通常通过署名表现出来，也可以通过确认作者身份还原作者的署名。

（二）特征

1. 只能是真正的作者才有资格享有署名权

传统著作权法的理论认为，作者以外的任何人都无权享有署名权，因为署名权实际上是一种作者资格权。署名权属著作权人的人身权利范畴，其权利不能转让、抵押、继承、赠与。

为了保障只有真正的作者才能享有署名权，立法进行了一些特殊规则的设计，具体包括：(1) 由法人或其他组织享有著作权的职务作品，由创作该作品的自然人享有署名权。(2) 作者的署名权不仅在其原作中可以行使，在有关的演绎作品中也可以行使。(3) 电影作品和以类似摄制电影的方法创作的作品的著作权由制片者享有，但编剧、导演、摄影、作词、作曲等作者享有署名权。

【深度探索】　　如何看待“枪手代笔”问题

2012 年，知名打假人士方某撰文认为青年作家韩某在少年时代的天才作品为他人代笔，并且根据自己的判断标准分析了相应作品中的语言表达不可能为缺乏社会阅历的孩子撰写。该论断引起网友广泛争论。此事件也引发了一系列有关国内广泛存在“代笔”行为的报道。例如，四川音乐学院大学生张某爆料，自己就是一个默默无名的“枪手”，曾给国内一个景点 120 周年纪念演出写了一部舞台剧剧本。双方签了协议，版权属于制作单位。到了演出时，她发现宣传单上编剧的名字已换成某导演。另一以代笔为业的人士张某在自己的博客中也披露：歌手杨某《老鼠爱大米》同名小说的作者是广州记者伍某，而歌手唐某的小说《丁香花》的作者则是张本人。此外，学术著作也有“枪手”的影子，而且是“重灾区”。因贪腐落马的原铁道部副总工程师张某为了竞选工程院院士，先后两次组织专家为其写书，“枪手”共为其写了 6 部专著。[1]

赞成“枪手代笔”的理由在于，署名权可以转让，也可以在委托创作合同中约定署名权属于委托人。具言之：首先，署名权并不是传统意义上的人格权，它旨在表明作者的身份，而不是自然人的身份。其次，署名权的自由处

[1] 王峰、姚建莉、黄易：《业内人士称枪手代笔系出版界潜规则》，载 http://ip.people.com.cn/GB/17038487.html，2012 年 2 月 8 日访问。

分，符合双方当事人的利益诉求，是意思自治原则的体现。再次，如果创作者接受委托或是出于自愿为别人创作，且以别人名义发表，则实质上等于放弃了著作权，其创作可以视为是一种为他人服务的活动。最后，署名权的自由处分，是投资者利益和创作者利益均衡保护的需要。此外，因作者同意而由他人署名，可以视为“假名”，或视为作者放弃署名权，但同时要引入“公共秩序保留”原则，即该权利的行使要以不损害社会公共利益为限。

反对“枪手代笔”的理由在于：“枪手代笔”行为损害了社会公共利益和公序良俗，主要包括教育利益、职称评价体系、社会诚实信用的道德准则等。例如，现在有不少学者在署名时开“夫妻店”，搞“父子档”，一个人写的文章署上两个人的名，或者干脆为了评定职称而力捧某一个人，从表面上看是意思自治，但实际上是损害了国家、社会对学术的评价标准，妨碍了教育利益。当前甚嚣尘上的买卖学位论文的现象，也是通过署名权的转让实现的，同样破坏了教育秩序。除此之外，“枪手代笔”中还会危害社会诚信道德和思想评价体系。诚实守信不欺罔，是人类社会基本的道德准则，也是民法中的“帝王条款”。“枪手代笔”会滋生欺骗、蒙蔽、忽悠的不良风气，不利于培养正确的道德价值观。不仅如此，它还会在思想体系评价中造成混乱。例如，某位知名人士请“枪手代笔”，枪手的观点成为“知名人士”的观点，而这两位的思想还有可能是矛盾的。在学术著作中，本来是学者主编的作品却变成专著，其间观点矛盾。这些都严重危及公众、读者以及后学者对相应思想、观点的继受和评判。除此之外，还有学者主张这是一种欺骗公众的假冒行为，“枪手代笔”中署名权的转移并非不可，但是不得以损害文化消费者的利益为代价。文化消费者的选择权、公平交易权和知情权应该受到保护。

2. 署名权包含作者在自己创作的作品上署名、不署名和确认署名方式的权利

著作权人在自己创作的作品上的署名可以是真名，也可以是笔名、艺名，还可以是假名、化名，甚至可以不署名。

3. 署名权包括作者有权在自己作品上署名，以及禁止在并非自己的作品上署自己的名字

我国《著作权法》第48条规定，“制作、出售假冒他人署名的作品”

为著作权侵权行为。所以，在我国立法上，假冒他人的姓名发表自己的作品，已经构成对署名权的侵害。

【深度探索】　　冒名行为性质的争论

被告欲拍卖署名吴某的载有“炮打司令部”字样的《毛泽东肖像》画一幅，估价为30万~35万港元。1993年10月中旬，吴某得知此消息后，表示自己从未画过《毛泽东肖像》并向有关部门反映了此情况。但被告执意进行拍卖。1993年11月22日，吴某向上海市中级人民法院民庭提起侵害姓名权、名誉权之诉，未获支持。1994年7月6日，吴某向上海市中级人民法院知识产权庭提起侵害著作权之诉。法院经过审理后认为，《毛泽东肖像》系假冒吴某署名的伪作，判决两被告侵犯了吴某的著作权。❶

上述假冒他人的姓名发表自己的作品（冒名）是否属于对著作权中署名权的侵犯？对此问题有不同观点。

一种观点认为：假冒名作家之名发表低劣作品，会给作家声誉造成损害，是典型的侵犯精神权利。如果著作权法连这种行为都不加控制，那么对精神权利的保护就显得太不完整了。著作权保护的客体是作品，在作品上署名不当，会损害作者的名誉和声望，尤其是冒充名家发表质量低劣的作品，不但会直接损害真正作者的人格利益，直接危及其作品的市场价值，而且会直接损害购买者的利益，扰乱正常的文化市场秩序。因此冒他人之名发表非他人的作品是与版权中的精神权利及经济权利都密切相关的，应当列入版权法管辖范围。❷《著作权法》第48条已经明确规定“制作、出售假冒他人署名的作品”为著作权侵权行为。1988年《英国著作权法》《德国著作权法》均有禁止假冒他人姓名发表自己作品的规定。世界知识产权组织编撰的《伯尔尼公约指南》也认为，确认作者身份权中包括了禁止他人在非作者的作品上署上作者姓名的权利。实际上，在我国的司法实践中也认可了这一主张，前述案例即为明证。

---

❶ 上海市中级人民法院〔1994〕沪中民（知）初字第109号；上海市高级人民法院判决书〔1995〕沪高民终（知）字第48号。

❷ 郑成思：《版权法（修订本）》，中国人民大学出版社1997年版，第142页；冯晓青：《著作权法》，法律出版社2010年版，第87页。

另一种观点认为：著作权是就具体的作品而产生的，没有作品就没有著作权。冒名行为已超出著作权法署名权问题，属于假冒姓名、侵犯他人姓名权的行为。❶ 将禁止虚假署名权规定在版权法中，这种立法例主要出现在英美法系。这是因为：英美法系国家对作品的观念本来有别于大陆法系国家，它们更为注重作为财产的经济价值。虚假署名的实质是利用名家的声誉去牟取不当经济利益，规定"禁止虚假署名权"实际上是为了制止利用名家的名誉进行不正当竞争。而且"禁止虚假署名权"是"署名权"相并列的一项独立权利。换言之，他人制作冒名作品侵犯的并非是署名权，而是署名权之外的"禁止虚假署名权"。❷

4. 合作作品的署名权属于每个合作作者，合作作者有权共同决定署名方式和顺序

《最高人民法院关于审理著作权民事纠纷案件适用法律若干问题的解释》第 11 条规定，因作品署名顺序发生的纠纷，人民法院按照下列原则处理：有约定的按约定确定署名顺序；没有约定的，可以按照创作作品付出的劳动、作品排列、作者姓氏笔画等确定署名顺序。这表明，如果合作作者没有按照商定的顺序署名，也会构成对署名权的侵犯。此外，如果合作作者将合作作品以个人名义发表，则是侵害他人署名权的行为。

5. 在某些特定情形使用他人作品时可以不署名

《著作权法实施条例》第 19 条规定："使用他人作品的，应当指明作者姓名、作品名称；但是，当事人另有约定或者由于作品使用方式的特性无法指明的除外。"《日本著作权法》第 19 条第 3 款规定："只要不违反公正的惯例，无害于作者要求承认和尊重其作者利益时，根据对作品的使用目的和形式，可以省略作者的姓名。"实际上，在建筑作品等作品类型中，由于建筑物的特殊性，使用者可以根据行业惯例标记建筑设计师的署名。

---

❶ 刘春田主编：《知识产权法（第二版）》，中国人民大学出版社 2002 年版，第 68～69 页。

❷ 王迁：《著作权法》，北京大学出版社 2007 年版，第 76～77 页。

三、修改权

修改权是指作者本人修改或者授权他人修改作品的权利。与其他著作权内容表述不同，修改权只是从行为的积极方面来表述该种权能的基本特质，该行为的消极特征，亦即禁止未经许可的修改，则由保护作品完整权进行规定。保护作品完整权与修改权是互相联系的，侵犯修改权往往也侵犯了作者的保护作品完整权。修改权主要是对作品内容局部的变更以及文字、内容的修正。❶

一般来说，作者可以自己行使修改权。作品完成以后，其表达的思想、观点和感情往往随着主观认识和客观条件而变化。比如，郭沫若在研究历史时，有关中国奴隶社会和封建社会的历史分期问题的观点，就曾因新的历史遗迹被挖掘，经考证而改变。这时，作者当然可以对作品进行修改。

修改权也可以经作者授权他人行使或法律规定由他人行使。权利人可以授权由编辑或者其他人修改自己的作品。按照我国法律规定，报社、期刊社可以对投稿作品作文字性修改、删节，而无须征得作者的同意。❷《著作权法实施条例》第10条规定："著作权人许可他人将其作品摄制成电影作品和以类似摄制电影的方法创作的作品的，视为已同意对其作品进行必要的改动，但是这种改动不得歪曲篡改原作品。"《多米尼加版权法》第114条及第118条规定：电影作品的精神权利仅归导演所有，经济权利仅归制片人所有，但影片的修改权（为放映目的而进行增、删以及增删幅度的决定权）则由制片人行使。1988年《英国版权法》则建议：如果作品创作完成后版权中经济权利不归作者，则作者不复享有精神权利中的修改权。

修改权也存在一些特别的权利行使规则：首先，合作作品修改权行使时要由合作作者协商一致。其次，对已经完成的建筑作品进行修改，必须

❶ 胡康生主编：《中华人民共和国著作权法释义》，法律出版社2002年版，第43～44页。

❷ 《著作权法》第34条：图书出版者经作者许可，可以对作品修改、删节。报社、期刊社可以对作品作文字性修改、删节。对内容的修改，应当经作者许可。

取得建筑物所有人的许可；如果建筑物的修缮不可避免，则不应保护建筑作品作者的修改权。最后，美术作品的物权被转移后，如果作者想作修改，就必须取得美术作品物权所有人的同意，否则不能行使修改权。

修改权控制对作品内容进行局部变更以及对文字、用语的修正。这一特征区别于著作财产权中的改编权。因为受改编权控制的改编行为是根据原有作品的基本表达，创作出新的作品。

【深度探索】　　　要不要单独规定修改权

关于要不要规定修改权，存在赞成论和反对论两种。赞成论认为，修改权存在充分的合理性，具体体现于以下几个方面：第一，作者创作作品是为了向社会传播作品，作者通过发表作品取得一定的人格利益；作者应对作品的社会效益承担责任，从此意义上讲，作者应享有修改权。第二，人类社会是在改造客观世界中前进的，随着客观情况的变化，以及人们认识水平的提高，就需要对不符合现实的情况进行订正或更改，因而作者应享有修改权。❶ 第三，赋予作者修改权，可以使作者在作品再版之前对作品进行修改。即使这种修改对出版社并不一定有利。因此修改权可以算做"半个收回作品权"。❷ 第四，《计算机软件保护条例》规定修改权而没有保护作品完整权，这表明，侵犯修改权不以对作者声誉造成影响为条件，因此并不是保护作品完整权所能够替代。第五，修改权是具有基础性质的权利，而保护作品完整权则具有救济性质。因为修改权的行使完全根据作者的意愿发生，而保护作品完整权则是在作品的完整性受到侵害时方可发生，其明显的功能是保护基础权利，即使修改权免受他人正在实施或准备实施的侵害。❸

反对论者认为，有必要修改作品并不等于就应当设立修改权。仅规定"修改权"而不规定"收回权"也不可能使作者对于已经固定在有形物质载体之上且该载体已由他人合法享有时，对作品进行修改。既然我国著作权法已经明确规定了保护作品完整权和修改权，同时报刊社和出版社又有对来稿作品进

❶ 冯晓青：《著作权法》，法律出版社 2010 年版，第 88 页。

❷ 李明德、许超：《著作权法》，法律出版社 2003 年版，第 80 页。

❸ 费安玲主编：《著作权法教程》，知识产权出版社 2003 年版，第 95 页。

行适当文字性修改的权利，创设修改权就没有现实意义，是不必要的。[1]

四、保护作品完整权

保护作品完整权是指使作品不受歪曲、篡改的权利。歪曲系故意改变事物的真相或内容，在著作权法上表现为对作品主题、情节、人物形象等的故意改变；篡改是指用作伪的手段对作品进行改动或曲解。

诚如前述，保护作品完整权与修改权是一个事物的正反两个方面。从正面讲，作者有权修改自己的作品；从反面讲，禁止他人增、删并保持作品完整。因此，保护作品完整权是一种消极权能，它并不能从积极层面指引权利人可以进行的行为方式，而是禁止他人对作品进行歪曲、更改和贬损。从这个意义上看，修改权和保护作品完整权的价值目标具有一致性。

《伯尔尼公约》第6条对该权利予以确认，即作者“有权反对对其作品的任何有损其声誉的歪曲、割裂或其他更改，或者其他损害行为”。我国《著作权法》第10条第（4）项和第47条第（4）项确立了保护作品完整权，但是没有限定“有损作者声誉”这一条件。

【实例】　雨果后人《悲惨世界》维权案败诉*

2001年，塞雷萨为《悲惨世界》写了一部上、下两册的续集，名为《珂赛特：梦想年代》。法国作家维克多·雨果的玄孙皮埃尔·雨果一直要求禁售这本书，认为它只是为了赚钱，亵渎了原著的完整性。众所周知，维克多·雨果是19世纪法国最杰出的浪漫主义作家之一，《悲惨世界》是他的代表作。一般说来，文学作品作者的著作财产权虽然有期限，但是著作人身权却没有法律期限，并由作者后人来保护。如果续作损害了他的声誉，皮埃尔似乎有权提起诉讼。但也有法律界人士担心，禁售像塞雷萨写的这类书将导致艺术家不敢再从杰作中寻找灵感，并引发无数或真或假的文豪后人提出索赔诉讼。法国初审法院认为，皮埃尔并不能提供足够的证据证明自己和原著作者维克多·雨果

---

[1] 王迁：《著作权法》，北京大学出版社2007年版，第77～79页。

* http：//news. xinhuanet. com/book/2007 －02/03/content_ 5689405. htm，2007年2月3日最后访问。

的关系，塞雷萨对雨果在1862年发表的原著侵权行为不成立。皮埃尔不服，随即提出上诉。2004年，上诉法院推翻了初审法院的判决，判定原著作者的著作权是可以由后人继承的。随后，此案上诉至法国最高上诉法庭。经过数年的审理，2007年，法国最高上诉法庭对本案作出终审判决，判定塞雷萨对《悲惨世界》的续集写作并不违法，皮埃尔·雨果败诉。

【深度探索】　　收回权

在有些国家的著作权法中，还规定权利人享有收回权。收回权，又称追回权，是指作品在有正当理由的前提下，以赔偿使用者的经济损失为条件而收回已公开发表的作品的权利。我国著作权法目前尚未对此作出规定。收回权是一种特殊权利，它完全与合同的强制力原则相反，……因此，在可能的情况下，人们力图调和这两种看似矛盾的原则：一方面是“契约必须遵守”原则，另一方面是尊重思想自由（它必然导致改变主张的自由），因而收回作品通常要满足一些条件。[1]

《德国著作权法》第41～42条规定，行使收回权的条件是：第一，专有使用人不行使或不充分行使权利而损害作者合法权利，或者作品已经不符合作者的观点，不能继续使用。第二，要赔偿使用人的损失。第三，必须是已经公开发表的作品。意大利、俄罗斯等国的著作权法也有类似的规定。

【深度探索】　　追续权

追续权又称为延续权，是指艺术作品的作者及其法定继承人从公开拍卖或转卖的作品原件收入中提取一定比例的权利。一般来说，追续权具有几个特征：(1) 享有追续权的主体是作者和法定继承人，不包括受遗赠人。(2) 追续权的对象是以原件为载体的作品。只有在转卖作品原件时，才可以行使该权利。作品复制件的买卖不会产生追续权。(3) 追续权是通过提取原件所有权人获得收入中的一定比例来实现。(4) 只有在转卖价格达到一定限额时，才可以主张追续权。

追续权的实现有两种方式：从增值中提取一定比例和从转卖价格中提取一

---

[1] ［西］德利娅·利普希克著，联合国教科文组织译：《著作权与邻接权》，中国对外翻译出版公司2000年版，第130页。

定的比例。表面上看，从艺术品增值中提取一定比例的做法似乎更为公正。但是，这种做法所造成的困难很大，致使这样的制度无法实行。有关受益者必须知道和证实首次销售价格和随后各次转卖的价格，并应确定以货币不变价格计算的价格差。这意味着，作者及其继承人必须得到并保存每次销售价格的凭证和具有坚实的会计知识。采纳这种制度的国家，如巴西、智利、意大利、葡萄牙、乌拉圭等，从未具体实行过这一制度，这证明推行这种制度是不可能的。这种似乎最公正的制度结果变成了最不公正的制度。只有那些选择直接从转卖价格中提取一定比例的做法并有集体管理机构对价格进行管理的国家，如德国、西班牙、法国等，才成功地使得追续权没有成为一纸空文。❶

根据欧盟2001年通过的《追续权指令》，欧盟成员国应当为绘画、拼贴画、油画、素描、雕版画、版画、石版画、雕刻、编织画、照片以及陶瓷、玻璃造型等原创视觉艺术品的作者规定追续权，使之能够在其首次销售作品之后，按转售价金的法定比例收取版税。但适用对象仅限于由作者亲手制作的原件或由作者编号、签名的有限数量的复制件。该权利不可转让和放弃。所有视觉艺术品的转售者都应直接或通过集体管理组织向作者支付版税。唯一的例外是销售者是直接从作者手中购入作品，时间不足3年，而且转售价格低于3万欧元。各成员国可以自行规定转售价达到多少金额之后作者才可行使追续权，但这一标准不得高于3万欧元。换言之，在任何欧盟成员国，只要对符合条件的视觉艺术品以超过3万欧元的价格进行转售，作者就有权从中分得法定比例的版税。该指令还规定，作者从转售中收取版税的比例是：转售价低于5欧元的，为4%；在5万~20万欧元之间的，为3%；在20万~35万欧元的，为1%；在35万~50万欧元的，为0.5%；在50万欧元以上的，为0.25%。版税总额最高为12 500欧元。❷

第三节 著作财产权的内容

根据我国《著作权法》第10条的规定，著作财产权包括复制权、发行

---

❶ ［西］德利娅·利普希克著，联合国教科文组织译：《著作权与邻接权》，中国对外翻译出版公司2000年版，第166页。

❷ See Directive 2001/84/EC of the European Parliament.

权、出租权、展览权、表演权、放映权、广播权、信息网络传播权、摄制权、改编权、翻译权和汇编权等 12 种类型。

一、复制权

根据我国著作权法的规定，复制权是指以印刷、复印、拓印、录音、录像、翻版等方式将作品制成一份或者多份的权利。传统上看，复制权是著作财产权中最基本的权能。有学者甚至指出，著作权是一套关于复制作品权利的规则。[1] 复制权具有以下特征：

1. 复制权是控制复制行为而享有的权利

复制就是原作的有形再现。著作财产权的本质是对作品的再现。其中，复制权控制对作品进行有形再现亦即复制的行为。构成复制行为必须具备一定的条件：首先，我国著作权法非封闭式列举了有形再现的基本途径：印刷、复印、拓印、录音、录像、翻录、翻拍等方式。分类而言，包括三种类型：一种是以手抄、拓印、雕刻等方式完成的手工复制；第二种是以印刷、录制、照相、复印等方式完成的机械复制；第三种是数字环境下的复制行为。包括将作品以各种形式固定在芯片、光盘、硬盘等媒介，下载到计算机等。其次，复制是将作品制成一份或者多份的行为。这表明该行为能够稳定并持久地产生固定在物质载体上的作品有形复制件。如果没有有形复制件，则可能是对作品的无形传播，由表演权、放映权等权利控制。

根据复制行为涉及的载体类型，大致可以将复制行为分为以下几类：(1)“从平面到平面”的复制，是指作品在被复制之时是被固定在平面载体之上的，而被复制之后，仍然被固定在同一或另一种平面载体之上。例如通过静电复印，将期刊杂志上论文进行复制。这是最为常见和人们最熟悉的一类复制行为。(2)“从平面到立体”复制，是指作品在复制之时是被固定在平面载体之上的，而被复制之后，则被固定在三维载体之上。在

[1] ［加］大卫·约翰斯顿等著，张明澍译：《在线游戏规则：网络时代的 11 个法律问题》，新华出版社 2000 年版，第 172 页。

著作权法中，从平面到立体的复制主要是指按照美术作品或设计图制作立体艺术品，以及根据建筑设计图建造建筑作品的行为。需要强调的是，著作权法意义上平面到立体的复制仅仅指按照平面设计图去建筑和生产受著作权法保护的三维艺术品和建筑作品。如果三维的实物不是著作权法意义上的作品和建筑作品，则这种按平面设计图进行的建筑和生产并不是著作权法意义上的复制行为。一般而言，按照工程设计图、产品设计图进行施工生产出工程、产品的行为，因为最终的产品并不是著作权法上的作品，因此不是复制行为。(3) 从“立体到平面”的复制，是指作品在被复制之时是被固定在三维载体之上的，而复制之后则体现在二维载体之上。例如，为了制作档案资料而对雕刻作品和建筑作品进行拍摄就是典型的从立体到平面的复制。(4) 从“立体到立体”的复制，是指直接根据立体艺术品，制作出同样大小或按比例缩放的立体艺术品。(5) 从“无载体到有载体”的复制，是指作品在被复制之时，是没有物质载体的，而在复制之后，则被固定在物质载体之上，形成作品的有形复制件。例如，在歌星演唱会上进行的录制。❶

【深度探索】　关于临时复制是否由复制权控制的讨论

临时复制，是指通过计算机阅读、浏览、倾听和使用作品的过程中在计算机内存中自动出现复制件的现象，一旦关闭所运行或者使用的作品，或者关闭计算机，这种复制件就不复存在。近年来，随着互联网的日益发展，诸多学者参与“临时复制”问题的讨论，其争议的焦点是：临时复制是否构成版权法意义上的复制。对此话题，国际上形成了三种主要观点，其一，以美国为代表，主张临时复制应被视为知识产权法意义上的复制，即复制权能够控制临时复制；2002 年正式公布的《欧盟版权指令》第 2 条明确规定：“成员国应当赋予下列人员授权或禁止他人直接或间接地、暂时地或永久地以任何方法和任何形式对下列内容进行全部或部分的复制的行为的专有权。”其二，以许多发展中国家为代表，主张临时复制并不构成复制，即传统版权法中的复制权制度不

❶ 王迁：《著作权法》，北京大学出版社 2007 年版，第 91 ~ 96 页。

应适用于临时复制。其三，介于前两种观点之间的，认为临时复制符合复制的本质特征，但是否在立法上将临时复制纳入复制权控制，有一个渐进的过程。

关于临时复制是否为复制权控制，我国学者也有三种代表性的观点：

赞成论认为，临时复制是一种复制。《伯尔尼公约》关于复制的规定相当宽泛，根据第 9 条第 1 款的规定，不管复制是整体的还是部分的、直接的还是间接的、暂时的还是永久的，都应在版权人的控制范围之内。由于在网络环境下，复制权仍然是权利人行使权利的基础，在现有技术条件下，被认为是纯技术性而没有独立经济价值的复制行为，将来也许会成为作品的主要利用方式，而权利人能否对此种复制行为加以控制将极大地影响其利益的实现与维护。因此，如果法律规定过窄的复制权范围，随着网络环境的发展变化，权利人获得的保护水平可能会实质地降低。而另一方面，如果法律规定较为广泛的复制权范围，再通过权利限制来调整这一范围，则可以根据情况的变化来取消某些不再合理的限制，或者根据情势变迁而设计某些新的限制。❶

反对的学者认为，临时复制不属于复制权控制，不仅是因为发展中国家政策考虑的结果，而且具有学理原因。具体说来：第一，临时复制仅是一种技术现象，具有暂时性、附带性。它不是行为主体有意识地自觉地实施的行为，它是行为主体从事复制目的以外的行为附带产生，不是行为主体的追求目的。第二，临时复制件没有独立的经济价值。不能说内存中的“复制件”没有经济价值，内存中的复制件的经济价值在于它们是构成一个完整技术过程的不可缺少的部分。但它们不具有作为作品复制件的经济价值，或者说它们不具有独立的经济价值。人们可以直接阅读一本书，或借助录音机播放音乐磁带，也可以将书或磁带转让给他人，但一般用户却无法阅读和欣赏内存中的作品“复制件”，也不能向他人提供这种复制件。❷

还有一些学者认为，临时复制纳入复制权的调整范围反映了著作权法发展的趋势，但要真正将其纳入法律保护的范围尚需要一个过程，即人们主观的法律意识提高的过程。而法律意识的提高在客观上又依赖于经济发展水平的提

❶ 王贵国主编：《国际 IT 法律问题研究》，中国方正出版社 2003 年版，第 4～5 页。

❷ 王迁：《网络版权法》，中国人民大学出版社 2008 年版，第 15～20 页。

高。因此，将临时复制纳入著作权法的调整范围，在发展中国家还有很长的路要走。即使对于发达国家，要全面地将临时复制视为永久性复制，并完全以复制权加以保护，也是不可能的。这一问题涉及作品的最终使用人，因此这一政策的推行绝非仅仅考虑著作权法就可以决定。至少，这里还可能涉及有关信息传播自由、言论自由等一般人权的问题。❶

2. 复制权的内容有积极和消极两个方面

从积极方面讲，著作权人有权复制或授权他人复制其享有著作权的作品；从消极方面讲，著作权人可以禁止他人复制其作品。任何人未经许可而复制他人作品的行为，均构成侵权行为。在实践中，未经许可复制作品的情况是侵犯著作权的主要情形。不过，这样的复制除了易于判断的完全抄袭之外，还包括部分内容的剽窃。判断他人是否未经许可实施了复制行为，一般运用“接触+实质相似”的标准。所谓“接触”，是指权利人能够证明他人有机会接触其作品，或者自己的作品早已公之于众，他人的作品后来完成，且有机会了解到原告作品的内容，就可以借助这些直接或间接证据证明该他人已经接触过该作品。所谓“实质相似”，是指如果将自己的作品与他人的作品进行比较具有实质相似性，就可以推定该他人的行为构成侵权。

【深度探索】“接触+实质相似”在软件审判中的运用*

在司法实践中，经常运用“接触+实质相似”方法判断原告的复制权是否被侵害：第一，被告接触原告软件：（1）通过直接证据认定。如果存在被告曾在原告处工作或被告曾代理销售原告软件等情形，则可认定被告曾接触过原告的软件。（2）通过间接证据认定。如果原告软件首先发表时间早于被告软件首次发表的时间，即在被告软件发表之前，原告的软件早已公之于众，被告有机会了解到原告的软件，则亦可认定被告曾经接触过原告的软件。

---

❶ 郭禾：《网络技术对著作权制度的影响》，见刘春田主编：《中国知识产权评论（第1卷）》，商务印书馆2002年版。

* 北京市第一中级人民法院知识产权庭编著：《知识产权审判分类案件综述》，知识产权出版社2008年版，第51～55页。

第二，被告软件与原告软件实质相似的认定。(1) 对不同软件进行比较应该将源代码或目标代码进行比较，而不能仅比较程序的运行参数（变量）、界面或数据库结构。(2) 不同环境下自动生成的程序代码不具有可比性。具体方法：(1) 软件存储介质内容对比。对比分别存储被告软件、原告软件的软盘或光盘的内容，包括目录、文件的数量、名称及文件的大小。(2) 软件安装过程的对比。即将被告软件与原告软件分别进行安装，对比两者安装过程中的屏幕显示内容，如提示信息、安装流程、界面整体设计风格等。(3) 软件安装目录对比。在被告软件与原告软件安装成功后，对安装后的目录，以及其中的文件进行对比。对比内容包括：文件夹及文件的名称、文件的大小、文件建立（或修改）的时间、文件的属性信息等。(4) 软件运行状况对比。即在被告软件与原告软件安装成功后，分别运行两软件，对比两者运行过程中的屏幕显示内容，如界面整体设计风格、菜单功能选项、运行提示、帮助信息等。(5) 软件代码对比，即将被告软件与原告软件的目标代码或源代码进行对比。首先，如果被告提交了软件的源程序，应该先审查该源程序是否能够经过编译生成被控侵权软件的目标程序。其次，对目标程序的相似性进行比对。最后，被告拒绝提供源程序时，如果原告已经证明被控侵权软件的目标程序与原告主张权利的软件的目标程序相同后，如果被告对这种相同不能作出合理解释，则可以认定被告软件与原告软件构成实质性相似。被告反驳的，应提供证据加以证明。

二、发行权

根据我国《著作权法》的规定，发行权是指以出售或者赠与方式向公众提供作品的原件或者复制件的权利。可见，发行权是以物质形式有形再现作品的权利，它对公众获取作品载体并进行文化消费具有重要意义。一些国家和地区在本国立法中规定了发行权。《美国版权法》第106条规定发行权；《德国著作权法》第17条规定，发行权是指将作品原件或复制件提供给公众或使之进入流通领域的权利。但是也有一些国家和地区的立法中没有规定发行权。《突尼斯示范著作权法》的制定者就认为发行权包括在复制权之中，作者可以在签订复制其作品的合同中规定诸如发行复制的数量、价格、授权发行地区等条款。[1] 具体来说，我国《著作权法》上的发行权具有以下特征：

（1）发行权控制以出售或者赠与等方式发行作品的行为，以转移作品有形物质载体所有权的方式提供作品的原件或复制件。由于2001年《著作权法》修正案中明确规定了出租权，所以，在我国，发行行为中不再包括出租。出售和赠与都是以转移作品载体所有权的方式实现对作品利用，出售者和赠与者均永久地转移作品载体所有权。由于出售和赠与都会与作品的载体发生联系，所以作品的发行是与作品载体的转移结合在一起的。对于载体受让人来说，转让人享有发行权（或者发行权已经穷竭），是合法取得所有权的必要条件。

（2）发行权控制的行为具有公开性。著作权法意义上的发行是“公开发行”，它是面向不特定的公众提供作品或者复制件的行为。如果是非公开地提供作品原件或复制件，则不构成发行行为。例如，在校园里散发作品复制件的行为，属于公开发行，但是将作品复制件赠送给同寝室好友的行为，因不具有公开性而不属于发行权控制。

（3）发行权的内容较为丰富。权利人可以对发行对象、发行范围和发行方式等内容进行控制。当然，权利人可以自己行使发行权，也可以授权他人行使。根据后面还将详细讲解到的发行权权利穷竭的原理，发行权在首次行使后即告耗尽，在这种情形下，权利人所享有的发行权只能行使一次。

（4）发行权与复制权的关系密切。在有些国家，复制权本身可以涵盖发行权。在有的国家，将复制后进行发行的行为统称为出版，甚至规定了出版权。在我国虽然并不存在单独存在的出版权，但是在立法中和实务上也会将复制和发行的行为统称为出版。

（5）在我国，通过网络向公众提供作品，公众可以在个人选择时间和地点获得该作品的行为，不是发行行为。在这个意义上看，网络发行的说

---

[1] 冯晓青：《著作权法》，法律出版社2010年版，第102页。

法是不准确的。因为传统意义上的发行是向公众提供作品复制件的行为，发生了作品载体的转移，而在信息传输中，仅有信息的传递，并无载体的实际转移，该信息仍存在于输出计算机的内存或相连的存储设备之中。目前国际社会中，只有美国是运用发行权控制网络传播行为，这种做法存在难以克服的缺陷和弊端，不足效仿。

三、出租权

根据我国著作权法的规定，出租权是指著作权人有偿许可他人临时使用电影作品和以类似摄制电影的方法创作的作品、计算机软件的权利。出租是暂时转移作品载体所有权的方式，也是有形再现作品的利用行为。在将发行进行扩大解释时，出租也是一种发行。[1] 但是现在，不少国家单独规定了出租权。《俄罗斯著作权法》于 1993 年修订时规定："作者享有以出租的方式发行作品复制件的权利而不受这些复制件的所有权制约。"《日本著作权法》第 26 条也以借贷权的形式承认了作者的出租权，但仅适用于唱片、计算机程序、乐谱和除书籍、杂志、电影作品以外的其他作品。《德国著作权法》也有类似的规定。《知识产权协定》第 11 条作了如下规定："至少对计算机程序及电影作品，成员应授权其作者或作者之合法继承人许可或禁止将其享有版权的作品原件或复制件向公众出租。对于电影作品，成员可不承担授予出租权之义务，除非有关的出租已导致对作品的广泛复制，其复制程度又严重损害了成员授予作者或作者之合法继承人的复制专有权。对于计算机程序，如果有关程序本身并非出租的主要标的，则不适用本条义务。"具体来说，我国著作权法上的出租权具有以下特征：

（1）出租权的对象是电影作品和以类似摄制电影的方法创作的作品、计算机软件。这是因为，随着模拟录制技术和放映技术的发展，电影作品和以类似摄制电影的方法创作的作品、计算机软件的出租业务异常火爆，

---

[1] 2001 年修改以前的《著作权法》没有明确规定出租权，但是当时的《著作权法实施条例》第 5 条将出租解释为发行的一种方式。

甚至一度成为向公众提供作品的主要形式。正是为了保护权利人的利益，避免使用作品的主要方式受到侵害，各国开始尝试规定出租权。但是，如果出租的计算机程序本身不是出租的主要标的，则不能受到出租权的控制。例如，出租的计算机软件依附于硬件，出租人提供的是该硬件，承租人所要获取的也是该硬件，这时就不能因为硬件中包含计算机程序，而必须征得权利人同意。此外，在我国著作权法的邻接权章节中还明确规定录音录像制作者对其制作的录音录像享有出租权。

（2）出租权是发行权权利穷竭原则的例外，也被称为发行权限制的反限制。按照权利穷竭原则，权利人在作品载体经由发行权行使而脱离控制后，不得再次运用发行权阻止商品的自由流通。但在立法规定出租权的情况下，权利人却可以对出租行为进行多次控制，并且由此获得经济利益。

四、表演权

我国著作权法规定，表演权即公开表演作品，以及用各种手段公开播送作品表演的权利。表演是在不转移作品载体所有权的情形下无形再现利用作品的主要形式。各国立法中一般都规定了表演权，但是其实际控制的行为范围并不相同。《法国知识产权法典》第 L. 122 - 2 条规定，表演是指通过某种方式尤其是下列方式将作品向公众传播：（1）公开朗诵、音乐演奏、公开演出、公开放映及在公共场所转播远程传送的作品。（2）远程传送。是指通过电信传播的一切方式，传送各种声音、图像、资料、数据和信息。（3）向卫星发送作品视为表演。1976 年《美国版权法》规定，“公开”表演是指：（1）在对公众开放的场所，或者在超出一家庭及其社交关系正常范围的相当数量的人的任何聚集地点表演；（2）或利用任何装置或方法在上述规定之地点或向公众传送或以其他方式传播作品的表演，无论公众是否可以在同一地点或不同地点以及是否可以在同一时间或不同时间内接收到该表演。我国台湾地区“著作权法”规定的表演是指以演技、舞蹈、歌唱、弹奏乐器或其他方法向现场之公众传达著作内容。以扩音器或其他器材，将原播送之声音或影像向公众传达者，亦属之。具体来说，我国著作权法上的表演权具有以下特征：

1. 我国立法上的表演权主要控制三种行为

（1）公开朗诵或公开口述，即以言辞或扩音器或其他器材向公众现场传达作品的内容。它主要针对文字类作品进行表演。也就是说，如果将音乐作品的词曲分开，单纯朗诵其歌词，也属于对文字作品的表演。（2）现场表演，是指以演技、舞蹈、歌唱、弹奏乐器或扩音器或其他器材向公众现场传送作品的内容。从通常意义上讲，表演权首要控制的正是对音乐作品、戏剧作品的现场表演行为。（3）机械表演。它是指以物质载体的形式，借助放映机、录音机、录像机等技术设备，向公众传播被记录下来的文字、声音、图像。它可以打破时间、地域的限制，再现表演。在此语境下，借助机械设备播放音乐作品、文字作品属于机械表演行为。

需要说明的是，我国著作权法上的表演权可以控制朗诵行为。在《伯尔尼公约》的历史演进中，朗诵权的规定滞后于表演权，并且一直与后者处于分立状态。其中，戏剧作品、音乐作品和音乐戏剧作品的作者享有“表演权”，文学作品的作者享有“朗诵权”。这一国际立法规范得到一些国家和地区的遵循。例如《德国著作权法》单独规定朗读权和表演权，其中朗读是由耳朵等听觉器官来实现的再现形式，而对于舞台表演来说，在一个（立体）空间内所进行的动态演出则对视觉具有重要意义。❶ 我国台湾地区也明确区分公开口述权和公开演出权，其划分标准与《伯尔尼公约》完全一致。但是具体到我国立法中，则没有这样的划分。《著作权法》第 10 条也没有规定单独存在朗诵权。从立法者的本意上看，表演权中的“公开表演作品”应该涵盖了朗诵。1991 年版的《著作权法实施条例》第 5 条规定，表演，指演奏乐曲、上演剧本、朗诵诗词等直接或者借助技术设备以声音、表情、动作公开再现作品。虽然该条文后来被废止，但是将朗诵诗词行为纳入到表演权控制，反映了立法者的本意，应该得到坚持。

2. 我国著作权法上的表演权控制的表演行为不包括广播、信息网络传

---

❶ ［德］雷炳德著，张恩民译：《著作权法》，法律出版社 2005 年版，第 242 页。

播、放映和展览

广播、信息网络传播、放映和展览虽然也是一种公开播送作品表演的行为，但是我国著作权法中采取分散式立法的体例，另行规定了广播权、信息网络传播权、放映权和展览权等权利，因此，立法上将表演权控制的机械表演行为表述为“用各种手段公开播送作品表演的权利”本质上是不准确的，必须进行限缩解释。

3. 表演权旨在禁止未经许可的表演

使用者（主要指演员、公共娱乐场所等）若要表演受著作权法保护的作品，必须贯彻“先授权，后传播”的原则。也就是说，任何人未经许可表演作品，都有可能构成对表演权的侵害。以《春天里》为例说明：该歌曲的词曲作者系著作权人，享有控制作品朗诵、现场表演和机械表演的权能。使用者若要表演该歌曲，必须征得权利人的同意，在就授权条件、付费方式等达成一致后，方可进行表演。现实中，比较常见的侵权形态是：（1）在演唱会中，歌手未经许可演唱或朗诵该音乐作品；（2）将录制有该歌曲的磁带、CD、U 盘、DVD 等在卡拉 OK 厅、公共汽车、机场、广场等公众场合或娱乐场所进行机械表演。因此，未经著作权人授权“改唱为读”也是对表演权的侵犯。

五、广播权

我国著作权法规定，广播权是指以无线方式公开广播或者传播作品，以有线传播或者转播的方式向公众传播广播的作品，以及通过扩音器或者其他传送符号、声音或者图像的类似工具向公众传播广播的作品的权利。也就是说，广播权是控制以广播方式无形再现作品的行为。但究竟什么是广播权，代表性立法例的规定并不一致。《伯尔尼公约》第 11 条之二第 1 款规定，文学艺术作品的作者享有下列专有权利：（1）授权广播其作品或以任何其他无线传送符号、声音或图像的方法向公众传播其作品；（2）授权由原广播机构以外的另一机构通过有线传播或转播的方式向公众传播广播的作品；（3）授权通过扩音器或其他任何传送符号、声音或图像的类似工具向公众传播广播的作品。《罗马公约》规定，“广播”是指通过无线方式将声音或者声音与图像的组合传输供公众接收。《世界知识产权组织表演和录音制品公约》（WPPT）第2条（f）项规定，“广播”是指以无线方式的播送，使公众能接受声音或图像和声音或图像和声音表现物；通过卫星进行的此种播送亦属于“广播”；播送密码信号、如果广播组织或经其同意向公众提供了解码的手段，则是广播。具体来说，我国著作权法上的广播权具有以下特征：

1. 广播权所规范的广播行为在技术上的表现，遵循《伯尔尼公约》的规范要求

在《伯尔尼公约》体系下，广播权可根据广播技术的不同，涵盖以下三个方面：（1）以无线方式广播作品的权利；（2）以有线传播或者转播的方式向公众传播广播作品的权利；（3）通过扩音器或者其他传送信号、声音、图像的类似工具向公众传播广播作品的权利。可见，该公约中广播权所能控制的行为并不限于无线广播，还包括有线广播和其他形式的广播。不过值得注意的是，限于缔约时的技术环境，《伯尔尼公约》规定的有线广播的范围非常狭窄，只包括以有线传播或转播广播作品的情况，直接进行的有线广播并不在此限。这一规定具有明显的缺陷，导致我国立法规定中，不能运用广播权去规范网络中非交互式的有线播放行为。

2. 广播权涵盖和控制的行为内容比较丰富

根据其实质特征，可划分为三种情况：（1）初始广播，即利用有线、无线或者任何方式直播、重播广播电视节目，公众可以在不同地点根据其播放时间表、在符合指定条件和安装有相应装置的情况下接收该节目内容，这是典型的广播权控制行为。（2）附随性公开接收，即接收者在特定终端接收广播电视节目的同时，将其提供给公众进行观看、收听的行为。这种情况下，接收者的行为可让进入该场合的公众在不同终端上获得节目内容，公众既可以进入接收者提供的终端观看或收听，也可以在其他不同的终端获取该节目，属于广播行为。例如，饭店、旅社、百货公司等公众营业场所接收音乐广播节目作为背景音乐，就属于附随性公开接收，也是广播之

一种。(3) 同步转播，即广播电台、电视台、有线电视台接收国内外卫星传送、无线传播的广播节目、公共营业场所接收广播、电视台传送的节目再同步传送到不同房间的行为均构成同步转播。

【深度探索】　　网络广播行为的法律规制

随着网络传播技术的发展，网络广播引发的纠纷开始出现。现在，不仅有广播电视组织在互联网上设置网络广播站，而且不少网站开始直播、转播广播电视节目。目前，传播学学者所倡导的Web3.0技术，则更是要让交互式传播和网络广播共存于同一媒介，实现综合传播平台打造，用以自如便捷地浏览信息、观看电视和收听广播。按照这样的技术构想，网络广播也将是互联网时代的主流传播方式。在"成功多媒体通信有限公司诉北京时越网络技术有限公司信息网络传播权纠纷案"❶中，被告在互联网上定时播放原告享有信息网络传播权独家许可权的电视连续剧《奋斗》，一审、二审法院均认定构成侵犯信息网络传播权。由于信息网络传播权所能控制的行为应具有交互性，所以法院的判决是错误的。在"安乐影片有限公司诉北京时越、北京悠忽侵犯著作权纠纷案"❷中，法院认为被告在其经营的网站向公众提供涉案影片《霍元甲》的定时在线播放服务和定时录制服务，侵犯了原告对该影片"通过有线和无线方式按照事先安排之时间表向公众传播、提供作品的定时在线播放、下载、传播的权利"，侵犯了原告依照著作权法享有的"其他权"。

我国著作权法对"广播权"的规定中，"以有线传播或转播的方式向公众传播广播的作品"没有包括直接以有线方式传播作品。这种来自《伯尔尼公约》的传统界定不能涵盖网络广播、网络同步转播等新兴出现的广播行为。就目前的情况而言，更多的立法是将网络广播整合到广播权中。例如，英国版权法在修订过程中将网络广播行为纳入广播权的控制范围。具体来说，该法规定在以下三种情形下，互联网传播属于广播权控制：(1) 互联网和广播电台同时进行的传播；(2) 现场通过互联网进行的传播；(3) 网络服务者按时间表定时提供电影画面或声像。美国、韩国、日本、匈牙利、澳大利亚等国家采

❶ 北京市第一中级人民法院〔2008〕一中民终字第5314号。

❷ 北京市第二中级人民法院〔2008〕二中民初字第10396号。

取了与其相同的做法。

具体到我国，现行法规定的广播权不能涵盖网络广播，这是立法的缺陷造成的。可行的做法也是借鉴当前大多数国家的经验，修改著作权法中关于广播权的界定，用以控制网络广播行为。理由在于，网络广播虽然借助于网络电缆，但不是信息网络传播权控制的行为，因为它并未采用“交互式”手段。网络广播像普通无线广播一样，用户在登录后只能在线收听或收看到网络广播电台按照预定节目表在这一时刻正在播出的节目，而无法自行选择节目。从技术属性看，网络广播依然是通过“异地同时”方式，以“点到面”的方法，让听众获得定时播放的信息，所以应该属于广播权控制。

六、展览权

我国著作权法规定，展览权是指公开陈列作品的原件或者复制件的权利。展览权的对象可以是作品原件或复制件。各国著作权法对展览权规定存在不少差异。具体来说，其具有以下特征：

（1）展览权的对象限定为美术作品和摄影作品。德国是将未发表的造型艺术作品的原件或者复制物或未发表的摄影著作的原件或复制物作为展示权的对象，日本则仅限于美术作品或尚未发表的摄影作品。在美国版权法中，展览权适用于文字、音乐、戏剧、舞蹈、哑剧、图形、雕塑、雕刻等作品，以及电影或其他影视作品的单个画面。

（2）展览的作品是否发表未作要求，即作品无论是否发表均可展览。但在德国，要求展览的摄影作品和造型艺术作品未发表，日本也要求摄影作品未发表。

（3）展览权控制直接展出作品的原件或复制件的行为。在美国，展览权还控制通过电影、幻灯、电视或其他手段在屏幕上间接展出。在涉及电影或其他影视作品时，展览与表演的区别在于，前者是非连续地展示单个画面，后者是连续性播放单个的画面或整部作品。[1]

---

[1] H. R. Report, No. 94 – 1476, 94th Cong., 2d Sess. (1976), for Section 106. 转引自李明德：《美国知识产权法》，法律出版社 2003 年版，第 183 页。

七、放映权

我国著作权法规定，放映权是指通过放映机、幻灯机等技术设备公开再现美术、摄影、电影和以类似摄制电影的方法创作的作品的权利。它控制公开上映行为，亦即以单一或多数视听机或其他传送影像的方法在同一时间向现场或现场之外一定场所传达作品的内容。具体来说，我国著作权法上的放映权具有以下特征：

(1) 放映权的客体包括美术作品、摄影作品、电影作品等种类的各种表现形式，其范围相对较广。但许多国家和地区的著作权法规定的放映权仅适用于电影类作品，如《日本著作权法》第26条规定："著作人享有公开上映其电影著作物或颁布其复制品的专有权。"我国"台湾地区著作权法"第25条规定："著作人专有公开上映其视听著作之权利。"此处所谓"视听著作"，一般也指电影类作品。

(2) 放映权是指通过放映机、幻灯机等技术设备公开再现作品的权利。这也是放映权与机械表演权的一个很重要差异。一般来说，机械表演权需要借助现场表演的录制设备和异地场合的播放设备；放映权则只需要通过能够传送影像的设备即可进行。

八、信息网络传播权

我国著作权法规定，信息网络传播权是指以有线或者无线方式向公众提供作品使公众可在其个人选定的时间和地点获得作品的权利。这一权利是应对网络技术交互式传播的特征而新增设立。在国际社会，为应对网络传播技术的这一特征，代表性立法例采取了不同的应对措施：美国以发行权控制网络上的传播行为。《法国知识产权法典》中的表演权可以涵盖所有的表演形式，网络媒介（电子计算机）也是远程传送的一种方式，所以完全可以被理解为属于表演。比利时的国内立法即以广播权涵摄互联网上的交互式传播。还有一些国家和地区，例如德国、英国、中国等，在不改变现有权利结构的前提下，为权利人增设一种新的权利，例如信息网络传播权或向公众提供权等，以控制网络传播行为。具体来说，我国著作权法上的信息网络传播权具有以下特征：

1. 著作权人享有的信息网络传播权和表演者、录音录像制作者享有的向公众提供权是同一种权利

在我国著作权法中，著作权人享有信息网络传播权，表演者、录音录像制作者享有向公众提供权。后者是根据《世界知识产权组织表演和录音制品条约》（WPPT）所作出的规定。在国际上，有些国家如日本，刻意区分“向公众提供”与随后的“向公众传输”两种行为。但在我国并不存在这样的差异。从技术上看，在网络上向公众提供的必然结果是信息可得在网络上传输，信息网络传输的必然前提是信息已经在网络上向公众提供，两者互相依存，不可分割。按照我国的著作权权能体系和固有传统看，信息网络传播权应该包括“提供行为”和“传输行为”，否则就出现权能调整的空白地带。2006 年通过的《信息网络传播权保护条例》明确规定，信息网络传播权是指以有线或者无线方式向公众提供作品、表演或者录音录像制品，使公众可以在其个人选定的时间和地点获得作品、表演或者录音录像制品的权利，不再区分“信息网络传播权”和“向公众提供权”。

2. 信息网络传播权是在信息网络中提供作品的权利

信息网络是一个宽泛的概念，它包括但绝不限于计算机互联网络，还应包括电信网、广电网、有线电视网、卫星或其他城域网等，而且随着技术的发展进步可能将来还会出现其他的新网络。具言之，就目前的技术环境而言，信息网络至少应该包括以下几种：（1）因特网；（2）机关、企事业单位内部所建立的与因特网相连接的局域网；（3）机关、企业、事业单位内部所建立的未与因特网相连接但规模较大的局域网；（4）电话信息网络；（5）视频点播系统；（6）广播电视数字网络。例如，在局域网中播放，虽然从表象看似乎不具备“选定地点获取作品”的特征，但究其实质，此处的“地点”应该指向的是不同的终端。也就是说，如果可以获得作品的终端不止一个，则“选择地点”的要求就可以被满足，而不论局域

网、广域网或其他内部网络。[1]《最高人民法院关于审理侵害信息网络传播权民事纠纷案件适用法律若干问题的规定》第2条规定，信息网络包括以计算机、电视机、固定电话机、移动电话机等电子设备为终端的计算机互联网、广播电视网、固定通信网、移动通信网等信息网络，以及向公众开放的局域网络。

3. 信息网络传播权控制行为的本质特征是交互式传播，或者称为按需传播

"交互性"是指通过信息网络独立接触作品不受时间的限制，公众可在任何时间、地点主动地根据需要而获得作品，这一特征也可以从不同角度被称为是"异地异时"获得作品或"按需传播"。"交互性"应被理解为是信息网络传播权的最根本的法律特征。正是因为使用者可以在其个人选定的时间和地点获得作品，所以与传统的广播权、展览权和放映权等传播权区别开来。那些在特定的时间，将事先准备好的节目通过网络提供给公众的"网播"行为，就不属于"交互式"传播。同样的道理，对某些作品进行重复广播，以固定的时间间隔广播每周音乐排行榜上的歌曲等，以及"类似互动"（near to interactive）的网络传播方式，即订阅式网络服务等，都不属于"交互式广播"，因此也不能由信息网络传播权控制。

【实例】　网吧和客车播放作品的缴费义务

中国电影著作权协会自获批成为著作权集体管理组织以来，即将工作重点之一瞄准了电影作品"放映权、表演权和信息网络传播权"的收费许可上。2010年7月30日~8月8日，国家版权局公示《电影作品著作权集体管理使用费收取标准》。该标准规定，网吧每天使用费＝电脑总量×网吧每小时收费标准×7.5%，长途汽车每辆车每年收取365~500元。这笔费用是十分巨大的，以网吧业为例，全国共有注册网吧15万家，以每天两角计算，电脑数量为100台的一间网吧每年需缴纳数千元使用费，全国网吧业能收取10亿元。如果按我国大中型营运客车保有量约100万辆计算，假如该费用能全部收取上

---

[1] ［德］约格·莱因伯特、西尔克·冯·莱温斯基著，万勇、相靖译：《WIPO因特网条约评注》，中国人民大学出版社2008年版，第147~148页。

来，每年可收取30亿~50亿元。影著协相关负责人曾表示，将把实收费用的10%作为管理费，剩下的90%都会直接分给会员单位权利人。对于代非会员单位权利人收取的著作权使用费，协会将会把实收费用的15%作为管理费。

九、改编权

我国著作权法规定，改编权是改变作品，创作出具有独创性的新作品的权利。这是著作权人享有的对自己的作品进行再创作的权利。著作权人自己创作的作品为原作，经由原作改编形成改编作品。权利人有权自己或者授权让人改编原作，其他人未经许可改编原作构成侵权。例如，儿童作家杨红樱创作了系列童话小说“笑猫日记”，某制片公司想将该故事改编成剧本，就必须要征得作家杨红樱的同意，并且要向其支付报酬。改编权得到国际公约和一些立法例的认可。《伯尔尼公约》第12条规定，文学艺术作品的作者享有授权对其作品进行改编、音乐改编和其他变动的专有权利。具体来说，我国《著作权法》上的改编权具有以下特征：

1. 改编权控制对作品的改编行为

所谓改编，意指在原有作品基础上，通过改编表现形式或用途，创作出具有独创性的新作品。改编有两种形式：（1）将作品由一种类型改变为另一种类型，如将小说改编成电影，将钢琴曲改编为交响曲；（2）不改变作品的类型而将其改变为适合某种特定需要的作品，如将大字典改编为学生字典，将一部理论专著改编为通俗读物，将原作品缩写或扩写等。[1] 需要指出的是，原作与改编作品的区别仅在于表现形式的差异，但二者的内容基本一致，同时原著的某些独创性特点会反映在改编作品中。就这个意义上讲，改编后的作品并不是全新的创作，一般消费者也能够通过阅读感受到二者之间前后相继的关联。这是改编与“合理引用”的重大区别。当然，如果后一作品只是与原作所反映的思想上具有一致性，就不能认定为是改编。因为后一作品已经属于全新的创作。

---

[1] 冯晓青：《著作权法》，法律出版社2010年版，第112页。

2. 改编权表现为积极和消极两个方面

从积极方面看，权利人有权自己或者授权他人进行改编；从消极方面看，权利人有权制止未经许可对自己作品进行任何形式的改编。如果出现对改编作品再进行改编的情况，权利人仍有权行使改编权。《伯尔尼公约》第 14 条规定，根据文学或艺术作品制作的电影作品以任何其他艺术形式改编，在不妨碍电影作品作者授权的情况下，仍须经原作作者授权。例如，甲将作品授权乙改编为电视剧，丙又打算将该电视剧改编为连环画，此时，丙应该征得甲和乙双方的同意。

十、翻译权

我国著作权法规定，翻译权是指将作品从一种语言文字转换成另一种语言文字的权利。这是著作权人享有的对自己的作品进行再创作的权利。《伯尔尼公约》第 8 条规定，受本公约保护的文学艺术作品的作者，在对原作享有权利的整个保护期内，享有翻译和授权翻译其作品的专有权利。翻译权一般只涉及口述作品、文学作品、电影作品等作品，美术作品、乐曲等一般不涉及翻译权。翻译是将一种语言文字转化为另一种语言文字，因此著作权人享有的翻译权具有多元性。质言之，著作权人应该在翻译权授权时指明翻译的语言种类，不同的语言种类可以授予不同的翻译权。例如，阿来的《尘埃落定》是汉语原版，其享有分别授权他人以英语、德语、法语、日语等语言文字进行翻译的权利。

十一、汇编权

我国著作权法规定，汇编权是指将作品或者作品的片段进行选择或者编排，汇集成新作品的权利。这是著作权人享有的对自己的作品进行再创作的权利。权利人可以自己行使汇编权，将自己创作的论文汇编成论文集；也可以授权他人汇编，如将自己的论文汇编成论文文摘。一些国家和地区的立法中规定了汇编权。例如，我国“台湾地区著作权法”第 28 条规定，作者享有将其著作编辑成衍生著作或编辑著作的权利。汇编行为在某种意义上就是一种复制。但是汇编与复制也存在细微的差别。一般来说，汇编行为带有若干“演绎”的默许，也就是汇编者在获得授权后，可以对作品进行适当的删减和处理，通过有针对性的选择来实现汇编作品的独创性。例如，汇编者挑选原作中描写人物的语句进行汇编，或者在汇编中将注释和参考文献一并删除等。

十二、摄制权

我国著作权法规定，摄制权是指以摄制电影或者以类似摄制电影的方法将作品固定在一定的载体上的权利。它在本质上也是著作权人享有的对自己的作品进行再创作的权利，或者说是一种特殊形式的改编。《伯尔尼公约》第14条专门就电影的改编进行规范，即文学艺术作品的作者享有授权将这类作品改编和复制成电影以及发行经过如此改编或复制的作品，以及授权公开表演、演奏以及向公众有线传播经过如此改编或复制的作品。这表明，摄制电影的过程，首先是对小说、戏剧舞蹈等作品进行改编的过程，同时也包括对这些作品的复制、表演、演奏和公开演奏。所以，摄制权控制的行为中，以改编行为为中心，但同时也包括复制、表演、演奏和公开演奏。从这个意义上看摄制权又不是改编权，它具有实现一揽子授权的效果。

十三、其他权利

我国著作权法规定了其他权利作为兜底条款，即著作权人享有“应当由著作权人享有的其他权利”。在司法实践中，也出现了运用“其他权利”进行判决的案件。例如，在“安乐影片有限公司诉北京时越、北京悠忽侵犯著作权纠纷案”中，法院认为被告在其经营的网站向公众提供涉案影片《霍元甲》的定时在线播放服务和定时录制服务，侵犯了原告对该影片“通过有线和无线方式按照事先安排之时间表向公众传播、提供作品的定时在线播放、下载、传播的权利”，侵犯了原告依照著作权法享有的“其他权”。[1] 但是，什么类型的行为可以上升到“其他权利”的层次，却是应该慎重对待的问题。首先，著作权人身权具有更强的人身强制性，不宜适用其他权利进行扩张适用。所以，在我国立法中没有规定收回权、追续权等著作人身权的情况下，不应该被解释成为“其他权利”。其次，《著作权法》的其他条文已经暗含了著作权人享有的权利，可以根据体系解释方法界定为“其他权利”。例如，我国《著作权法》第 12 条规定“改编、翻译、注释、整理”其他作品而形成的演绎作品权利归属。从体系上解释可以判定“注释权”“整理权”为其他权利。最后，能够解释为“其他权利”的权利，必须满足著作权财产权的本质要求。著作财产权本质上是再现作品的权利，如果没有发生再现作品的行为，就不能被界定为“其他权”。例如，阅读作品的行为，不发生再现作品的效果，因此不能将阅读权解释成著作权人享有的其他权利。

【实例】

甲在某网站上传播自拍的生活照，乙公司擅自下载这些生活照片并配上文字说明书后出版成书。丙书店购进该书销售。下列哪些说法正确？（　）(2006 年司法考试第三卷第 58 题)

A. 乙公司侵犯了甲的发表权

B. 乙公司侵犯了甲的复制权

C. 乙公司侵犯了甲的肖像权

D. 丙书店应当承担侵权责任

答：选 BCD。甲在网上传播自拍照的行为，已经构成对作品的发表，所以 A 选项不成立。乙公司将这些生活照进行下载和出版，属于作品的复制，因此侵犯复制权。根据《民法通则》，乙公司以营利为目的，未经许可使用他人肖像，构成对肖像权的侵害。丙书店不论是否知道乙公司是侵权，都应该承担停止销售的侵权责任。

---

[1] 北京市第二中级人民法院〔2008〕二中民初字第 10396 号民事判决书。

第四节　著作权的取得和保护期限

一、著作权的取得

（一）立法模式

著作权的取得，就是在何种情形下创作者可以原始取得对于作品的著作权。一般认为，国际社会存在三种不同的著作权取得立法模式。

1. 注册登记取得

注册取得，是指以登记注册作为取得著作权的条件，作品只有登记注册后方能产生著作权，著作权注册取得的原则，又称为“有手续主义”。1709 年《安娜女王法令》规定，书籍出版前应在出版业工会登记，否则该书籍不能出版，也不能得到著作权保护。这是早期注册登记取得的立法例。此后，阿根廷、乌拉圭、巴拿马、哥伦比亚、美国等国家也采取了这样的立法原则。例如，《阿根廷著作权法》规定，作品发表后 3 个月内应向国家著作权登记处注册，否则不得行使著作权。

实行注册登记的著作权取得原则的国家毕竟较少，因此存在与其他国家协调的问题。《伯尔尼公约》和《世界版权公约》都没有要求作品注册登记。为此，这些国家一般都规定在国外发表的作品可以不履行注册登记手续，就可以获得著作权保护，以与国际标准保持一致。

1976 年《美国版权法》不再要求以登记作为取得著作权的条件。但是规定，任何司法程序中作品发表前或者首次发表后 5 年内签发的登记证书是享有著作权和所述事实的初步证据。在著作权登记前，不得对侵犯该作品著作权的行为提起诉讼。不过，这一规定不适用于《伯尔尼公约》其他缔约方的国民。

2. 自动取得

著作权自动取得，是指当作品创作完成时，作者因进行创作而自动取得作品的著作权，不再需要履行其他任何手续。这种获得著作权的方法被称为“无手续主义”“自动保护主义”。

《伯尔尼公约》采取著作权自动取得的原则。该公约第3条第1款规定，作者为本同盟任何成员国的国民者，其作品不论是否已经出版，都受到保护。第5条第2款规定，享有和行使这些权利不需要履行任何手续，也不论作品起源国是否存在保护。

3. 经加注著作权标记取得

有些国家对未发表的作品采取自动取得原则，但是对于已经发表的作品，则强制要求加注某些标记。例如，1989年美国在加入《伯尔尼公约》之前，要求所有的出版物必须标注著作权标记©[1]、作者或其他著作权人姓名、作品出版年月。如果是音像制品，则应标注℗[2]。在其1989年3月1日加入《伯尔尼公约》后，这一要件变成了可选择要件，但该标记对于版权人仍具有积极意义。因为对没有标记的作品权利人来说，无法主张无过错侵权，从而被迫降低损害赔偿金额。

《世界版权公约》第3条第1款规定，任何缔约国可以依国内法要求履行手续作为版权保护的条件，只要作者或其著作权所有者授权出版的所有作品自首次出版之日起，标有©符号，并注明著作权所有者姓名、首次出版年份等，应视为满足要求。可见，该公约也采取加注著作权标记取得的立场。

【实例】　　在“微博”上设“版权表情”

微博内容具有独创性，当然可以受到版权保护。但是该类作品被多次转载、分享之后，如何确定原创作者？“搜狐网”副总编辑王子恢提出这样的设想，未来用户发表的每条微博中将有可能提供“原创”“署名”“捐献”等“版权表情”备选，让作者自己选择是否主张微博版权。具体来说，作者如果认为自己的微博是原创的，可加一个“原创”；如果认为自己的微博可以随便转，就加一个“捐献”；如果希望在转发过程中保留一个署名权，可以加一个

[1] 英文版权Copyright的第一个字母加圆圈。

[2] 英文唱片Phonogram的第一个字母加圆圈。

“署名”。[1] 该设想要求某些特殊类型的作品上加注版权标记，可以在某种程度上解决网络环境下确认著作权主体难的困境，既有利于权利人维权，也有助于推动该类作品的有效利用。

（二）我国法律的规定

我国著作权法采取自动取得著作权原则。《著作权法》第 2 条规定，中国公民、法人或者其他组织的作品，不论是否发表，依照本法享有著作权。《著作权法实施条例》第 6 条规定，著作权自作品创作完成之日起产生。这表明，在我国，著作权是自动取得的民事权利，它不需要专门到某一个机关进行登记、注册，也不需要由某个机关对作品进行审查后再授予著作权。例如，某一位同学完成了自己的日记，他并没有打算将其发表，实际上，我们写日记的时候大多不希望别人看到，以免自己的“小秘密”被泄漏掉。但是，即使你将自己写好的日记锁在抽屉里，只要它具备作品的要件，著作权也便随着创作的完成而自动获得了。这需要强调：其一，“胸有成竹”或者“成竹在胸”的时候，都不能表明可以获得著作权。只有将自己的想法表达出来并体现在一定的有形物质载体上，即创作完成时，才可以享受著作权保护。其二，著作权不需要履行登记手续，它是自动取得的民事权利。其三，作品完成之日并不是作品全部完成之日。即使是部分完成，只要该部分已经构成具有独创性的作品，也可以自动获得著作权。

我国行政机关也鼓励进行作品自愿登记。1994 年 12 月 31 日，国家版权局发布了《作品自愿登记试行办法》。各省、自治区、直辖市版权局负责本辖区的作者或其他著作权人的作品登记工作。国家版权局负责外国以及我国台湾、香港和澳门地区的作者或其他著作权人的作品登记工作。登记作品经作品登记机关核查后，由作品登记机关发给作品登记证。作品登记是对其著作权在形式上的确定，以进一步明确著作权的归属，在发生著作权纠纷时也可作为初步证据。

《计算机软件保护条例》第 7 条规定：“软件著作权人可以向国务院著

---

[1] 王维维：“用版权表情保护微博版权”，载《北京日报》2011 年 11 月 24 日。

作权行政管理部门认定的软件登记机构办理登记。软件登记机构发放的登记证明文件是登记事项的初步证明。办理软件登记应当缴纳费用。软件登记的收费标准由国务院著作权行政管理部门会同国务院价格主管部门规定。”2002 年 2 月 20 日，国家版权局发布《计算机软件著作权登记办法》，规定中国版权保护中心为软件登记机构，并且就登记申请、审查、批准软件登记公告以及费用等事项进行了规定。

【深度探索】　　　　如何发挥作品登记的作用

著作权和相关权权利的产生适用“自动保护”原则，无须履行任何手续。但是著作权和相关权作为无形财产权在适用“自动保护”原则的实践中存在两方面不足：一是权利状态不清晰，不利于权利人，尤其是未发表或匿名作品的著作权人行使权利；二是交易相对方很难判断权利状态，不利于市场交易，过大的交易风险和过高的交易成本会抑制交易市场的发展和繁荣。为有效解决上述问题，许多国家和地区纷纷建立著作权登记制度。该制度不影响“自动保护”原则的适用，对权利人享有著作权起到初步证明的作用，是确保版权交易安全、减少版权交易成本，降低版权法律风险的重要制度保障。我国早在 1994 年 12 月就由国家版权局制定了《作品自愿登记试行办法》。一直以来，作品登记制度在促进版权相关产业发展、推动社会主义文学艺术科学事业的发展和繁荣方面作了有益的探索和尝试。作品登记体系的建立不仅得到了著作权人、文化传播企业以及产业界的欢迎和认可，也得到了各级司法机关和行政执法机关的肯定。如《最高人民法院关于审理著作权民事纠纷案件适用法律若干问题的解释》《海关总署关于〈中华人民共和国知识产权海关保护条例〉的实施办法》等均对作品登记证书的法律地位有明确的规定，而在公安机关办理侵犯著作权刑事案件的实践中，作品登记证书则是证明权利人权利的重要证据。因此，有必要从我国国情出发，借鉴国际社会做法，参考《计算机软件保护条例》规定，在著作权法中明确著作权和相关权登记制度的法律依据、登记文书的法律效力以及收费标准制定等问题。

【实例】

我国公民李某在非洲某国旅游期间写下了两篇游记，并将其中一篇发表在我国某杂志上。根据著作权法及相关规定，下列哪种说法是正确的？（　）

（2012年专利代理人资格考试第二卷第19题）

A. 该两篇文章不是在我国创作的，不受我国著作权法保护

B. 该两篇文章是否受我国著作权法保护，取决于该非洲国家是否与我国签订了协议或共同参加了相关国际条约

C. 只有该已发表的文章受我国著作权法的保护

D. 该两篇文章均受我国著作权法保护

答：选D。因为中国公民、法人或者其他组织的作品，不论是否发表，依法均享有著作权。中国公民李某的作品无论是否在国内创作，也无论是否发表，均受我国著作权法保护。

二、著作权的保护期限

（一）概念和特点

著作权的保护期限是著作权具有法律效力的法定期限。一般而言，著作财产权具有法定保护期限，而除发表权以外的著作人身权可以受到永久保护，不存在期限问题。著作权的保护期限具有以下特点。

1. 著作权保护期限是对著作权进行限制的一种方式

对著作权进行限制是实现创作者和使用者利益平衡保护的必要途径，也是因循著作权哲学基础，激励创新并实现文化繁荣的必由之路。著作权保护期限就是对权利人专有权利在时间节点上的重要限定。只有在法定的时间内，权利人才可以控制复制、传播和演绎等行为，并通过授权许可的方式获得精神利益和财产利益。超过了这一期限，著作权人将丧失作品的专有控制权，任何人都可以不经许可、不付报酬地自由使用。

2. 著作权保护期限由各国立法具体规定

除了少数国家[1]在某一个历史时期采用了永久性保护的原则外，现今的大多数国家在本国法中有著作权保护期限的法律规范。在具体的规范模

[1] 荷兰和葡萄牙就在不同的时期采用了永久性保护的原则。某些拉丁美洲国家也曾采用了这种永久保护的原则（危地马拉和墨西哥），但随后便放弃了，采用了限制保护期限的原则。

式上，有两种代表性的做法：(1)“不变期限 + 续期”的模式。例如 1709 年的《安娜女王法令》规定，版权保护期限为 14 年，期限届满后可以根据情况续展 14 年。美国的“1790 年版权法”效仿了该模式。(2)“作者生前 + 死后一定年限”的模式。第一个采用作者死后 50 年期限的法律是 1847 年的西班牙法律；随后是 1866 年 3 月 22 日的比利时法律和 1866 年 7 月 14 日的法国法律。❶ 这一模式因为照顾了作者本人和其继承人的利益，因此被认为符合著作权期限设计的法理，受到主要国家立法的采用。

3. 著作权保护期限具有国际化的趋势

1886 年《伯尔尼公约》的最初文本并未规定最短保护期限，只是要求享有权利的期限在其他国家不得超过该作品起源国给予的保护期限。1908 年柏林文本采用的是“作者终生加其死后 50 年”的基本保护期限，这反映了著作权保护工作最为完善的国家的演变情况；这些国家逐步延长了作品专用权的期限。但是这一期限并未被作为最短期限；如果国内法规定了更短的保护期限，则应该按此期限执行。1948 年布鲁塞尔文本则采纳了作者死后 50 年这一最短保护期限的一般原则，但允许为某些特殊类型的作品规定不同的期限。1971 年巴黎修订本确认的斯德哥尔摩修订本中，保留了作者死后 50 年的最短期限。❷ 由于大多数国家和地区参加了该公约，所以该公约对于著作权保护期限的国际一体化发挥了重要的作用。加之，TRIPs 协定第 12 条亦规定，除摄影作品或实用艺术作品外，只要一作品的保护期限不以自然人的生命为基础计算，则该期限自作品经授权出版的日历年年底计算即不得少于 50 年，或如果该作品在创作后 50 年内未经授权出版，则为自作品完成的日历年年底起计算的 50 年。这样一来，著作权保护期限不少于作者生前加上死后 50 年的规定，几乎成为国际上公认的国际标准。

---

❶ [西] 德利娅·利普希克著，联合国教科文组织译：《著作权与邻接权》，中国对外翻译出版公司 2000 年版，第 192 页。

❷ [西] 德利娅·利普希克著，联合国教科文组织译：《著作权与邻接权》，中国对外翻译出版公司 2000 年版，第 196 ~ 197 页。

4. 著作权保护期限具有不断延长的趋势

从著作权法发展历程来看，很多国家的著作权保护期限被多次更改，趋势则是保护期越来越长。例如，1837 年，《普鲁士著作权法》授予作者终生加死后 30 年的保护期；1934 年，德国已经开始给予作者终生加死后 50 年的保护期；1965 年，德国将著作权保护期限延长至作者有生之年加上死后 70 年。欧盟于 1993 年通过了《欧盟延长著作权保护期指令》，将欧盟成员国的著作权保护期延长到作者死后 70 年。这一期限现适用于欧盟各国。在此方面，美国与欧盟保持一致。1976 年《美国版权法》规定，自然人著作权期限为作者生前加死后 50 年，公司或法人著作权为作品出版后 75 年或创作完成后的 100 年。1998 年的《著作权保护期限延长法》（又称索尼·波诺法案，简称 CTEA）规定，自然人著作权期限为作者生前加死后 70 年，公司或法人著作权为作品出版后 95 年或创作完成后的 120 年。尤其值得关注的是，以美国为代表的西方国家，还在利用双边自由贸易协定、区域性条约等国际体制，将本国的标准推行到其他国家，著作权保护期限在国际社会扩张的趋势日益明显。

（二）著作人身权的保护期限

《著作权法》第 20 条规定，作者的署名权、修改权、保护作品完整权的保护期不受限制。这表明：在我国，著作人身权中的署名权、修改权和保护作品完整权是永久性的权利。在著作财产权保护期限届满后，他人亦不得随意更改作品署名、擅自修改作品或破坏作品的完整性。

《著作权法》第 21 条规定，作品的发表权保护期与财产权相同。之所以作出这样的规定，是因为如果没有发表权的期限性，很多作品尤其是未发表作品的财产权的期限性将成为空谈。

《著作权法实施条例》第 15 条规定，作者死亡后，其著作权中的署名权、修改权和保护作品完整权由作者的继承人或者受遗赠人保护。著作权无人继承又无人受遗赠的，其署名权、修改权和保护作品完整权由著作权行政管理部门保护。

（三）著作财产权的保护期限

根据《著作权法》第 21 条和《著作权法实施条例》第 18 条的规定，著作财产权的保护期限有以下情形。

1. 一般作品的著作财产权保护期

（1）自然人的作品，权利的保护期为作者终生及其死亡后 50 年，截止于作者死亡后第 50 年的 12 月 31 日；如果是合作作品，截止于最后死亡的作者死亡后第 50 年的 12 月 31 日。

（2）法人或者其他组织的作品、著作权（署名权除外）由法人或者其他组织享有的职务作品，权利的保护期为 50 年，截止于作品首次发表后第 50 年的 12 月 31 日，但作品自创作完成后 50 年内未发表的，不再保护。

合作作品从创作主体来看，主要包括：自然人与自然人合作作品、法人或其他组织与法人或其他组织合作作品、自然人与法人或其他组织合作作品。自然人与自然人合作作品的发表权与著作财产权保护期限按照国际立法通例，“截止于最后死亡的合作作者死亡后第 50 年的 12 月 31 日”。法人或其他组织与法人或其他组织合作作品的发表权与著作财产权保护期限，截止于作品首次发表后第 50 年的 12 月 31 日，但作品创作完成后 50 年内未发表的，不再保护。最为复杂的是第三类合作作品，尽管出现的频率较低，司法实践中部依然存在。一般情形下，自然人著作权保护期限为作者有生之年加死后 50 年，相较于法人或其他组织保护期限截止于发表后 50 年肯定更长，适用自然人作者保护的期限即可。特殊情形即作品于自然人作者去世后发表，按照自然人与法人或其他组织发表权与著作财产权保护期限的各自规定，对法人或其他组织作者的保护期限更长。由此可见，自然人与法人或其他组织合作作品的发表权以及著作财产权保护期不一致的，应该以相对较长期限保护。

2. 特殊作品的著作财产权保护期

根据法律规定，下列作品的著作财产权的保护期为 50 年，截止于作品首次发表后第 50 年的 12 月 31 日，但作品自创作完成后 50 年内未发表的，不再受到保护：（1）电影作品和以类似摄制电影的方法创作的作品；

（2）摄影作品；（3）匿名作品和假名作品的保护期。其中，匿名作品和假名作品的作者身份确定后，适用一般作品著作财产权保护期限的规定。

另外，根据《最高人民法院关于审理著作权民事纠纷案件适用法律若干问题的解释》第10条的规定，著作权法第15条第2款所指的作品，著作权人是自然人的，其保护期适用著作权法第21条第1款的规定；著作权人是法人或其他组织的，其保护期适用著作权法第21条第2款的规定。也就是说，电影作品和以类似摄制电影的方法创作的作品中的剧本、音乐等可以单独使用的作品，其保护期限应先判断权利人是自然人还是法人或其他组织，然后再确定著作权保护期限。

上述规定中，有必要特别强调死亡日期的计算方法。按照我国著作权法的规定，死后50年并不是从作者死亡之年的确切日期起算，因为这很难准确计算著作权有效期的终期。正确的做法是，不问死亡的具体日期，径行将保护期限的终期确定为第50年的12月31日。

上述内容，可参照表4－1进行理解。

表4－1　著作财产权的保护期限

保护原则	著作权归属	作品的种类	保护期限	终止时间	说　明
一般原则	自然人	电影和以类似摄制电影方法创作的作品、摄影作品除外	50年	死亡后第50年的12月31日	合作作品著作权中的发表权和财产权利的保护期，以最后死亡的自然人为标准计算
	法人或者其他组织	所有作品	50年	首次发表后第50年的12月31日	自创作完成后50年内未发表的，以后不论是否发表不再受保护
特别原则	自然人	电影和以类似摄制电影方法创作的作品、摄影作品	50年	首次发表后第50年的12月31日	自创作完成后50年内未发表的，以后不论是否发表不再受保护
		作者身份不明的作品，例如，假名作品、匿名作品	50年	首次发表后第50年的12月31日	在此保护期限内，作者身份确定的，分别情况适用上述规定

【深度探索】　著作权保护期限引发的争议

近年来，各国频繁修改法律，延长著作权保护期限，同时针对著作权保护期限届满后的作品如何保护，也存在不同的看法。具体来说，关于著作权保护期限引发的争议，主要包括以下方面。

1. 是否需要设置著作权保护期限

针对是否需要设置著作财产权的保护期限，存在两种不同的主张。“肯定说”认为，著作权的期限性反映了该种权利的理论基础，因此非常有必要；“否定说”认为，著作权作为自然的权利不应该有期限。具体说，“肯定说”的理由如下：(1) 作者靠集体文化遗产培育，从中吸取完成自己的作品所需要的各种要素，因此，反过来，将他们的作品纳入这种共同财产的范围内也是理所当然的。(2) 超过一定的时间，几乎无法再找到所有的继承人，几乎无法使他们的意见一致地按作品流通市场活力所要求的速度授权使用作品。(3) 权利永久化后，公众会付出更大的代价，对发展中国家有特别不利的影响：权利的永久化只有利于继承人，因此，不能激发创造力；同样，它会使作品难于流通，这不符合公众追求文化自由的迫切需求。与上述观点不同，“否定说”的理由是：(1) 剥夺对一项财产的长期使用权对继承人是不公正的，因为作者费尽心血完成的作品往往是唯一财产；(2) 权利的保护期限一旦届满，无偿使用作品只有利于利用作品的企业家和商人，而不利于公众，因为使用进入公有领域的作品并不意味着图书、音乐作品的录音、演出的门票等一定降价。❶

针对是否需要为精神权利设置期限，也存在两种不同的主张。大陆法系国家认为著作人身权的保护应当是永久性的权利。除发表权外，其他类型的著作人身权没有期限限制。英美法系国家的做法则不同。有的国家如美国长时间没有规定著作人身权；即便在规定著作人身权的国家，保护期限也一般是与财产权相同，或者在著作财产权终止后再延长一段时间，或者为作者生前，或者为作者生前再延长一段时间。

2. 著作财产权期限届满后的保护模式

著作财产权保护期限届满后，作品进入公共领域，任何人均可自由使用。但是，国家能否针对这些作品再征收相应的税收，又存在无偿公共领域和有偿公共领域两种主张。无偿公共领域的理由是：(1) 在作者的经济权利消失后

❶ ［西］德利娅·利普希克著，联合国教科文组织译：《著作权与邻接权》，中国对外翻译出版公司2000年版，第191～192页。

使用作品必须缴费的做法妨碍了文学、音乐和艺术作品的流通，或至少使其更难于流通，因为这样做抬高了作品的价格。(2) 有偿公有领域可能会成为智力统制主义和变相审查的借口。(3) 不利于或妨碍传播文化。有偿公有领域的理由是：(1) 有利于避免公有领域的作品与私有领域的作品进行不正当竞争；(2) 有利于向国家提供资金，以促进创作活动或为作者的社会保险制度提供经费。❶

3. 著作财产权保护期限不断延长引发的争议

近年来，著作财产权保护期限不断延长。对此，存在“赞成论”和“否定论”两种。“赞成论”认为，延长著作财产权保护期限并无不可，且具有正当性：(1) 客观原因。由于著作权应该惠及作者及其子女两代人，而人的寿命已经增加，为让作者的子女能够从作品中获益，激励作者进行创作，有必要根据人均寿命增加的客观事实，延长著作权保护期限。(2) 历史原因。从历史上看，著作权的保护期限处于不断变化之中。这一变化的趋势，就是著作权保护期限越来越长。(3) 宪政原因。著作权制度的设计与私权保护、科学进步是紧密联系在一起的。如果没有私权保护，也不可能有文化的传播和进步。著作权保护的目标之一，就是实现文化的进步，就是为了知识的传播和言论的自由。在著作权制度中不乏科学的系统以保障言论自由，如“思想/表达”二分法、合理使用抗辩等。所以，不会因为延长著作权保护期限，就损害普通公众的言论自由。(4) 经济分析。从著作权的正当性看，激励理论无疑是解读著作权合理性的重要立场。没有合适期限的垄断权激励，权利人无法收回成本，无法作出本人或者后代将由此获益的预期，创作的动机必然降低。延长著作权保护期限可以实现更多的激励：其一，作品创作的投入越来越多，收回成本的时间更长。其二，有了更长的著作权保护期限，可以确保那些被忽视的作品的权利人积极行使权利，可以延长更多优秀作品的市场价值。其三，社会从文化消费中获益越多，支付给权利人的报酬也应该增多。(5) 国际贸易原因。美国和欧盟延长著作权保护期限，是为了进一步强化本国文化产品在国际市场

❶ ［西］德利娅·利普希克著，联合国教科文组织译：《著作权与邻接权》，中国对外翻译出版公司2000年版，第203～205页。

上的竞争力。在美国、欧盟已经延长著作权保护期限之后，新兴国家和其他国家如果不紧随其后，将可能遭受来自美国、欧盟的其他贸易制裁。

与上述观点针锋相对，“反对论”也从相同的角度展开了反击。其具体包括以下内容：(1) 客观原因。著作权保护的期限只是考虑作者的权益保护，而不会顾及作者的后代。(2) 历史原因。对历史的真实回顾可知，每一次延长著作权保护期限的举措都缺乏充分的讨论。尤其是美国版权法在历史上的每一次行动，似乎都是由以著作权人为后盾的院外利益集团单方推动的结果。(3) 宪政原因。著作权期限多次延长的必然结果就是，著作权保护期限可以任意延长，甚至成为永久性的著作权。如果是这样，那么使用者的利益就会被无限制地压缩，著作权条款所欲达成的进步将无法实现。同时，延长著作权保护期限也会遏制言论自由，特别是评论、改编、整理和学习的自由。由于延长著作权保护期限，那些本来即将进入公有领域的作品，再次需要经过许可才能被利用，严重制约了图书馆的收藏、教育机构的免费使用和文化机构的免费改编、表演。(4) 经济分析。对延长著作权保护期限的经济分析可以发现，这种做法并不能激励作品的创作，反而是增加了社会成本。在现代信息技术条件下，作品的创作进入公司化和规模化阶段，但这仅仅是一个方面。另一方面是，更多的消费者也成为创作者，权利人进入多元化发展时期。不同作者的创作动机不同，经济激励并非所有作品创作的推动因素。即便是以作品营利收回投资的权利人，也并不需要很长的时间来实现这一目标。因为没有作者可以自信地预期自己创作的就是莎士比亚或者海明威的作品，进而可以在70年的时间里保持长盛不衰。延长著作权保护期限还会导致大量的孤儿作品的出现，增加使用者的搜寻成本，并且会让更多的本可以通过数字化手段保存或者再利用的作品淹没在历史的长河中。(5) 国际贸易原因。对国际贸易的分析充满着实用主义和国家利益至上的思想，忽视了著作权保护的基本理念和国际人道考虑。包括美国等少数文化发达国家延长著作权保护期限，并在国际舞台上推行标准强制其他发展中成员接受的做法，只会进一步增加其他国家使用者进行文化消费的成本。

【实例 1】

根据我国著作权法的规定，以下各选项所列举的作品中，其发表权和财产权的保护期截止于作品首次发表后第50年的12月31日的有（　）。

A. 法人或者其他组织的作品

B. 全部著作权归创作者所有的职务作品

C. 电影作品和以类似摄制电影的方法创作的作品

D. 法人或者其他组织的计算机软件

E. 由自然人享有著作权的摄影作品

答：选ACDE。根据《著作权法》第21条的规定，法人或者其他组织的作品、著作权（署名权除外）由法人或者其他组织享有的职务作品、电影类作品、摄影作品，发表权和财产权的保护期截止于作品首次发表后第50年的12月31日。上述选项中，B项错误，其他选项符合该条规定。

【实例2】

1986年6月8日，某作者甲以假名方式将其小说首次出版。该作者1997年5月10日去世。1999年5月3日，该作者的儿子乙向社会披露了甲之身份。该作品的发表权和财产权的保护期的终止时间为（　）。

A. 2036年6月8日　　B. 2036年12月31日

C. 2047年12月31日　　D. 2047年5月10日

答：选C。根据《著作权法实施条例》第18条，假名作品的著作权保护期限，在作者身份未确定时，从发表之日起保护50年；作者身份确定后，适用一般作品著作财产权保护期限的规定。甲的身份被乙披露后，保护期限为作者生前加死后50年的12月31日。所以，甲1997年去世，保护期终期为50年后即2047年的12月31日。

【实例3】

刘教授1998年1月1日自行将我国刚颁布的一部法律译成英文，投递给《中国法坛》，于1998年6月1日发表。国家有关机关认为刘教授的译文质量很高，经与刘协商，于1998年12月5日发文，将该译文定为官方正式译文。则刘教授对其译文（　）。

A. 自1998年1月1日起一直享有著作权

B. 自1998年6月1日起享有著作权

C. 自1998年12月5日起享有著作权

D. 自 1998 年 1 月 1 日起至 1998 年 12 月 5 日期间享有著作权

答：选 D。法律、法规、国家机关的决议、决定、命令和其他具有立法、行政、司法性质的文件及其官方正式译文属于著作权客体的例外。译文被定为官方正式译文后，刘教授即丧失对其译文的著作权。因此，刘教授对译文的著作权始于创作完成之日，止于其译文被确定为官方正式译文之日。

第五章　邻接权

前已述及，广义的著作权包括创作者享有的权利和传播者享有的邻接权。在上述几章中分析著作权的客体、主体、内容、取得与期限时，都是探讨狭义上的著作权，即以作品为客体而形成的法律关系。这是因为，狭义著作权的出现早于邻接权。在有些国家，著作权法仅仅规范狭义著作权，邻接权由另外的单行法进行调整。在我国，著作权法既调整狭义著作权，也规定邻接权。邻接权的字面意思是与著作权相邻接的权利，其实质含义是作品传播者对其在传播作品过程中所创造的智力成果依法享有的各项权利，包括出版者权、表演者权、录音录像制作者权和广播组织权。

第一节　概　　述

一、邻接权的概念与特征

（一）概念和范围

邻接权是从英文 neighboring right 及法文 droits voisins 直接翻译过来的法律术语，首先使用于 1948 年《伯尔尼公约》布鲁塞尔外交会议。中文里，邻接的意思是相邻、相近或相联系的意思，因此，从字面上看，邻接权是与著作权相邻、相近或相联系的权利。由于邻接权是作品传播者所享有的权利，因此也有人称之为作品传播者权。但是，《与贸易有关的知识产权协定》（TRIPs）中使用的是“相关权利”（相关权，related rights），在德国也称为“有关的权利”。我国著作权法则使用“与著作权有关的权益”。总体上看，上述表述虽各有差异，但在本质上都指向相同的权利类型。

邻接权，是指与著作权有关的权利，即作品传播者对自己传播作品过程中所付出的创造性成果依法所享有的专有权利。国际上通常把表演者权、音像制品制作者权以及广播组织权称为传统邻接权，即狭义的邻接权。由于出版是作品赖以传播的第一媒介，出版人在传播作品时也付出了自己的智力劳动，这种劳动成果也需要法律保护，形成出版者权，出版权者权属于广义邻接权的范畴。我国著作权法规定，邻接权包括出版者权、表演者权、录音录像制作者权、广播组织权。

（二）沿革

通过表演等方式传播作品的活动，古已有之，但保护表演者权的制度，直到19世纪末20世纪初才发端于西方国家。现代传播技术的发展是邻接权制度产生的催化剂。早期，人们欣赏表演必须亲临剧场，但随着录音、录像及无线电技术的发展，唱片、电影得以大量复制和发行，人们足不出户即可通过传播媒体欣赏节目，表演者的收入因此锐减。与此同时，录音录像制品经常被他人任意翻录，广播组织制作的节目也常常被他人无偿播放。在上述情况下，要求保护传播者利益的呼声日益高涨，邻接权制度逐渐产生。

1910年，德国在其《文学与音乐作品产权法》中，率先把音乐作品及音乐戏剧作品的表演者当作原作的“改编创作者”予以保护。次年，英国在其著作权法中列入了保护音乐唱片的条款；1925年，又颁布了保护戏剧音乐表演者的法律。1936年之后，奥地利、意大利的著作权法加入了对录音制品作者予以保护的条款。为了保护广播组织的权利，1946年成立了国际无线电组织（后改名为“国际无线电与电视组织”）。自20世纪60年代起，对邻接权的保护已成为世界各国立法的共同趋势。

但是，各国对邻接权采用的保护方式却并不完全相同。有的国家将著作权与邻接权区别对待，如1993年《俄罗斯著作权与邻接权法》、1992年

《法国知识产权法典》；有的国家则将邻接权归入广义的著作权，以著作权法保护邻接权，如我国；还有的国家并未将邻接权作为一种单独的权利保护，而是将邻接权的对象（表演、唱片和广播节目）作为一种特殊的作品，给予著作权保护，如1976年《美国版权法》、1988年《英国版权法》。

国际上关于邻接权保护的第一部公约是1961年在意大利罗马缔结的《保护表演者、唱片制作者和广播组织公约》（简称《罗马公约》）。该公约对各国邻接权保护产生了深刻的影响：第一，该公约的缔结标志着邻接权保护已得到了国际社会的普遍承认。在此以前很多国家的立法者及法律专家都认为，作品传播者的行为仅仅是一种机械制作行为，只具有技术性而无创作性，所产生的后果与著作权保护没有联系。该公约的颁布表明，缔约国应对传播作品的人给予著作权或邻接权或其他权利的保护。第二，为世界各国以专门法形式保护邻接权提供了示范模式。该公约制定以前，尽管有少数国家已开始规定邻接权制度，所采取的形式却各不相同，直到现在仍存在差别。《罗马公约》要求各成员国至少应对表演者、唱片制作者和广播组织的权利予以保护，并规定了应给予的最低保护标准。此外，国际上已缔结的邻接权公约还有1971年在日内瓦缔结的《保护唱片制作者防止其唱片被擅自复制公约》（《唱片公约》）、1974年在布鲁塞尔缔结的《关于播送由人造卫星传播有节目信号的公约》（《卫星公约》）。1996年12月，在世界知识产权组织主持下缔结的《表演与录音制品条约》赋予表演者和录音制品制作者向公众提供权，并为他们采取的技术措施和权利管理信息提供版权保护。2012年6月，世界知识产权组织通过《视听表演北京公约》。这些国际公约的缔结，是邻接权国际保护的重要依据。

（三）特征

1. 邻接权的主体是出版者、表演者、音像制作者、广播电视组织者

这些主体为作品的传播付出了创造性的劳动，理应受到法律的保护和尊重。作为传播者，邻接权人以法人或者社会组织的形态从事创造和投资活动。除表演者可以是自然人外，其他邻接权人大多是事业单位或者企业法人。

2. 邻接权的客体是作品传播过程中形成的智力成果

一般情形下，邻接权的存在离不开作品，但是邻接权的保护对象并非作品。这是狭义上的著作权与邻接权的基本区别。实际上，邻接权的客体是表演、唱片和节目信号等在传播作品过程中形成的智力成果。只是由于这些智力成果独创性低，有些还是智力投资的产物，所以虽然不能得到著作权保护，却可以受到邻接权的调整。

需要指出的是，虽然邻接权保护的对象与作品之间有着密切关联，但是这并不意味着只有作品被传播过程中的智力成果才会产生邻接权。实际上，在法律允许的情况下，传播者对于非作品进行传播所产生的智力成果也会产生邻接权。例如，表演者表演民间文学艺术也会产生表演者权，广播组织在播放足球节目、奥运会开幕式等内容时也可以对其节目信号享有邻接权。

3. 不同的邻接权在内容上并不相同

与著作权不同，邻接权事实上是一组权利的组合。换言之，邻接权是表演者、唱片制作者和广播组织享有的权利，这些主体所能够享有的权利又各不相同。例如，表演者能够享有精神权利，其他邻接权人往往无此权利。表演者和唱片者在我国可以享有向公众提供权，但是广播组织却不能享有此种权利。因此，邻接权人能够享有哪些权利，可以控制哪些具体的行为，取决于法律的直接规定。

【深度探索】　　　　著作权与邻接权的关系

邻接权与著作权共同构成文学产权，因此两者之关系十分密切。它们的共同点在于：

(1) 两者同根于作品。如前所述，著作权是由作品产生的权利，没有作品就没有著作权，因此，作品是著作权的基础；邻接权是通过传播作品而产生的权利，原则上也是没有作品就没有邻接权，但特殊情况除外。

(2) 两者同源于法律。著作权是由作品依据一个国家或地区的法律自动产生的权利，没有法律的规定就没有著作权，如《著作权法》规定“时事新闻”不适用著作权法，所以，时事新闻就不能产生著作权；邻接权也是根据一个国家或地区的法律自动产生的权利，没有法律的规定也就没有邻接权，如

《著作权法》没有规定网络经营者享有邻接权，所以，网络经营者就不能对其制作的网络栏目享有邻接权。

邻接权与著作权尽管具有以上的共同点，但两者的区别仍然是主要的：

（1）两者的主体不同。著作权主体主要是自然人，法人或其他组织只是在特殊情况下才能成为著作权主体；而邻接权主体主要是法人或其他组织，例如，出版社、唱片制作者和广播组织，都是依法登记成立的法人，自然人只有在特殊情况下才能成为主体，如表演者。

（2）两者的客体不同。著作权的客体是作品，而邻接权的客体是在传播作品过程中产生的创造性成果，如表演、录音录像制品和广播、电视节目。

（3）两者的内容不同。著作权的权利内容包括人身权利和财产权利，除表演者外的邻接权人并不享有人身权利。在财产权内容方面，著作权人享有的权利范围较为广泛，邻接权人享有的内容范围相对要窄，不同的邻接权类型中，权利人享有的权利内容还各不相同。

（4）两者的保护期不同。著作权的保护期，一般为作者终生加上死亡后50年，而邻接权的保护期为自传播成果完成之日起50年。

二、邻接权的行使

（一）尊重著作权人权利的规则

邻接权人享有法律所规定的权利，但根据《著作权法实施条例》第27条的规定，邻接权人在行使权利时，不得损害被使用作品和原作品著作权人的权利。具体来说，这一原则体现为以下具体的规则。

1. 出版者使用作品时应该尊重著作权人权利

根据法律规定，图书出版者出版图书应当和著作权人订立出版合同，并支付报酬。出版改编、翻译、注释、整理、汇编已有作品而产生的作品，应当取得改编、翻译、注释、整理、汇编作品的著作权人和原作品的著作权人许可，并支付报酬。

2. 表演者使用作品时应该尊重著作权人的权利

根据法律规定，有以下要求：（1）表演者使用他人作品演出的，应当取得著作权人许可，并支付报酬。演出组织者组织演出的，应当由该组织者取得著作权人许可，并支付报酬；（2）表演者使用改编、翻译、注释、整理已有作品而产生的作品进行演出的，应当取得改编、翻译、注释、整理作品的著作权人和原作品的著作权人许可，并支付报酬；（3）表演者依照著作权法使用他人作品的，不得侵犯著作作者的署名权、修改权、保护作品完整权和获得报酬的权利。

3. 录音录像制作者使用他人作品时应该尊重著作权人的权利

根据法律规定，有以下要求：（1）录音录像制作者使用他人作品制作录音录像制品，应当取得著作权人许可，并支付报酬；（2）录音录像制作者使用改编、翻译、注释、整理已有作品而产生的作品，应当取得改编、翻译、注释、整理作品的著作权人和原作品著作权人许可，并支付报酬；（3）录音制作者使用他人已经合法录制为录音制品的音乐作品制作录音制品，可以不经著作权人许可，但应当按照规定支付报酬；著作权人声明不许使用的不得使用。

4. 广播电台、电视台使用他人作品时应该尊重著作人的权利

根据法律规定，有以下要求：（1）广播电台、电视台播放他人未发表的作品，应当取得著作权人许可，并支付报酬；（2）广播电台、电视台播放他人已发表的作品，可以不经著作权人许可，但应当支付报酬；但是播放他人的电影作品和以类似摄制电影的方法创作的作品，应该征得权利人许可并支付报酬。（3）广播电台、电视台播放已经出版的录音制品，可以不经著作权人许可，但应当支付报酬。当事人另有约定的除外。（4）广播电台、电视台播放已经出版的录像制品，应该征得著作权人许可并支付报酬。

【实例】超女北京演唱会曲目涉嫌侵权　主办方遭索赔 50 万元 *

2005 年 10 月 9 日，超女北京演唱会开场前几个小时，中国音乐著作权协会（简称音著协）和主办方谈判破裂，未能就音乐版权使用费一事达成协议，

---

* “超女北京演唱会曲目涉嫌侵权　主办方遭索赔 50 万元”，载 http：//www. cnipr. com/zgbq/bqdt/t20051012_ 54627. htm，2005 年 10 月 12 日访问。

而演唱会如期举行。10月10日，音著协发出措辞严厉的律师函，称演唱会侵权，向主办方索赔50万元。

音著协负责表演权事务的朱先生说，协会于9月20日向主办方发函，要求该演唱会在9月30日前取得许可，并支付版权使用费，双方一直谈到10月9日。在谈判未果、未获授权的情况下，演唱会仍于10月9日晚举行，已构成侵权事实。朱先生指出，音乐作品表演权是属于“专有许可”，未经版权人许可演出即构成侵权，所以演前协商与侵权后解决的方式有所不同，音著协倾向于补救性协商，协商不成，只好提起诉讼，按最高额度索赔。据音著协工作人员透露，该协会正在跟踪超女全国巡演，一家一家地谈，目前成都的主办方已支付了使用费，上海和北京“仍在谈”。

超女北京演唱会主办方之一是中国国际文化艺术公司（简称国际文艺）。一位自称“法律部门知情人”的女士说，此事并非主办方不配合，自从9月22日演唱会获批后，国际文艺就不停地和音著协联系，谈使用费问题，但音著协方面只提交钱，一直不肯提供详细曲目，不说哪首歌是他们代理的；当时时间紧迫，所以“十一”前双方没有谈妥。

（二）尊重其他邻接权人的原则

在传播作品的过程中，不同类型的邻接权人之间也会发生联系。因此，邻接权人在使用其他邻接权人创造的智力成果时，如果该邻接权人依照法律的规定能够控制相应的行为，就必须征得这些权利人的同意。

根据法律规定，录音录像制作者制作录音录像制品，应当同表演者订立合同，并支付报酬。电视台播放录像制品，应当取得录像制作者许可，并支付报酬。由于法律没有规定录音制作者享有广播权，所以电视台播放录音制品，只需要征得著作权人的同意，而无须录音制品制作者的授权。

（三）邻接权的被许可人使用作品受到限制原则

邻接权的权利人可以许可其他人行使本应由其享有的各类邻接权，但是被许可人在使用该作品、表演、录音录像制品和广播节目时，还必须要征得与之相关的其他权利人的许可，并且要向其他权利人支付报酬。具体包括：（1）表演者权的被许可人以法律允许的方式使用作品时，还应该取得著作权人的许可；(2) 音像制作者权的被许可人复制、发行、通过信息网络向公众传播录音录像制品，还应征得著作权人、表演者许可；(3) 广播组织权的被许可人以法律允许的方式使用作品、表演和录音录像制品的，还应取得著作权人、表演者和录音制作者的许可。

第二节　出版者权

一、出版者权概述

出版者权，就是图书、期刊的出版社在出版作品过程中形成的创造性成果享有的权利。出版者是指出版图书或期刊的法人或者非法人单位。图书、期刊出版者并不是传统的邻接权主体。虽然他们是非常重要的作品使用者和传播者，但是图书、期刊出版者是通过合同获得著作权人授权，作为被许可人行使作品的复制权和发行权。所以，在实践中应该区分出版者权以及出版者作为被许可人所享有的专有出版权或非专有出版权等债权。

实际上，出版社在传播作品过程中产生的智力成果主要有两个方面：(1) 装帧设计。此指图书、报纸、期刊的装潢设计，包括封面、封底、插图、装订形式等。由于装帧设计通常构成具有独创性的作品，因此出版者可以对这类智力成果享有著作权，而无须单独建构邻接权制度。(2) 版式设计。此指图书、期刊等版面格式的设计，包括字体、横排竖排、行距、格式、页边空格、标点符号、页码等。版式设计是编辑、加工、设计的智力成果，但往往不会构成作品，所以需要由专门的邻接权制度予以保护。就此而言，出版者权就是指出版者的版式设计权。

二、版式设计权的概念和特征

版式设计权是指图书、期刊的出版社对于作品出版过程中的版式设计享有的独占性权利。版式设计权的主体是图书、期刊社等出版者，客体是作品传播过程中产生的版式设计。至于版式设计权的具体内容，法律上并未有专门的规定。鉴于版式设计的主要使用方式是复制和发行，因此，出版者享有的版式设计权，也主要表现为未经许可不得复制和发行其版式设计的权利。

三、版式设计权的保护期限

出版者对其版式设计享有的版式设计权是有期限的。根据法律规定，该权利的保护期截止于使用该版式设计的图书、期刊首次出版后第 10 年的 12 月 31 日。

第三节　表演者权

一、表演者权的概念和特征

对于音乐作品、舞蹈作品、戏剧作品等作品类型而言，离开表演，就不可能有大众化的作品传播。表演者在表演作品过程中进行了创造性智力活动，理应得到法律保护。表演者权是表演者权利的简称，就是指表演者因表演作品而对该表演所享有的专有权利。表演者权具有以下特征。

首先，表演者权的客体是表演。表演是对作品的一种再现，也是一种创造性的智力活动成果，通常是对别人创作的文学艺术作品进行解释和传播的行为。由于它需要特殊的技能和技巧，在解释中体现着表演者个人的艺术体验和技巧，表现了他们的选择、设计和安排。事实上，很多作品就是通过表演而获得公众喜爱的。例如，董文华将《十五的月亮》演唱得声情并茂，陈佩斯、朱时茂将《警察与小偷》表演得活灵活现。作为邻接权客体的表演与作为著作财产权之一的表演权所定义的表演有较大的区别，即这里的表演仅指现场表演，而不包含机械表演。

按照大陆法系的邻接权制度所作出的解释，表演虽然是一种创造性的智力活动成果，但是在独创性方面没有达到使之成为作品的程度，因此不能获得著作权的保护。但是，在英美法系国家，表演被认为就是一种独创性的作品，可以单独受到版权的保护。

在我国，表演者的表演限于对作品的表演，这种作品可以是受到著作权保护的作品，也可以是不受著作权保护、进入公共领域的作品。如果表演活动不是针对作品，就不是我国著作权法上的表演。例如，足球运动员的足球比赛，虽然具有很强的观赏性，但并非表演。

其次，表演者权的主体是表演者。表演者，是指表演文学艺术的人，包括表演文学艺术作品的一切演员、歌唱家、演奏者、舞蹈家等。与表演的概念相互呼应，表演者是指表演作品的人，而不包括运动员等人。但是，也有一些国家的法律扩大了表演者的范围，如1985年《法国著作权法》规定，除表演文学、艺术作品以外，一切杂技演员、马戏演员、木偶戏的表演者等均可视为邻接权范围内的“表演者”。1961年缔结的《罗马公约》对表演者的范围作了折中性规定。该公约第3条将“表演者”解释为“演员、歌唱家、音乐家、舞蹈家和表演、歌唱、演说、朗诵、演奏或以别的方式表演文学艺术作品的其他人员”，但在第9条又允许缔约国“根据国内法律和规章将本公约提供的保护扩大到不是表演文学或艺术作品的艺人”。《知识产权协定》对表演者范围的规定与《罗马公约》一致。

我国《著作权法》第37条所规定的表演者包括演员和演出单位。虽然演出单位不能登台演出，但它在培训演员、组织演出方面投入大量的人力物力，如果只赋予演员而不赋予演出单位以权利，显然有失公平。一台表演的权利不可能由单个演员来行使，而必须通过演出单位来行使。至于一场演出究竟应该由演员还是由演出单位享有表演者权，现有法律未作出明确规定。笔者认为，可以结合两个方面的内容进行判断：（1）合同约定。演员和演出单位可以通过合同明确约定表演者权的归属。有明确约定的，按照约定的内容进行处理。（2）法律规定。可以通过完善法律规定的方式，明确规定，在没有约定的情况下，表演者权应该由演员享有。

外国人、无国籍人在中国境内的表演，受著作权法保护。外国人、无国籍人根据中国参加的国际条约对其表演享有的权利，受著作权法保护。

最后，表演者权的内容指表演者依法对其表演所享有的权利，包括精神权利和财产权利。与其他邻接权相比，表演者享有人身权，体现了法律对于表演者精神利益的尊重和维护。

表演者权不同于表演权，二者的区别在于：（1）前者是邻接权，后者是著作权的权能；（2）前者的取得要经过著作权人的许可，后者经作品的创作完成后即可取得；（3）前者的主体是表演者，后者的主体是著作权人，即使表演者与著作权人是同一人，即自己创作的作品自己表演，也不能够抹杀二者的区别，而只能说明表演者和作者身份的重合；（4）前者的客体是对作品的表演，后者的客体是作品。

二、表演者权的内容

表演者权，是指表演者依法对其表演所拥有的人身权利和财产权利的总称。各国著作权法对于表演者权利内容的规定不尽相同。例如，《日本著作权法》规定表演者享有录音权、录像权、播放权、二次使用唱片权及借贷权等权利。《法国著作权法》规定表演者享有要求尊重其姓名、资格和表演的权利和固定、复制权及向公众传播其表演的权利。《罗马公约》第 7 条第 1 款规定，表演者对其表演享有如下权利：（1）防止未经其同意广播和向公众传播其表演的权利，但若该表演本身就是广播演出或出版录音录像者例外；（2）防止未经其同意录制其未曾录制过的表演的权利；（3）防止未经其同意复制其表演的录音或录像的权利。《知识产权协定》对表演者权利的规定同于《罗马公约》，该协定第 14 条第 1 款授予表演者如下权利：（1）制止未经其同意而对其尚未录制的表演进行录制的权利；（2）制止未经其同意而复制已录制的内容的权利；（3）制止未经其同意而通过无线手段播放及向公众传送其表演实况的权利。关于表演者权的期限，《知识产权协定》规定的保护水平远远高于《罗马公约》，但这两个公约都未对表演者的精神权利作出规定。

我国《著作权法》第 37 条从人身权利及财产权利两方面对表演者的权利进行规定。

（一）表演者人身权利

1. 表明表演者身份的权利

这是指向公众表明演员的姓名、演出单位的名称。通常有以下几种情况：(1) 在演出广告、宣传栏、节目单或文艺刊物刊登的剧照上标明表演团体和演员的名称和姓名；(2) 有些节目在表演之前由主持人介绍表演者的姓名；(3) 由广播电台、电视台播放表演者的姓名；(4) 通过字幕在屏幕上显示表演者的姓名等。此外，如果是由某家演出单位组织并由该单位的人员演出的，如戏剧团表演的戏剧等，则不仅主要演员的身份要表明，演出单位作为法律意义上的表演者同样有权表明身份。如果几家演出单位共同举办演出，则每个单位都有权表明身份。

如同著作权人的署名权，表演者可以表明身份也可以不表明身份，可以通过真名、艺名、假名等多种方式表明身份。至于，表演者发现在并非自己的表演中采用了自己的表演者身份，是否构成侵权，法律未作明确规定。鉴于侵犯署名权的行为中包括在并非自己创作的作品上署名的行为，从体系解释和目的解释上观察，在并非自己表演上采用表演者身份的，也应该侵犯了表演者表明表演者身份权。

2. 保护表演形象不受歪曲的权利

歪曲表演者的表演形象，会直接损害表演者的名誉、声望，还会给表演者的演出生涯造成难以弥补的危害，影响其经济收入。表演形象是表演者通过其表演所创造出来的一个新形象，对表演形象仅能进行真实的、恰当的利用，不能歪曲、虚假或丑化的利用。表演者有权禁止他人丑化其表演形象，禁止他人未经许可而把其表演形象挪作他用。

表演形象不同于表演者的形象。前者指被表演者所展现的形象，是著作权邻接权问题；后者指表演者自身的形象，是肖像权问题。

【实例】

某电视演员因一儿童电视剧而出名，某公司未经该演员许可将印有其表演形象的宣传海报大量用于玩具、书包、文具等儿童产品的包装和装潢上。对该公司的行为应如何定性？(　) (2005 年司法考试第三卷第 18 题)

A. 侵犯了制片者的发表权

B. 侵犯了该演员的表演者权

C. 侵犯了该演员的肖像权

D. 侵犯了该演员的复制权

答：选 C。因宣传海报一般都表明表演者的身份并从正面宣传表演者的形象，因此某公司未经该演员许可将印有其表演形象的宣传海报大量用于玩具、书包、文具等儿童产品的包装和装潢上的行为，不会侵犯表演者享有的人身权利。

（二）表演者财产权

1. 许可他人从现场直播和公开传送其现场表演，并获得报酬的权利

现场直播和公开传送其现场表演，亦称为现场公开传送权，指的是通过无线电广播或电视系统等通信手段把现场表演直接传送给用户的权利。该权利主要控制两种行为：(1) 现场直播。如一年一度的在维也纳金色大厅举行的新年音乐会，就由中央电视台进行现场直播。(2) 现场公开传送。现场公开传送表演一般是指从表演现场通过广播电视以外的任何媒体如通过扩音器、大屏幕等机械设备以同步方式向公众传送现场表演。例如，通过共用天线直接向用户传送，或者宾馆、车站、机场等公共场所通过内部接收系统向用户传送。[1] 之所以会出现“公开传送”的字样，主要是因为《罗马公约》在制定时，现场直播所针对的是无线传播的行为，后来的公开传送行为旨在涵盖各种有线传播现场表演的行为。由于现场直播和公开传送现场表演会影响到演出的上座率，减少表演者的收入，因而未经表演者许可而现场直播或者公开传送其现场表演的，应承担侵权责任。

现场公开传送权能否涵盖非交互式的网络广播，则存在疑问。笔者认为，非交互式的网络播送也可以被解释为属于公开传送的一种方式和途径。理由在于：(1) 公开传送在本质上是一种内涵宽泛的传播行为，它可以涵盖除无线广播以外的有线广播、机械表演等行为，从整合权利的角度来看，

---

[1] 冯晓青：《著作权法》，法律出版社 2010 年版，第 216 页。

让其包括网络广播行为并不违背该类权利设定的初衷。（2）虽然很难从《罗马公约》中解释当时立法者已经有如此前瞻性的预见，但是WPPT中显然已经注意到“网播”问题，而且在对“向公众播送”进行界定时使用了“任何媒体”的措辞，因此从语义解释上也可以涵盖网络广播。❶（3）就利益衡量而论，网络播送给表演者和录音制作者所带来的影响，绝不亚于无线广播和有线播送。相反，网络播送的跨国界性还导致权利人对受保护客体处于一种国际“失控”状态，所以尤为必要将其纳入控制范围。

需要说明的是，现场直播是一次性的。如果考虑其他因素，如时差影响收视率或收听率，可由广播电台或电视台先将表演录音或录像，然后再择时播出。但这种播出仅限一次，即等同于一次性的现场直播。此外，由于大城市中建筑物对电波的干扰或是边远地区、山区接收无线电信号困难，在技术上常常采用将直播信号转播的办法进行传送，这也应属于现场直播行为。❷

2. 许可他人录音录像，并获得报酬的权利

表演者对他人就其表演制作录音录像享有控制权。未经表演者许可，任何人不得制作其表演的音像制品。以营利为目的将表演录音录像的人，应请求表演者的许可，并向其支付报酬，这是毋庸置疑的；而对于非营利性的录音录像，如新闻记者为报道新闻、艺术院校为教学研究而将表演者的表演录音录像，是否应征求表演者的同意，并向其支付报酬，则存在不同的看法。我国1990年《著作权法》规定表演者只能控制营利性的录音录像行为。2001年修改《著作权法》时将“以营利为目的”去掉，并要求无论是否以营利为目的，都应征得表演者同意，并向其支付报酬。

---

❶ 依WPPT第2条（g）项的规定，“向公众传播表演”是指通过除广播以外的任何媒体向公众播送表演的声音。这项规定实际上表明，依托有线广播和网播等技术手段所为的、向公众传播表演的行为都在WPPT语义下表演者向公众传播权项下，但此项权利的享有者只能是有声表演者。

❷ 刘春田主编：《知识产权法学》，高等教育出版社、北京大学出版社2003年版，第95～96页。

3. 许可他人复制、发行录有其表演的录音录像制品并获得报酬的权利

在前数字技术时代，将表演录音录像后进行复制、发行，是权利人的主要利用形式。表演者应该有权从复制、发行中获得相应的经济利益。未经表演者许可，任何人不得复制、发行录有其表演的录音录像制品。

4. 许可他人通过信息网络向公众传播其表演，并获得报酬的权利

数字网络时代，表演者应该享有控制其表演通过网络向公众提供的权利。《世界知识产权组织表演和录音制品公约》（WPPT）第10条规定被固定的表演享有“向公众提供权”，这意味着表演者只有在自己的表演制作成唱片后，才可以与录音制作者一起享有“向公众提供权”。之所以作出如此规定，是因为对于现场表演无法进行“交互式”传播，只有将其录制下来以后，才可以实现“异时异地”传播的功能。

需要说明的是，《著作权法》所表述的“通过信息网络向公众传播其表演的权利”，实质上就是指“向公众提供”的行为，也就是著作权人所享有的控制交互式传播的“信息网络传播权”。

三、视听表演者权

《视听表演北京条约》（以下简称《北京条约》）于2012年6月26日正式缔结。该条约发端于2000年世界知识产权组织曾计划的外交会议，但因美国和欧盟对有关“表演者权利归属”的条款没有达成一致，外交会议夭折。之后，世界知识产权组织一直推动缔结保护表演者权利的公约，但由于美、欧之间分歧严重，致使该项议程长期没有进展。直到2011年6月，各方终于在“表演者权利归属”上达成一致意见。具言之，《北京条约》为视听表演者提供与录音表演者同等的著作权保护，扩大了WPPT中表演者的范围，视听表演者也可享有表演权、公众播送权、信息网络传播以及其他传播权。

《北京条约》第12条规定：“缔约方可以在其国内法中规定，表演者一旦同意将其表演录制于视听录制品中，本条约第7条至第11条所规定的进行授权的专有权应归该视听录制品的制作者所有，或应由其行使，或应

向其转让，但表演者与视听录制品制作者之间按国内法的规定订立任何相反合同者除外。”本条款的规定，为法定转让、推定转让和权利属于表演者三种权利转让模式均保留了空间。我国著作权法对视听表演者的权利归属未作明确规定。但是根据立法之体系解释，视听作品的保护区分了“电影”和“录像”。对电影作品和以类似摄制电影的方法创作的作品，规定著作权归制片者所有，编剧、导演、摄影、作词、作曲等作者享受署名权，以及有权按照与制片者签订的合同获得报酬。相反，对于录像制品中的表演者，法律则没有规定表演者的权利被录像制品制作者所吸收，表演者对录制在录像制品中的音像表演仍享有权利。因此，表演者同意视听作品著作权人或录像制作者录制其表演的，其对表演的经济权利，应由著作权人或录像制作者享有，主要表演者享有署名权，表演者享有获得合理报酬的权利。当事人之间有合同约定的，根据该约定确定权利归属。

四、表演者权的保护期限

表演者的人身权利没有保护的期限，具有永久性。至于表演者的财产权，则存在法定的保护期限。根据《著作权法》第38条第2款的规定，表演者财产权利的保护期为50年，截止于该表演发生后第50年的12月31日。

第四节 音像制作者权

一、音像制作者权的概念和特征

音像制作者权是录音录像制作者权的简称，也就是录音录像制作者对于录音录像制品享有的专有权利。音像制作者在录音录像过程中，不仅进行技术、资金的投入，而且能够通过智力活动改善音像效果，形成音像制品。因此，尽管音像制品本身并不是具有独创性的作品，却因为是在传播作品过程中形成的智力成果而可以得到邻接权的保护。音像制作者权具有以下特征：

首先，音像制作者权的客体是音像制品。根据《著作权法实施条例》第5条的解释，录音制品是指任何对表演的声音和其他声音的录制品；录像制品是指电影作品和以类似摄制电影的方法创作的作品以外的任何有伴音或无伴音的连续相关形象、图像的录制品。录音制品的含义较好理解，而且一直以来受到《罗马公约》《录音制品公约》和《世界知识产权组织表演和录音制品公约》的保护。但是何谓录像制品，录像制品要不要作为邻接权保护对象，却一直存在争议。这又集中体现在录像制品和电影类作品的区分上。国内学者一般认为，电影类作品是创作出来的，具有独创性，享受著作权的保护；录像制品是录制出来的，没有进行独创性的创作，只能获得邻接权的保护。事实上，上述划分的标准非常含混，刻意进行区分只会产生不必要的认定和保护成本，不具有实效性。建议未来的立法取消录像制品受邻接权保护的规定，只以唱片制作者权保护录音制品足矣。

其次，音像制作者权的主体是音像制作者。音像制作者是指将声音、形象或两者的结合首次固定于物质载体上的人。按照这一定义，音像制作者可以是自然人，也可以是法人或其他组织。《著作权法实施条例》第34条规定，外国人、无国籍人在中国境内制作、发行的录音制品，受著作权法保护；外国人、无国籍人根据中国参加的国际条约对其制作、发行的录音制品享有的权利，受到著作权法保护。

最后，音像制作者权的内容是录音录像制作者对录音录像所享有的专有控制权。

二、音像制作者权的内容

根据我国著作权法的规定，录音录像制作者对其制作的录音录像制品，享有许可他人复制、发行、出租、通过信息网络向公众传播并获得报酬的权利。其中，复制权、发行权和信息网络传播权，这三类权利与表演者相同。也就是说，当复制、发行和通过信息网络传播含有表演的录音录像制品时，需要同时征得作者、表演者和音像制作者的同意，并应该支付报酬。

比较特殊的是，音像制作者还享有出租权，而根据我国著作权法的规定，表演者不享有出租权。因此，出租含有表演的音像制品，只需要音像制作者同意并向其支付报酬。

《著作权法》第46条规定，电视台播放他人的电影作品和以类似摄制电影的方法创作的作品、录像制品，应当取得制片者或者录像制作者许可，并支付报酬；播放他人的录像制品，还应当取得著作权人许可，并支付报酬。这表明，录像制作者比录音制作者还多享有一项权利，即广播权。

【深度探索】表演者和音像制作者能否享有更多的“二次利用权”

表演者和音像制作者的财产权是控制在一定范围内的，一般局限于对表演和音像的首次利用上。例如对现场表演的传播，对于表演的录音录像，对于音像制品的复制、发行和出租等。但是，在表演者和音像制作者是否能够享有更多的二次利用权方面，却存在明显的“区别保护”立场。在数字网络技术的冲击下，表演者和音像制作者获得了“信息网络传播权”这样的二次利用权。至于在已经录制的唱片上，表演者和录音制作者能否享有广播权和向公众播送权，国际公约和代表性立法还是采取了不同的立场。

就世界范围而言，主要有三种模式：第一种模式是明确承认法律保护表演者和录音制作者的广播权和向公众播送权，如奥地利、孟加拉、巴巴多斯、法国、德国、英国等。❶ 第二种是承认表演者和录音制作者享有获得报酬权，他人使用录音制品无须取得录音制作者的许可，但是录音制作者有权获得一笔公平的报酬，即“广播和表演获酬权”。这体现了《罗马公约》和WPPT的要求，采用此种保护方式的国家有日本、法国、德国、意大利、澳大利亚等。❷

---

❶ 如1988年《英国版权法》第二章版权所有人的权利中版权禁止的各种行为，第19条（3）公开播放或放映作品是录音、影片、广播或电缆节目之版权所禁止的行为，第20条广播作品或将其收入电缆节目服务是下列作品之版权所禁止的行为——（b）录音或影片。上述规定表明在英国未经许可是不得将录音公开表演和广播的。许嘉璐主编：《中外版权法规汇编》，北京师范大学出版社1993年版，第122页。

❷ 如《日本著作权法》第97条规定了商业化唱片的再次使用：广播业者用商业化唱片进行播送或者有线播送时，必须向该唱片有关的唱片制作者支付再次使用费。夏雨译：《日本著作权法》，日本著作权信息中心1999年版，第94页。

该种模式本质上也承认广播权和向公众播送权，只不过对权利采取了法定许可的限制措施。第三种是既不承认表演者和录音制作者享有专有权，也不承认获得报酬权，如中国、美国。❶

以往，反对授予表演者和录音制品制作者针对唱片的广播权和向公众播送权的主要理由在于：（1）制止重复收费。因为使用者特别是广播电台、电视台、酒吧、餐厅等已经就录音制品中的音乐作品向著作权人支付了报酬，没有理由就同一使用行为支付多笔报酬。（2）录音制作者的权利会影响到作者利益的实现。由于使用人愿意支付的报酬是特定的，分割这笔费用的必然结果是著作权人利益的损害。（3）影响作品的自由流通。因为如果录音制作者也享有表演权和广播权的话，那么使用者二次使用录音制品，将不得不寻求作者、表演者和录音制作者的多重授权。

上述立场显然不无道理。但是，特别应该指出的是，表演者和录音制作者在数字时代所面对的技术环境和市场模式已经发生了翻天覆地的变化，这些变化推动了要为表演者和录音制作者授予完整的传播权。首先，复制权的式微导致唱片的复制营利模式受到冲击，规定完整的传播权成为挽救唱片行业的重要举措。在数字音乐市场的挤兑下，传统音乐的出版发行模式受到严重挑战。美国《企业家》杂志评出“未来十年最易消亡的行业”，唱片业不幸名列榜首。❷ 而在所剩无几的唱片营利模式中，表演权和广播权将成为重要的利润增长点。如果唱片制作者能够从广播和机械表演中获得收益，将无疑会为这一濒临危机的行业注入新的生机。（2）数字技术打破了作品传播的天然壁垒。当法律规定信息网络传播权是表演者和录音制作者的基本权利时，没有理由再继续将广播和表演等传播使用排除在权利范畴之外。如果网络服务商需要为唱片的信息传播支付报酬，而广播电视等机构却不需要付费，这种区别对待在结果上不够公允，也不符合利益衡量的准则。（3）数字技术对所有类型作品的传播提出了新的要求，没有理由要区别对待录音与其他类型的作品。虽然表演

---

❶ 张今、棋其格：“论邻接权制度的立法完善”，见《知识产权年刊（2009 年卷）》，北京大学出版社 2010 年版。

❷ “华语唱片业新一轮大洗牌悄然开始”，载 http：//ent. sina. com. cn/c/2009 - 03 - 02/12002398016. shtml，2009 年 5 月 13 日访问。

者、唱片制作者对唱片的独创性付出还没有达到作品的保护程度，但这种组织性、经济性和智力性的付出不容忽视。录音制品公开传播减少了表演者的表演机会，在使用者受益于公开表演的同时，唱片公司、表演者理应得到补偿。(4) 数字环境下，唱片制作者与广播电台之间的关系，已经不再是纯粹的宣传与被宣传的关系，而是更接近于竞争关系。在数字环境下，广播电视已经转化为可盈利的机构，消费者为电视节目支付了较高数额的使用费。从作品利用方式上看，由于比较容易从广播电视上获得唱片并进行高品质的复制，严重影响到消费者购买的愿望。

【实例 1】

王某的短篇小说《活在都市里》被程某改编为剧本，由甲剧团以话剧的方式演出，该话剧被乙公司录像制作成光盘发售。该事例中包括哪些受著作权法保护的权利？(　)(2000 年律师资格考试第三卷第 72 题)

A. 乙作为录像制作者的权利　　B. 甲作为表演者的权利

C. 程某作为改编者的权利　　D. 王某的著作权

答：选 ABCD。王某作为短篇小说的作者，享有著作权；程某改编作品，也是作者，享有著作权；甲话剧团表演了该作品，享有表演者权；乙公司进行录像，享有录像制作者权。

【实例 2】

作曲家甲创作了一首歌曲《雪花飘飘》，唱片公司乙经甲同意并请歌星丙演唱，将该歌和其他歌曲一起制作成 DVD 唱片。某酒店将合法购买的该正版 DVD 唱片在其咖啡厅播放。关于该酒店行为的定性，下列哪些选项是错误的？(　)(2008 年司法考试四川地震灾区延期考试试题第三卷第 64 题)

A. 侵犯了甲的表演权

B. 侵犯了乙的录制者权

C. 侵犯了丙的表演者权

D. 合法行为

答：选 BCD。某酒店虽然是合法购买的正版 DVD，但是在咖啡厅播放的行为，仍属于机械表演，受到著作权人表演权的控制。甲是著作权人，酒店未经许可对该作品的机械表演，侵犯表演权。因此，A 选项正确。由于表演者和录音制作者是没有表演权的，所以唱片公司乙和歌星丙的权利并未受到侵犯。因此 BCD 均错误。

【实例 3】

叶某创作《星光灿烂》词曲并发表于音乐杂志，郝某在个人举办的赈灾义演中演唱该歌曲，南极熊唱片公司录制并发行郝某的演唱会唱片，星星电台购买该唱片并播放了该歌曲。下列哪些说法是正确的？（2009 年司法考试第三卷多选第 63 题）（ ）

A. 郝某演唱《星光灿烂》应征得叶某同意并支付报酬

B. 南极熊唱片公司录制该歌曲应当征得郝某同意并支付报酬

C. 星星电台播放该歌曲应征得郝某同意

D. 星星电台播放该歌曲应征得南极熊唱片公司同意

答：选 AB。赈灾义演中的表演行为，向观众收取了费用，不属于免费表演，不构成合理使用，因此郝某的表演要征得著作权人叶某的同意。表演者享有许可他人录制其表演的权利，因此南极熊唱片公司录制该歌曲应当征得郝某同意并支付报酬。表演者和录音制作者均不享有广播权（“二次使用权”），所以星星电视台播放该歌曲无须征得郝某和唱片公司的同意。因此 AB 选项正确，CD 选项错误。

三、音像制作者权的保护期限

录像制作者享有的是财产权，这是有保护期限限制的权利。根据我国《著作权法》的规定，录音录像制作者的权利的保护期为 50 年，截止于首次制作完成后第 50 年的 12 月 31 日。

【实例】

袁某创作完成了一部小说，并发表在某杂志上。此后，经许可，赵某将该小说改编成舞台剧剧本，陈某在某剧院公开演出该舞台剧，某电视台对该演出进行了现场录像并制作成光盘。根据著作权法及相关规定，下列哪些说法是正确的？（ ）（2013 年专利代理人资格考试第二卷第 90 题）

A. 袁某对该小说的发行权保护期截止于首次发表后第 50 年的 12 月 31 日

B. 赵某对该舞台剧剧本的修改权保护期截止于首次公开演出后第 50 年的

12 月 31 日

C. 陈某享有许可电视台对其表演的该舞台剧进行录像并获得报酬的权利，此项权利的保护期限截止于该表演发生后第 50 年的 12 月 31 日

D. 该电视台享有许可他人对其制作的该光盘进行复制并获得报酬的权利，此项权利的保护期限截止于该光盘首次制作完成后第 50 年的 12 月 31 日

答：选 CD。因为袁某的小说已经由杂志发行，发行权已经行使进而发生权利穷竭，所以不再享有发行权，所以 A 错误。修改权是著作人身权，没有期限限制，所以 B 错误。CD 两项均正确表达了表演者保护期限和音像制作者保护期限及其计算方式。

第五节　广播组织权

一、广播组织权的概念和特征

为广播组织提供邻接权保护，源起于广播、电视等新兴传播媒介的兴起。19 世纪末 20 年代初，世界上诞生了广播技术。随后，人们开始建立广播电台来播音。1920 年 11 月 2 日，美国匹兹堡西屋电气公司开办的商业广播电台开始播音，呼号为 KDKA，它是美国第一家向有关当局申请并获得商业执照而从事商业性广播的电台，也被公认为世界上第一座广播电台。1936 年 11 月 2 日，世界上第一座公共电视台由英国广播公司在伦敦以北的亚历山大宫建成。随后，日本、法国、德国、意大利等国家竞相建立广播电台和广播电视台。这些电台和电视台就是最初的广播组织。[1] 广播组织出现后逐渐产生了著作权法上的利益需求。因为该类组织不仅传播作品，进而与著作权人的利益发生关系，而且在制作节目和传播节目的过程中，广播组织还付出了创造性的劳动。这种传播作品过程中劳动付出以节目信号的方式传递开来，可以成为其他人“搭便车”或者盗播盗用的对象。

---

[1] 胡开忠、陈娜、相靖：《广播组织权保护研究》，华中科技大学出版社 2011 年版，第 9 页。

1941 年的《意大利著作权法》最先规定广播组织权，并将其作为邻接权给予保护。1961 年的《罗马公约》在国际范围肯定了广播组织权作为邻接权的法律地位。

随着数字技术的发展，网络广播登上历史舞台。网络广播最早出现在加拿大。1995 年，加拿大的中学生萨斯·伯顿开办了私人网络电台，这是目前已知的全球第一家个人网络电台。同年，美国西雅图的“进步网络”网站首次提供音乐点播服务，这标志着商业化网络电台的诞生。自此开始，如何保护网络广播组织的权益，也成为各国争论的话题。自 1998 年开始，世界知识产权组织着手探讨将广播组织权推向数字时代。但是该年度提出的《广播组织权条约》未能获得审议，网络广播组织的法律地位和网络广播的问题都没有得到明确。2006 年 9 月世界知识产权组织版权及相关权常设委员会（SCCR）对外公布的《世界知识产权组织保护广播组织条约草案》（以下简称《广播组织条约草案》）[1] 虽然可以看做是这一努力的最新成果，但是由于各国之间的分歧依然非常明显，因此还没有达成一项新的国际协定的明显迹象。我国 1990 年《著作权法》创立了广播组织权，一直延续至今。

广播组织权，也称为广播电台、电视台权利，是指广播组织享有的授权或禁止他人利用其广播信号的权利。具体来说，广播组织权具有以下三个基本特征：

（1）广播组织权的权利主体是广播组织。起初的广播组织是指无线广播电台、电视台。随着有线传播和卫星传播技术的发展，通信卫星、广播电缆等传播作品的媒体也应运而生。现在的广播组织还涵盖有线广播组织和卫星广播组织。随着数字网络技术的发展，有的国家还提出认定网络广播组织权利主体地位的建议。此外，外国的广播电台、电视台在一定条件下也可以获得保护。《著作权法实施条例》第 35 条规定：“外国的广播电

[1] 2006 年 9 月 SCCR 秘书处编拟了关于保护广播组织的条约的正式法律文本，尽管该文本在 2007 年 SCCR 举行的关于保护广播组织的外交会议上未获通过，但已经成为研习数字时代广播组织权的主要依据。

台、电视台根据中国参加的国际条约对其播放的广播、电视节目享有的权利，受著作权法保护。”

（2）广播组织权的权利客体是广播节目的信号。在以英美为代表的版权体系中，长期以来认定广播组织制作的广播节目作为版权对象，而以法、德为代表的作者权体系则坚持区分广播信号和广播节目，将广播组织权的权利客体界定为节目信号。学术界也长期存在广播节目和广播信号二者究竟何为权利保护对象的争论。我国 1990 年《著作权法》将“广播电台、电视台对其制作的广播、电视节目”作为广播组织权的保护客体，2001 年《著作权法》修正案中则修改为“广播电台、电视台将其播放的广播、电视”作为保护对象。2012 年《著作权法》修正草案则明确规定，广播电视节目是指广播电台、电视台首次播放的载有声音或者图像的信号。这表明，立法已经逐渐接受以广播信号作为广播组织权保护的客体，并且将广播节目与广播信号等同看待，防止出现因技术上的差异和学术上的争论而带来的混淆。

（3）广播组织权的权利内容是广播组织对其广播节目信号享有的专有权利。作为一种邻接权，广播组织并不能享有著作权人如此广泛的权利，其具体的权利内容来自于法律的规定。不同的国家所规定的广播组织权的内容并不相同，一般包括广播组织有转播其广播节目的权利、录制其广播节目的权利、复制其广播节目的权利等。此外，有些国家还规定广播组织享有发行其广播节目的权利、向公众有偿传播电视节目的权利、通过网络向公众提供其广播节目的权利（信息网络传播权）等。

【深度探索】关于网络广播组织能否成为广播组织权主体的讨论*

支持网络广播组织属于广播组织的主张以美国、澳大利亚和乌克兰等为代表。例如，在国内利益团体的推动下，美国向世界知识产权组织提出议案，要求将广播组织权的保护延伸至网络广播。美国的代表提出了如下几条理由：

* 胡开忠、陈娜、相靖：《广播组织权保护研究》，华中科技大学出版社 2011 年版，第 120 ~ 121 页。

(1) 技术上的理由。美国认为根据“技术中性原则”，网络广播在功能上类似普通的广播，因此在法律上应当一视同仁。(2) 法律上的理由。美国代表认为，如果只保护传统的广播组织，那么就会将网络广播行为排除在条约之外，这可能会引起与美国及其他国家的法律上的冲突和宪法上的争议。(3) 促进科学文化信息传播的理由。美国代表还认为，保护网络广播组织可以促进信息的传播，对发达国家与发展中国家皆有益处。这是因为，如果对网络广播组织提供知识产权保护，可以保护其投资并激励其传播节目，使公众更容易获得和利用科学文化信息。

将网络广播组织视为广播组织的观点遭到了世界上大多数国家的反对。反对者的理由主要有如下几点：(1) 网络广播在技术上不同于传统的广播。网络广播组织者和传统广播组织所起到的社会功能并不相同。(2) 网络组织的范围很难界定。日本代表认为，从理论上讲，每个人，只要其拥有适当的数字设备，就可能进行网络广播。一方面对这些网络广播者很难进行管理，另一方面还存在着大量在网上匿名传输的人。在这种情况下，对在网络上传输侵权信息者的威慑就不像对传统广播组织那样有效。(3) 授予网络广播组织权，将会限制网络中的信息流量，妨碍社会公众接触信息和学习科学文化知识，不利于保护发展中国家的利益。

二、广播组织权的内容

我国《著作权法》第45条规定，广播电台、电视台有权禁止未经其许可的下列行为：(1) 将其播放的广播、电视转播；(2) 将其播放的广播、电视录制在音像载体上以及复制音像载体。可见，立法以禁止权的形式进行规范，并未明确将上述内容作为广播电台、电视台的专有权利，引起不必要的争议。2012年《著作权法》修正草案改进了立法技术，明确规定广播电台、电视台享有对其播放的广播电视节目享有三项权利：(1) 许可他人以无线或者有线方式转播其广播电视节目；(2) 许可他人录制其广播电视节目；(3) 许可他人复制其广播电视节目的录制品。

(一) 许可他人播放（转播）的权利

广播电视组织享有的最重要权利，就是许可他人播放（转播）的权利。根据《罗马公约》第 13 条的规定，转播权（the rebroadcasting of their broadcasts）是指广播组织享有的授权或禁止转播其广播电视节目的权利。所谓转播，该公约第 3 条第 1 款第（7）项将其解释为“一个广播组织的广播节目被另一个广播组织同时广播”。例如，如果甲创作电影《浴血威龙》，乙电视台经过洽谈获得授权播出该电影，若 C 电视台未经授权，播放了该电影，既侵犯了甲的广播权，又侵害了乙的转播权（邻接权）。

应该看到，转播方式的发展变化与传播技术的变化是同步进行的。早期的转播技术，限于无线传播。因此，《罗马公约》第 3 条第（6）项将广播解释为“供公众接收的声音或图像和声音的无线电传播”。随着有线传播、网络传播的技术变革，最新的世界知识产权组织的有关文件认为，转播权是指授权以包括转播、以有线方式转播和通过计算机网络转播在内的任何方式转播其广播的专有权。[1]《广播组织条约草案》第 14 条的两个备选方案均承认广播组织有权控制以任何方式进行的转播行为。因此，尽管我国著作权法并没有明确界定转播的技术手段，然而是将转播权涵盖控制有线传播和网络传播，当属其应有之义。

（二）许可他人录制权

录制权在许多国家的著作权法中都有规定，我国立法也不例外。《罗马公约》第 13 条将录制权解释为：“授权或禁止录制其广播电视节目的权利”。世界知识产权组织在对该公约进行的解释中指出，“录制”一词，并不限于是声音的录制，还包括对图像或音像的录制。

实践中，常常有广播电台、电视台将其他广播电台、电视台播放的节目录制下来后，在其他的时间进行播放。这种行为涵盖录制行为和重播行为。由于在我国著作权法中并没有授予广播组织以重播权，如果发生未经许可的录制并重播行为，广播组织只能以侵害其录制权为由主张权益。在极少数情况下，广播组织事先授予他人合法录制，但却被重播的，广播组织按照现行法律规定，就不能主张邻接权。但是，著作权人依然享有对其

[1] WIPO, SCCR/15/2, Article 5 (b).

作品的广播权，所以如果广播组织此时为广播电视节目的著作权人，仍可以受到保护。不过，根据《知识产权协定》第 14 条第 3 款的规定，广播组织应该享有录制其广播、复制其录制品及通过无线广播方式转播其广播，以及将同样的电视广播向公众再转播的权利。因此，可以通过完善著作权法，赋予广播组织该项重播权。

（三）许可他人复制录制品权

广播组织有权许可他人复制其广播节目的录制品，这也是广播组织的一项基本的权利。《罗马公约》第 13 条规定了广播组织的复制权，即广播组织有权复制其广播节目的录音、录像制品。复制是对录制品的再次固定，而不需要考虑其固定介质、固定期限等因素。

实践中曾经发生有人将电视图像截取后复制并用于报刊广告的行为，对此是否属于侵犯广播组织权，有着不同的看法。按照《德国著作权和邻接权法》第 87 条第 1 款的规定，广播组织有权将广播节目录制在音像制品上或制作节目的图片，并有权复制和发行这些材料，但出租行为除外。按照这一规定，上述行为也已经侵犯广播组织权。

【深度探索】　广播组织是否应该享有信息网络传播权

广播电视组织是否应该享有信息网络传播权？《欧盟版权指令》明确规定，广播电视组织享有信息网络传播权。《广播组织条约草案》规定了三个备选方案。备选方案 R：广播组织应享有专有权，以授权通过有线或无线的方式向公众提供其已录制的广播节目，使该广播节目可为公众中的成员在其个人选定的地点和时间获得。备选方案 S：广播组织应有权禁止通过有线或无线的方式，利用未经授权制作的录制品，向公众提供其广播节目，从而使公众中的成员可在其个人选定的地点和时间获得该广播节目这一行为。备选方案 LL：（1）同备选方案 R；（2）任何缔约方均可在向 WIPO 总干事交存的通知书中，声明其将规定广播组织不享有本条第 1 款所规定的授权专有权；但规定凡未经广播组织的同意，通过有线或无线的方式，利用未经授权制作的录制品，向公众提供其广播节目，从而使公众中的成员可在其个人选定的地点和时间获得该广播节目的行为，均应予以禁止，从而为广播组织提供保护。

我国《信息网络传播权保护条例》没有规定广播组织的信息网络传播权。但实践中却出现广播电视组织主张该权利的案例，如在我国发生的“多普达案件”。[1] 该案中，一审法院虽未认可电视台享有信息网络传播权，但认为被告侵犯了央视公众在电信领域对中央电视台节目的“专有使用权”。事实上已经间接拓宽了广播电视台的传播权。由于数字技术的发展已经打破了传播的电信网、广播电视网和互联网之间的界限，广播电视组织享有权利的广播信号可以自由地在互联网和电信网中以“交互方式”传播，同时数字电视台的转型也使得广播组织本身就可以借助传统网络实现“交互式”传播，所以仅仅赋予广播组织的无线转播、有线转播权利，均不足以规制广播电视组织的主要传播形式和营利方式。鉴于此，赋予广播电台信息网络传播权应为立法上的必然选择。

三、广播组织权的保护期限

广播组织权具有期限性。《罗马公约》第 14 条规定，广播组织权的保护期限至少为 20 年，从开始广播的当年年底起算。《知识产权协定》第 14 条第 5 款规定的广播组织权的保护期限与《罗马公约》相同。

我国《著作权法》第 45 条规定，广播组织权的保护期为 50 年，截止于该节目首次播放后的第 50 年的 12 月 31 日。

---

[1] 北京市海淀区人民法院民事判决书〔2004〕海民初字第 15905 号。该案二审以调解结案。

第六章　著作权的限制

从本章开始，著作权制度的研究指向广义上的著作权范畴，它包括狭义的著作权和邻接权。著作权人享有广泛的权利，他们能够控制一系列的行为并因此获得利益。例如复制一本书、公开演唱一首歌曲、将一部电影“挂”在网络上等，都需要征得著作权人的同意并向其支付报酬。但是，这不免让使用者和传播者感到惶恐，担心自己一不小心就会侵犯他人的权利。一位美国学者举例说，当一对新郎新娘正在举行婚礼时，突然被警察带走，因为他们播放音乐未经许可，已经违法。由此可见，著作权法必须为平衡著作权人和使用者的利益进行制度设计，以更好地促进社会进步和文化繁荣。事实上，著作权法的确对著作权进行多方面的限制，具体包括合理使用、法定许可、强制许可、权利穷竭等内容。

第一节　概　　述

一、著作权限制的含义

什么是著作权的限制，学术上有不同的解读。概括起来，主要有三种：(1) 著作权的限制是“专有权所控制的行为之例外”，即法律规定著作权人在享有充分权利的同时，其专有权利所控制行为中有部分例外，进而不能由权利人主张独占利益或者许可利益。(2) 著作权的限制是“使用者之抗辩”。也就是说著作权人的专有权利控制的范围是完整的，但是当出现法定情形时，使用者可以据此免除承担相应的责任。学者认为，合理使用与侵权法中的豁免很相似，而且也像侵权法中的豁免一样是由广泛的政策概念所确立和调整。合理使用实质上是对侵权指控的一种抗辩，因此它成为豁免权的同类。[1]（3）著作权的限制是“使用者的权利”。该种学说认为，在民事权利体系中，著作权人固然享有权利，但是作为其相对方，使用者也可以享有诸如阅读权、言论权、接触权等权利，著作权限制就是要保障使用者权利的实现。

上述各种学说中，第一种观点较为流行，因为著作权限制制度的设计本旨，就是对专有权控制范围的适当限制，进而平衡权利人与社会公众之间的利益。第二种观点与第一种观点虽然也可以在结果上产生同样的效果，但是“使用者的抗辩”并非仅仅权利限制一种，也并非著作权固有。加之，它以使用者已然侵权为条件的预设，违背了著作权人和使用者利益同等保护的精神。因此，该观点存在一定的缺陷和不足。第三种观点在著作权法治长河中偶有体现，进入数字时代以来更受关注。为使用者设定一项基本权利，有利于真正形成对等博弈的格局，以保障社会公众能够合理接触和使用知识产品。但是，由权利限制所推演出来的，并不是使用者的“主观权利”，它是通过对著作权人专有权设定例外而形成的反射利益，是一种难以提起民事诉讼的“客观权利”。或者说，它更像是一种“宪法上的权利”。所以，建构具有说服力的民事上的“使用者权利”，仍然要解决该类权利“主观化”的问题。

二、著作权限制的理由

为什么要对著作权进行限制，可以从不同角度进行分析。著作权限制或出于实际需要或经济上理由，或出于总体利益或基本权利和自由的要求，在这里，胡根霍尔茨教授的三种区别法很有代表性，他界定了可以说明对

[1] ［美］阿瑟·米勒、迈克尔·戴维斯著，周林等译：《知识产权法概要》，中国社会科学出版社 1998 年版，第 231 页。

版权独占性予以限制的三种类型解释：（1）有些例外通过版权来表达对保证某些自由（如言论自由）的关切；（2）有些例外是出于公共利益（如图书馆和公共教育）的需要；（3）有些例外被引入版权的立法中，以补偿对作者的市场损失，即补偿作者不能有效地控制市场和阻止某些使用。❶

首先，著作权的限制旨在表达对某些自由的关切。保护著作权是实现言论自由的一项途径，关乎文学艺术作品的创作和文化的发展繁荣，关乎人类表达、学习的自由。所以，在设定著作权的同时，也必须考虑到学习的自由、批评的自由和新闻的自由等自由价值。事实上，著作权合理使用的不少情形，例如个人使用、新闻报道中的使用、适当引用等，都对于促进上述自由价值具有重要意义。美国学术界普遍认为，美国宪法第一修正案保障言论和出版自由的首要目的，是在于促进信息的自由流动。版权条款也是宪法的一部分，并且其目的，在很大程度上讲，就是通过人们提供接触版权材料的渠道来促进言论自由❷。

其次，著作权的限制旨在出于公共利益的需要。公共利益的范畴广阔，包括执行公务、保护弱者权益和落实文化政策等。在著作权法中，对于图书馆等公共文化服务机构，对于广播电台、电视台等文化传播媒介，对于盲人和少数民族、“三农”等，均设定了相应的限制条款，体现了民事权利保护中的公共利益原则，是公共利益加诸私人利益的限制。

最后，著作权的限制出于市场交易成本的考量。或者说，为了减少交易成本，有必要对权利人的著作权进行限制，这既是不得已而为之，也是促进社会效益最大化的最佳选择。例如公共场所陈列艺术作品的合理使用。如果要求每次对室外场所艺术作品的拍摄、临摹都需要征得著作权人的同意并支付报酬，这显然会产生巨大的交易成本，包括搜寻著作权人的成本、使用者与著作权人的谈判成本和查禁违法行为的执法成本，在现实中也不

---

❶ ［荷］胡根霍尔茨：《数字环境下版权的未来》，克吕韦国际法律出版社 1996 年版，第94 页。

❷ ［美］约纳森·罗森诺著，张皋彤等译：《网络法：关于因特网的法律》，中国政法大学出版社 2003 年版，第 36～37 页。

可能有效施行。所以，此时还不如对权利人的权利进行限制，以换取整个社会效益的最大化。

从经济学的角度看，著作权的限制实际上是要求对于具有不同使用价值的消费，承担不同的费用，也就是在价值的实现中，承担不同的份额。给予权利限制而发生的使用不承担或只承担部分的价值支付。这种情形对作品的生产者而言，显然失去了若干实现价值的机会。若干人得到使用价值而无须对生产者的劳动进行补偿，这有利于信息的交流和利用，因而有利于整个社会。这也是法律在私人利益和社会效益之间发挥的调节作用，其结果是牺牲信息商品生产者的部分利益，来满足整个社会的利益。❶ 如果说版权相当于社会授予作者对其创作的一种独占权，那么对这些专有权利的例外和限制则似乎是对社会的一种补偿。❷

从政策学的角度看，著作权的限制体现了著作权不仅是一种财产权，而且具有相应的政策属性。奥古蒂斯认为，版权限制的一般标准应该包括三个方面：第一是成员必须宣布其已经制定的或承认的公共政策目标；第二是特定成员所承认的限制和例外必须与第一个标准中所承认的公共政策目标有合理关联；第三是限制和例外不应该有破坏或危及 TRIPs 协定完整性或规避这些条约规定的义务的企图。❸

三、三步测试法

著作权的限制并非可以随意为之，否则，著作权人的权利便会处于随时崩塌的境地。鉴于此，国际社会出现了对“著作权的限制”进行标准化检验的方法，这就集中表现为“三步测试法”的提出和运用。三步测试法

---

❶ 马费成主编：《信息经济学》，武汉大学出版社 1997 年版，第 218 页。

❷ ［法］安娜·勒帕热著，刘板盛译：“数字环境下版权例外与限制情况”，载《版权公报》2003 年第1 期。

❸ Ruth Okediji, Toward an International Fair Use Doctrine, 39 Colum. J. Transat'l L. 99, 转引自朱理：“后 TRIPS 时代版权限制和例外的国际标准”，载《云南大学学报（法学版）》2006 年第 1 期。

既是限定传统上承认的范围的解释工具，也是发展新例外的解释工具。各成员的立法机构可以根据自己的政策目标，在符合“三步测试法”的条件下，发展适合自己的例外与限制，从而达到激励创作和维持丰富的公共利益之间的平衡。❶

“三步测试法”肇始于1967年《伯尔尼公约》斯德哥尔摩修订会议。研究小组认为，所有具有或者可能具有重大经济及特别重要价值的作品利用方式，都应该保留给作者。❷ 但第一主要委员会认为，如果复制发生在特殊情况而又不与作品的正常利用相抵触，且不无理损害作者的合法利益，可以采用强制许可及合理使用。❸ 后来，这一记录被用来解释《伯尔尼公约》第9条第2款，并命名为“三步测试法”。由于该测试法主要是针对“复制权”而言的，因此在其建立伊始并不能够涵盖到著作权人的表演权。但是情况总是在悄然变化。在1996年缔结的《世界知识产权组织版权条约》（WCT）第10条以“限制与例外”为标题，规定缔约各方在适用《伯尔尼公约》时，应将对该公约所规定权利的任何限制或例外限于某些不与作品的正常利用相抵触，也不无理地损害作者合法利益的特殊情况。同年缔结的《世界知识产权组织表演和录音制品条约》（WPPT）第16条也作出类似的规定。类似的规定。此时，“三步测试法”不再局限在复制权范围，而是扩展到所有著作权权能领域。

“三步测试法”具体内容如下：

1. 只适用于特定情形

就质的方面讲，限制和例外的具体情形应该在法律上被明确，从量上看，相应的限制范围应该受到限制。这一情况并不以营利性或者非营利性作为划分界限。当运用著作权控制某些行为会妨碍言论自由和公共利益，或者过于琐细，权利人不宜进行控制的场合，可以对著作权进行适当的

❶ 朱理：“后TRIPS时代版权限制和例外的国际标准”，载《云南大学学报（法学版）》2006年第1期。

❷ 1967年斯德哥尔摩外交会议记录，第112页。

❸ 同上，第1145页。

限制。

2. 不能与作品、表演或录音制品的正常使用相冲突

作品的使用为权利人带来物质利益。当使用者的行为反过来制约了权利人通过权利行使获得物质利益，或者与权利人及合法被许可人产生竞争，或者导致权利人无法正常进行作品的使用，那么就不能够对著作权进行限制。“市场替代式”经济进路的解释是，如果一种使用方式与作者通常利用作品获得利益的方式形成竞争，那么该使用方式就与正常利用相冲突。作品的使用方式包括实际的或有现实可能性的利用方式。

3. 不能不合理地损害作品、表演或录音制品权利人的合法利益

限制著作权肯定会损害著作权人的利益，但这一损害必须控制在合理的限度内。例如，在对表演者进行限制时，如果表演者知名度高，表演场所面积大，观众人数多，盈利额度高的表演行为，往往就不能进行限制，因为这时已经无理损害了著作权人的合法利益。专家组认为，虽然不正当利益不限于经济价值，但是一个虽不完整、还有点保守的衡量合理利益的方法就是版权权利人所享有的专有权的经济价值。损害包括合理的损害与不合理的损害，仅不合理的损害才能被禁止；损害还包括实际造成的损害和潜在的损害，二者均应包括进来。❶

我国《著作权法》中并无明确的条款规定“三步测试法”。但是《著作权法实施条例》第 21 条规定：“依照著作权法有关规定，使用可以不经著作权人许可的已经发表的作品，不得影响该作品的正常使用，也不得不合理地损害著作权人的合法利益。”这应该是对“三步测试法”的肯定。

四、著作权限制的种类

著作权限制主要分为两种情况：一种是允许自由和免费使用，一类是必须支付报酬。后一类限制就是非自愿许可（法定许可和强制许可）。具

---

❶ 朱理：“后 TRIPS 时代版权限制和例外的国际标准”，载《云南大学学报（法学版）》2006 年第 1 期。

言之，在传统著作权法中，对著作权限制的情况依作品的性质和使用方式分为三种：(1) 不支付报酬可自由使用的情况；(2) 支付补偿费后可自由使用的情况；(3) 要求取得作者的使用许可，但就报酬不能达成协议，经裁决确定一个报酬数额，支付报酬后可自由使用的情况[1]。在我国著作权理论中，第一种情况称为“合理使用”，第二种情况叫“法定许可”，第三种情况叫“强制许可”。应该注意到的是，目前在我国《著作权法》中并没有关于强制许可的规定，但是由于我国已经加入《伯尔尼公约》和《世界版权公约》，这两个公约规定了翻译和复制的强制许可制度，故公约中有关强制许可的规定中我国也可以适用。

《罗马公约》规定使用邻接权所保护的演出、唱片及广播节目时，可以不经权利所有人同意也无须付酬的四种特殊情况：私人使用；在时事报道中有限的使用；广播组织为编排本组织的节目，利用本组织的设备暂时录制；仅仅为教学或科学研究目的而使用。此外，公约还允许成员国自行以国内立法规定颁发强制许可证条件，以防止邻接权所有人滥用自己的专有权。但颁发强制许可证不得与公约的基本原则相冲突。

此外，为了维护文化消费品市场的自由流动，确保“二手货”市场交易的正常进行，著作权人只能控制发行权的第一次行使。换言之，一旦著作权人已经行使过发行权，该项权利就会穷竭。这一原则被称为“权利穷竭（耗尽）”或“首次销售”原则，它也是对著作权进行限制的一种途径。

第二节　著作权的合理使用

合理使用是最重要的著作权限制类型，也是最为复杂、最难理解的著作权限制类型。在版权法上对合理使用的争议最多，其原因之一可能是在21世纪版权法的发展太快，许多新技术给版权法带来了不少令人头疼的问

[1] ［日］半田正夫、纹谷畅男著，魏启学译：《著作权法50讲》，法律出版社1990年版，第196~197页。

题，不仅许多单个使用行为根据经济学的原理难以被认为是侵权行为，而且制止侵权行为的整体成本也在不断增大，这种增加的社会成本不得不使人们不断重新认识版权法上关于合理使用的既定规则。❶ 本节将就此展开分析和探讨。

一、合理使用的概念与条件

合理使用是指在特定的条件下，法律允许他人自由使用享有著作权的作品，而不必征得权利人的许可，不向其支付报酬的合法行为。“著作权法中的合理使用，从著作权人方面来看，是对其著作权范围的限定；从著作权以外的人来看（使用者），则是使用他人作品而享有利益的一项权利。”❷ 合理使用是一种较为彻底的对著作权进行限制的制度，这种限制对于作品的生产者来说，显然失去了实现作品价值的机会，若干人得到使用价值而无须对生产者的劳动进行补偿，这有利于信息的交流和利用，因而有利于整个社会。❸

关于合理使用的条件有“因素主义”立法体例和“规则主义”立法体例两种。“因素主义”立法体例以美国的“合理使用”为代表，是指法律对是否构成著作权合理使用只作原则性的规定，把合理使用的构成概括为若干要素，如使用的目的、性质等，符合了要素规定的条件就构成合理使用。❹“规则主义”立法体例在大陆法和欧洲国家得到采用，它建立在对合法行为具体规则的详尽列举基础上。在现代信息技术的冲击和著作权保护国际化的双重影响下，两种立法体例正走向融合，其基本的趋势就是在规定“因素”条款之后再列举合理使用的具体规则。

1976 年《美国版权法》第 107 节规定的合理使用的条件包括：（1）使

---

❶ 刘茂林：《知识产权法的经济分析》，法律出版社 1996 年版，第 238 ~ 239 页。

❷ 吴汉东：《著作权合理使用制度研究》，中国政法大学出版社 1996 年版，第 132 页。

❸ 马费成主编：《信息经济学》，武汉大学出版社 1997 年版，第 218 页。

❹ 于玉：《著作权合理使用制度研究》，知识产权出版社 2012 年版，第 78 页。

用的目的和性质。一般应是非营利性的使用，而且应为正当使用。(2) 使用的版权作品性质。一般是已经发表的作品，纪实类作品比虚构性的作品更容易构成合理使用。(3) 使用者所使用的部分占版权作品的数量和实质性。一般不得大量使用，使用部分也不能构成被引用作品之实质部分。(4) 使用产生的效果。一般不得影响版权作品的潜在市场和价值。在美国的司法实践中，当法官无法从版权法的具体条款中找寻到权利限制的具体条款时，可以径行援引上述四个因素综合判定是否构成合理使用。事实上，美国立法中所阐述的合理使用四个"因素"，已经产生了广泛的国际影响。我国《著作权法》虽采用"规则主义"，但是"四因素"也仍是学界所公认的判定合理使用的有效方法。

二、《著作权法》中合理使用的具体情形

根据我国《著作权法》第22条列举的12种"合理使用"情形，下面逐一加以分析。

(一) 个人使用

第一种合理使用是：为个人学习、研究或欣赏，使用他人已经发表的作品。该合理使用的具体适用条件为：

(1) 使用的主体是个人，使用的方式虽未受到明确限制，但是主要针对私人复制。按照该条规定，个人使用行为包括对作品的复制、演绎和传播等。实际上，个人在私人活动领域或家庭范围内对该作品的发行、表演、放映或者其他传播行为，不构成公开发行或传播，自然不能由著作权人控制，当然不会出现个人使用的合理使用。在公众场合进行的发行、表演或者信息网络传播，往往又会超出个人学习、研究或欣赏的范围，也不会构成合理使用。例如《信息网络传播权保护条例》第6条，就没有规定为个人学习、研究或欣赏在网络上向公众提供作品构成合理使用。因此，就目前的立法规定和实际情况来看，个人使用的合理使用，主要针对的是私人复制行为。

(2) 使用的目的是个人目的且具有非营利性。个人学习、研究或欣

赏，必须纯粹是出于私人目的，不带有任何商业动机。例如，学生在图书馆复印论文供个人学习之用，不需要权利人同意，也不用支付报酬。科研人员为科学研究而复制他人的作品，如果不具有商业目的，则允许适用合理使用规则。

（3）使用数量上存在要求。我国《著作权法》未规定具体的使用数量。但是，有些国家却规定得更为具体。就复制行为而言，捷克、巴西、埃及、墨西哥等国的著作权法均规定1份复制件为合理，不允许复制多份。冰岛认为，个人为学习、研究目的而制作3份复制件是合理的。

（4）需要接受“三步测试法”的检验。也就是说，我们不能认为只要是“为个人学习、研究或者欣赏”而进行的复制，而不问复制作品的来源、复制的方式和数量等，都可以一概认定为“合理使用”。事实上，“三步测试法”仍然是最终的判断标准。例如，为了个人欣赏而复制整部书籍，大量翻录整盘音乐磁带或光盘，以及大量从网上下载盗版音乐或电影，在大多数国家都因其对权利人经济利益造成不合理的损害而构成侵权行为。[1]

【深度探索】　　　　　著作权补偿金制度

著作权补偿金制度是指复制设备和复制媒介在出售时，按照售价的一定比例支付给著作权人，作为对随后可能进行的私人复制行为的补偿费。德国联邦最高法院在1964年认定录音机制造商应该向音乐版权人支付一定数额的补偿金，以弥补因消费者的私人录制而对版权人造成的损失。次年制定的《德国著作权法》据此首次引入了对录音录像设备收取补偿金的制度。1985年，德国又将补偿金的征收范围扩大到空白录音录像带和复印设备。据统计，迄今已经有包括加拿大、法国、西班牙、意大利、丹麦等在内的42个国家实行私人复制补偿金制度。[2]

总体上看，著作权补偿金制度具有以下特征：（1）它是针对私人复制行为而收取的补偿款项。补偿金制度是有关行业妥协的结果，虽然其不适用于一般复制行为，只限于数字录音、录像设备用于私人使用目的的复制，但是这一

[1] 王迁：《著作权法学》，北京大学出版社2007年版，第204页。

[2] 同上书，第230页。

制度从理论上讲，不仅限于解决数字录音、录像问题，其涉及的是目的为私人使用的复制这个一般性问题。❶ 就目前来看，权利人并不能就传播行为收取补偿金。至于为什么要对私人复制收取补偿金，是因为这些国家的著作权法认为私人复制行为并不当然构成合理使用。但是，通过授权许可或者事后的侵权救济，都需要耗费高额成本，而且会使得使用行为处于一种不确定状态。为此，立法以补偿金制度事先就可能用于私人复制的设备和媒介的售价中提前提取一定比例，以补偿著作权人，并将随后以之为媒介的所有私人复制行为置于合法状态。（2）需要提取补偿金的设备和媒介是特定的，一般由法律明确规定。包括收取设备（复印机、录音机、录像机）使用费，必要时还对用于复印的材料（可以进行复制的录音带和录像带等）收取另一种使用费。（3）能够获得补偿金的权利人包括因私人复制而受到损害的各类权利人。主要是因为使用者在家中复制录音制品和视听作品受到损害的作者、表演者和制作者。(4) 补偿金由复制设备和载体的制造商和进口者以及复印设备的经营者代为支付。不过，经营者也只是代为支付而已，其价金实际已经转移至产品价格中，最终由使用者承担。不过因为不能去人家的住所收取报酬和进行检查，所以需要经营者代为交纳。如果出现下列情形可以免征版税：如果设备用于出口；如果使用者是录音带或录像带的制作公司，或是录音制品或录像制作品商业复制公司或是视听传播企业；如果这种设备或载体供视觉或听觉残疾者使用。❷ 但在补偿金的征收方面，并没有正确地建立起与利用相对应的征收制度，采取的方法是，事前对复制机器和记录媒体等进行无区别征收。所以我们说一开始在制度上就决定了不可能正确地进行分配。❸

数字时代，数字设备和媒介能否适用补偿金制度，存在不同的实践和理论观点。德国已经对扫描仪、刻录机、带有内存的 MP3 播放机、空白 CD 和

---

❶ ［日］中山信弘著，张玉瑞译：《多媒体与著作权》，专利文献出版社 1997 年版，第 52 页。

❷ ［西］德利娅·利普希克著，联合国教科文组织译：《著作权与邻接权》，中国对外翻译出版公司 2000 年版，第 184 ~ 189 页。

❸ ［日］中山信弘著，张玉瑞译：《多媒体与著作权》，专利文献出版社 1997 年版，第 52 页。

DVD光盘等收取补偿金，并正在讨论是否将个人电脑纳入补偿金的征收范围。但是也有不同意见。理由在于：（1）数字时代，个人电脑和刻录机、可刻录光盘等具有多种用途，大多数消费者并不一定就是利用这些设备进行私人复制，对这些设备一概收取补偿金不公平。（2）技术措施足以对私人复制进行控制，收取补偿金不仅是多余的，而且会造成权利人获得多次补偿或收费的机会。[1]（3）有些数字媒介和设备不仅仅是私人复制的工具，而且也是进行公开传播的工具。如果就这些媒体和设备都一概收取补偿金，实际上已经超出了对复制权进行限制的范围。由于传播权和复制权的限制途径和法理并不完全相同，这无疑会扩大补偿金的征收范围。

费舍尔教授针对音乐产业和电影产业固有商业模式的危害，意图通过法律改革和体制创新，重新构建音乐产业及电影产业。他提出行政补偿体系模式，其运作机制为：音视频作品版权人欲许可他人使用作品获得补偿，则应向版权局申请作品登记。版权局给登记作品分配独一无二的文件名，以便后续检索作品传播、使用和修改信息。为补偿版权人，政府可授权必要的税费。[2]按照这一模式，消费者免除每年因使用作品而支出的费用，同时获取娱乐产品的边际成本近乎为零，能够随心所欲地欣赏尽可能多的歌曲和电影。价格歧视行为将被杜绝。消费者还可以对所获得的数字娱乐产品进行任意加工。

（二）适当引用

第二种合理使用是：为介绍、评论某一作品或者说明某一问题，在作品中适当引用他人已经发表的作品。该合理使用的适用条件为：

（1）引用目的适当。所谓目的适当，是指引用者出于“介绍、评论或者说明”的目的。介绍是为了让其他读者对该作品的部分内容或者主旨思想有所了解，进而激发起对该作品的阅读、欣赏的兴趣；评论是为了表达使用者对该作品的主观认识，从而唤起其他读者的共鸣或者引发讨论；说明是将被引用作品作为写作的素材或者论据，用以引证自己的观点或想法。

---

[1] 王迁：《著作权法学》，北京大学出版社2007年版，第231页。

[2] ［美］威廉·W. 费舍尔著，李旭译：《说话算数：技术、法律以及娱乐的未来》，上海三联书店2008年版。

如果偏离了上述目的，就可能是不适当引用。例如，将他人的绘画作品作为书籍的封面，这种增加自己作品吸引力但又没有介绍、评论或说明功能的使用，就应该得到权利人许可。

（2）引用程度适当。适用引用的反向度就是引用过量。过量引用包括两种标准：其一，数量标准。一般来说，引用他人作品超出介绍、评论的实际需要，就可能构成过量；其二，实质标准。也就是不得将他人作品的实质部分作为自己作品的实质部分，进而与原作品形成事实上的竞争关系。两个标准必须结合起来。例如，引用他人已经发表的小诗撰写诗评，虽然在数量上是全文引用，但只要形成的评论性文字与原诗词之间没有事实上的竞争关系，也可以构成适当引用。或者说，适当引用后必然产生新作：新作必须区别于原作；新作必须独立于原作；原作的引用必须适宜于新作。如果仅仅是利用原作产生的美学价值和功能为新作进行宣传，也会构成不适当引用。

改编不是适当引用。这是因为，改编后的作品并不能区别于原作，也并不独立于原作。改编后的作品会让读者意识到它与原作在人物、情节、场景、脉络、语言等各方面之间的内在关联，原作的表达形式虽然改变，但是新作仍不具有独立性。这也与续作不同。续作虽然借鉴或引用了原作的部分内容，但如果它已经区别并独立于原作，则可以构成适当引用。

（3）引用他人已经发表的作品，引用时表明作品的来源。

（三）媒体在新闻报道中的再现或引用

《著作权法》规定的第三种合理使用情形是：为报道时事新闻，在报纸、期刊、广播电台、电视台等媒体中不可避免地再现或者引用已经发表的作品。该合理使用的适用条件是：

（1）使用的主体是报纸、期刊、广播电台、电视台。从主体上看，该合理使用有维护新闻自由、保障公民知情权的宪法价值。

（2）使用目的为报道时事新闻。如歌星金某应邀参加文艺晚会演出，并演唱了两首歌曲，当地电视台为报道这次活动，在现场报道中摄入了金某演唱的三个镜头，当天在当地电视台“自治州新闻”中予以播放，这种使用满足了使用主体和使用目的之要求，可以构成合理使用。

(3) 必须是报道该新闻时不可避免地再现或引用。在媒体上再现或引用已经发表的作品，涉及著作权人的复制权和广播权。只有当这种引用是进行新闻报道必不可少，且为实现消费者知情权所必须时，才可以援引合理使用规则获得豁免。

(4) 符合引用或再现的限度。这种限度上的要求，与适当引用的限度有相似之处。例如，一部新的影片，在举行过首映式后，在电视新闻报道中可以报道，并可以适当引用其中的几个镜头作为说明，但不能构成电影内容的详细介绍并大段播出。

(5) 被使用的作品必须是已经发表的，同时媒体在报道中还应当指明被引用作品的出处。

(四) 媒体刊登或播放时事性文章

第四种著作权的合理使用情形是：报纸、期刊、广播电台、电视台等媒体刊登或者播放其他报纸、期刊、广播电台、电视台等媒体已经发表的关于政治、经济、宗教问题的时事性文章，但作者声明不许刊登、播放的除外。该合理使用的适用条件是：

(1) 使用的主体是报纸、期刊、广播电台、电视台。从使用主体上看，该限制也有助于实现新闻自由和公民知情权。

(2) 使用的对象是时事性文章。关于何为时事性文章，可以参考下引案例中法院的分析。

(3) 作者无保留权利声明。也就是说作者没有在发表时事性文章时明确禁止不许刊登播放。否则，权利人的权利保留声明将会产生制止合理使用发生的效力。

(4) 被使用的时事性文章必须是已经发表的，同时媒体还应当指明被引用作品的出处。

【实例】　　《国产手机乱象》案*

原告称：2004年11月1日，作者唐某、钟某写了篇《国产手机乱象》的文章，首发于“中国营销传播网”。3天后，邦略公司在其“邦略·中国”网站上刊载了该文，不仅标注了作者姓名，还注有“来源：中国营销传播网”的字样。2005年3月1日，北京三面向公司与此文的作者之一钟某签订了合同，另一作者唐某不久对该合同追加认可。该合同约定：三面向公司委托钟某汇编一本书，汇编包括《国产手机乱象》在内的作品，自发表之日起至本合同期满，版权归三面向公司所有。三面向公司于是向合肥市中级人民法院起诉，要求邦略公司赔偿其作品使用费500元，以及制止侵权的合理费用3 225元。

合肥中院审理认为，《国产手机乱象》一文评述的是当时我国经济领域中，较受关注的国产手机企业所面临的严峻市场环境及经营窘境的现实经济时事问题，具有明显的时效性，当属我国现行《著作权法》和《信息网络传播权保护条例》规定的合理使用制度所列举的关于政治、经济乃至宗教问题的“时事性文章”。合肥邦略公司“邦略·中国”网站为满足公众对相关信息的渴求，在网络上转载已由作者先行在“中国营销传播网”发表且不曾声明不得转载的“时事性文章”《国产手机乱象》一文，并在转载时依法标明了文章的出处、标示了作品的名称和作者姓名，除此之外并没有实施侵犯该作品著作权人依法享有的其他权利的行为，并无可归责的法定事由，当属相关行政法规规定的合理使用该作品的行为，不构成对该作品作者或作品著作权相关权益受让人权利的侵犯。三面向公司以此主张合肥邦略公司对其所开办的网站转载该“时事性文章”的行为承担民事侵权责任，欠缺法律依据，不应予以支持。合肥中院认定合肥邦略公司不构成侵权，驳回了北京三面向公司的诉求。

北京三面向公司不服一审判决，向安徽省高级人民法院提起上诉。安徽高院就其中的时事新闻争论部分，作出如下说理：《现代汉语词典》（商务印书馆第5版）对“时事”的解释是“最近期间的国内外大事”，可见，“时事”具备两个显著特征，即时效性和重大性。相应地，首先，从内容上来说，“时

* 安徽高级人民法院〔2007〕皖民三终字第0029号。

事性文章”也应具备上述两特征，缺一不可。阅《国产手机乱象》一文，作者从国产手机厂家面临的严峻形势起笔，主要评论了他们各自寻求出路的营销策略。关于严峻形势的内容约为文章篇幅的四分之一左右，而营销策略部分则占到四分之三左右。其次，从表达方式上来说，“时事性文章”主要体现为在进行时事报道的同时夹叙夹议地对“时事”进行描述、评论，其语言较为严谨、理性、客观。观《国产手机乱象》一文，作者文笔飘逸，使用了大量的修辞手法，融入了许多主观色彩。再次，从立法动因上来说，我国著作权法、《信息网络传播权保护条例》中关于政治、经济、宗教问题的“时事性文章”的相关规定，属于著作权合理使用制度范畴，体现了平衡精神，实质上将各种冲突因素置于相互协调的和谐状态之中，包括著作权人权利义务的平衡，创作者、传播者、使用者三者之间关系的平衡，公共利益与个人利益的平衡。因此，对“时事性文章”的解释既不能失之于宽，也不能失之于严。原审判决将“时事性文章”界定为“当前受到公众关注的涉及政治、经济或宗教问题的文章”显然失之于宽，其过于关注时效性，而忽略了重大性，不利于对著作权人的保护。北京三面向公司将“时事性文章”理解为“党政机关为某一特定事件而发表的文章，类似于官方文件”显然失之于严，其过于关注主体特定性和重大性，而忽略了时效性，不利于公众信息权的保障。可见，上述两种解释均不足取。由于“国产手机乱象”并不能归结为“国内外大事”，缺乏重大性特征，《国产手机乱象》一文虽可以认定为关于经济问题的文章，但不能当然地认定为经济问题的“时事性文章”。有鉴于此，合肥邦略公司未经著作权人许可转载该文，在北京三面向公司受让取得《国产手机乱象》一文的相关权利后，仍未支付相应费用，构成了对北京三面向公司的侵权。

安徽高院作出终审判决：撤销原判；合肥邦略科技发展有限公司赔偿北京三面向版权代理有限公司1 500元；一、二审案件受理费100元，由北京三面向公司承担40元，合肥邦略科技发展有限公司承担60元。

（五）媒体刊登或播放公共集会上的讲话

第五种合理使用的情形是：报纸、期刊、广播电台、电视台等媒体刊登或者播放在公共集会上发表的讲话，作者声明不许刊登、播放的除外。

该合理使用的适用条件是：

（1）使用的主体是报纸、期刊、广播电台和电视台。从使用主体上看，这种合理使用情形与第三、四种情形一样，有助于实现新闻自由和公民对政治、经济和文化生活的参与权、知情权。

（2）限于公众集会上发表的讲话。公众集会，指的是群众性的政治集会、庆祝活动或纪念性的集会。作者在公众集会上发表的讲话具有公开宣传的性质，刊登或播放这些讲话的目的正是为了迅速传播，借此扩大宣传范围和影响。或者说，鉴于著作权人在公众集会上发表演讲的目的和功能，法律推定相应媒体的传播不会违背权利人的主观意志，从而以合理使用的方式推动该讲话的迅速传递。不过，根据多数国家的著作权法，只有刊登或播放在公众集会上发表的有关时事性的演说或辩论才可构成“合理使用”。与时事无关的内容，如学术讲座、诗歌朗诵、科学报告等都被排除在外。基于这种合理使用的立法原意，应当对我国《著作权法》此条规定进行缩小解释，将其范围限定在关于政治、经济和宗教方面时事性讲话的范围内。❶

（3）限于无保留权利的声明。与第四种合理使用的情况相同，著作权人可以在发表讲话时做出权利保留的声明。这种声明或许出于作者认为自己的讲话有可能不完善或有缺陷的考虑，也或许是因为并不希望讲话传播的范围不受控制，但不管何种动因，媒体都应尊重著作权人的意思表示。

（4）被使用的讲话必须是已经发表的，同时媒体在报道中还应当指明被引用作品的出处。

（六）教学或科研中的复制或翻译

第六种合理使用的情形是：为学校课堂教学或者科学研究，翻译或者少量复制已经发表的作品，供教学或者科学研究人员使用，但不得出版发行。该合理使用的适用条件是：

（1）使用的主体是教学或科研人员。各级、各类教学和科研机构的教

❶ 王迁：《著作权法学》，北京大学出版社 2007 年版，第 216 ~ 217 页。

师、学生和研究人员，为了开展正常教学活动，可以自由使用他人已经发表的作品。这种使用方式可以是教师自己在图书馆复印教学资料，也包括老师与学生在教学过程中复制少量的资料，如教师将一页复印资料发给学生用作课堂讨论的资料等。

（2）使用的目的是为了学校课堂教学或科学研究。并不是教学和研究人员复制和翻译已经发表作品的行为就构成合理使用。只有在这些主体为了课堂教学或科学研究目的的使用，才会享有合理使用的豁免。例如，学生完成作业及锻炼实践能力，复制已经发表的作品，构成课堂教学必要的组成部分，该使用目的就符合课堂教学目的之要求。

（3）少量复制或者翻译已经发表的作品。所谓的少量复制或翻译，实际上是与"三步测试法"的检验结合在一起。如果教学和科研人员复印整本书提供给学生，并且收取复印成本费，那么将跟作品的正常使用相冲突，同时不合理损害著作权人的合法利益，因此不能构成合理使用。

（4）不得将使用的作品出版发行。

【实例】北京北影录音录像公司诉北京电影学院侵犯著作权案＊

作家汪曾祺将其代表作之一小说《受戒》的电影、电视剧改编权、拍摄权转让给原告北京北影录音录像公司，被告北京电影学院的学生吴某为完成改编课程作业，将小说《受戒》改编成电影剧本，被告北京电影学院选定将该剧本用于学生毕业作品的拍摄，并投资5万元，组织该院的毕业生联合摄制了电影《受戒》。该片完成后，曾在北京电影学院小剧场放映一次，用于教学观摩，观看者为该校师生。此后，被告北京电影学院组团携《受戒》等片参加法国国际学生电影节，在电影节期间该片被放映两次，电影节组委会对外公开出售少量门票，观众系参加电影节的各国学生、教师，也有当地公民。

法院认为，原告根据作者的授权拥有小说《受戒》的电影、电视剧改编权、拍摄权，吴某为完成改编课程作业将小说《受戒》改编成电影剧本，其改编行为虽未经原作品著作权人同意，但其改编目的是为个人学习之用，构成

＊ 北京市第一中级人民法院民终字第19号。

对他人已发表作品的合理使用。被告北京电影学院为教学之需将该剧本拍摄成电影，在校园内为教学观摩放映，也属于学校课堂教学中的使用，应该属于合理使用。但是后来将该片送到国外参展并使之进入公有领域的行为，超出了合理使用的范围，侵犯了原作品的著作权，应承担相应的法律责任。

不过，需要指出的是，上述司法裁判的结论虽然符合立法的基本意旨，但是却并不符合成文法的明确规定。因为正如前述，我国著作权法对课堂教学中的合理使用，只是针对复制权和翻译权进行了限制，并不包括表演权、放映权等权利。这体现了当前立法中的缺失，应该在修法中予以完善。

（七）公务使用

第七种合理使用是：国家机关为执行公务在合理范围内使用已经发表的作品。这也被简称为公务使用中的合理使用。该合理使用的适用条件是：

（1）使用的主体是国家机关。包括国家立法机关、司法机关、行政机关等。国家机关是管理国家事务、具有公共权力行使职能的机构，不包括事业单位和全民所有制企业、国有企业等。

（2）必须是因执行公务需要而使用作品。国家机关只有在执行公务需要的情况下，法律才允许它们自由使用他人已发表的作品。如立法机关为了立法草案的制定可复制他人已发表的论文，供参与起草或讨论的人学习或参考；司法机关为案件的审理，可复制他人的作品作为书证或供办案人员使用。

（3）使用的范围适当，既不超出国家机关职能的范围，又不超过执行公务的范围。在具体的使用数量上，也应该接受“三步检验法”的测试，不能影响作品的正常使用，也不得无故损害著作权人的合法权益。例如，国家立法机关为制定法律而复制、翻译并且汇编他人的作品，形成立法资料汇编，这不违背“三步测试法”；但是如果将汇编资料出版发行，或者将翻译的资料投向期刊社公开出版，则超出了合理使用的范围。

（4）必须是已发表作品，同时尽可能在作品利用方式允许的情形下指明作品的来源和著作权人。

（八）图书馆等对馆藏作品进行复制

第八种合理使用是：图书馆、档案馆、纪念馆、博物馆、美术馆等（以下简称图书馆等）为陈列或者保存版本的需要，复制本馆收藏的作品。该合理使用的适用条件是：

（1）使用主体限于图书馆等单位。这些单位是为广大公众提供免费服务的公共文化机构。鉴于发展公益文化事业是保障人民基本文化权益的重要途径，著作权法有必要为这些公共文化服务机构提供合理使用的途径。

（2）使用的方式只能是复制作品。我国著作权法对于图书馆等单位复制本馆收藏的作品允许采取合理使用规则，但是没有就图书馆等单位在利用作品中的其他方式提供相应的豁免。也就说，图书馆并不能在馆内放映、广播本馆收藏的作品，也不能组织馆内人士翻译、汇编本馆收藏的作品。此外，图书馆等单位为了保存版本或者是馆际交流等目的，有时也需要对有关作品进行数字化复制，而这些行为都是非营利性的，不会影响作者的经济利益和其他权益，所以应当纳入合理使用的范围。

（3）图书馆等单位所能复制的作品，只能是本馆收藏的作品。如果是复制本馆以外其他图书馆等单位收藏的绝版作品，还必须要征得著作权人的同意。这一规定不利于馆际间的交流，也不符合文化珍品保存和共享的需求。《日本著作权法》就规定，某一公共图书馆可以为其他公共图书馆提供本馆收藏的绝版作品而复制一份。

（4）复制的目的在于本馆陈列和保存版本，不得用于借阅、出售或出租。如博物馆将某些珍贵的历史照片翻拍，图书馆将绝版图书或珍贵版本进行复印影印等，可以构成合理使用。但是如果将某一绝版图书复制后进行出借、出租、出售，则不为立法所允许。

（5）作品无论是否发表均可进行复制。这是12种著作权合理使用中较为特殊的情形。一般来说，合理使用的作品必须是已经发表的作品，只有图书馆等机构复制本馆收藏的作品时，无论该作品是否发表，都可以构成合理使用。

（九）免费表演

第九种合理使用情形：免费表演已经发表的作品，该表演既未向公众收取费用，也未向表演者支付报酬。该合理使用的适用条件是：

（1）该表演没有任何直接或间接的商业目的。无论是演员还是观众，均出于纯粹的娱乐、休闲或欣赏的目的。“商业利益”指向该实体发起表演的营利目的。因此一家非营利性慈善机构发起的营利性音乐会，也不能构成免费表演。

（2）不能向表演者支付报酬。无论组织者以酬金、小费、演出费、超出一定数额标准的交通费或误餐费还是其他名目支付给表演者报酬，都不能满足免费表演的条件。例如在婚礼中请乐队进行表演，由于已经向乐队支付了报酬，所以不能认定为免费表演。

（3）不能向观众收取费用。例如，慈善募捐为目的进行的表演，也不能看作是免费表演。按照美国法的立场，与营利有关的表演指向其目的之营利性，而不论是否要求付费进入。在 Herbert V. Shanley Co. 案中，美国最高法院认为，餐厅向顾客进行的音乐表演具有营利性，虽然顾客没有专门为这一项音乐付费，但餐厅实际上已经从表演中获益。因为音乐演奏营造了令人心怡的环境。顾客不只是为一顿饭付费，而且在账单中完全包含了整个服务。[1] 按照这样的理解，营利性机构所进行的表演，均不能看作是免费表演。

按照《美国版权法》的规定，如果非营利性组织在组织表演活动中收取了入场费，所得收益在扣除合理的成本后全部用于教育、宗教或慈善目的而非揽为个人所有，版权人有权阻止或允许这一表演行为。具体做法是由表演活动的组织者向其发出书面的函件，权利人在表演届临前至少 7 天时间表达是否反对表演的意见并陈述反对的理由。这一机制有助于实现所谓的“义演”活动中各方利益平衡，推进慈善事业的发展。但是也有美国

[1] Paul Goldstein, *Goldstein on Copyright*, Third Edition, Volume Ⅱ, Aspen Publisher Wolters Kluwer, 2007, p. 324.

学者批评认为，要求权利人在表演期限到来至少7天前的时间作出反对的申明，将使得法律所赋予的选择权不够真实。只有个别极具洞察力的权利人才可以辩明全美国范围内表演作品的时间和地点。尽管有效的措施是要求负责组织表演的人对未来可能的表演及时通知版权人，赋予版权人以反对作品表演的机会。但《美国版权法》第110（4）条仍然没有表明表演组织者必须承担这一义务。[1] 所以，这一机制对于保护权利人的利益仍然存在欠缺。

（4）免费表演的作品已经发表，同时应指明作者姓名，尊重著作权人享有的其他精神利益。

（十）公开场所陈列作品的使用

第十种合理使用的情形是：对设置或者陈列在室外公共场所的艺术作品进行临摹、绘画、摄影、录像。该合理使用的适用条件是：

（1）使用的对象是设置或者陈列在室外公共场所的艺术作品。《最高人民法院关于审理著作权民事纠纷案件适用法律若干问题的解释》第18条规定，《著作权法》第22条第（10）项规定的室外公共场所的艺术作品，是指设置或者陈列在室外社会公众活动处所的雕塑、绘画、书法等艺术作品。也就是说，如果是在图书馆、博物馆等室内场合陈列的室内艺术品就不能受此限制。但是在英国等国家，只要是永久性地陈列在公共场所或向公众开放的场合中，无论是室内还是室外均可适用合理使用规则。

（2）使用的方式是对艺术作品进行临摹、绘画、摄影、录像。这些行为中以不直接接触的复制行为为主，而不包括直接接触的拓印行为。实际上，临摹、绘画、摄影、录像等行为是公众自由进行公共文化生活的必要形式，如果从事这些行为也需要征得著作权人同意，不仅会妨碍正常的公共文化产品的自由利用，而且也是不现实、不效益的要求。

（3）行为人能继续以合理方式使用其成果。根据司法解释的规定，对

[1] Paul Goldstein, *Goldstein on Copyright*, Third Edition, Volume Ⅱ, Aspen Publisher Wolters Kluwer, 2007, pp. 180 ~ 181.

于艺术作品的临摹、绘画、摄影、录像人而言，还可以对其成果以合理的方式和范围再行使用，不构成侵权。这里的合理方式，应该是不损害权利人合法利益，不与作品的正常使用相竞争的方式。如将其搬上银幕或电视时，仅限于以其作为背景或主题的附属部分，将其制作在图书或商业性影片中也应征得作者同意并支付报酬。如果将雕刻、雕塑等三维艺术作品复制到平面载体上之后，又通过“平面到立体的复制”，在其他地方建造相同的三维艺术作品或制作三维纪念品出售，以及将平面艺术品复制到酒店营业大厅的墙壁上，也不属于“合理使用”。[1]

我国著作权法没有对“陈列或设置”的时间作出规定。许多国家认为，只有是长期陈列或设置在室外公共场所的艺术作品才受此限制。如果是短期陈列或设置的，使用时仍应征得作者同意并支付报酬。[2]

（十一）对汉族语言文字作品的翻译

第十一种合理使用的情形是：中国公民、法人或者其他组织已经发表的以汉语言文字创作的作品翻译成少数民族语言文字作品在国内出版发行。该合理使用的适用条件是：

（1）被使用作品的主体是中国人。该种合理使用情形是针对我国特定的民族政策而做出的具有中国特色的规范，为了不与国际上公认的著作权保护最低标准相冲突，该规定并不限制外国人创作的作品著作权。

（2）被合理使用的对象是中国人的汉语言文字作品。也就是说，如果是中国人创作的外文作品和少数民族语言文字作品，不能适用该法定许可。

（3）只能是将汉族语言文字翻译成少数民族语言文字作品。法律上允许将已发表的汉族文字作品翻译成少数民族文字作品在国内出版发行作为合理使用，这有利于在少数民族地区推广先进的文化和科学技术知识，促进少数民族地区经济发展和繁荣。如果反过来，将少数民族语言文字翻译成汉语言文字，就需要征得权利人同意。

---

[1] 王迁：《著作权法学》，北京大学出版社 2007 年版，第 221 页。

[2] 冯晓青：《著作权法》，法律出版社 2010 年版，第 168 页。

(4) 翻译的作品仅限于在中国境内出版发行。

(十二) 盲文出版

第十二种合理使用是：将已经发表的作品改成盲文出版。该合理使用的适用条件是：

(1) 只要是已经发表的作品均可适用。与第十一种合理使用情形不同的是，此处并不限定创作作品的主体，也不论该作品以何种语言文字形式表现，只要是已经发表，都可以翻译成盲文出版。

(2) 必须是将发表的普通文字作品翻译成盲文文字作品，并且可以出版。盲文是一种文字符号系统，从任何一种文字转化为盲文，都是一种翻译行为。翻译他人已发表作品，应当取得著作权人的许可，但是盲人是身体残疾者，作为一类弱势群体理应受到法律的关怀。

【深度探索】　滑稽模仿中的合理使用问题

滑稽模仿一词源于英文 parody，是通过模仿原作内容而对原作加以讽刺或批评的使用。滑稽模仿而形成的作品并非单纯为再现原作本身的艺术价值，而是将被模仿的部分改造成讽刺或批判原作的工具，这实际上是以一种特殊的方式对原作进行评论。

滑稽模仿是对一部严肃作品的荒唐可笑的模仿。这是一种在内容安排和表现形式上富有独创性的演绎作品。然而，由于滑稽模仿具有讽刺性，就出现了这样一个问题，即这种作品应否遵从与在同样条件下，适用于其他作品（例如改编）相同的规则。换言之，演绎权是否延伸到滑稽模仿作品。滑稽模仿固有的嘲讽不伤害前已存在的作品作者感情是极其例外的。因此不少学者认为，这种嘲讽应当不受任何约束，否则极少的著作权人愿意按照授权许可的原则允许他人对自己作品进行嘲讽，这就等于不公正地判处了一个文学种类的一大部分内容的死刑，同时也判处了一种批评自由形式的死刑。在不影响上述这些考虑的情况下，滑稽模仿者不允许辱骂，不允许有意损害原作品或原作者，不允许利用滑稽模仿造成与被模仿作品之间的混淆。[1]

---

[1] ［西］德利娅·利普希克著，联合国教科文组织译：《著作权与邻接权》，中国对外翻译出版公司 2000 年版，第 85～86 页。

学者进一步指出，“模仿讽刺作品”在创作上具有特殊性，必须允许“模仿讽刺作品”充分地使用原作中的内容，甚至引用原作中最突出和给人留下最深刻印象的部分，以确保能够“唤起”人们对原作的回忆。只要是为了通过模仿和再创作对原作加以讽刺和批判，就可以使用原作中相应的核心内容。单纯地以原作中有多少内容被“模仿”来判断“模仿讽刺作品”是否构成“合理使用”并不合适。❶

许多国家和地区都对滑稽模仿的合理使用进行了规定。如《法国著作权法》规定，作者不得禁止符合本身创作规律的模仿讽刺。《法国知识产权法典》第 L. 122－5 条第 4 款规定：根据有关法律，作品一经披露，作者不得禁止……滑稽模仿、仿效和夸张模仿。欧盟 2001 年《版权指令》也规定，符合特定条件的模仿讽刺是合理使用。《巴西著作权法》第 47 条规定，不是原作的复制本、也未影响其信誉的仿效和滑稽模仿，均属合法。贝隆、布隆迪、喀麦隆、科特迪瓦和塞内加尔等国家的法律中也有同样的规定。

美国的司法实践肯定了滑稽模仿的合理使用规则。被告黑人女作家艾丽丝·兰德尔通过对驰名世界的经典小说《飘》（*Gone with the wind*）的模仿讽刺，创作了一部新的小说《风逝》（*The wind done gone*），改造了一个用于批判原告思想观点的新故事。二审法院推翻一审判决，认为《风逝》是对《飘》的滑稽模仿，不构成侵权。在另一起案件中，原告 Acuffrose 公司是《漂亮女人》歌曲的著作权人，被告康柏尔等人是某知名合唱团的歌手，他们将《漂亮女人》进行讽刺诙谐的改变后进行了翻唱，结果唱片很畅销。于是原告对被告提出著作权侵害的诉讼。美国联邦最高法院认为对该歌曲的滑稽模仿，是对原作品的评论或批评，而且这种滑稽模仿与原作具有不同的市场功能，最后判定该滑稽模仿行为是一种合理使用。

也有学者反对将滑稽模仿行为纳入合理使用的范畴。萨塔诺夫斯基认为，对于属于私有领域的作品进行滑稽模仿需要得到原作品作者的授权。❷ 实践中

---

❶ 王迁：《著作权法学》，北京大学出版社 2007 年版，第 213 页。

❷ ［西］德利娅·利普希克著，联合国教科文组织译：《著作权与邻接权》，中国对外翻译出版公司 2000 年版，第 86 页。

也不乏这样的立法例。例如，《阿根廷著作权法》第 25 条明确禁止未经授权而对处于私有领域的作品进行滑稽模仿。按照该条规定，滑稽模仿需要得到原作品作者的授权。

网络恶搞剧的出现，再次引发人们对于滑稽模仿行为性质的热烈探讨。行为人在未征得作者同意的情况下，将他人作品中的图片、镜头等素材裁减后按照自己的构思予以串联或重新组装，并配上不同的文字、音乐，表达不同的主题，实现对主流作品的讽刺和批评。由于该类作品将别人作品的成分作为自己的作品内容或一部分，这究竟是“合理使用”还是非法引用，还会不会构成对作者人身权利的侵犯。对此，颇值得进一步讨论。[1] 简单来说，如果在立法上认可滑稽模仿属于合理使用，那么只要网络恶搞剧可以被认定为是滑稽模仿，则权利人就不可以追究法律责任。

【实例 1】

陈某为撰写学术论文须引用资料，为避免引发纠纷，陈某就有关问题向赵律师咨询。赵律师的下列意见中哪些是可以采纳的？（　）（2002 年司法考试第三卷第 62 题）

A. 既可引用发表的作品，也可引用未发表的作品

B. 只能限于介绍、评论或为了说明某问题而引用作品

C. 只要不构成自己作品的主要部分，可将资料全文引用

D. 应当向原作者支付合理的报酬

答：选 BC。根据《著作权法》第 22 条规定，“为介绍、评论某一作品或者说明某一问题，在作品中适当引用他人已经发表的作品”，可以不经著作权人许可，不向其支付报酬，但应当指明作者姓名、作品名称，并且不得侵犯著作权人依照著作权法享有的其他权利。本题中，选项 A、D 的意见违反了《著作权法》第 22 条规定，应予排除。

【实例 2】

下列哪些行为不属于侵犯著作权的行为？（　）（2002 年司法考试第三卷第 54 题）

---

[1] 魏小毛：“谁来为馒头血案负责”，载《中国知识产权报》2006 年 2 月 22 日。

A. 某电视台为了报道油画展览的盛况，在电视新闻中播放了展览的油画

B. 某教授在世纪论坛上的演讲词被电台全文报道

C. 法院为了查证将张某发表的文章复制了3篇

D. 出版社将蒙古文发表的作品翻译成汉文在国内出版发行

答：选ABC。《著作权法》第22条第1款规定："在下列情况下使用作品，可以不经著作权人许可，不向其支付报酬，但应当指明作者姓名、作品名称，并且不得侵犯著作权人依照本法享有的其他权利：……（三）为报道时事新闻，在报纸、期刊、广播电台、电视台等媒体中不可避免地再现或者引用已经发表的作品；……（五）报纸、期刊、广播电台、电视台等媒体刊登或者播放在公众集会上发表的讲话，但作者声明不许刊登、播放的除外；……（七）国家机关为执行公务在合理范围内使用已经发表的作品；……（十一）将中国公民、法人或者其他组织已经发表的以汉语言文字创作的作品翻译成少数民族语言文字作品在国内出版发行；……本题中，A符合第3项，B符合第5项，C符合第7项，D则与第11项正好相反。故选ABC。

【实例3】

某大学中文系英籍留学生马克用汉语创作了一篇小说，发表在《文学新星》杂志上，发表时未作任何声明。以下哪些行为是侵犯马克著作权的行为？（　）(2002年司法考试第三卷第42题)

A. 甲未经马克同意将该小说翻译成英文在中国发表

B. 乙未经马克同意也未向其支付报酬将该小说译成藏语在中国出版发行

C. 丙未经马克同意也未向其支付报酬将该小说改变成盲文出版

D. 丁未经马克同意也未向其支付报酬将该小说收录进某网站供人点击阅读

答：选ABD。《著作权法》第22条规定："在下列情况下使用作品，可以不经著作权人许可，不向其支付报酬，但应当指明作者姓名、作品名称，并且不得侵犯著作权人依照本法享有的其他权利：……（十一）将中国公民、法人或者其他组织已经发表的以汉语言文字创作的作品翻译成少数民族语言文字作品在国内出版发行；（十二）将已经发表的作品改成盲文出版。"同时，该法第10条列举了著作权的具体内容。所以，A项侵犯了其中的翻译权，D项

侵犯了其中的信息网络传播权。而C项属于合理使用，B项乍看之下似乎符合第22条第1款第11项规定的合理使用，但需注意，马克是外国人而非中国公民，故不适用本项规定。

三、信息网络传播权的合理使用

（一）信息网络传播权合理使用的具体情形

《信息网络传播权保护条例》第6条，通过信息网络提供他人作品，属于下列情形的，可以不经著作权人许可，不向其支付报酬：（1）为介绍、评论某一作品或者说明某一问题，在向公众提供的作品中适当引用已经发表的作品；（2）为报道时事新闻，在向公众提供的作品中不可避免地再现或者引用已经发表的作品；（3）为学校课堂教学或者科学研究，向少数教学、科研人员提供少量已经发表的作品；（4）国家机关为执行公务，在合理范围内向公众提供已经发表的作品；（5）将中国公民、法人或者其他组织已经发表的、以汉语言文字创作的作品翻译成的少数民族语言文字作品，向中国境内少数民族提供；（6）不以营利为目的，以盲人能够感知的独特方式向盲人提供已经发表的文字作品；（7）向公众提供在信息网络上已经发表的关于政治、经济问题的时事性文章；（8）向公众提供在公众集会上发表的讲话。

该条是将著作权法中规定的合理使用情形延伸到网络环境，用以构成对信息网络传播权的限制。总体上看，信息网络传播权的合理使用与其他财产权的合理使用并无根本的区别。但是根据《信息网络传播权保护条例》的表述，还是存在一些文字和内容上的调整。其中，比较明显的变化有：（1）没有规定为了个人使用的目的，对信息网络传播权进行合理使用；（2）对于时事性文章的表述中，不包括宗教问题的文章。

（二）图书馆等单位的信息网络传播权合理使用

《信息网络传播权保护条例》第7条，图书馆、档案馆、纪念馆、博物馆、美术馆等可以不经著作权人许可，通过信息网络向本馆馆舍内服务对象提供本馆收藏的合法出版的数字作品和依法为陈列或者保存版本的需要以数字化形式复制的作品，不向其支付报酬，但不得直接或者间接获得经济利益。当事人另有约定的除外。

由此可见，图书馆等单位适用信息网络传播权合理使用的条件是：(1) 仅限于向本馆馆舍内服务对象提供作品。为了表明自己是向本馆馆舍服务对象提供，图书馆等应采取合理的技术措施和防范措施保证非本馆馆舍服务对象获得该作品，并防止服务对象的复制行为对著作权人利益造成实质性损害。(2) 限于提供本馆收藏的合法出版的数字作品和依法为陈列或者保存版本的需要以数字化形式复制的作品。“我国图书馆、档案馆等机构已购置了一批数字作品，对一些损毁、丢失或者存储格式已经过时的作品进行了合法数字化”[1]，权利限制机制有助于网络环境发挥这些数字作品的作用。根据解释，所谓“为陈列或者保存版本需要以数字化形式复制的作品”，应当是已经损毁或者濒临损毁、丢失或者失窃，或者其存储格式已经过时，并且在市场上无法购买或者只能以明显高于标定的价格购买的作品。至于“本馆收藏的合法出版的数字作品”，则是指图书馆等通过购买、接收赠予等方式合法获得的用于馆藏的电子图书资料等。(3) 图书馆不得直接或者间接获得经济利益。这表明营利性数字图书馆、博物馆、文化馆等往往被排除在外。有的图书馆开设的数字阅览室在收费后允许读者点播电影，这是利用网络传播获取经济利益的表现，不能适用合理使用。[2] (4) 权利人可以通过约定形式排除合理使用的适用。(5) 通过网络向馆舍内读者提供数字化作品时采取加密、身份验证等技术措施，防止馆外读者获取，防止读者对传播的作品进行数字化存储。

需要指出的是，本条款虽然出现在《信息网络传播权保护条例》中，

---

[1] 金武卫：“《信息网络传播权保护条例》评述”，见吴汉东主编：《中国知识产权蓝皮书》，北京大学出版社 2007 年版，第 353 页。

[2] 学者指出，即使试听阅览室是免费提供电影作品点播的，如果其放映的是正在影院热播的新电影，就可能对票房造成不利影响，也很难构成“合理使用”。图书馆通过网络传播作品对著作权人的影响更大。如果读者足不出户就可以登录图书馆的网站全文阅读或下载作品，必然会影响作品在有形市场的销量。王迁：《著作权法学》，北京大学出版社 2007 年版，第 219 页。

但实际上不仅是对信息网络传播权的限制，而且也在某种程度上限制了数字化复制权。根据规定，为陈列或者保存版本需要，图书馆可以进行数字化复制。但是，图书馆等单位能够进行数字化复制的作品，必须是满足一定条件和要求的作品。包括两种类型：(1) 已经毁损或者濒临损毁、丢失或是失窃，在市场上无法购买或者只能以明显高于标定价格购买的作品。如果图书馆丢失了珍藏的热门书籍，或者发现难以在国内购买的外文文献，只要国内外市场上可以通过一般价格购买，就不能以数字化形式进行复制。(2) 存储格式已经过时，并且在市场上无法购买或者只能以明显高于标定的价格购买的作品。例如，早期的音乐作品以老式唱片、磁带等模拟格式储存，而相应的播放设备已经不多见，同样的音乐作品又不能在市场上以合理的价格购买获取，这时可以将该老式唱片通过数字化的方式制作成 CD 或 MP3 格式。

四、计算机软件著作权的合理使用

(一) 软件合法复制品所有人的权利

《计算机软件保护条例》第 16 条规定，软件的合法复制品所有人享有下列权利：(1) 根据使用的需要把该软件装入计算机等具有信息处理能力的装置内。(2) 为了防止复制品损坏而制作备份复制品。这些备份复制品不得通过任何方式提供给他人使用，并在所有人丧失该合法复制品的所有权时，负责将备份复制品销毁。(3) 为了把该软件用于实际的计算机应用环境或者改进其功能、性能而进行必要的修改；但是，除合同另有约定外，未经该软件著作权人许可，不得向任何第三方提供修改后的软件。

(二) 为了学习和研究软件内含设计思想和原理的合理使用

《计算机软件保护条例》第 17 条规定，为了学习和研究软件内含的设计思想和原理，通过安装、显示、传输或者存储软件等方式使用软件的，可以不经软件著作权人许可，不向其支付报酬。

五、邻接权的合理使用

《罗马公约》第 15 条规定，任何缔约国可以依其国内法律与规章，在涉及下列情况时，对本公约规定的邻接权保护作出例外规定：（甲）私人使用；（乙）在时事报道中少量引用；（丙）某广播组织为了自己的广播节目利用自己的设备暂时录制；（丁）仅用于教学和科学研究之目的。

我国《著作权法》第 22 条在规定著作权的合理使用 12 种情形之后，在第 2 款中明确邻接权合理使用的原则：出版者、表演者、录音录像制作者、广播电台、电视台的权利限制适用于著作权的规定。至于在《信息网络传播权保护条例》中所规定的合理使用情形，由于该条例已经在第 2 条将信息网络传播权的主体扩展到表演和录音录像制作者，所以这两种主体也可按照该条例的规定，接受相应合理使用规则的限制。

此外，立法上也还存在一些特殊的邻接权合理使用规则。例如，如果某广播组织为了制作自己的广播节目而利用自己的设备暂时录制节目，那么这属于一种技术上的需要，也被视为合理使用。该录制行为应符合如下要求：第一，广播组织是基于制作自己的广播节目需要而录制；第二，广播组织应当用自己的设备来录制，而不是使用他人的设备；第三，被录制的节目不能长期保存。[1]

第三节　著作权的法定许可

一、法定许可的概念和特征

法定许可是指依照著作权法的规定使用他人已发表的作品，可不必征得权利人的同意，但应向其支付报酬并尊重其权利的一种著作权限制制度。法定许可制度避免了可能发生的著作权人不予授权而阻碍作品传播及使用

[1] 胡开忠、陈娜、相靖：《广播组织权保护研究》，华中科技大学出版社 2011 年版，第 44 页。

的情况，简化了作品使用手续，便利了公众对作品的利用，促进了科学文化的发展，但其缺陷在于使用人向著作权人支付法定报酬的多少、报酬的分配不可能仅仅通过单纯的法律规定就能得到准确地反映。[1] 为此，法定许可的范围必须由法律规定。

合理使用与法定许可是既有联系又相互区别的两种著作权限制制度。合理使用和法定许可的相同点：(1) 使用者的目的中均包括维护社会公共利益，促进作品传播和流通的因素。(2) 使用的作品一般是他人已发表的作品，特殊情形下才可以是未发表的作品。(3) 使用他人作品均无须征得权利人的许可。合理使用与法定许可的区别在于：(1) 主体不同。法定许可的使用者只能是录音制作者、广播电视台和报刊等，而合理使用无主体范围的限制。(2) 法定许可使用须向权利人支付报酬，而合理使用无须支付报酬。(3) 适用法定许可使用时，若权利人声明不许使用的则不得使用，而合理使用一般无此条件的限制。

二、《著作权法》中的法定许可

根据我国著作权法的规定，法定许可的主要情形有四：(1) 教科书法定许可；(2) 报刊转载法定许可；(3) 制作录音制品的法定许可；(4) 广播权的法定许可。

（一）教科书法定许可

《著作权法》第 23 条规定，为实施九年制义务教育和国家教育规划而编写出版教科书，除作者事先声明不许使用的外，可以不经著作权人许可，在教科书中汇编已经发表的作品片段或者短小的文字作品、音乐作品或者单幅的美术作品、摄影作品，但应当按照规定支付报酬，指明作者姓名、作品名称，并且不得侵犯著作权人依照本法享有的其他权利。前款规定适用于对出版者、表演者、录音录像制作者、广播电台、电视台的权利的限

[1] 胡开忠：“著作权的限制与反限制研究”，见梁慧星主编：《民商法论丛（第 7 卷）》，法律出版社 1997 年版。

制。这表明，为实施九年制义务教育和国家教育规划而编写出版教科书，在教科书中汇编已经发表的作品片段或者短小的文字作品、音乐作品或者单幅的美术作品、摄影作品，适用法定许可。这被称为教科书法定许可。《教科书法定许可使用作品支付报酬办法》于2013年10月22日公布，2013年12月1日起施行。根据规定，适用教科书法定许可应该满足以下条件。

1. 教科书的范围

我国教科书的类别繁多，只有为实施九年制义务教育和国家教育规划而编写出版的教科书，才可以采取法定许可规则，不用征得权利人授权许可，而直接使用该作品。九年制义务教育教科书和国家教育规划教科书，是指为实施义务教育、高中阶段教育、职业教育、高等教育、民族教育、特殊教育，保证基本的教学标准，或者为达到国家对某一领域、某一方面教育教学的要求，根据国务院教育行政部门或者省级人民政府教育行政部门制定的课程方案、专业教学指导方案而编写出版的教科书。教科书不包括教学参考书和教学辅导材料。

2. 法定许可的客体类型

能够汇编进入教科书并适用法定许可的客体类型，是已经发表的作品片段或者短小的文字作品、音乐作品或者单幅的美术作品、摄影作品。作品片断或者短小的文字作品，是指九年制义务教育教科书中使用的单篇不超过2 000字的文字作品，或者国家教育规划（不含九年制义务教育）教科书中使用的单篇不超过3 000字的文字作品。短小的音乐作品，是指九年制义务教育和国家教育规划教科书中使用的单篇不超过5页面或时长不超过5分钟的单声部音乐作品，或者乘以相应倍数的多声部音乐作品。这样一来，诸如戏剧作品、计算机软件、图形作品和模型作品等，被排除在法定许可对象之外。鉴于该款规定适用于对出版者、表演者、录音录像制作者、广播电台、电视台的权利的限制，因此如果是专有出版权享有者以及版式设计权、表演者权、音像制作者权或广播组织权的享有者，为编写教科书而使用他们享有权利的作品、录音制品、表演或者广播电视节目，也可以适用法定许可。

3. 作者未事先发表不许使用的声明

如果著作权人和邻接权人已经发表不许使用的声明，则不能未经许可使用该作品。

4. 向权利人支付报酬

根据规定，使用作品的报酬标准，由国务院著作权行政管理部门会同国务院价格主管部门制定、公布；使用他人作品的，应当自教科书出版之日起 2 个月内向著作权人支付报酬。教科书汇编者支付报酬的标准如下：（1）文字作品：每千字 300 元，不足千字的按千字计算；（2）音乐作品：每首 300 元；（3）美术作品、摄影作品：每幅 200 元，用于封面或者封底的，每幅 400 元；（4）在与音乐教科书配套的录音制品教科书中使用的已有录音制品：每首 50 元。支付报酬的字数按实有正文计算，即以排印的版面每行字数乘以全部实有的行数计算。占行题目或者末尾排印不足一行的，按一行计算。诗词每十行按一千字计算；不足十行的按十行计算。非汉字的文字作品，按照相同版面同等字号汉字数付酬标准的 80% 计酬。使用改编作品编写出版教科书，按照规定确定报酬后，由改编作品的作者和原作品的作者协商分配，协商不成的，应当等额分配。使用的作品有两个或者两个以上作者的，应当等额分配该作品的报酬，作者另有约定的除外。

5. 尊重著作权人的其他权利

所谓尊重著作权人的其他权利，基本要求是在使用时指明权利人和作品、录音制品等客体的来源信息，并且不得侵害著作权人享有的其他财产权和精神权利。由于教科书法定许可所限制的权利，主要是复制权和汇编权，所以编写者在进行法定许可使用时，不得侵犯著作权人和邻接权人未受到限制的著作财产权以及著作人身权。教科书出版后，著作权人要求教科书汇编者提供样书的，教科书汇编者应当向著作权人提供，转交样书产生的费用由教科书汇编者承担。

【实例】

吴某在某报刊上发表了一篇如何统筹利用时间的短文，未作任何不许使用

的声明。根据著作权法及相关规定，下列哪种说法是正确的？（　）

A. 其他出版社可以不经吴某同意，在其出版的畅销书中使用该短文，且无须支付报酬

B. 其他出版社可以不经吴某同意，在其出版的畅销书中使用该短文，但需按照规定支付报酬

C. 为实施九年制义务教育和国家教育规划而编写出版教科书，可以不经吴某同意使用该短文，且无须支付报酬

D. 为实施九年制义务教育和国家教育规划而编写出版教科书，可以不经吴某同意使用该短文，但需按照规定支付报酬

答：选D。在畅销书中使用他人的文章，既不是合理使用，也不是法定许可。只有编写教科书方可适用法定许可。

（二）报刊转载法定许可

我国《著作权法》第33条第2款规定，作品刊登后，除著作权人声明不得转载、摘编的外，其他报刊可以转载或者作为文摘、资料刊登，但应当按照规定向著作权人支付报酬。这表明，报社、杂志社可以在未经权利人许可的情况下，将已经发表的作品转载或者作为文摘、资料刊登，但应该向著作权人支付报酬，并尊重权利人的其他权利。根据法律规定，报刊转载法定许可的条件如下。

1. 享有法定许可使用权的主体，是国家批准的报纸和期刊

图书出版机构不能享有法定许可豁免。在当前比较普遍的以书代刊市场上，只要是以出版社出版书籍的形式进行，就不能适用法定许可规则对已经发表的作品进行转载摘编。也就是说，如果这些书籍中收录已经发表的作品，必须要征得著作权人的同意并支付报酬。网络媒体也不能享有法定许可豁免。无论是网络媒体到网络媒体、网络媒体到纸质报刊，还是纸质报刊到网络媒体，都不能采取法定许可规则进行转载、摘编。

【深度探索】　　网络转载、摘编能否适用法定许可

网络环境下的转载、摘编是指将模拟环境下的作品在网络上转载、摘编，或者将互联网上已经存在的作品等信息进行转载或摘编的情形。为模拟环境下

报刊之间的转载、摘编设定法定许可是我国著作权法的基本特色之一。但是，这一特色是否有必要延伸到网络环境，则引起广泛争议。第一种观点认为，网站不应享有转载、摘编的法定许可权，基本理由是：首先，网站享有“从纸到网”的转载权会对传统媒体造成沉重打击，因为后者仅享有“从纸到纸”的转载权，“从纸到网”的转载权还未得到法律确认。其次，网站“从网到网”的转载权可能纵容网络媒体之间“搭便车”，相互抄袭的不正当竞争行为。❶ 最后，网站在作品的传播方式、手段、范围等方面与传统的报刊有很大的不同，带有交互性、国际性、便捷性。因此应该成为与报刊、表演者、广播电台、电视台、录音制作者不同的另一种新型传播媒体。既然是一种新型的传播媒体，对它就应加以区别对待。第二种观点则与之相反，他们认为，网络上转载、摘编适用法定许可才是最佳的选择。理由在于：首先，对网上传播作品的范围不应限于已在报刊上刊登发表过的作品，只要是已公开发表的作品，无论是发表在报刊上、书籍上、网络上，还是其他媒体上，都应允许法定许可使用。其次，对网上传播作品法定许可适用的主体不应限于网上报纸、期刊或出版者，而应扩及于所有的网络内容服务提供商。网络上传播作品不管是国际的或者是国内的，应该全面适用法定许可制度。❷ 最后，取消了网站的法定转载、摘编权后，“从网到纸”的转载、摘编也不能适用，而这也会制约现实媒体的发展。实践中大量存在着“从网到纸”的法定许可情形，其实对网站经营者也是不公平的。❸

2000 年 12 月最高人民法院公布施行，2003 年 12 月予以修改的《关于审理涉及计算机网络著作权纠纷案件适用法律若干问题的解释》第 3 条规定，已经在报刊上刊登或者网络上传播的作品，除著作权人声明或者上载该作品的网络服务提供者受著作权人的委托声明不得转载、摘编的以外，网站予以转载、

---

❶ 孙秋宁：“浅析网站的法定转载摘编权”，见张平主编：《网络法律评论（第 1 卷）》，法律出版社 2001 年版。

❷ 陶鑫良：“网上作品传播的‘法定许可’适用探讨”，载《知识产权研究》第 10 卷；张平：“作品传播者的法定许可权”，载《知识产权》2000 年第 3 期；李扬：《网络知识产权法》，湖南大学出版社 2002 年版，第 126 ~ 128 页。

❸ 胡鸿高、赵丽梅：《网络法概论》，法律出版社 2003 年版，第 498 页。

摘编并按有关规定支付报酬、注明出处的，不作为侵权行为。但网站转载、摘编作品超过有关报刊转载作品范围的，应当认定为侵权。这表明早期的司法实践中，法院对网络转载、摘编的法定许可采取了肯定的态度。但是，这一立场受到了多方面的批评。其基本理由是认为这样规定已经超出了有关国际公约的要求，不符合“三步测试法”，在国外也基本没有类似的规定。鉴于此，《信息网络传播权保护条例》没有关于网络环境下转载、摘编的法定许可。这一做法得到普遍认可，没有出现反对意见。[1] 为与该条例的规范保持一致，最高人民法院2006年重新修订《关于审理涉及计算机网络著作权纠纷案件适用法律若干问题的解释》，删除第3条，否定了网络环境下的转载、摘编可以适用法定许可规则。至此，我国的立法和司法已经全面否定了网络上的转载、摘编适用法定许可。

【实例】

下列哪种情况下构成法定许可？(　)

A. 张三在报纸上发表了一篇文章，新浪网准备转载

B. 张三在新浪网上发表了一篇文章，雅虎网准备转载

C. 张三在新浪网上发表了一篇文章，《楚天报》准备转载

D. 张三在《楚天报》发表一篇文章，《关注》杂志社准备转载

E. 张三创作长篇小说《一个人的春天》并由长江出版社出版，《楚天报》准备连载

答：选D。根据享有法定许可使用权主体的规定，网络媒体和图书均不能适用法定许可规则，所以能够成为法定许可的只有D项。

2. 著作权人未作出禁止转载和摘编的声明

著作权人可以在发表作品时通过声明的形式，径行排除其他期刊进行转载或摘编。根据《著作权法实施条例》第30条的规定，著作权人依照著作权法规定声明不得转载、摘编其作品的，应当在报纸、期刊刊登该作品时附带声明。

---

[1] 张建华主编：《信息网络传播权保护条例释义》，中国法制出版社2006年版，第38页。

需要指出的是，在未有特别约定和授权的情况下，首次登载的报刊社没有权利禁止其他报刊社进行转载、摘编。首先，报刊社的单方面禁止转载、摘编的声明不具有法律效力。其次，报刊社禁止一稿多投的声明也只是获得首发权，而并不意味着能够禁止转载、摘编。再次，每个著作权人应报社、杂志社要求，在文章发表时作出禁止转载、摘编的声明，具有相应的法律效力。最后，著作权人与报社、杂志社签署专有使用权合同后，报社、期刊社发表专有使用许可声明，将起到阻止其他报纸、期刊转载的作用。

【实例】

某刊物不愿让别的刊物随意转载其刊物上发表的文章，下列做法哪些是可行的？(　)(2003 年司法考试第三卷第 46 题)

A. 在刊物上发表不得转载的声明

B. 在每一篇文章都刊载作者不许转载的声明

C. 在刊物的声明中载明所有作者均已授予本刊专有使用权

D. 不需作任何声明

答：选 BC。《著作权法》第 33 条规定："著作权人向报社、期刊社投稿的，自稿件发出之日起十五日内未收到报社决定通知刊登的，或者自稿件发出之日起三十日内未收到期刊社通知决定刊登的，可以将同一作品向其他报社、期刊社投稿。双方另有约定的除外。作品刊登后，除著作权人申明不得转载、摘编的外，其他报刊可以转载或者作为文摘、资料刊登，但应当按照规定向著作权人支付报酬。"所以要使刊物上的文章不被其他刊物转载，就必须由著作权人声明不得转载、摘编，所以 D 项错误。只有著作权人作出这种声明才发生这种效力，而其他人包括出版者都无这种权利，所以 A 项错误，B 项正确。如果按照合同约定，报刊社享有专有使用权，则其他刊物不得转载、摘编，所以 C 项正确。

3. 尊重著作权人的其他权利

报刊转载法定许可中受到限制的权利，是复制权和发行权，著作权人享有的其他权利，如表演权、信息网络传播权、演绎权等财产权利，以及署名权、保护作品完整权等精神权利，必须受到尊重，不得侵犯。转载摘编者特别需要表明作者姓名、作品名称。

4. 转载和摘编不需要征得权利人许可，但应该支付报酬

根据《著作权法实施条例》第22条和第32条的规定，使用作品的报酬标准，由国务院著作权行政管理部门会同国务院价格主管部门制定、公布；使用他人作品的，应当自使用该作品之日起两个月内向著作权人支付报酬。

1993年，国家版权局曾专门指定我国著作权使用报酬收转中心负责作者稿酬的收转工作。2004年之后，改由中华版权代理总公司（中国版权保护中心管理的法人单位）负责。根据国家版权局1994年颁布的《出版文字作品报酬规定》，报刊转载、摘编其他报刊已经发表的作品，应按每千字50元付酬。但是，中华版权代理总公司只是一个报酬收转机构，毕竟不是著作权集体管理组织。如果报刊或网站转载或摘编作品后拒不支付报酬，中华版权代理总公司在没有经过著作权人特别授权的情况下，不能主动向相关报刊或网站追索。而著作权人要亲自进行追索显然力不从心。[1] 因此，文字类作品的集体管理组织是实现该类法定许可必不可少的体制保障。

（三）制作录音制品的法定许可

《著作权法》第40条第3款的规定，录音制作者使用他人已经合法录制为录音制品的音乐作品制作录音制品，可以不经著作权人许可，但应当按照规定支付报酬；著作权人声明不许使用的不得使用。这表明，录音制品制作者使用他人已经合法录制为录音制品的音乐作品，亦即聘请歌手、乐队演唱、演奏该音乐作品后再制作成音乐制品，适用法定许可规则，不需要征得音乐作品著作权人的同意，但必须要支付报酬。如果著作权人声明不许使用的，则不得使用。这被称为制作录音制品法定许可，或者机械复制权法定许可（灌录法定许可）。

1. 正当性

为制作录音制品设定法定许可规则，符合国际社会的通行做法。《伯

---

[1] 王迁：《著作权法》，北京大学出版社2007年版，第224页。

尔尼公约》第 13 条第 1 款规定，本同盟每一成员国可就其本国情况对音乐作品作者及允许其歌词与音乐作品一道录音的歌词作者授权对上述音乐作品以及有歌词的音乐作品进行录音的专有权利规定保留及条件；但这类保留及条件之效力严格限于对此作出规定的国家，而且在任何情况下均不得损害作者获得在没有协议情况下由主管当局规定的合理报酬的权利。

设立该法定许可规则的基本目的，是为建立公平竞争的录音制品制作市场。音乐作品录制市场很容易滋生垄断问题。少数占有市场优势的唱片公司往往倾向于同音乐作品的著作权人签订独占使用合同，排除其他唱片公司在初始唱片推出并产生良好市场效益后寻求权利人授权，从而垄断录音制品市场，压制新型和弱小唱片公司的生存空间。在这种情况下，法定许可规则可以否定独占使用许可合同的效力，保障录音制作者之间的公平竞争权。

可见，该法定许可规则限制的是首次进行录音制作的唱片公司，而不是著作权人。相反，在唱片录制过程中，地位相对弱小的著作权人还可以直接从这一规则中受益。因为法定许可规则同样要求后来的录音制作者向权利人支付报酬。从理论上讲，著作权人的作品越受欢迎，再行制作的录音制品就越多，获得的报酬也会同步增加。

2. 构成要件

根据法律规定，制作录音制品适用法定许可的基本条件包括以下方面：

（1）制作的对象，只能是音乐作品，包括配词或不配词的乐曲，而不能是戏剧作品、电影作品或者是录像制品。

（2）首次制作的录音制品，必须是合法制作。既可以表现为由著作权人自己录制，也可以表现为授权他人录制。如果第一次录制行为没有得到合法授权，则属于侵权性质的录制，随后的录制行为也将不能适用法定许可。至于合法录制的作品是否必须已经发行，我国著作权法对此没有作出明确要求。但是如果没有发行，后来制作的录音制品将会率先占领销售市场，并且阻碍了权利人自己选择唱片公司制作发行的机会，不符合设立法定许可的动因。鉴于此，应该作出目的解释，所谓的合法制作的录音制品，在当时的技术环境下，实际上已经暗示该录音制品已经发行。随着数字技术的出现和网络技术的发展，第一次合法制作的音乐作品只通过信息网络传播而没有发行的，其他唱片公司希望再次制作并发行，需要征得权利人同意。

（3）后续制作的方式，必须是重新制作。这意味着，后续制作者不能在未经许可的情况下径行复制已经发行的录音制品。因为根据立法精神，制作录音制品法定许可只是对著作权人的机械复制权进行限制，而并未扩展到录音制作者和表演者的复制权、发行权。所以，直接翻录他人制作的录音制品，会侵犯录音制作者和表演者的权利。如果录音制作者和表演者同意其翻录的，则另当别论。至于重新制作的方法，无外乎后续录制者自己或者聘请歌手、乐队重新演唱或演奏，然后制作成唱片发行。由于著作权人对音乐作品享有改编权和保护作品完整权，所以后续制作中也必须遵循该乐曲的基本旋律和曲调，否则将会侵犯著作权人的其他权利。

（4）著作权人没有发表不许使用的声明。根据《著作权法实施条例》第 31 条规定，著作权人依照著作权法第 39 条第 3 款声明不得对其作品制作录音制品的，应当在该作品合法录制为录音制品时声明。

（5）后续录音制作者应该向权利人支付报酬，同时要标注著作权人的姓名和作品名称，并不得侵犯音乐作品著作权人享有的其他权利。根据《著作权法实施条例》第 22 条和第 32 条的规定，使用作品的报酬标准，由国务院著作权行政管理部门会同国务院价格主管部门制定、公布；使用他人作品的，应当自使用该作品之日起两个月内向著作权人支付报酬。

（四）广播权的法定许可

《著作权法》第 43 条第 2 款规定，广播电台、电视台播放他人已发表的作品，可以不经著作权人许可，但应当支付报酬。第 44 条规定，广播电台、电视台播放已经出版的录音制品，可以不经著作权人许可，但应当支付报酬。当事人另有约定的除外。具体办法由国务院规定。这表明，广播电台、电视台播放他人已经发表的作品（电影类作品除外）和录音制品，可不经权利人同意而适用法定许可。这被称为广播权的法定许可。

2009年11月17日，国务院颁布的《广播电台电视台播放录音制品支付报酬暂行办法》（以下简称《付酬办法》）规定，自2010年1月1日起，广播电台、电视台未经著作权人许可播放已经出版的录音制品的，需向著作权人支付报酬。该办法依据此精神，确立了广播电台、电视台的具体付费办法，是我国广播权法定许可制度建设中一个具有重要意义的事件。

在是否允许广播组织播放他人已经发表作品和录音制品适用法定许可的问题上，国际社会存在不同的意见。法国、英国支持对广播权的一体保护，不设专门的法定许可；澳大利亚和新西兰则支持可以为保护文化、社会利益而设定权利限制。《伯尔尼公约》第11条之二第2款规定："行使广播权的条件由各成员国的法律规定，但这些条件的效力严格限于对此作出规定的国家。在任何情况下，这些条件均不应有损于作者的精神权利，也不应有损于作者获得合理报酬的权利，该报酬在没有协议情况下应由主管当局规定。"《世界知识产权组织版权条约》（WCT）草案第6条规定，在批准或加入本条约3年之内，缔约各方对于广播某作品不得再依《伯尔尼公约》第11条之二第2款规定非自愿许可。但由于各方未取得一致赞同或反对意见，于是就草案第6条的规定进行投票表决，结果是人多数代表团都反对在WCT中设置该条款。[1] 其后的WCT第8条议定申明第2句指出，公共传输权的任何内容不得理解为阻止缔约方适用《伯尔尼公约》第11条之二第2款。这表明国际社会再次认可有关国家有权为广播权设立例外条款。

根据法律规定，适用该项法定许可必须符合以下条件：

（1）法定许可的客体类型。不包括未发表作品、电影作品和录像制品。《著作权法》第43条第1款规定，广播电台、电视台播放他人未发表的作品，应当取得著作权人许可，并支付报酬。《著作权法》第46条规定，电视台播放他人的电影作品和以类似摄制电影的方法创作的作品、录像制

[1] ［匈］米哈依·菲彻尔著，郭寿康、万勇、相靖译：《版权法与因特网（上）》，中国大百科全书出版社2009年版，第108～109页。

品，应当取得制片者或者录像制作者许可，并支付报酬；播放他人的录像制品，还应当取得著作权人许可，并支付报酬。可见，只有已经发表的电影作品以外的作品类型和录音制品，才能成为法定许可的对象。

（2）法定许可的主体。即只能是广播电台、电视台，而不能包括数字广播电视、网络服务提供者、网络媒体、手机媒体和其他的公共营业场所。

（3）播放行为不仅包括初始广播，而且指向转播。《付酬办法》第3条对此明确规定："本办法所称播放，是指广播电台、电视台以无线或者有线的方式进行的首播、重播和转播。"

（4）播放者向权利人支付报酬。《付酬办法》在确立报酬标准上，有以下特点：一是确定付酬水平要从我国实际情况出发，与我国的经济社会发展水平相适应，既保障著作权人的合法权益，又有利于优秀作品的传播，满足人民群众日益增长的精神文化需求。二是以广播电台、电视台实际使用录音制品的多少为基础确定付酬标准，多播多付、少播少付。三是具有可操作性，考虑到广播电台与电视台之间、不同地方的广播电台、电视台之间在播放录音制品时间、广告收入等方面的差异，付酬标准要具体清晰，对中西部地区以及全国专门对少儿、少数民族、农村地区等播出的专业频道（频率）要实行必要的减免。四是尊重当事人意愿，为当事人协商解决付酬问题留下充分的余地。

在具体的付酬方式和付酬标准上，《付酬办法》第4条规定，广播电台、电视台播放录音制品，可以与管理相关权利的著作权集体管理组织约定每年向著作权人支付固定数额的报酬；没有就固定数额进行约定或者约定不成的，广播电台、电视台与管理相关权利的著作权集体管理组织可以以下列方式之一为基础，协商向著作权人支付报酬：（1）以本台或者本台各频道（频率）本年度广告收入扣除15%成本费用后的余额，乘以本办法第5条或者第6条规定的付酬标准，计算支付报酬的数额；（2）以本台本年度播放录音制品的时间总量，乘以本办法第 7 条规定的单位时间付酬标准[1]，计算支付报酬的数额。

【实例】

某诗人署名“漫动的音符”，在甲网站发表题为“天堂向左”的诗作，乙出版社的《现代诗集》收录该诗，丙教材编写单位将该诗作为范文编入《语文》教材，丁文学网站转载了该诗。下列哪一说法是正确的？（　）（2011 年司法考试第三卷第 16 题）

A. 该诗人在甲网站署名方式不合法

B. “天堂向左”在《现代诗集》中被正式发表

C. 丙可以不经该诗人同意使用“天堂向左”，但应当按照规定支付报酬

D. 丁网站未经该诗人和甲网站同意而转载，构成侵权行为

答：选 C。由于作者可以确定署名的方式，所以诗人以“漫动的音符”作为自己的署名合法。发表是作品首次公之于众的行为，因此在甲网站发表已经构成正式发表，因此 B 错误。收录《语文》教材，是基于编写教科书而适用的法定许可，因此可以不经著作权人同意但需要支付报酬，因此 C 正确。丁网站转载该作品，不能适用法定许可，因此未经诗人同意的转载构成侵权。但是并不需要丁网站的同意。因为丁网站在没有明确合同约定时，并不享有专有许可权。所以，D 选项的表述也不正确。

三、制作课件的信息网络传播权法定许可

《信息网络传播权保护条例》第 8 条规定，为通过信息网络实施九年制义务教育或者国家教育规划，可以不经著作权人许可，使用其已经发表作品的片断或者短小的文字作品、音乐作品或者单幅的美术作品、摄影作品制作课件，由制作课件或者依法取得课件的远程教育机构通过信息网络向注册学生提供，但应当向著作权人支付报酬。这表明，“编写出版教科书法定许可”已经从模拟环境延伸到数字环境。为了实施九年制义务教育或

[1] 广播电台为每分钟 0.3 元；电视台自办法施行之日起 5 年内为每分钟 1.5 元，满 5 年后每分钟 2 元。

者国家规划教育，著作权人、表演者、录音制作者的信息网络传播权将同样受到限制。这被称为制作课件的信息网络传播权法定许可。

依据上述条文的规定可知，制作课件的信息网络传播权法定许可的构成条件包括：(1) 权利主体，是实施九年制义务教育或者国家规划教育的课件制作者或者依法取得课件的远程教育机构。(2) 能够在网络上传播的作品，是被制作在课件中的已经发表作品的片断或者短小的文字作品、音乐作品或者单幅的美术作品、摄影作品。(3) 该课件只能向注册学生提供。为了满足这一条件。《信息网络传播权保护条例》第10条规定，在网络远程教育中使用该课件的教学机构应当采取技术措施，防止服务对象以外的其他人获得著作权人的作品。

四、扶助贫困的信息网络传播权默示许可

《信息网络传播权保护条例》第9条规定，为扶助贫困，通过信息网络向农村地区的公众免费提供中国公民、法人或者其他组织已经发表的种植养殖、防病治病、防灾减灾等与扶助贫困有关的作品和适应基本文化需求的作品，网络服务提供者应当在提供前公告拟提供的作品及其作者、拟支付报酬的标准。自公告之日起30日内，著作权人不同意提供的，网络服务提供者不得提供其作品；自公告之日起满30日，著作权人没有异议的，网络服务提供者可以提供其作品，并按照公告的标准向著作权人支付报酬。网络服务提供者提供著作权人的作品后，著作权人不同意提供的，网络服务提供者应当立即删除著作权人的作品，并按照公告的标准向著作权人支付提供作品期间的报酬。适用此条款时，不得直接或者间接获得经济利益。从该条规定来看，它所要求的公告制度，并没有剥夺著作权人释出许可的权利，只是为了操作上的简单以公告的方式寻求著作权人的授权，并按照标准支付相应的报酬。如果著作权人在法定的30天内没有提出反对意见，

则视为释出了默示的许可。❶ 在公告期满，权利人也可以提出异议，并要求网络服务提供者立即删除作品。这样的制度设计，并不完全等同于通常意义上的法定许可，有学者称为准法定许可。❷ 本质上而言，它是一种默示许可。❸ 可称为扶助贫困的信息网络传播权默示许可。

依照《信息网络传播权条例》，该项默示许可制度的构成要件是：(1) 使用作品的目的要件。构成默示许可使用的基本目标，就是要通过这些作品的默示许可，达到扶助贫困的目的。(2) 默示许可的作品类型。被使用作品的权利主体是中国公民、法人或者其他组织，被使用的作品是已经发表的种植养殖、防病治病、防灾减灾等与扶助贫困有关的作品和适应基本文化需求的作品。(3) 默示许可的行为表现为权利人未对被许可人的公告提出异议。网络服务提供者必须先以公告程序公示 30 天，在权利人未有异议的情况下方可在互联网上向公众提供。一旦权利人不同意提供，网络服务提供者应当立即删除著作权人的作品。(4) 默示许可的后果。被许可人经由默示授权可以通过信息网络传播作品，权利人可以行使报酬请求权而不是损害赔偿请求权。换言之，在基于扶助贫困的许可中，权利人并没有失去报酬请求权，只不过以制度的形式推定其已经默示许可网络服务提供者提供自己的作品，但是依然可以向网络服务提供者行使报酬请求权。这也意味着即使是在权利人自己不同意提供作品的情形下，其也不享有损害赔偿请求权，而只能按照公告的标准获得作品被提供期间的报酬。例如，网络服务提供商 A 在 2007 年 10 月 1 日将拟上传的作品及其作者 B、拟支付报酬的标准等事项予以公告，因为没有收到异议，所以该作品于 2007 年 11 月 1 日被上传到互联网上。实际上之所以没有异议，是因为著作权人 B 一直未关注该网站，直到 2008 年 5 月 1 日才发现并提出异议。那么，按照

---

❶ 李明德："信息网络传播权保护条例剖析"，载《台湾科技法律与政策论丛》2007 年第 4 卷第 2 期。

❷ 王迁：《著作权法》，北京大学出版社 2007 年版，第 224 页。

❸ 梅术文："信息网络传播权默示许可制度的不足与完善"，载《法学》2009 年第 6 期。

法律的规定，A在2007年11月1日至2008年5月1日期间将B的作品公开的行为并不构成侵权，B只能行使报酬请求权，而不能要求损害赔偿。

基于上述规定，在扶助贫困的许可中可能会发生以下三种不同的情况：(1) 在公告期间，作者响应并许可的，属于普通授权许可；(2) 网络服务提供者公告后没有收到权利人异议并上传作品的，是默示许可；(3) 作品经由默示许可传播后，作者不同意提供作品的，网络服务提供者应当撤销作品的上载，但是对于已经上载作品的行为不能认定为侵权行为，权利人只能行使报酬请求权而不是损害赔偿请求权。由此可见，扶助贫困默示许可不同于法定许可之处，正在于它没有免除作品提供者取得许可的义务，而只是改变了取得许可的方式，把通常通过个别约定取得许可的方式，规定为可以通过公告的方式、借助权利人无异议行为的默示方式取得许可，网络服务提供者行使信息网络传播权在实质上还是通过授权许可取得。因此，基于扶助贫困的许可只是为方便向农村提供作品而设定的特别许可制度，可以说是对著作权制度的一种创新。[1]

第四节　著作权的强制许可

强制许可，是指在著作权人无正当理由而拒绝与使用者达成使用作品协议情况下，使用者经向著作权行政管理部门申请并获授权而使用该作品。强制许可不必征得权利人的同意，但应向其支付报酬。在国际著作权公约中，又被称为“强制许可证”(compulsory licence)，属于“非自愿许可”的情形。从目前规定强制许可的立法例上看，它主要有两种类型：

第一种类型出现在美国、日本、韩国等国家，由于这些国家著作权法中没有规定法定许可制度，强制许可成为可替代法定许可的制度安排。实际上，在这些国家的“强制许可”虽然与我国的法定许可之间存在一些差

---

[1] 金武卫：“《信息网络传播权保护条例》评述”，见吴汉东主编：《中国知识产权蓝皮书》，北京大学出版社2007年版，第359页。

异，但是在本质上具有一致性。例如《日本著作权法》第69条规定："商业录音制品首次在国内销售并自首次销售之日起满3年的，希望得到该商业录音制品中的著作权人许可将该商业录音制品中已经录制的音乐作品进行录音以制作其他商业录音制品的人，请求与著作权人达成录音并通过转让该录音向公众提供的协议，但未达成协议或者无法进行协议的，经过文化厅长官裁定，并且向著作权人支付了文化厅长官规定的相当于一般使用费的补偿金的，可以对该音乐作品进行录音并通过转让该录音向公众提供。"从立法意旨上看，日本法中制作录音制品的强制许可规则与我国《著作权法》规定的制作录音制品法定许可规则具有相同的立法目的，可以达到相同的法律效果。同时，许可决定和补偿费用等都不具有可诉性；不论是否借助集体管理组织转付，各国在费用收取的标准确定上并无实质不同，亦即由行政机构制定付费标准。但在具体制度要求上，二者还是存在一定差异。一般来说，强制许可中往往要求使用者和权利人先期进行谈判，同时还可能要求使用者必须履行一定的备案程序。而在法定许可下并不要求先行谈判和履行备案、审查程序。

第二种类型是在《伯尔尼公约》和《世界版权公约》中规定的著作权强制许可。根据规定，发展中国家著作权主管机关享有向申请人颁发翻译或复制外国作品的强制许可证的权力。由于程序过于复杂，条件过于严格，因此向这两个公约的主管机构——世界知识产权组织和联合国教科文组织递交通知书，宣布要求享有此种优惠的国家并不多见。仅有墨西哥、几内亚、突尼斯等少数几个国家要求享有此种优惠制度。我国《著作权法》没有规定强制许可制度，但是由于我国已经加入《伯尔尼公约》和《世界版权公约》，故公约中有关强制许可的规定也可引用。在此语境下，强制许可须具备几个条件：（1）出于文化教育或科研目的，在满足复制和翻译条件的情形下向著作权人请求授权，但是著作权人无正当理由拒绝授权。（2）使用者为发展中国家成员，被使用的作品为外国作品。（3）使用者向著作权主管机关提出申请。政府主管部门经过审查后认为使用者符合相应条件的，作出强制许可的裁定。（4）使用者享有非专有使用权，应该按照裁定的内容向著作权人支付报酬。

【实例】

张某为制作一部宣传改革开放30周年的短片，决定使用80年代广为传唱的某首歌曲。为取得授权，他与唱片公司谈了很久，实在是对方要价太高了，无法取得授权，怎么办呢？

如果张某是制作录音制品，此时可以适用法定许可，无须该歌曲作者和唱片公司的授权，但需要支付报酬。在张某制作其他视频时，则属于授权许可的范畴。在我国未规定为了文化教育宣传目的可以针对本国作品进行复制权强制许可的情形下，张某并无其他良法解决自己的困境。

第五节 发行权的权利穷竭

一、概念和功能

发行权的权利穷竭，也称为发行权一次用尽或首次销售原则，是指当作品原件或复制件经过著作权人同意永久性进入市场后，著作权人无权再控制作品的销售或者赠与。也就是说，作品载体的首次销售或赠与由著作权人控制，二次销售不能由著作权人控制。美国学者认为，由于复制权和演绎权为版权所有者可以得到的所有或大多数利益提供了保证，并成为公开发行的基础，因此，发行权与其说是赋予版权所有者的一种专用权，不如说成是一种限制。在这个意义上，这种限制就是“首次销售原则”。[1]

《德国著作权法》第17条第2款对此作出解释：“如果著作原件或复制物经在本法适用范围内传播的权利人的同意，以让与的方式进入流通领域，则允许对该著作的再次传播。”《美国版权法》第109条（a）款规定，当版权人将某一版权作品复制件或录音制品转移后，版权作品复制件或录音作品所有人有权对其所有的作品复制件或录音制品进行销售或其他任何

[1] ［美］阿瑟·米勒、迈克尔·戴维斯著，周林等译：《知识产权法概要》，中国社会科学出版社1998年版，第215页。

方式的处置，而无须经过版权人的同意。

发行权权利穷竭原则具有三个方面的功能：首先，它是促进有形商品自由贸易的重要制度保障。如果著作权人能够多次控制作品的发行行为，将会导致作品载体的每一次流通都必须征得作者同意，不仅仅增加商品流通成本，而且在作者不同意的情形下就只有中断市场交易，从而会造成市场的分割。其次，它是保障所有权人利益的必要途径。在作品之上往往存在作品的载体。在通常情形下，作品载体的所有权人控制该物品的占有、使用、受益和处分，而作品的著作权人则控制对作品的复制、发行、传播和演绎。在所有权人和著作权人控制的行为中具有交叉和冲突的情形，集中表现为作品载体的发行。为了协调所有人和著作权人的利益，发行权穷竭原则有效地达致一种微妙的平衡。最后，它也是保障消费者利益的法律举措。消费者进行文化消费的基本途径是通过获取作品载体的方式，在阅读、欣赏的基础上满足个人的精神需求。消费者接近作品的方式可以多样化，包括一次市场、二次市场、赠与、交换等多种形式，如果著作权人可以控制作品的二次销售，消费者接触信息的多元化将受到著作权人私权的审查，这无异于侵害了消费自由。

二、适用条件

发行权权利穷竭只是在满足一定条件下才发生，具体包括以下要求：

（1）权利穷竭原则所适用的权利仅限于发行权。权利穷竭只是针对售卖、赠与等处置版权作品复制件的发行权，而非复制权、传播权或者演绎权等其他权利。例如，通过电视广播和信息网络提供某一电影节目，不发生权利穷竭问题。

（2）在规定出租权的情形下，出租权构成对权利穷竭的限制。根据我国《著作权法》的规定，电影作品和以类似摄制电影方式创作的作品、计算机软件的著作权人和录音制品制作者享有出租权。这就意味着作品原件或者复印件的所有权人不得出租这类作品，否则就构成对著作权的侵犯。

（3）权利穷竭一般存在着地域上的要求。一般来说，发行权会在国内市场范围内发生穷竭。但是，它是否导致国外市场发行的作品出现权利穷竭，则存在不同的立法体例。这就是平行进口问题。平行进口是未经进口国著作权人许可的第三人，从第三国合法购进作品原件或者复制件进口到本国的行为。凡允许平行进口者，遵循的就是发行权的国际穷竭原则；凡不允许平行进口者，遵循的就是发行权的国内穷竭原则。有关国际公约未对平行进口问题作出规定。美国、意大利等国家将发行权的范围延展到进口行为，从而达到允许平行进口的目的。俄罗斯则在法律中明确规定了“进口权”，从而达到禁止平行进口的目的。我国法律对于著作权国内穷竭和国际穷竭立场不明。

【实例】

甲在国外出差，发现该地的正版 CD 非常便宜，于是一口气购买 100 张 CD，拟在归国后在本地售卖，问：甲的行为是否构成对 CD 著作权人权利的侵犯？

我国现有法律并未规定著作权穷竭，但相应的国际公约必须遵守，因此权利穷竭制度可以适用。但我国目前法律对于权利的国内穷竭和国际穷竭立场不明，所以很难对这类问题的性质进行断明。一般来说，如果赋予权利人以“进口权”，就可以阻断国际范围的权利穷竭。我国法律没有规定“进口权”，发行权穷竭应属于国际范围的穷竭，甲的行为应认定正当。实际上，由于我国目前物价水平较低，所以发生上述行为的可能性较小，但是这并不意味着将来这一问题依然不够重要。

第七章　著作权的利用

著作权的利用，既是著作权人行使著作权的基本形式，又是著作权人实现其利益的重要途径。在国家知识产权战略的视野下，著作权利用制度也是著作权产业化的基本保障。一般认为，著作权的利用主要体现为著作权的转让和著作权的许可使用。此外，著作权的质押也是一种新型的利用方式。著作权的利用需要借助相应的合同规则，合同是利用著作权的主要法律形式。其中，著作权转让和许可合同是债权合同，质押合同是物权合同。因此，有必要结合民法学的有关原理加深对著作权利用制度的理解和运用。

第一节　著作权的转让

一、著作权转让的概念和特征

著作权的转让，是指著作权人将其著作权中的财产权部分或全部出让给他人的一种法律行为。通过转让，受让人成为部分或全部著作权的继受主体，转让人则丧失了所转让的著作财产权。我国《著作权法》规定了著作权转让制度。该法第 10 条第 3 款规定，著作权人可以全部或者部分转让著作权人享有的财产权，并按照约定或者法律规定获得报酬。

著作权转让具有以下的特征：首先，著作权转让的对象是著作财产权。著作权人的财产权包括狭义的著作财产权，也包括邻接权人享有的财产权。

鉴于著作人身权的不可转让性，大多数国家不允许通过转让的方式改变著作人身权的归属。但是，诚如前面所述，如署名权是否可以进行转让，依然是一个有争议的问题。其次，著作权的转让导致著作权主体的变更。这是著作权转让和著作权许可的最大不同。在转让行为发生法律效力后，著作权中的一部分财产权或者全部财产权的主体即发生变化，受让人成为新的著作权人。再次，著作权转让合同是著作权转让的基本法律形式。转让人与受让人通过要约和承诺的缔约程序，在意思表示一致的情况下达成转让著作权的协议，通过合同的履行实现著作权权利的转移。最后，著作权的转让与作品载体所有权的转让无关。著作权的转让是以给付作品、表演、录音制品和广播节目等为内容，并不必然涉及作品载体。由于著作权客体的无形性，著作权的转让并不以有体物的交付为条件。

著作权转让可区分为全部转让和部分转让两种类型。全部转让是指著作权人将全部著作财产权出让给受让人的法律行为。在这种类型下，著作权人丧失了一切财产权能，也就是卖绝著作权。英美法系国家一般允许著作权人将全部著作权转让，德国、法国等国家则不允许全部转让。部分转让是著作权人将部分著作财产权进行出让的法律行为。在此种情形下，出让人和受让人都是著作权人。例如，甲将自己创作并享有著作权的作品的信息网络传播权转让给乙，则乙成为信息网络传播权的著作权人，而诸如复制权、发行权、广播权等其他著作权仍由甲享有。

未来的作品能否转让存在争议。我国《著作权法》对此没有进行规定。在实践中，确实存在买断某位作家未来创作作品著作权的著作权转让行为发生。在不违背公序良俗原则和诚实信用原则的情形下，未来作品应该可以转让。对此，有些国外的立法予以认可。例如，《英国版权法》第91条规定，通过合同，作者可以将其未来作品著作权的全部或者部分转让给他人。《法国知识产权法典》第131条之一规定，作者可以转让未来作品的著作权，但不允许全部转让。

二、著作权转让合同

著作权转让一般借助合同形式进行。我国合同法没有将著作权转让合同作为一种单独的有名合同类型。理论上看，著作权转让合同尽管是以著作权的转移为内容，但出让人和受让人之间形成了债权债务关系，所以也应该遵循合同法的规定。也就是说，在《著作权法》中未对著作权转让合同进行特别规定的内容，包括合同的订立、效力、履行和违约责任等内容，应该遵循合同法的规定予以适用。

按照合同法的原理，著作权转让合同属于诺成合同、有偿合同、双务合同和要式合同。首先，著作权转让合同是诺成合同。出让人和转让人意思表示一致，就合同主要条款达成一致的，合同即告成立。由于著作权转让中的合同标的是无形的作品，所以并不以作品的交付为成立的条件。其次，著作权转让合同是有偿合同。著作权转让不同于著作权赠与。著作权赠与是无偿的权利处分，而著作权转让必须以受让人支付转让价金为条件。《著作权法》没有规定著作权赠与合同，因此可以比照《合同法》中的赠与合同处理。再次，著作权转让合同属于双务合同。出让人有义务将自己享有著作权的作品名称提供给受让人，并且在受让人需要时提供相应的作品载体。受让人则有义务支付转让的价金。最后，著作权转让合同是要式合同。按照法律规定，著作权人转让著作权的，应当订立书面合同。但是按照《合同法》第 36 条和第 37 条，著作权转让合同没有采取书面形式，或者当事人没有在合同书中签字盖章，但一方已经履行主要义务，对方接受的，该合同成立。

我国著作权法没有规定著作权转让的强制登记制度，这与一些国家的做法不同。在日本、德国、美国等国家，均建立了著作权转让的登记制度。一般来说，著作权转让登记不是著作权转让合同成立和生效的要件。实际上，只有进行转让登记才可以发生对抗第三人的效力。

著作权转让合同的主要条款包括：

(1) 作品的名称。由于著作权转让合同并不以作品载体的交付为条件，所以著作权转让合同中必须标明作品的名称，以明晰转让的标的。为了清楚界定作品的范围，避免将来发生争议，合同中最好还应将作者的姓名、著作权人的姓名、作品创作的日期等信息予以载明。

（2）转让的权利种类、地域范围。著作权人可以转让的财产权类型繁多，可以部分转让，也可以组合转让，还可以全部转让。转让的权利多少，直接决定双方在合同生效后的控制能力，因此必须依照法律的规定进行明确限定。现在不少著作权转让合同中自创一些权利类别予以转让，容易滋生纠纷。例如，在合同中转让所谓的“网络权”等，在发生纠纷时很难进行权利种类的界定，既增加交易成本，也会留下诸多隐患。再者，根据《著作权法》第27条的规定，著作权转让合同中未明确转让的权利，未经著作权人同意，另一方当事人不得行使。至于地域范围，应该明确是中国内地还是涵盖港、澳、台地区，乃至包括世界上其他的国家和地区，以便于受让人在这些地区主张权利。

（3）转让价金。转让价金是受让人的主要义务，也是合同的最重要条款之一。一般而言，著作权转让价金由双方协议产生。只要不存在违反法律规定的情形，双方意思表示一致的价金条款有效。

（4）交付转让价金的日期和方式。交付价金的日期是合同的履行期限，由双方约定。交付价金的方式包括一次性付款、分期付款或者其他方式。

（5）违约责任。违约责任是合同当事人没有履行合同义务或者履行合同义务不符合要求时应当承担的法律责任。合同中明确约定违约责任有助于保障双方利益。

（6）双方认为需要约定的其他内容。合同是意思自由的协议，双方当事人可以根据实际情况自由确定拟定的事项。只要不违背法律的强制性规定，这些约定内容有效。

第二节　著作权的许可

一、著作权许可的概念和特征

著作权许可是权利人利用著作权并获得经济利益的基本形式。除法律另有规定外，使用受著作权保护的作品应该取得著作权人的许可，否则就构成侵犯著作权的行为。著作权许可又称为著作权许可使用，它是指著作权人授权他人在一定的地域和期限内以一定的方式使用，进而获得相应经济利益的法律行为。

著作权许可使用的特征，可以通过将其与著作权转让进行比较来进行观察。著作权许可与著作权转让的相同点在于：首先，二者所能够利用的著作权类型，限于著作财产权的范围。原则上讲，著作人身权不可转让，也不能进行许可使用。我国《著作权法》第 29 条规定："出版者、表演者、录音录像制作者、广播电台、电视台等依照本法有关规定使用他人作品的，不得侵犯作者的署名权、修改权、保护作品完整权和获得报酬的权利。"其次，二者所能够利用的著作权应该是合法有效的权利，处于法定的保护期限。最后，二者所能够利用的著作财产权，既可以是全部的财产权，也可以是将不同的著作财产权的权能进行部分的利用。

著作权许可使用和著作权转让的区别主要有：首先，著作权许可使用不改变著作权的归属，被许可人取得的只是使用权，并不能成为著作权的主体。而著作权的转让，受让人取得的是著作权，著作权归属随之发生转移。其次，在著作权许可使用中，被许可人只能是自己按照约定方式、地域范围和期限使用作品，不能将所获得的使用权再让渡给第三人，当然著作权人同意的除外。而著作权转让以后，受让人不仅自己可以使用作品，也可以将获得的权利再转让或许可他人使用，受让人有处分权。再次，著作权许可使用中被许可人支付的是著作权使用费，转让著作权中受让人支付的是著作权的价金。一般而言，著作权转让费高于著作权许可使用费。最后，在著作权许可使用中，非专有使用权的许可人不可能因权利被侵害而以自己的名义提起诉讼，只有专有使用权的被许可人才能因专有使用权被侵害提起诉讼。而著作权转让中，任何受让人对侵害其财产权利的行为均可提起侵权之诉。

二、著作权许可的类型

根据著作权许可使用的权利性质之不同，可以将其划分为专有许可和非专有许可两种。前者是指被许可人获得在合同约定期间和地域范围对作品享有排他的使用权；后者是指被许可人在合同约定的时间和地域范围内对作品享有使用权，但无权阻止著作权人自己或者授权他人以相同的方式使用该作品。在专有许可中，如果著作权人在内的一切第三者都不能在许可范围内使用作品的，称为独占许可；如果著作权人可以在该范围内使用，但是其他人不能使用时，称为独家许可。我国《著作权法实施条例》第24条规定："著作权法第二十四条规定的专有使用权的内容由合同约定，合同没有约定或者约定不明的，视为被许可人有权排除包括著作权人在内的任何人以同样的方式使用作品。"这表明，在未作约定或者约定不明时，专有许可指向的是独占专有许可。

具体来说，专有许可与非专有许可的主要区别在于：（1）权利主体不同。独占许可中，只有被许可人有权在约定期限使用作品；独家许可中，权利人和被许可人均有权在约定期限使用作品；普通许可中，权利人可对被许可的权利再进行许可，权利人和多个被许可人有权在约定期限使用作品。（2）形式要件不同。许可使用的权利是专有使用权的，应当采取书面形式，但是报社、期刊社刊登作品除外。对于非专有许可，法律未作要求。（3）许可费用不同。专有许可的费用一般高于非专有许可使用费。（4）诉讼的资格不同。根据司法解释❶的规定，独占被许可人享有独立的诉权，独家被许可人在权利人未行使诉权后可以独立起诉，非专有许可人不可单独提起诉讼。

此外，还有一种特殊的许可类型，这就是著作权的分许可。通说认为，经许可获得非专有使用权的人不得再将其权利转让或者许可给他人，至于获得专有使用权的人能否再许可或者转让其权利，存在不同的见解。《著作权实施条例》第24条规定："除合同另有约定外，被许可人许可第三人行使同一权利，必须取得著作权人的许可。"

---

❶ 参照《最高人民法院关于审理商标民事纠纷案件适用法律若干问题的解释》（法释〔2002〕32号）第4条的规定。

三、著作权许可合同

著作权许可合同也称为著作权许可使用合同，它是民事合同之一种，是指著作权人许可使用人在一定期限、范围以一定方式使用作品，使用人向著作权人支付报酬的协议。著作权许可使用合同具有以下法律特征：(1) 著作权许可使用合同是诺成合同。当事人双方意思表示一致，就合同主要条款达成一致，合同即告成立。(2) 著作权许可使用合同是双务合同。在该合同中，著作权人有义务允许被许可人独占或非独占地利用作品，被许可人有义务向许可人支付报酬。(3) 著作权许可使用合同是有偿合同。

根据我国《著作权法》第 24 条的规定，著作权许可合同的主要条款包括以下内容：

(1) 许可使用的权利种类。著作权人准予被许可人在一定期限内以何种方式使用作品，集中表现为许可使用的权利种类。著作财产权的权利种类广泛，许可合同中应该明示许可使用作品的权利种类。这是保护许可人和被许可人双方利益的共同需要。实践中，一些许可合同自行创设法律上并不存在的权利类型，容易产生不必要的纠纷，因此应为双方所避免。在"世纪龙信息网络有限公司诉合一信息技术有限公司"案[1]中，原告虽然主张被告侵犯信息网络传播权，但却不能主张权属证明。问题就出在"世纪龙信息网络有限公司"和权利人签订的授权书中，权利人仅将信息网络"点播权"许可给原告。显然，点播权并不能涵盖信息网络传播权。由此可见，许可人和被许可人最好根据著作权法所规定的使用作品的权利种类进行授权许可。即便是自创一种权利种类进行许可，也应该对该种权利所能控制的行为范围进行详细的合同界定。根据法律规定，合同中未明确约定许可的权利，未经著作权人同意，另一方当事人不得行使。

(2) 许可使用的权利是专有使用权或者非专有使用权。根据前文的分

[1] 北京市海淀区人民法院民事裁定书〔2008〕海民初字第 10776 号。

析，专有使用和非专有使用在合同形式、权利性质、许可费用和诉权享有等方面均具有较大差异。从保护当事人利益的角度看，许可合同应该明确许可使用的权利是专有使用权还是非专有使用权。

（3）许可使用的地域范围、期间。地域范围和时间是进一步定义被许可的使用权效力范围的重要因素。许可的地域一般以一个国家为界限，但对于诸如表演权等可以限制在更小的地域范围。但是国内图书出版合同一般不得以省份为界限。例如，《大长今》热播后的演唱权许可，中国香港地区由歌手陈某获得此歌在香港地区的演唱权，取名《希望》；大陆歌手汤某获得内地中文版演唱权和歌曲内地中文版的演唱权，取名《呼唤》；在台湾地区是张某得演唱权，取名《娃娃》。这是在中国内地和香港、台湾地区进行不同地域范围权利许可的实例。关于著作权许可使用的期间，一般以5～10年较为常见，永久性许可比较少见，如果是永久性许可，特别是许可的权利是专有的，则与权利转让的法律效果区别不大。

（4）付酬标准和办法。付酬标准是指使用作品付酬数额的标准。《著作权法》第28条规定："使用作品的付酬标准可以由当事人约定，也可以按照国务院著作权行政管理部门会同有关部门制定的付酬标准支付报酬。当事人约定不明确的，按照国务院著作权行政管理部门会同有关部门制定的付酬标准支付报酬。"目前，国家版权局会同文化部等有关部门制定了书籍稿酬、美术出版物稿酬等付酬标准。付酬办法是指如何支付报酬的问题。从国际惯例上看，支付著作权使用费的方式有一次性付酬、版税制和基本稿酬加版税。当前我国稿酬支付的办法正在向版税制过渡。版税通常按照作品复制、发行总数的市场价格的一定百分率（版税率，通常为6%～15%）计算。

（5）违约责任。违约责任的条款为普通民事合同所普遍具有的内容。在著作权许可合同中约定违约责任，也应该遵循合同法的相关要求。

（6）双方认为需要约定的其他内容。合同是意思自治的结果，当事人可以根据自身的需要，在不违背法律和社会公共利益的前提下，对于协商的内容进行约定，形成其他的合同条款，这是尊重当事人意志的表现，也有利于及时解决各种争端。因此，在著作权许可合同中，双方可以约定其他需要约定的内容。

四、典型的著作权许可合同

（一）图书出版合同

图书出版合同，是指著作权人和出版者之间就图书出版事项所签订的合同。在该合同中，著作权人将作品交由出版者复制、发行，出版者应该按照约定支付报酬。由于作者完成作品后，自身很难从事出版活动，往往将作品交由专事出版业的出版社复制发行，从而实现对著作权的利用。

图书出版合同是图书出版者与著作权人签订有关图书出版的合同。出版合同的签订源于两种情况：（1）著作权人的投稿；（2）出版者的约稿。对于作者主动投稿的作品，出版者应在6个月内决定是否采用。采用的，应当订立合同，不采用的，应当及时通知著作权人。既不通知著作权人，又不签署合同的，6个月后著作权人可以要求出版者退还稿件和给予经济补偿。上述6个月期限，从出版者收到稿件之日起计算。对于约稿合同，具体内容一般包括作品的暂定名称、字数、交稿日期、对稿件的具体要求、稿酬标准、交付作品的审查与修改办法以及违约责任等。《著作权法》第30条规定："图书出版者出版图书应当和著作权人订立出版合同，并支付报酬。"该规定显示出了维护著作权人利益的倾向。这表明，非经著作权人的同意或授权，出版者无权擅自出版作者的作品。这种同意或授权，必须通过出版合同予以确认。

《著作权法》第31条规定："图书出版者对著作权人交付出版的作品，按照合同约定享有的专有出版权受法律保护，他人不得出版该作品。"可见，我国立法中的专有出版权具有以下特征：（1）专有出版权的时间，由合同规定，立法未作统一限定。（2）专有出版权具有独占性。这意味着著作权人或者其他图书出版者在一定期限和地区内，都不得出版该作品的同一文字版的原版、修订版或缩编本。《著作权法实施条例》第28条规定：

“图书出版合同中约定图书出版者享有专有出版权但没有明确其具体内容的，视为图书出版者享有在合同有效期限内和在合同约定的地域范围内以同种文字的原版、修订版出版图书的专有权利。”（3）图书出版者的专有出版权只能由自己行使，不能转让他人，也不能许可他人行使。

图书出版者的权利有：（1）出版图书的权利。《著作权法》第31条规定：“图书出版者对著作权人交付出版的作品，按照合同约定享有的专有出版权受法律保护，他人不得出版该作品。”同时，出版者有按照合同的约定，出版、发行作者交付的作品的权利。（2）重印、再版的权利。图书出版者的义务有：（1）与著作权人订立许可合同。如果出版演绎作品，还应征得演绎作者和原著作者的双重许可。（2）向著作权人支付报酬。《著作权法》第35条规定：“出版改编、翻译、注释、整理、汇编已有作品而产生的作品，应当取得改编、翻译、注释、整理、汇编作品的著作权人和原作品的著作权人许可，并支付报酬。”现在，一些出版社向著作权人收取出版费，免除了自己支付报酬的义务，而且让著作权人承担了更多的额外义务。（3）按期、按质出版作品。图书出版者应当按照合同约定的出版质量、期限出版图书。图书出版者不按照合同约定期限出版，应当依法承担民事责任。（4）重印、再版作品时的义务。图书出版者重印、再版作品的，应当通知著作权人，并支付报酬；图书脱销后，出版者拒绝重印、再版的，著作权人有权终止合同。所谓脱销，指著作权人寄给图书出版者的两份订单在6个月内未能得到履行视为图书脱销。[1]

著作权人的权利有：（1）自主决定出版作品的权利。包括自愿确定以何种署名出版作品，自主确立出版作品的期限。在期限届满后收回作品而不受干涉。（2）出版者因故不能出版作品，著作权人有权将作品许可给其他出版社出版，并要求赔偿损失。（3）图书脱销后，出版者拒绝重印、再版的，著作权人有权解除合同。著作权人的义务有：（1）按照合同约定将作品交给出版者。《著作权法》第32条规定，著作权人应当按照合同约定

---

[1] 《著作权法实施条例》第29条。

期限交付作品。(2)保证作品无权利瑕疵的担保义务。如果发现抄袭等侵权情形并给出版社造成损失的，著作权人应该赔偿出版社因此遭受的损失。(3)不得一稿多投的义务。著作权人不得在合同有效期内将同一作品或者将其内容稍加修改后以原名称或更换名称授予第三者另行出版。对于一些畅销作品，出版社也可能放弃专有出版权。在此种情况下，为了保护消费者利益，著作权人也应该在显著位置标明作品已经出版的情况，以及是否作过修改、修改的内容等。

从法律规定和出版实践的情况看，出版合同终止的条件一般有：作者未按照合同约定的期限交付稿件；作者拒绝按照合同约定修改作品；出版者未按照合同约定的出版质量、期限出版图书；出版者未按照合同约定的期限再版或图书脱销后拒绝重印再版的；出版者未按照合同约定支付报酬；合同约定的专有出版权期限届满等。[1]

（二）报社、期刊社出版合同

报社、期刊社与著作权人订立的合同与图书出版合同相似，但具有以下特点：(1)报社、期刊社处理投稿的期间。著作权人向报社、期刊社投稿的，自稿件发出之日起15日内未收到报社通知决定刊登的，或者自稿件发出之日起30天内未收到期刊社通知决定刊登的，可以将同一作品向其他报社、期刊社投稿，双方另有约定的除外。此举不仅防止一稿多投，而且也能够保护著作权人的相应权益。(2)报社、期刊社可以对作品进行文字性修改、删节。但对内容的修改，应当经作者的许可。

【深度探讨】　数字网络环境下的著作权许可

数字网络技术对著作权许可法律关系的影响可简要划分为两个方面：第一个方面是积极的影响。由于网络平台所具有的互动性特质，权利人与利用人可以在互联网上借助于许可契约订立作品许可合同，出现了个人化和“去中间化”特征。这有助于权利人直接参与许可合同具体条款的拟定，而利用人也减少了交易成本，提高了交易效率。第二个方面是消极的影响，由于网络作品

[1] 姚红主编：《中华人民共和国著作权法释解》，群众出版社2001年版，第200页。

具有多媒体、复合型的特征，利用人往往无法借由一个利用合同完成交易，而寻找不同的权利人不仅成本高，而且在有的时候几乎不可能。同时，权利人又有可能借助格式合同挤压利用人讨价还价的空间，迫使利用人要么接受，要么违规，制约了网络作品的利用。

随着数字网络技术的发展，一些新兴的商业模式开始出现，著作权许可的类型呈现出多样化的发展趋势。

1. DRM 著作权许可

数字权利管理系统（DRM）是在数字化作品利用过程中用以控制、监督、调整和计量作品、表演和录音录像制品复制、传播的技术手段、信息系统、计价方式和跟踪反馈系统等综合机制。DRM 许可是指借助 DRM 机制，以权利管理电子信息和格式条款为基础，由数字媒体（许可人）与使用人（被许可人）缔结的作品利用合同。例如，美国苹果电脑所经营的 iTunes Music Store 与五大唱片集体组织及部分独立唱片公司合作推出线上音乐付费下载服务。该公司与权利人签订线上许可协议，以每首单曲 0.99 美元或每张音乐专辑 9.99 美元之价格在网络提供，个人可通过这一平台下载使用。自 2003 年 4 月起上线，每周音乐下载数量平均达 50 万首，9 月初更达到销售 1 000万首的里程碑。❶ 至 2005 年 3 月间，占约美国市场的百分之一。❷

2. GPL 许可

GPL 许可是放弃部分权能的合同，是自由软件运动的派生产物。这种利用契约的基本特征是：权利人放弃著作权的部分权能的明示授权，在被授权人完成符合授权条款的修改、发行、传播等行为，授权合同成立且生效，无须另行订立授权契约。该许可合同的基本精神是：允许被授权人自由发行与传播作品及开放软件源代码，以实现修改权及修改后作品的复制和传播。不过应该注意的是：这种授权契约并不以有偿或者无偿为界限，权利人可以在传播作品中收取费用，也可以无偿传播。但在被授权人不遵守契约拟定条件时，权利人无条件享有撤销许可合同的权利，被授权人的一切权利也将自行终止。

---

❶ 赖文智：《数位著作权法》，翰芦出版社 2003 年版，第216～217 页。

❷ 曾胜珍：《论网络著作权之侵害》，元照出版有限公司 2008 年版，第 55 页。

3. CC 协议许可

CC 协议是一种网络数字作品（文字、美术、音乐等）所特有的许可授权机制。它提供多种可供选择的授权形式及条款组合，创作者可与大众分享创作，授予其他人再传播的权利，却又能保留其他某些权利。按照其不同组合模式，使用者可以自由复制、传播、展示及演出签署协议著作权人提供的作品，但是必须进行姓名表示，或者禁止商业使用，或者禁止改编，或者在改编后允许他人以相同方式共享等。

4. 授权要约许可

授权要约许可是指在作品等信息向公众发行或传播时，权利人以声明的形式向公众发出要约，规定公众能够以何种条件、何种方式复制、发行和传播作品。一旦使用者接受该条件，即可按照条件自动利用该作品的缔约模式。例如，在图书《最后一根稻草》的扉页中，作者钟某作出了明确的数字版权使用声明，任何个人和机构均可享有该作品的数字形式的复制权、发行权和著作权，授权费用为基于使用该书所产生收入的5%，收入产生后6个月内由中华版权代理总公司收转作者本人即可。[1]

5. 交叉许可

交叉许可指权利人之间就各自拥有的著作权进行相互授权许可，以代替资金支付并实现互利共赢、知识共享的许可方式。这一授权思路的典型就是“超星模式”。按照“超星数字图书馆”网页上版权授权的征集声明，可以选择向作者赠送10年期读书卡。作者同意将作品授权数字图书馆，数字图书馆向作者赠送价值1 000元的10年期读书卡。10年后作者可以要求继续赠送读书卡。这就是交叉许可模式。根据该约定，权利人将作品的著作权授予“超星公司”，作为交换，“超星公司”向作者赠送读书卡，以免费使用“超星公司”已经获得授权使用的其他资源。

6. 免费授权许可

在数字时代，越来越多的作者愿意免费授权媒体传播作品，而不需要得到

---

[1] 吴荷：“《最后一根稻草》：第一只螃蟹”，载 http：//www.gmw.cn/01ds/2004-09/22/content_105978.htm，2009年4月1日访问。

任何报酬。2008年9月，环球、百代、索尼和华纳聚拢在“聚友网”的旗下，以1亿美元组建了“聚友音乐”，抛开唱片盈利的传统模式，通过一系列与音乐相关的附加产品：无限制的免费音乐、演唱会门票、在线广告、手机彩铃和其他娱乐功能吸引用户并获利。❶ 2009年4月9日，美国环球唱片公司与热门视频共享网站YouTube合作推出一个免费的音乐视频网站，这家名为Vevo的音乐视频网站将采用完全免费的方式，只依靠广告收入来维持运营。❷ 免费许可中，权利人并未从媒体处直接获得经济利益，但却能够从被许可人的其他经营活动中分得相应的利润，获取了间接的经济利益。

7. “飞流”许可模式

哈佛大学伯克曼互联网与社会研究中心费舍尔教授倡导的“飞流”（Felio）项目，旨在推行一种新的许可模式。按照规定，权利人加入“飞流组织”后，其作品会一揽子许可给网络服务商、移动电信运营商或大学，然后免费提供给消费者使用。权利人只能根据作品利用情况从“飞流组织”获得一定的补偿。

8. 定位许可

定为许可是指权利人和被许可人约定根据后者确定的数字网络定位（如IP地址、区域网络等）来进行许可的模式。一般情形下，被许可人为教育机构或图书馆，被许可人可以在约定期限内免费试用。尽管被许可人获得著作权需要支付一定的费用，但在其认定的范围内的研究人员、教师和学生却可以根据共同的账号和密码免费使用作品。❸

9. 默示许可

默示许可，是指在一定情形下，权利人虽未明示许可他人复制、传播或利用作品，但是从权利人的行为或者依照法律规定可以推定其对该使用不表示反

---

❶ “华语唱片业再洗牌　多元化生存数字音乐蕴藏生机”，载http：//www.dahe.cn/xwzx/yl/ylyy/t20090302_ 1496762.htm，2009年3月10日访问。

❷ 曹卫国：“环球唱片将与YouTube合作推免费音乐视频网站”，载http：//media.people.com.cn/GB/40606/9131705.html，2009年4月16日访问。

❸ Michael A. Einhorn, *Media, Technology and Copyright: Integrating Law and Economy*, Edward Elgar Publishing, Inc. 2004, p. 56.

对，从而认定经由许可而利用作品的许可样态。例如，有些网站规定：在权利人进入网络公共社区以及开设个人博客、播客等个人空间时，如果没有明确禁止其他网站的转载和摘编，就应该视为默示许可其他网络服务提供者未经许可进行非营利性传播。

【实例】

作者甲将自己创作的一部小说交乙出版社出版，但双方始终未签订出版合同。事后，该作者又与丙出版社签订了专有出版合同，将此书交丙出版。现乙对甲和丙提出异议。本案依法应如何认定？（　）（1997 年律师资格考试第三卷第 60 题）

A. 甲的行为属一稿多投，侵犯了乙的权利

B. 丙明知乙出版此书，仍与甲签订出版合同，属侵权行为

C. 甲一稿多投并不违法，乙不签订出版合同有违法律要求

D. 乙应当尊重丙的专有出版权，不得再出版此书

答：选 CD。根据规定，出版合同是专有使用许可合同，必须签订书面协议。甲、乙之间并未订立有效的出版合同。所以甲并非一稿多投，乙要尊重丙的专有出版权，不得再出版此书。

第三节　著作权的质押

一、著作权质押的概念和意义

著作权质押是质押的一种。所谓质押，是债的担保形式之一，是指债务人或者第三人为担保债的履行，将其财产出质，以作为实现债权人债权的担保。当债务人不履行债务时，债权人有权依法以该财产权折价或者以拍卖、变卖该财产权的价款优先受偿。其中，债务人或第三人为出质人，债权人为质权人。债权人因为质押而取得的质押权是担保物权之一种。我国《担保法》规定动产质押和权利质押两种类型。学术通说认为，著作权质押属于权利质押。

由此可知，著作权质押是指债务人或者第三人依法将其著作权中的财

产权出质，将该财产权作为债权的担保。债务人不履行债务时，债权人有权依法以该财产权折价或者以拍卖、变卖该财产权的价款优先受偿。著作权质押既是著作权利用的一种方式，同时还发挥了著作财产权中的担保价值和担保功能，具有融资筹资的作用。

2010 年 10 月 19 日国家版权局通过《著作权质权登记办法》，自 2011 年 1 月 1 日起施行。该行政规章成为我国规范著作权质押的重要行政规章。

二、著作权质押的特征

著作权质押是担保债权的法律形式，既具有担保物权和债权担保的一般法律特征，也因为著作权是一种无形财产权而具有一些不同的特点。

首先，著作权质押需要通过著作权质押合同的形式实现。《著作权质权登记办法》第 4 条规定，以著作权出质的，出质人和质权人应当订立书面质权合同。这表明，著作权质押的实现以书面质权合同为存在前提。出质人和质权人应该订立书面合同，通过合同约定双方的权利和义务。

其次，著作权质押产生质权。质权是一种担保物权，由质权人享有。该权利的客体是著作权，因此属于权利质权。著作权质权具有担保债权人利益实现的功能。由于物权具有优先于债权的效力。当债务人不能按期履行债务，享有质权的债权人可以依法处置出质的著作权，优先于其他债权人实现债权。

再次，著作权质押的客体是著作权中的财产权。根据《著作权质权登记办法》的规定，著作权以及与著作权有关的权利中的财产权可以出质。可见，著作权、表演者权、出版者权、音像制作者权和广播组织者权等都可以出质。出质人应该享有著作权，以共有的著作权出质的，除另有约定外，应当取得全体共有人的同意。

最后，著作权质权是较为特殊的权利质权形式。著作权是一种无形财产权，著作权的变现需要借助于相应的法律评判机制。由于著作权客体具有无形性，因此质权人是否实际占有作品并无实际法律意义。在著作权质押过程中，著作权可能被权利人转让或者许可，从而降低了质权实现的可能性和市场价值。因此，著作权质押中可能存在着不同于动产质押或者其他权利质押的法律风险，必须建立相应的监控和检查机制。

具体来说，著作权质押中的特殊法律保障机制主要包括以下方面：(1) 严格的登记制度。通过登记建立质权的“公示公信”效力。出现法定事由的，登记机关可以依照职权撤销登记，当事人也可以申请注销登记。著作权出质期间，申请人的基本信息、著作权的基本信息、担保的债权种类及数额，或者担保的范围等事项发生变更的，申请人应办理变更登记。(2) 科学的证书管理。质权人应该持有“著作权质权登记证书”，作为权利凭证。登记机关应该建立“著作权质权登记簿”，记载著作权质权登记的相关信息，供社会公众查询。“著作权质权登记证书”的内容应当与“著作权质权登记簿”的内容一致。记载不一致的，除有证据证明“著作权质权登记簿”确有错误外，以“著作权质权登记簿”为准。(3) 合理的变现机制。著作权出质期间，未经质权人同意，出质人不得转让或者许可他人使用已经出质的权利。出质人转让或者许可他人使用出质的权利所得的价款，应当向质权人提前清偿债务或者提存。

三、著作权质权合同

以著作权中的财产权出质的，出质人和质权人应当订立书面合同，即著作权质权合同。

著作权质权合同一般包括以下内容：(1) 出质人和质权人的基本信息；(2) 被担保债权的种类和数额；(3) 债务人履行债务的期限；(4) 出质著作权的内容和保护期；(5) 质权担保的范围和期限；(6) 当事人约定的其他事项。

著作权质权合同是一种物权合同，它不同于著作权转让和许可合同。从民法原理上看，著作权质权合同本身是在双方意思表示一致后成立，只要满足合同生效的要件，著作权质权合同也应该自成立时生效。但是著作权质权合同所欲达致的物权设立、变更和消灭，必须经过物权行为——登记之后才会发生效力。《著作权质权登记办法》废除了原有的质押合同登记表达，区分了质权合同和质权登记两种法律行为，是我国民法上关于债权行为和物权行为理论认识更为清晰的体现。

四、著作权质权登记

著作权质押的目的是通过质权合同产生一种担保物权。按照物权行为“公示公信”的原则，合同签订后，出质人和质权人必须共同向登记机构办理著作权质权登记。该登记手续可以自行办理，也可以委托代理人办理。著作权质权的设立、变更、转让和消灭，自记载于“著作权质权登记簿”时发生效力。

申请著作权质权登记的，应提交下列文件：（1）著作权质权登记申请表；（2）出质人和质权人的身份证明；（3）主合同和著作权质权合同；（4）委托代理人办理的，提交委托书和受托人的身份证明；（5）以共有的著作权出质的，提交共有人同意出质的书面文件；（6）出质前授权他人使用的，提交授权合同；（7）出质的著作权经过价值评估的、质权人要求价值评估的或相关法律法规要求价值评估的，提交有效的价值评估报告；（8）其他需要提供的材料。提交的文件是外文的，需同时附送中文译本。

申请人提交材料齐全的，登记机构应当予以受理。提交的材料不齐全的，登记机构不予受理。经审查符合要求的，登记机构应当自受理之日起10日内予以登记，并向出质人和质权人发放“著作权质权登记证书”。该证书包括以下内容：（1）出质人和质权人的基本信息；（2）出质著作权的基本信息；（3）著作权质权登记号；（4）登记日期。此外还应当标明：著作权质权自登记之日起设立。经审查不符合要求的，登记机构应当自受理之日起10日内通知申请人补正。补正通知书应载明补正事项和合理的补正期限。无正当理由逾期不补正的，视为撤回申请。登记机构办理著作权质权登记前，申请人可以撤回登记申请。

有下列情形之一的，登记机构应当撤销质权登记：（1）登记后发现有不予登记情形的；（2）根据司法机关、仲裁机关或行政管理机关作出的影响质权效力的生效裁决或行政处罚决定书应当撤销的；（3）著作权质权合同无效或者被撤销的；(4）申请人提供虚假文件或者以其他手段骗取著作权质权登记的；(5）其他应当撤销的。

有下列情形之一的，申请人应当申请注销质权登记：(1）出质人和质权人协商一致同意注销的；（2）主合同履行完毕的；（3）质权实现的；(4）质权人放弃质权的；（5）其他导致质权消灭的。申请注销质权登记的，应当提交注销登记申请书、注销登记证明、申请人身份证明等材料，并交回原“著作权质权登记证书”。登记机构应当自受理之日起 10 日内办理完毕，并发放注销登记通知书。

第八章　著作权的集体管理

通常情况下，著作权人是自己利益的最佳判断者，他们更愿意由自己决定作品的利用途径及其具体行使方式，进而获取相应的财产利益。然而，著作权人往往并不善于也难有精力进行商业交易和运作，对于某些类型的著作权更是难以凭借个人力量进行运用。例如，音乐作品的表演权和广播权，使用者量多人杂，分布地域广泛，逐一许可存在相当的难度，使用者逐个搜寻授权主体也很不经济。此时，委托某类组织集中进行权利许可，收取使用费后再在不同权利人之间进行分配，反而更节约交易成本，减省权利人的精力与时间，也有助于作品的使用与传播。著作权集体管理由此展开，著作权集体管理组织也应运而生。本章将探讨著作权集体管理的功能和意义，讨论集体管理组织的设置和运行，分析网络时代著作权集体管理的变化和动向。

第一节　概　　述

一、著作权集体管理和著作权集体管理组织

著作权集体管理，是指著作权集体管理组织经权利人授权，集中行使权利人的有关权利并以自己的名义进行的集中管理活动，包括与使用者订立著作权或者与著作权有关的权利许可使用合同；向使用者收取使用费；向权利人转付使用费；进行涉及著作权或者与著作权有关的权利的诉讼、

仲裁等。著作权集体管理的基础性法律关系是著作权人与特定集体管理组织存在授权委托关系，它是由集体管理组织集中行使著作权人权利的活动。换言之，没有著作权集体管理组织，也就不存在著作权集体管理。

著作权集体管理组织，是指为权利人的利益依法设立，根据权利人授权、对权利人的著作权或者与著作权有关的权利进行集体管理的社会团体。它指的是接受权利人授权来控制作品的使用、与潜在的使用者谈判、以合适的价格和条件来发放许可、收取使用费以及最终将收来的使用费分配给权利人的组织。[1] 主要管理音乐作品的表演权、播放权和机械复制权（制作录音制品的权利），美术作品的追续权，文字作品、美术作品、摄影作品的影印复制权，还有表演者和唱片制作者的邻接权等权利人难以有效行使的权利。

从历史上看，著作权集体管理组织起源于18世纪后半叶的法国。法国是世界上最早规定表演权的国家，但是对于著作权人享有的该项权利一直未得到有效保护。1777年法国著名戏剧家博马歇创立的“戏剧立法局”被认为是世界上最古老的著作权集体管理机构的雏形。1851年，法国又成立了“词作家、作曲家及音乐出版商协会”（SACEM），是专门用于管理表演权的集体管理组织。此后，1903年德国成立的“音乐作品表演权集体管理协会”（GEMA）和1914年美国成立的“词作家、作曲家及音乐出版商协会”（ASCAP）是与之性质相同的集体管理组织，也标志着该类组织在全球范围内的兴起。到目前为止，大多数国家和地区都建立了著作权集体管理组织。

按照集体管理组织的内在结构分类，集体管理组织可以分为单一型、分立型和权利型三种。单一型著作权集体管理组织是对著作权和邻接权进行协调、保护、管理的统一的单一性的著作权集体管理组织，具有很强的垄断性。分立型著作权集体管理组织按照作品的表现形式分别设立，如瑞

---

[1] 罗向京：《著作权集体管理组织的发展与变异》，知识产权出版社2011年版，第3页。

典有音乐者协会、表演者协会和视觉作者协会等。权利型著作权集体管理组织根据授权范围确定集体管理范围，如管理表演权、广播权、机械复制权的集体管理组织。

根据独占性程度的不同，集体管理组织可划分为独占性（垄断模式）和非独占性（自由竞争模式）两种类型。独占性的集体管理组织意味着在一国范围内不允许存在两个及以上的管理同一种权利的集体管理组织。此种模式以德国为代表。德国最早成立的著作权集体管理组织（1903 年）是音乐作品表演权集体管理协会（GEMA)。除此之外，还有文字作品著作权协会（WORT)、邻接权利用协会（GVL)、音乐版本协会等。世界上大多数国家采取了与德国类似的模式，即将集体管理事务交给多家集体管理组织，但每一种特定类型的著作权都只由单一的机构管理，也就使各著作权集体管理组织之间在业务上不存在交叉和重复。例如，英国、澳大利亚、法国、日本、芬兰、瑞典等国家均是如此。该种管理模式的特点是：集体管理组织事实上处于垄断地位；国家干预较多。其优势在于：集中规模优势，方便使用人获取授权。存在的缺陷在于：权利人无选择自由，集体管理组织有可能滥用垄断优势，如对会员权利的不合理限制、歧视待遇、强迫接受一揽子许可，怠于履行职责等。然而，该模式也并非一成不变。例如，德国电影版权领域就打破一个领域一家集体管理组织的常规，目前有六家集体管理组织在管理与电影作品有关的权利。非独占性的集体管理组织则反之，可以依法登记在业务范围交叉、重复的集体管理组织。这种模式以美国为代表。例如，美国音乐作品就有三个集体管理组织，分别是：美国词作家、作曲家及音乐出版商协会（ASCAP)、欧洲戏剧作者、作曲者协会（SESAC)、美国音乐广播公司（BMI)。再比如，在中国台湾，管理与音乐作品有关的权利的集体管理组织，甚至有 7 家之多。该模式的基本特点就是开放、自由和效率。但是也会加大选择成本和管理成本，甚至会导致恶性竞争。实际上，虽则美国等国家的法律允许集体管理组织自由竞争，市场却维护了集体管理组织相当的垄断性地位，各集体管理组织的相互竞争极其有限。[1]

一般来说，著作权集体管理组织为非营利性组织。虽然著作权集体管理组织需要根据授权收取许可费用，其活动本身带有经济意义，但是它自身不具有营利目的。也就是说，集体管理组织在将收取的费用扣除必要的成本后，应转付给著作权人。我国《著作权法》第 8 条规定："著作权集体管理组织是非营利性组织，其设立方式、权利义务、著作权许可使用费的收取和分配，以及对其监督和管理等由国务院另行规定。"可见，在我国，著作权集体管理组织并非行政管理部门，而属于社会组织，需要按照法律有关规定进行登记和公告。

二、著作权集体管理的意义

一般情况下，著作权人总期待着自己的作品能够为更多的人所认同，产生最大的经济利益和社会效益。由于著作权人享有广泛的财产权能，权利许可涉及的内容众多，需分散不少精力，影响到权利人的继续创作，故为权利人所诟病，著作权集体管理因此应运而生。著作权集体管理的基本法理是：通过中介团体的设立，将权利人和使用者"隔离"开来，权利人不必紧紧盯住其作品的每一个使用者，而使用者也不必与每一个权利人打交道。集体管理组织在得到授权后帮助打理作品的许可事务，使用者在需要使用作品时直接与集体管理组织商量许可事宜。这在方便权利行使的同时，也方便了使用者。因此，著作权集体管理提高了作品利用收益，降低了社会交易成本，获得了普遍的推崇。具体来说，采用著作权集体管理方式利用作品，具有以下积极意义。

其一，减轻权利人负担。在现实中，著作权人往往并不具有谈判授权的专业知识和能力。长期陷于许可事务会牵扯著作权人的大量时间和精力，影响其进一步创作。有了著作权集体管理组织，作品的著作权人与邻接权

[1] 罗向京：《著作权集体管理组织的发展与变异》，知识产权出版社 2011 年版，第 218～228 页。

人就不必为管理和监督作品的使用而煞费苦心，可以安心创作，从而有利于社会知识财富的快速增加。遇到了难以行使或无法控制的权利，权利人更是离不开集体管理组织。例如，一个词曲作者发表了一个好作品，全国各地的不同市场经营者都在未经其授权的情况下不断地重复使用它，而著作权人面对这种广泛、大量、重复的使用，而且是经营性使用，既不能从中受益，又没有能力去制止。这时，要切实有效维护著作权人的权利，只有通过集体管理的方式来解决。也就是说，针对特定权利的特定使用方式，著作权人的权利只有“被代表”才能达到维权的目的。

其二，形成聚合优势。在著作权许可中，网站、图书公司 、影视唱片公司、出版集团等使用者处于优势，单个的著作权人则处于相对的弱势。集体管理组织作为授权一方与其谈判，可以避免处于弱势地位的单个作者难于争取权利的状况。可见，集体管理组织不仅可以帮助著作权人行使难以行使的“小权利”，而且能够产生聚集效应，在著作权许可谈判中运用集中优势维护权利人的利益，更好地利用作品。

其三，降低交易成本。集体管理组织在著作权人与作品使用人之间建立联系，使著作权人行使权利、使用者利用作品都能轻而易举。如果没有方便快捷的集体管理，任何作品的利用都需要著作权人的授权，当然会大幅度增加搜寻成本。同时，集体管理组织的专业性强，批量代表权利人与使用人协商，还可以大大降低谈判成本和授权成本，降低双方完成交易的费用。从这个意义上讲，著作权集体管理也有益于作品的传播和使用。

其四，促进国际合作。著作权集体管理有助于国际著作权合作。集体管理组织通过签订相互代表协议，本国的集体管理组织可以代表外国的集体管理组织在本国内管理其作品，收取作品使用费，然后通过对方国家的集体管理组织转递给著作权人。同理，本国的著作权集体管理组织也可委托其他国家的集体管理组织收取本国著作权人应得的使用费，进而达到在国际范围内维护著作权人合法利益的目的。

其五，提供著作权公共服务。著作权集体管理组织向著作权人、使用者宣传著作权知识，提高著作权意识，增强著作权人自我保护合法权益的能力，促成更多的使用者依法使用受著作权保护的作品。在有的国家和地区，著作权集体管理组织还具有诸如向文化活动提供赞助、遏制盗版盗用的宣传以及建立作者基金、扶持优秀作品创作等社会文化职能。我国著作权集体管理组织也应该通过各种形式的舆论宣传，让社会公众对著作权集体管理的性质、作用和运作模式有一个基本的了解，为该制度的健康发展创造一个良好的社会氛围。

三、我国的著作权集体管理制度

在我国，1991 年《著作权法实施条例》第 7 条第（3）项规定国家版权局有权批准设立著作权集体管理机构并监督、指导其工作。根据这条规定，1992 年，国家版权局批准设立了我国第一家著作权集体管理组织——中国音乐著作权集体管理协会。但是，著作权集体管理制度发展缓慢，批准设立新的集体管理组织也面临着法律上的障碍。2001 年修改《著作权法》时，专门增加了集体管理的规定。该法第 8 条明确规定：著作权人和与著作权有关的权利人可以授权著作权集体管理组织行使著作权或者与著作权有关的权利。这一规定极大推进了我国著作权集体管理制度的建设。为了进一步规范集体管理活动，明确著作权集体管理组织的设立和运行规则，2004 年 12 月 22 日国务院第 74 次常务会议通过《著作权集体管理条例》，该条例自 2005 年 3 月 1 日起施行。

在健全法律制度的同时，集体管理组织的设立工作也得到有序推进。2008 年 6 月，筹备时间长达 10 年之久的中国音像著作权集体管理协会成立，同年 10 月，中国文字著作权协会成立；11 月 21 日，中国摄影著作权协会成立。2010 年 4 月 16 日，中国电影著作权协会成立大会暨第一届会员大会在京举行，这是我国成立的第五家集体管理组织，它的成立标志着我国涵盖音乐、音像、文字、摄影、电影等领域比较完备的著作权集体管理体系已经初步形成。

【实例】　　　　中国香港的著作权集体管理组织

在中国香港知识产权署登记成立的集体管理特许机构共有三家：香港作曲

家及作词家协会（CASH）、香港复印授权协会（HKCLA）和香港版权影印授权协会（HKRRLS）。此外，那些没有注册的协会和组织，如唱片公司社团、表演团体、器械团队等，也可经权利人授权，行使集体管理的职责。

1. 香港作曲家及作词家协会（CASH）

CASH 成立于 1977 年，设立的宗旨有：（1）集体管理及执行香港版权法所赋予作品作者之版权及有关事宜；（2）通过海外相关协会，在世界上 130 多个国家或地区根据当地版权法保障会员权益；（3）推动版权意识，加强公众对音乐创作人的尊重，确保创作人从作品使用中得到适当的报酬；（4）推广及赞助音乐活动，鼓励本地创作及设立音乐奖学金，以提高香港的音乐水准。

CASH 理事会最多由 12 位理事组成，其中 4 位词曲作家理事由作家会员选举产生，4 位出版商理事由出版商会员推选产生，其余理事可由理事会任命。理事会从理事当中任命主席 1 人、副主席 1 人。理事会的主要工作是监督协会的对内和对外事务，制订协会的工作目标和策略，定期检查许可证发放事宜和版权分配规则等。协会的日常管理由理事会任命的行政总裁全权处理，其主要职责是从事内部管理、发放许可证和推广版权教育事务，以及在国际上推行有关音乐版权工作。

2. 香港复印授权协会（HKCLA）

HKCLA 成立于 2001 年 10 月，目的是提供一站式集体版权收费机制，让有需要复印报章作日常营运参考的机构可以合法地复印，现已获得香港 12 份报章及 19 份杂志的复印及传真授权。其设立的宗旨有：（1）作为保护版权持有人的利益及创造商机的先驱；（2）为方便公众获取许可使用权和维护知识产权，提供一站式版权授权服务；（3）提高公众对版权的意识；（3）协助保障个人及公司的创意及原创性；（4）作为版权持有人及公众的桥梁；（5）为版权持有人及公众提供完善的服务；（6）为保护版权实行有效检察制度。

3. 香港版权影印授权协会（HKRRLS）

HKRRLS 成立于 1995 年，其基本宗旨是通过对用户授权及向版权拥有人支付版权费这一途径，大力支持并维护香港的《版权条例》，协助版权拥有人讨回因人们广泛而习以为常地复印有关作品而造成的损失。该组织目前已经获得香港及海外近170万个出版物权利人的授权。

第二节　著作权集体管理组织的设立和运行

一、著作权集体管理组织的设立

依法享有著作权或者与著作权有关的权利的中国公民、法人或者其他组织，可以发起设立著作权集体管理组织。根据《著作权集体管理条例》第7条的规定，设立著作权集体管理组织，应当具备下列条件：（1）发起设立著作权集体管理组织的权利人不少于50人；（2）不与已经依法登记的著作权集体管理组织的业务范围交叉、重合；（3）能在全国范围代表相关权利人的利益；（4）有著作权集体管理组织的章程草案、使用费收取标准草案和向权利人转付使用费的办法（以下简称“使用费转付办法”）草案。

《著作权集体管理条例》规定了集体管理组织的设立程序。申请设立著作权集体管理组织，应当向国务院著作权管理部门提交证明符合条件的材料。国务院著作权管理部门应当自收到材料之日起60日内，作出批准或者不予批准的决定。批准的，发给著作权集体管理许可证；不予批准的，应当说明理由。申请人应当自国务院著作权管理部门发给著作权集体管理许可证之日起30日内，依照有关社会团体登记管理的行政法规到国务院民政部门办理登记手续。依法登记的著作权集体管理组织，应当自国务院民政部门发给登记证书之日起30日内，将其登记证书副本报国务院著作权管理部门备案；国务院著作权管理部门应当将报备的登记证书副本以及著作权集体管理组织章程、使用费收取标准、使用费转付办法予以公告。著作权集体管理组织设立分支机构，应当经国务院著作权管理部门批准，并依照有关社会团体登记管理的行政法规到国务院民政部门办理登记手续。经依法登记的，应当将分支机构的登记证书副本报国务院著作权管理部门备案，由国务院著作权管理部门予以公告。

与上述审批登记制不同，一些国家和地区在著作权集体管理组织设立上采取的是自愿注册登记制。该制度要求著作权集体管理组织可根据自己的判断选择是否在知识产权行政管理部门登记注册，无论是否注册均可运作。

二、著作权集体管理组织与著作权人

著作权集体管理组织在开展活动之前，必须与著作权人和相关权利人签订书面合同，取得权利人授权后才可以开展集体管理活动。权利人符合章程规定条件的，著作权集体管理组织应当与其订立著作权集体管理合同，不得拒绝。权利人与著作权集体管理组织订立著作权集体管理合同并按照章程规定履行相应手续后，即成为著作权集体管理组织的成员。根据现行法律的规定进行解释，著作权人与集体管理组织签订的合同是信托管理合同。基于该法律关系，集体管理组织可以以自己的名义从事相应的著作权管理和许可行为。除信托外，以代理及转让或其他方式获得授权，对集体管理组织也是必要的。信托性质的管理对传统的“小权利”是适宜的；委托代理性质的集体管理，则适于对戏剧作品等“大权利”作品的管理。[1]著作权的转让也称为著作权买断，包括时段买断和终身买断两种。时段买断是在一定期限内由集体管理组织买断作品，权利人本人不能再在该作品上赚取任何利益。终身买断是一次性买断，著作权集体管理组织付给权利人一定费用后，无论作品卖钱与否都与权利人没有关系。

权利人可以依照章程规定的程序，退出著作权集体管理组织，终止著作权集体管理合同。但是，著作权集体管理组织已经与他人订立许可使用合同的，该合同在期限届满前继续有效；该合同有效期内，权利人有权获得相应的使用费并可以查阅有关业务材料。

外国人、无国籍人可以通过与中国的著作权集体管理组织订立相互代表协议的境外同类组织，授权中国的著作权集体管理组织管理其依法在中

---

[1] 罗向京：《著作权集体管理组织的发展与变异》，知识产权出版社 2011 年版，第245页。

国境内享有的著作权或者与著作权有关的权利。相互代表协议是指中国的著作权集体管理组织与境外的同类组织相互授权对方在其所在国家或者地区进行集体管理活动的协议。著作权集体管理组织与境外同类组织订立的相互代表协议应当报国务院著作权管理部门备案，由国务院著作权管理部门予以公告。

我国《著作权集体管理条例》第20条规定："权利人与著作权集体管理组织订立著作权集体管理合同后，不得在合同约定期限内自己行使或者许可他人行使合同约定的由著作权集体管理组织行使的权利。"由此可见，集体管理组织与著作权人签订的集体管理合同的性质属于独占授权信托合同。权利人授权后丧失了除使用费请求权之外的所有财产权利，也不得再自行授权。这一规定具有一定的积极意义，它保障著作权集体管理组织独占性地行使通过合同授予的专有权利，可以更为有效地与使用者进行协商谈判，也节约了使用者的搜寻成本和谈判成本。但是，著作权集体管理的正当性在于它能够维护权利人的合法利益，换言之，如若在集体管理中打压权利人自由意志，则违背了该种制度设置的基本主旨。著作权集体管理组织应该尊重权利人的自由选择，如果强行要求权利人和著作权集体管理组织之间形成独占授权信托关系，无疑剥夺了著作权人的自主权。再则，不管"大权利"或"小权利"，著作权人只要加入了集体管理组织，就要无一例外地独占性信托给集体管理组织，这不仅可能会滋生垄断，而且也会导致集体管理组织滥用权利，因此如何进行制度设计，尚需斟酌。

【实例】　　歌手郑钧唱自己的歌被音著协诉侵权 *

2013年5月24日，北京市海淀区人民法院公开宣判了原告中国音乐著作权协会（以下简称"音著协"）诉被告北京十月天文化传媒有限公司（以下简称"十月天"）侵犯著作权纠纷一案，法院判决驳回了音著协的全部诉讼请求。该案中，音著协认为十月天在其举办的"郑钧2010北京演唱会"中使用

* 王平平："歌手郑钧唱自己的歌竟遭音著协状告侵权"，载 http：//www.ce.cn/culture/gd/201304/26/t20130426_ 24329747.shtml，2013年4月26日。

了音著协受托管理的音乐作品，涉嫌侵权，要求十月天公司赔偿。法院经审理认为，郑钧是《天下没有不散的筵席》的词曲著作权人。音著协虽受郑钧委托管理其音乐作品的表演权，但音著协成立的初衷系为避免著作权人难以控制其权利，起到沟通著作权人与作品使用者的桥梁作用，而非著作权人使用本人作品、行使其自身权利时仍需经音著协许可并付费。此外，音著协与郑钧之间为合同关系，合同中并无排除郑钧本人行使自己权利的约定。虽然《著作权集体管理条例》第20条规定了权利人与著作权集体管理组织订立著作权集体管理合同后，不得在合同约定期限内自己行使或许可他人行使合同约定的由音著协行使的权利，但音著协与郑钧签订管理合同的时间早于《著作权集体管理条例》施行10年，如音著协认为后出台的《著作权集体管理条例》第20条规定应适用于该合同，音著协则应在向郑钧明确释明该规定及其含义，且郑钧明确表示同意后，与郑钧补签相应合同条款；而非在有违意思自治原则的情况下，该规定当然地适用于双方管理合同，自动对郑钧的权利加以限制。十月天公司有当然的理由相信郑钧有权演唱其自己的音乐作品，不具有侵权主观过错，未构成侵权。

著作权人是否可以自由选定加入集体管理组织，著作权集体管理组织能否管理非会员的作品，取决于该国是否认同强制集体管理和延伸性的集体管理。强制性集体管理表明，著作权人的作品只能由集体管理组织进行授权许可，使用者只能通过集体管理组织向权利人转付使用费；延伸性集体管理则意味着，著作权集体管理组织也可以管理非会员的作品。延伸性集体管理的一个先决条件是，该集体管理组织在特定领域内具有充分的代表性，如在全国代表了实质性多数的权利人。延伸性集体管理制度允许非会员的权利人提出禁止使用作品的声明，为其保留了退出集体管理的权利；并且允许非会员权利人单独获得报酬，可以不截留其报酬的一部分充作文化社会发展基金。这种退出机制使非会员权利人在是否加入集体管理的问题上保有选择权，没有影响到版权的排他性，因此被认为与强制集体管理有着本质的区别。[1] 我国已经部分承认了法定许可中的强制性和延伸性集体管理。例如，《广播电台电视台播放录音制品支付报酬暂行办法》第 13 条规定，广播电台、电视台播放录音制品，未向管理相关权利的著作权集体管理组织会员以外的著作权人支付报酬的，应当按照本办法第 12 条的规定将应支付的报酬送交管理相关权利的著作权集体管理组织；管理相关权利的著作权集体管理组织应当向著作权人转付。

三、著作权集体管理组织的职能

集体管理组织所开展的活动，对使用者而言是权利的许可，对权利人而言对应的则是权利的管理。管理和许可，是集体管理组织的两个核心任务，也是一个问题的两个方面。[2] 根据《著作权集体管理条例》的规定，著作权集体管理组织有四项基本职能：（1）与使用者订立著作权或者与著作权有关的权利许可使用合同；（2）向使用者收取使用费；（3）向权利人转付使用费；（4）进行涉及著作权或者与著作权有关的权利的诉讼、仲裁等。

1. 与使用者订立许可使用合同

使用者使用著作权集体管理组织管理的作品，应征得其许可并支付报酬。根据《著作权集体管理条例》第 23 条规定，著作权集体管理组织许可他人使用其管理的作品、录音录像制品等，应当与使用者以书面形式订立许可使用合同。著作权集体管理组织不得与使用者订立专有许可使用合同。使用者以合理的条件要求与著作权集体管理组织订立许可使用合同，著作权集体管理组织不得拒绝。许可使用合同的期限不得超过 2 年；合同期限届满可以续订。

2. 向使用者收取使用费

对于著作权行政管理部门而言，著作权授权使用费的确立标准完全取决于集体管理组织，政府部门绝无直接干预之权限。但是，该使用标准必

---

[1] 罗向京：《著作权集体管理组织的发展与变异》，知识产权出版社 2011 年版，第 186 ~ 187 页。

[2] 同上书，第4 ~ 5 页。

须公开备查，允许各方表达意见。著作权集体管理组织还应公开为不同用途而收取的版权使用费等基本资料，提高这些机构运作的透明度。实际上，许可费并非由集体管理组织和使用人直接协商确立，而是由集体管理组织在征求意见的基础上单方面确定。对于许可使用费意见不同时，可以借助相应的机制处置。在一些国家和地区，无论是使用者还是权利人，对于集体管理组织公布的使用费方案存在不同意见的，都可以向著作权行政管理部门设立的行政裁判机构提出审裁申请。著作权行政管理部门在争议发生后可以介入。

在我国，《著作权集体管理条例》第25条规定，除因为著作权法定许可而产生的应当支付的使用费外，著作权集体管理组织应当根据国务院著作权管理部门公告的使用费收取标准，与使用者约定收取使用费的具体数额。可见，著作权集体管理组织收取使用费的标准有两种确立规则：对于法定许可，应由国务院著作权行政管理部门确立统一的收费标准，使用者直接向集体管理组织交付，或者著作权集体管理组织按照该标准向使用者收取；对于授权许可的使用费，则由集体管理组织制定收费标准，报国家版权局审批通过后收取。我国著作权集体管理组织虽然在授权许可中有自主决定收费标准的权限，但是著作权行政管理部门往往会通过审批程序提前介入。我国著作权行政管理部门并没有建立使用费争议的裁断机构，法律上也没有要求使用费的确立必须建立在著作权集体管理组织与权利人、使用者的多方协商基础上。

实践中，还存在两个或两个以上著作权集体管理组织就同一使用方式向同一使用者收取使用费的情况。例如，在卡拉OK收费中，中国音乐著作权协会可因音乐作品的表演而收费，中国音像著作权协会可以就录像制品和视听作品的放映权使用而收取费用。为减少使用者多次重复缴费引发交易费用的增加，最好在制度设计上建立允许一个集体管理组织收费的机制。我国《著作权集体管理条例》第26条规定，两个或者两个以上著作权集体管理组织就同一使用方式向同一使用者收取使用费，可以事先协商确定由其中一个著作权集体管理组织统一收取。统一收取的使用费在有关著作权集体管理组织之间经协商分配。

3. 向权利人转付使用费

在我国，通过著作权集体管理组织转付使用费主要分为两种情形：第一种情形针对法定许可。使用者根据法律规定，不需要征得著作权人同意使用作品，但是必须向著作权人支付报酬。此时，使用者也可以通过集体管理组织向权利人转付使用费。例如，《广播电台电视台播放录音制品支付报酬暂行办法》规定，广播电台、电视台应当于每年度第一季度将其上甫　应当支付的报酬交由著作权集体管理组织转付给著作权人。广播电台、电视台通过著作权集体管理组织向著作权人支付报酬时，应当提供其播放作品的名称、著作权人姓名或者名称、播放时间等情况，双方已有约定的除外。第二种情况针对授权许可。著作权集体管理组织与使用人签订授权许可合同，获得相应的使用报酬后，再按照集体管理组织的章程和与著作权人的协议，定期转付使用费。当然，著作权集体管理组织通过诉讼获得损害赔偿，也应作为使用费的一部分，与正常情形下的授权使用费一起转付给权利人。

著作权集体管理组织转付使用费，应当编制使用费转付记录。使用费转付记录应当载明使用费总额、管理费数额、权利人姓名或者名称、作品或者录音录像制品的名称、有关使用情况、向权利人转付使用费的具体数额等事项，并应保存10年以上。

著作权集体管理组织可以从收取的使用费中提取一定比例作为管理费，用于正常的业务活动。著作权集体管理组织提取管理费的比例应当随着使用费收入的增加而逐步降低。著作权集体管理组织收取的使用费，在提取管理费后，应当全部转付给权利人，不得挪作他用。

4. 追究侵权行为和参加诉讼、仲裁

著作权集体管理组织可以以自己的名义参加诉讼或者仲裁活动，这体现了它与普通委托代理行为的差异。在发现侵犯著作权行为后，著作权集体管理组织并不需要就某个个案获取著作权人的单独授权，可径行以自己的名义与使用者开展法律交涉，发出律师函。在使用者拒绝支付必要费用，或者违背约定时，集体管理组织可以直接向法院提出诉讼，或者根据仲裁协议提起仲裁。

【案例】　　　　中国音乐著作权协会诉长安商场案

2003年年初，中国音乐著作权协会（以下简称“音著协”）发现北京东安集团长安商场大量播放音著协管理的音乐作品，2003年4月，音著协向长安商场指出其未经著作权人允许，长期以播放背景音乐的形式使用音乐作品，严重侵犯了著作权人的作品使用权，要求协商解决，遭到了长安商场的拒绝。2003年10月，音著协向北京市第一中级人民法院提起诉讼，要求长安商场停止播放背景音乐并赔偿经济损失。被告长安商场辩称：首先，音著协与音乐作品著作权人之间订立的委托合同对第三人没有约束力；其次，音著协是一个民间非官方组织，无权向被告收取费用；再次，音著协主张的收费依据是其单方制定的“表演权收费标准”，对被告没有强制约束力；而且被告并没有因为这些音乐作品而营利，只是提供给公众精神享受，真正的受益人并不是被告；最后，作为大型商场企业，播放的音乐都是已经发表的作品，没有违背著作权人创作音乐服务大众的初衷，在一定程度上还负载了某种文化信息的传播与社会文明的宣传功能，因此严格限制音乐的商业行为会削弱文化传播的功能。原告表示，“表演权收费标准”已经得到了国家版权局的同意。更为重要的是，音著协是著作权的集体管理组织，依法有权以自己的名义追究他人的侵犯著作权责任。最终，该案在法院的调解下结案。

四、著作权集体管理组织的机构

著作权集体管理组织会员大会（以下简称“会员大会”）为著作权集体管理组织的权力机构。会员大会由理事会依照规定负责召集。理事会应当于会员大会召开60日以前将会议的时间、地点和拟审议事项予以公告；出席会员大会的会员，应当于会议召开30日以前报名。报名出席会员大会的会员少于章程规定的最低人数时，理事会应当将会员大会报名情况予以公告，会员可以于会议召开5日以前补充报名，并由全部报名出席会员大会的会员举行会员大会。

会员大会行使下列职权：（1）制定和修改章程；（2）制定和修改使用费收取标准；（3）制定和修改使用费转付办法；（4）选举和罢免理事；（5）审议批准理事会的工作报告和财务报告；（6）制定内部管理制度；（7）决定使用费转付方案和著作权集体管理组织提取管理费的比例；（8）决定其他重大事项。会员大会每年召开一次；经 10% 以上会员或者理事会提议，可以召开临时会员大会。会员大会作出决定，应当经出席会议的会员过半数表决通过。

著作权集体管理组织设立理事会，对会员大会负责，执行会员大会决定。理事会成员不得少于 9 人。理事会任期为 4 年，任期届满应当进行换届选举。因特殊情况可以提前或者延期换届，但是换届延期不得超过 1 年。

第三节　网络环境下的著作权集体管理

一、网络环境下集体管理面临的挑战和机遇

网络环境下，著作权集体管理组织获得授权出现了一些新的挑战，集中表现在三个方面：第一，现代信息技术引起的“信息爆炸”浪潮与数字媒体的多元繁杂相互辉映，各种类型的创作者可以用简便、快捷和随意的方式创作、发表和提供各种形式的作品、表演及录制品。加入集体管理组织的权利人在整个创作群体的比例构成上非常有限，特别是大量业余创作群体及其创作的个别作品不能纳入管理范围。按照传统的集体管理规则，这些没有加入集体管理组织的权利人的作品就不能进行授权。第二，数字媒体环境下，使用者参与作品的创作，大量的作品成为“孤儿作品”。各类使用者在利用这些作品时，面临着无法查找权利人的困难。第三，数字技术的发展使得权利人绕开该组织进行个性化授权成为可能。数字权利管理系统的持续发展，会危及集体管理的必要性。由于集体管理下权利人丧失了单独授权的机会，所以往往成为权利人不得已而为之的选择。由于精力上的有限性和单独收费的困难性，传统集体管理毕竟要优于单独授权。

一旦数字权利管理系统得以发展，权利人将可以借助自己的个体力量实现授权，其对集体管理的需求就会减少。这表明，新时期的集体管理组织进行的集体许可，还需要制度的调整与完善，以更加便捷、高效的方式应对数字技术带来的挑战。

但是，现代信息技术革命也创造了一些新的技术手段和发展平台，从而有助于集体管理。例如，2002 年 9 月，中国香港作曲家及作词家协会与中国音乐著作权协会合作共同开发 DIVA 数据库系统（包括会员、作品、协议、日志、分配和调整等单元，DIVA 是其简称）。DIVA 主要功能是应用网络连接数据信息，共享资源，协助统筹资料及分配版税，其显著特征就是创新，具有远见性和先进性。由此可见，只有通过创新，才能克服技术之弊，张扬技术之利。

二、网络环境下集体管理制度的发展

加强数字环境下著作权的集体管理，既可以满足人们在网络环境下对作品使用的需求，又可以保护著作权人的合法权益，是著作权人进行自我保护、维护自身利益的重要手段。集体管理在应付技术革新带来的著作权问题上，显示出日益增长的重要性。[1] 由于网络空间的著作权保护出现了新的特点，著作权集体管理组织也应该根据时代的发展及时调整和回应，以发挥出应有的作用和功能。

首先，建构延伸性集体管理的规则。在数字环境下，由于信息处于“爆炸”状态，“海量”的信息面对的是大范围的侵权，因此，要每一位愿意集体管理的著作权人都与著作权集体管理组织签订授权委托合同，不仅显得琐碎，不利于提高管理效率，而且也不可能。所以可规定“延伸性集体管理”，即在法律特别规定的范围内，集体管理组织也能管理非会员（未向其授权的著作权人）的权利。换言之，利用人只要依据该集体管理

---

[1] WIPO，*Collective Administration of Copyright and Neighboring Rights*，WIPO Publication (1990). p. 55。

组织就其管理的特定种类作品的利用所定的使用报酬费率支付报酬后，即可以任意就不属于该集体管理组织管理目录内的特定种类作品进行利用（但利用须限于以该集体管理组织所管理特定种类作品之权利范围内），即使该作品的著作权人未加入该集体管理组织，利用人也毋庸取得该著作权人之授权。[1]

其次，建立向集体管理组织提存的制度。在日本，对于著作权人不明或者经相当努力无法与著作权人取得联系的作品，在特定条件下应给付著作权权利金时，可通过向著作权管理机关提存的方式利用该作品。对于大多数国家的集体管理组织而言，提存制度没有具体障碍。具体言之，对于所有人不明或者经相当努力无法联系著作权人取得授权的情形，由集体管理组织作为提出提存的机关，并有义务继续寻找权利人并发表公告。在5年内无著作权人出面主张，为维护法律关系的稳定和实现文化发展，可考虑将权利金纳入文化发展基金。

最后，发挥集体管理组织在建构数字权利管理系统中的作用。著作权集体管理组织完全可以依靠数字权利管理系统更好地服务会员，打破“一揽子”许可的局限，实现依点播次数和频度收费，真正做到公开、公平和公正。从这个意义上讲，集体管理组织应通过技术手段更为科学和精确地反映权利利用情况，确保权利许可金的合理分配，这不仅是科学进行集体管理的必要，而且甚至还直接关乎集体管理的未来生存。此外，著作权集体管理组织可发挥独特的作用建立著作权授权综合交易平台，其目标是[2]：在特定区域乃至全球范围内，建设一个涵盖文字、音乐、美术、摄影、多媒体类型等所有权利类型，著作权作品信息著录符合统一数字化标准，集作品查询、授权洽谈、在线交易、作品使用于一体的著作权综合交易平台。

---

[1] WIPO, *Collective Administration of Copyright and Neighboring Rights*, WIPO Publication, 1990, p. 73～74.

[2] 刘志刚：《电子版权的合理使用》，社会科学文献出版社2007年版，第216页。

三、从集体管理到集中许可

然而，即便经过不断的制度改进，在数字网络时代，传统的集体管理组织在新的环境下还是有可能不敷使用。可以预料的是，大量不同类型的作品被整体地使用或固定在所谓多媒体产品上，一些不同性质的团体被卷入著作权集体许可机制中。[1] 这样一来，更多的集中性著作权许可组织获得授权处理权利人作品的资格。与集体管理组织相比，集中许可机构或者组织不强调“人合”要素，不关心作者，而在意权利的集中管理和许可，除了管理权利、分发许可以及分配使用费外，并不关心其他的目标；它与集体管理组织联系之处，是它也提供单一的许可来源，为权利人和使用者显著降低交易成本；这种组织常称为“权利中心”。[2] 例如，不少博客网站可以以自己的名义从事著作权的授权活动，再以获得的收益与权利人进行分成，这不同于代理而更接近于信托。实践中，著作权代理机构、行业协会、收费管理中心甚至新型构建的授权联盟，都可以在集中许可方面发挥重要作用。

日本于1999年成立了千年数字版权联合会（CCD），它由版权协会、多媒体分会（CCM）和多媒体制作者分会合并成立，包括各个领域的权利人、多媒体产品的团体和企业，通过双方的集体许可实现作品的利用。美国“公民互联网授权联盟”（Citizen Internet Empowerment Coalition）已经发展成为一个由互联网用户、ISP、非营利性组织、出版商等共同组成的版权综合交易机构，为解决网络环境下的著作权授权难题提供了一种新的思路。[3] 美国版权人、出版商以及使用者联合成立的版权结算中心（Copyright Clearance Center，简称CCC）是典型的集中许可组织。CCC的核心要素是每个权利人都可以指定利用自己作品的条件和价格，使用者根据

---

[1] 周艳敏：“日本版权制度的‘数字议程’”，载《电子知识产权》2002年第2期。

[2] 罗向京：《著作权集体管理组织的发展与变异》，知识产权出版社2011年版，第3页。

[3] 刘润涛：“数字时代著作权授权方式研究”，载《知识产权》2005年第5期。

这个条件和价格与权利人达成协议，CCC 提供了把作品及其使用条件集中在一起的平台，并且代为收集使用者交付的使用费。CCC 的许可模式对版权人的排他权予以充分尊重，也给予使用者真正多样的选择可能，因此被各方予以高度评价。[1] 若法律继续固守只有集体管理组织才能进行信托许可的规范，将会阻止晚近出现的各种集中许可组织的发展。事实上，必须突破传统的集体管理组织单一运行模式，通过创新各种组织形式，探讨多元集中许可的思路。

具体来说，除了集体管理组织外，可以探索允许以下组织进行集中许可：(1) 数字媒体作为信托人的集中许可。在著作权人未指明著作权集体管理机构时，应该充分发挥网络服务经营者在网络环境下集体管理的作用，"由网络服务经营者（ISP）充当数字化作品的集体管理机构"[2]。这就需要建立著作权的信托制度。允许权利人与数字媒体之间签订协议，授权数字媒体以自己的名义行使权利。因著作权许可而获得的收益，应由数字媒体在扣除一定管理费后与权利人分享。(2) 多方利益主体集中协商中心的集中许可。著作权许可集中协商中心的会员包括著作权人及其集体管理组织、数字媒体以及多媒体产品的团体和企业。中心可定期召开协商会议，共同探讨集中许可的形式、条款和机制。(3) 探索建立专门的著作权集中许可机构。可仿照美国或日本的做法，建立著作权人、出版商以及使用者联合成立的著作权结算中心，参加集中管理组织的每个权利人都可以独自对使用作品的条件和价格作出决定和安排。集中管理组织代为收取使用费，在扣除必要的成本后按照要求转付给不同的权利人。

---

[1] 罗向京：《著作权集体管理组织的发展与变异》，知识产权出版社 2011 年版，第 165 页。

[2] 吴汉东、胡开忠主编：《走向知识经济时代的知识产权法》，法律出版社 2002 年版，第 160 页。

第九章　技术措施和权利管理信息的保护

技术措施和权利管理信息保护制度成形于1996年通过的《世界知识产权组织版权条约》（WCT）和《世界知识产权组织表演和录音制品条约》（WPPT）。我国2001年修改的《著作权法》和2006年通过的《信息网络传播权保护条例》均明确规定技术措施和权利管理信息的法律保护。事实上，学术上和实践中围绕技术措施和权利管理信息著作权保护话题，依然存在热烈的理论争鸣和思想交锋。技术措施和权利管理信息的著作权保护，固然为权利人的利益维护提供了一道新的制度屏障，但是也打破了传统著作权法律结构中的利益平衡。立法在保护著作权人依法采用技术措施和权利管理信息的同时，对该种保护措施进行了相应的限制，以达到维护公共利益和保障消费者利益的目的。本章拟结合相关法律规定，探讨技术措施和权利管理信息著作权保护中的基本概念和具体规则。

第一节　技术措施的保护

一、技术措施的概念和特征

技术措施也称为技术保护措施，是指权利人为防止、限制其作品、表演、录音录像制品或者广播电视节目被复制、浏览、欣赏或者通过信息网络传播而采取的有效技术、装置或者部件。其中，作为技术措施的“技术”包括防止他人使用的方法、软件等；“装置”是指一种可以单独起到防止使用的设备，如各种加密机；“部件”是指不能单独成为一种技术措施，必须与其他部件、设备配合使用的技术措施组成部分，如与计算机一起配合使用、防止复制的各类“加密狗”等。[1]技术措施具有以下基本特征：

1. 技术措施具有非独立性

技术措施受到著作权法保护的前提条件，是其能够保护作品、表演、录音录像制品和广播节目等信息。通常看，技术措施所依附的信息包括两种：第一种是普通状态下的作品、表演、录音录像制品和广播节目，第二种是网络传播中的作品、表演、录音录像制品和广播节目（以下也简称作品等信息）。在数字网络环境下，技术措施主要被用来保护后一种信息，这也是技术措施获得著作权法保护的主要原因。在我国，《著作权法》保护各种类型的技术措施，《信息网络传播权保护条例》保护网络传播中采取的技术措施。当然，不依附于一定作品信息的技术措施也并非截然不受到保护，规避这样的技术措施，可能构成不正当竞争行为或者受到刑事制裁，只不过此时不能受到著作权法的调整。

2. 技术措施具有合法性

技术措施是为了限制他人非法接触、使用作品而设定的，所以合法性是其应有之义。具体来说，技术措施应该是防御性的，而不能具有进攻性，不能给他人的合法利益造成不应有的损害。《欧盟版权指令》第6条第3款明确规定，技术措施只能被用来“防范或者制止”侵权行为。有鉴于此，权利人不得滥用技术措施，不得违背诚实信用原则和公认商业道德运用技术措施。

3. 技术措施具有有效性

WCT 第11条和 WPPT 第18条均要求技术措施必须是“有效的”（ef-

---

[1] 张建华主编：《信息网络传播权保护条例释义》，中国法制出版社2006年版，第12页。

fective)，但是这两个国际条约都没有给出判断有效性的具体标准。欧盟和美国虽然对“有效性”作出了解释，但在判断“有效性”的具体标准上却存在差别。《欧盟版权指令》第6条第3款所界定的有效性，是指权利人通过接触控制或保护程序，使对受保护作品或其他标的物的使用行为进行控制，实现其保护目的。《美国数字千年版权法》（DMCA）为人们提供了另一种解释。其中，第1201（a）（3）（B）条规定，如果在正常运行中，需要权利人许可而使用某些信息，或进行某些加工处理，才可令作品被接触，技术措施即为有效。我国的《信息网络传播权保护条例》虽然没有从字面上明确规定禁止规避的技术措施必须是能够有效防止他人未经许可访问或者使用作品，但从立法精神上看，应当认为技术措施必须是合法有效的。[1]具体来说，技术措施的有效性蕴含三个方面的内容：第一，技术措施是权利人认为能够控制作品等信息被接触或被使用的技术、装备或部件；第二，这样的技术从该领域普通技术水平的工作人员来看，具有控制作品等信息被接触或被使用的可行性；第三，从该技术措施所能达到的效果上看，它能够有效地与作品等信息相结合，起到阻碍一般人实施侵权行为的作用，而不是仅仅对潜在侵权人产生警示。

【实例】

A公司对自己享有著作权的计算机软件设置了防止进入的技术措施，某位并不专业的学生甲在业余时间碰巧找到了规避该技术措施的方法，并且顺便进入了该计算机软件系统。那么，这样的技术措施是有效的吗？按照《欧盟版权指令》，如果甲能够举证证明，像他这样的“业余选手”也能够规避A公司的技术措施，那么这一事实本身就证明该项技术措施不能“实现其保护目的”，所以应该被认为是无效的。而按照美国的标准，只要技术措施具有技术上的可行性即可满足有效性的要求，由于任何一项技术措施都不可能是完美的，因此即便是甲能够偶然碰巧破解这一技术措施也不能当然证明技术措施的无效性。如果按照本书提出的判断标准审视，甲可在证明两个方面主张A公

---

[1] 张建华主编：《信息网络传播权保护条例释义》，中国法制出版社2006年版，第5页。

司技术措施不具备有效性：其一，非该领域的一般消费者即可以规避该技术措施；其二，该技术措施对消费者仅仅只有警示作用，而不能阻碍公众进入该软件系统。

4. 采取技术措施的主体是权利人或其他获得授权的主体

技术措施由著作权人或者邻接权人或者其他适格主体主动采取。WCT 第 11 条和 WPPT 第 18 条将技术措施主体限定于“作者”和“表演者、录音制品制作者”。美国规定了技术措施的主体是“著作权所有人”（owner）。《欧盟版权指令》允许著作权人、其他相关权利人和数据库特别权利人等三类权利人采取技术措施。我国《信息网络传播权保护条例》第 26 条在界定技术措施时，也将有权采取技术措施的主体限定为权利人。此外，当权利人明确授权被许可人采取技术措施时，被许可人当然也有权采取技术措施。考虑到在现实生活中，著作权人和邻接权人授权著作权集体管理组织行使著作权或者邻接权的现象逐渐增多，而且著作权集体管理组织在得到授权后，完全可以以自己的名义为著作权人和邻接权人主张权利，代为签订合同、独立参加诉讼、仲裁等相关活动。所以，著作权集体管理组织设置技术措施的权利也应该得到法律的保障。

【实例】　好莱坞制片商寄希望于用 3D 电影技术反击盗版*

好莱坞的制片商近年来屡遭盗版打击，损失严重。为捍卫自己的利益，片商们开始寄希望于 3D 电影，利用高科技使盗版望而却步。据英国《泰晤士报》网站日前报道，随着电影业为解决盗版问题屡出新招，3D 影院的概念正在呈现不可阻挡的发展势头，镶着偏光镜片的时髦名牌太阳镜将替代 20 世纪 50 年代的纸板眼镜出现在电影院里。梦工厂动画公司首席执行官杰弗里·卡岑贝格预测，未来影迷们将一手攥着电影票，一手拿着一副名牌 3D 眼镜步入影院。他说：“我已经看到了电影的未来，就是它。对此我深信不疑……你无法从电影银幕上偷录 3D 电影，这个主意不仅能一举遏制盗版，还能将我们的商业利润提高 20%。”卡岑贝格还预测 3D 电影的发展会给其他行业带来无限

---

* “好莱坞制片商寄希望于用 3D 电影技术反击盗版”，载 http：//news. xinhuanet. com/tech/2007 - 07/02/content_ 6316352. htm，2007 年 8 月 10 日最后访问。

商机。“眼镜制造业将率先发现这其中的巨大商机，会争先恐后地制造出这种眼镜。”据悉，从2009年起，梦工厂出品的所有动画影片都将采用3D格式。史蒂文·斯皮尔伯格、彼得·杰克逊、詹姆斯·卡梅伦等大牌导演也已经开始拍摄3D影片；乔治·卢卡斯甚至表示希望将他的《星球大战》系列电影全部以3D格式重新推出。提供电影3D技术的RealD公司创始人兼首席执行官迈克尔·刘易斯说：“我们所运用的科技，就是国家航空和航天局几年来用于操控火星探测器、军方用于航天侦察、石油工业用于勘探石油的技术，我们将这种技术与数码银幕的投影设备结合起来，这样你就能真正获得身临其境的感觉了。”

二、技术措施的分类

技术措施为版权人管理、控制甚至追查作品的传播和使用提供了新的机会。这些技术措施能够防止作品被他人擅自访问、复制、操纵、散发和传播，并且方便了著作权授权和使用监督。[1] 虽然技术措施存在多种类型，但是按照美国DMCA的规定，技术措施可以区分为控制访问作品的技术措施和控制利用作品的技术措施。《信息网络传播权保护条例》没有进行上述区分，应当认为已经笼统地包含了这两类技术措施。[2] 不过在实践中，区分技术措施的两种类型仍具有重要价值。

（一）控制访问的技术措施

控制访问的技术措施能够在正常操作过程中，要求在著作权人的授权下应用信息，进而限制用户使用数据资源的能力。这类技术措施一般设置在服务器上，通过在信息发出端（如某个网站）或者接收端（如解码装置或机顶盒）设置控制访问的技术措施，使其在正常操作情况下，能够有效地防止、限制他人在未得到授权的情况下接触某个网站或者网站中的作品等信息，从而保护权利人的人身权和财产权。该类技术措施主要包括：

---

[1] 薛虹：《网络时代的知识产权法》，法律出版社2000年版，第28～55页。

[2] 张建华主编：《信息网络传播权保护条例释义》，中国法制出版社2006年版，第13页。

(1) 在作品等信息外部设置障碍和壁垒，从而阻止他人未经授权访问作品等客体的口令技术（access code）；(2) 旨在改变作品等信息的表现形式，使普通的网络用户根本无法辨别作品等信息内容的问题化技术（encryption），如加密术就属于此类。

（二）控制使用的技术措施

控制使用的技术措施能够在正常的操作过程中，阻止、限制或限定他人行使著作权人享有的权利。它又可具体细分为两类：控制单纯使用的技术措施和保证支付报酬的技术措施。控制单纯使用的技术措施主要是权利人主动实施的，目的在于限制他人未经授权以复制、发行、传播等方式使用作品等信息。保证支付报酬的技术措施虽然不直接控制他人未经授权访问或者使用作品，但是可以精确计算出他人使用作品的次数和频率，从而保证权利人依据统计出的数据收取使用费。一旦发生侵权，此数据又可以作为权利人掌握的直接证据，便于法院确定侵权赔偿数额。目前比较常见的控制使用的技术措施主要包括反复制设备、追踪系统、标准系统、连续性版权管理系统（SCMS）以及电子水印、数字签名等。

三、技术措施保护的内容

技术措施保护的内容就是通过著作权法禁止规避技术措施的行为以及禁止提供规避技术措施设备、服务以达到最终保护权利人利益的具体规范。不同的立法例在技术措施保护的内容上存在一些差异：有的立法既禁止直接规避技术措施的行为，也禁止为规避技术措施提供设备和服务的间接规避行为；有的立法则只是禁止间接规避行为。我国《信息网络传播权保护条例》既禁止直接规避行为，也禁止间接规避行为，为技术措施提供了较为完整和全面的保护。

（一）禁止规避技术措施的行为

规避技术措施的行为也称为直接规避技术措施的行为，是指未经权利人许可而实施的对已编码的作品进行解码，对已加密的作品进行解密，或者以其他方式回避、越过、排除、化解或者削弱技术措施，最终达到损害著作权人合法利益的目的。从世界代表性立法来看，欧盟没有区分技术措施的类型，对所有直接规避行为予以一体化禁止，美国的立法则区分了控制访问的技术措施和控制使用的技术措施，只是禁止直接规避控制访问作品的技术措施。我国《信息网络传播权保护条例》第 4 条规定，任何组织或者个人不得故意避开或者破坏技术措施，采取了与欧盟立法相似的做法。

首先，规避技术措施的行为是对技术措施的直接回避或者破坏。这样的避开或者破坏行为又有多种表现形式，如越过防拷贝装置、破解密码、化解进入口令等，只要这些行为最终导致本来有效的技术措施变成无效、失效或效力减弱状态，就可以构成避开或者破坏。从这个意义上讲，规避技术措施行为一般以直接破坏技术措施为目的，进而影响到权利人对作品的控制和使用。

规避技术措施的行为与使用作品的行为之间存在密不可分的联系。如何对待规避行为和使用行为，应该具体情况具体分析：其一，规避技术措施，然后使用了作品。此时，如果使用行为本身是侵犯著作权的行为（并非合理使用或法定许可），那么，规避技术措施的预备行为被侵权行为吸收。其二，规避技术措施，其他人使用了作品。此时，规避行为与他人的使用行为互相独立，可以分别构成规避技术措施的行为和侵权行为。其三，规避技术措施，没有任何人使用作品。此时，行为人若已经规避了控制访问的技术措施，则应按照规避技术措施的行为追究法律责任。

其次，行为人主观上存有故意。行为人在主观上应该是明知或者应知权利人采取了技术措施，仍然实施了规避技术措施的行为，此种主观状态使之具有可归责性。反之，无意中因为过失避开或者破解技术措施的行为，无须承担法律责任。这说明在我国立法上，对依法禁止的规避技术措施行为，采取的是以故意为要件的过错责任原则。

再次，法律对实施规避行为的主体没有规定特别要求。从行为主体上看，任何个人和组织，只要其具有一定的技术能力，就有可能避开或者破坏权利人对于作品所采取的技术措施。也就是说，《信息网络传播权保护条例》没有区分一般规避者和以规避为业者，也没有为这两种不同的主体设定不同的法律责任。

最后，规避技术措施行为应承担相应的法律责任。《信息网络传播权保护条例》第 18 条规定，故意避开或者破坏技术措施的，应承担民事责任；同时损害公共利益的，可处以罚款；情节严重的，著作权行政管理部门可以没收主要用于提供网络服务的计算机等设备；构成犯罪的，依法追究刑事责任。

【深度探索】网络“私服”和“外挂”中的规避技术措施行为

“私服”“外挂”违法行为，是指未经授权和许可，破坏合法出版、他人享有著作权的互联网游戏作品的技术保护措施，私自架设服务器，制作游戏充值卡（点卡）运营或挂接运营这些网络游戏，从而谋取利益的行为。

“私服”是盗用游戏原代码，私自架设盗版网络游戏服务器，此服务器中运行与合法出版的网络游戏相同的程序，又借合法出版的网络游戏宣传优势，非法经营，不择手段谋取私人利益的行为。例如，A 公司开发一款游戏软件，该程序需要网络用户在下载客户端程序后共同连接到 A 公司的网络服务器上，互相“对打”晋级，或者互相合作比拼。现在 B 公司私自架设了一台服务器，也能够提供该游戏所需要的连接服务，游戏玩家可以不需要连接到 A 服务器，而是进入 B 服务器就可以进行“比拼”，产生相同的游戏效果，这就是“私服”行为。对于私自架设服务器的行为，往往可以按照非法经营行为追究责任。但同时，在“私服”过程中，违规架设的服务器必然要拷贝相应的合法程序，所以也往往会构成对复制权的侵犯。同时由于他们还在互联网上提供程序的下载，因此也侵犯信息网络传播权。“私服”得以存在的过程中，还会破解合法程序软件著作权人的技术措施，或者侵害其商业秘密，进而成为规避技术措施的行为，或者构成不正当竞争。

“外挂”是指某些人利用自己的电脑技术专门针对一个或多个网络游戏，通过改变网络游戏软件的部分程序制作而成的作弊程序。从技术上来说就是一种游戏外辅程序，它可以协助玩家自动产生游戏动作、修改游戏网络数据包以及修改游戏内存数据等，以实现玩家用最少的时间和金钱去完成升级。“外挂”行为的一般运行是从客户端程序入手，对该程序进行破解，以激活整个或部分的源代码。例如，A 公司开发了一款游戏软件，终端程序放置在自己控股的子公司开办的网络服务器上。游戏玩家们可以进入公司网页下载客户端程序，然后与任何同样下载到这样客户端程序的其他游戏玩家“对打闯关”，进入30关以后就可以获得网络金币5枚，并荣封为“霸主”，闯入60关以后还可以得到美女并称“王”。A公司的营利收入是广告和玩家购买充值卡的收益，玩家们的金币还可以在网上买卖，甚至可以在现实中交换并兑换成人民币。现在有另外一家公司B，改变了网络游戏软件的部分程序，制作而成一个作弊程序，通过这个程序，玩家们可以更快地去闯关，获得更多的金币，更刺激地“杀怪打宝”，这就是“外挂”的实例。在“外挂”中，由于侵权人可能进入合法软件提供者的客户端程序，破解技术措施，因此属于规避技术措施的行为；也有可能侵害商业秘密，构成不正当竞争；还由于“作弊程序”往往是在修改原程序的基础上产生的，还可能侵犯著作权中的修改权和改编权。国家版权局〔2004〕19号文件在答复海南省版权局有关“关于网吧下载提供‘外挂’是否承担法律责任的意见”中认为，网吧下载“外挂”程序并向顾客提供，或者明知下载“外挂”程序系顾客利用网吧服务器分配的空间所为，却不制止并继续向他人提供的，属于规避技术措施和权利管理电子信息的行为。网吧有足够的证据证明显示器提供的“外挂”程序非其下载，且确不知情的，应当删除下载“外挂”程序。拒不删除的，可以按故意侵权论处。

（二）禁止提供规避技术措施的设备和服务

提供规避技术措施的设备和服务是一种间接规避技术措施的行为，也被称为技术措施保护中的“反交易条款”，它是指制造、进口或者向他人提供主要用于避开、破坏技术措施的装置或者部件，或者为他人避开或者破坏技术措施提供技术服务的行为。从比较法例上看，无论欧盟还是美国，均明确禁止间接规避技术措施的行为，而不论该种设备或者服务是规避控制访问的技术措施还是控制使用的技术措施。我国《信息网络传播权保护条例》第4条规定，任何组织或者个人不得故意制造、进口或者向公众提供主要用于避开或者破坏技术措施的装置或者部件，不得故意为他人避开或者破坏技术措施提供技术服务。

首先，提供规避技术措施的设备和服务涵盖多种行为方式。具体包括：

(1) 制造。它是指设备的制造者直接制造了一种避开或者破坏技术措施的装置或部件。(2) 进口。它是指设备的进口商明知所进口的设备能够规避某种技术措施而仍然进口了这样的设备。(3) 向公众提供。这一行为实际上具有更为模糊的含义，它可以包括发行、销售、出租、许诺销售、许诺出租等多种行为。(4) 服务。它是通过第三方的技术能力帮助他人实施规避技术措施的行为。

其次，只有提供主要用于规避技术措施的设备才构成违法。所谓主要用于规避技术措施的设备，可以从目的和用途等方面进行判断，那些没有或者很少有其他用途或者价值的装置或者部件被禁止制造、进口或向公众提供。从比较法上看，禁止提供规避技术措施设备的立法主要有两种模式：一种是美国。美国立法采取“主要设计或制造目的”标准判断，也就是说禁止制造商、设计者制造、设计主要目的是规避技术措施的装置或部件。至于其究竟是否还存在其他的技术效果和使用用途，则在所不问。[1] 另一种是日本。按照日本法的规定，只有某一设备的唯一目的就在于规避技术措施时，才可以对该设备提供者追究法律责任。日本立法的标准虽然可以鼓励使用者通过市场化途径获得规避技术措施的设备，但是却不利于维护著作权人和技术措施施加者的利益，也会减弱技术措施保护的效果。我国《信息网络传播权保护条例》第 4 条明确禁止提供主要用于规避技术措施的装置、部件和技术服务，这是借鉴美国做法的体现，在还没有更好的立法标准之前，作出这样的规定是相对而言较为科学的选择。

再次，行为人主观上存有故意。无论是销售者、制造者、进口商或者技术提供者，只有当他们对于自己所提供设备的主要功能或者服务的性质

---

[1] 在 Universl City Studios v. Reimerdes 案中，环球电影公司针对 DVD 采取了内容扰频（CSS）的技术措施。1999 年 10 月，挪威一少年破解了 CSS 并将破解软件上载到互联网。被告在自己开办的网站上提供 Decss 的下载服务，被告上法庭。法院认定被告应该承担责任。美国法院认为，反交易条款确实对言论作了限制。但是该限制是“内容中立的”，有利于实现“实质的政府目的”，即帮助版权人组织他人未经许可获取其“财产”，而与压制言论自由无关。

有清楚认识时，也就是在明知或应知情形下仍然实施这种提供行为或服务行为，才应该被法律所禁止。但是，提供规避技术措施的设备或服务之人是否知道有人利用该设备或服务去规避技术措施，并不影响该类行为本身的违法性判断。

最后，故意提供规避技术措施设备或服务的行为，应承担相应的法律责任。《信息网络传播权保护条例》第 19 条规定，故意制造、进口或者向他人提供主要用于避开、破坏技术措施的装置或者部件，为他人避开或者破坏技术措施提供技术服务的，应该由著作权行政管理部门予以警告，没收违法所得，没收主要用于避开、破坏技术措施的装置或者部件；情节严重的，可以没收主要用于提供网络服务的计算机等设备，并可处以 10 万元以下的罚款；构成犯罪的，依法追究刑事责任。

【实例】

甲影视公司将其摄制的电影《愿者上钩》的信息网络传播权转让给乙网站，乙网站采取技术措施防范未经许可免费播放或下载该影片。丙网站开发出专门规避乙网站技术防范软件，供网民在丙网站免费下载使用，学生丁利用该软件免费下载了《愿者上钩》供个人观看。对此，下列哪些说法是正确的？(　)（2010 年司法考试第三卷多选第 63 题）

A. 丙网站的行为侵犯了著作权

B. 丁的行为侵犯了著作权

C. 甲公司已经丧失著作权人主体资格

D. 乙网站可不经甲公司同意以自己名义起诉侵权行为人

答：选 BD。规避技术措施的行为包括两种：一种是直接规避，包括自己采取措施或利用他人的技术、服务故意规避技术措施；第二是间接规避，包括不得故意制造、进口或者向公众提供主要用于避开或者破坏技术措施的装置或者部件，不得故意为他人避开或者破坏技术措施提供技术服务。因此，丙、丁均实施规避技术措施的行为。丙的行为虽然已经构成违法，但是没有侵犯《愿者上钩》的著作权。相反，丁不仅直接规避技术措施，而且侵犯了著作权，同时其行为因违法规避在先而不能认定为合理使用。因此，A 不选，B 要选。甲公司只是转让信息网络传播权，它还是其他著作权的主体，所以C错误。乙网站作为信息网络传播权的受让人，可以单独以自己的名义提起诉讼。因此D正确。

四、技术措施法律保护的限制

技术措施的法律保护是一种“超著作权”的制度机制，打破了传统著作权法律结构中的利益平衡。有人悲观地认为，反规避条款和反交易条款使著作权人自己就可以无限地、随意地控制作品的接近和使用，造成事实上的永久保护，在质和量上都直接导致公共领域作品的减少，妨碍公众接近、获取和使用作品，完全违背了著作权激励学术、教育和社会文化发展的初衷，表达自由引擎的功能已经荡然无存。[1] 虽然情况也许没有想象的这么糟糕，但是一个不容忽视的问题还是凸显出来：在为技术措施提供著作权保护的同时，必须通过相应的限制机制维护消费者和其他使用者的固有利益。

（一）一般限制

技术措施保护的一般限制是从基本原则和法律理念上一般性地禁止著作权人采取、设置、运用某些类型的技术措施。在我国《信息网络传播权保护条例》制定过程中，也有人建议为技术措施的保护设定一般限制条款。但是，立法者认为，这类规范不属于《著作权法》调整的范围，因此最终未纳入《信息网络传播权保护条例》的规定。[2] 然而，从民法学一般原理和反不正当竞争法的精神出发，权利人采取技术措施时仍应该受到以下原则性条款的限制：(1) 不得设置攻击性的技术措施。根据诚实信用的原则和技术措施合法性的要求，权利人所采取的技术措施只能是防御性的，不能是攻击性的。不管被攻击的对象是知情或不知情，是合法或非法，所

---

[1] 赵伯雄：《从宪法上言论自由的保障论著作权的限制》，台湾东吴大学法学院法律学系2005年硕士论文，第102~103页。

[2] 张建华主编：《信息网络传播权保护条例释义》，中国法制出版社2006年版，第19页。

采取的技术措施都不得危害普通公众的电脑安全和网络安全。(2) 不能超出制止侵权行为所必需的限度。(3) 不得违反法律和社会公共利益。技术措施不得侵害消费者知情权、选择权、安全权和公平交易权，不得侵害个人隐私权，不得妨碍公共利益，不得违反法律、法规的禁止性规定。

【实例】　　江民公司逻辑炸弹案

在我国，江民公司逻辑炸弹案最早提出有关技术措施保护一般限制的问题。该案发生于1997年，基本案情是：互联网上有人通过“毒岛论坛”网页提供的盗版软件制作工具使得江民反病毒软件KV300的著作权人蒙受巨大的经济损失。江民公司为了维护其商业利益，在其软件的L++版本中设置了逻辑炸弹。“逻辑炸弹”的运行原理是：如果有人使用“毒岛论坛”上面的“解密匙”复制盗版盘，并上机运行，“逻辑锁”就会启动，锁死电脑硬盘，使电脑无法工作。但“逻辑锁”对硬盘的数据不进行破坏，盗版用户只要向江民公司承认盗版行为，经江民公司登记备案，就可以获得解锁密码，恢复硬盘工作。一时间，炸弹频频引爆，网上投诉不断。后来，公安机关介入，根据《治安管理处罚法》的规定给予江民公司3000元罚款。

在本案中，江民公司采取了两项技术措施：首先，江民公司在其开发的KV300系列软件中采取了加密程序，这符合技术措施保护的要求，应该受到保护。其次，江民公司针对盗版工具KV300++设置了一种带有破坏性的程序。这样的技术措施已经具有攻击性。设置攻击型的技术措施会伤及无辜，危害公共利益，因此应予以禁止。

(二) 具体限制

按照《信息网络传播权保护条例》第12条的规定，存在下列情形时，使用者可以规避技术措施，但不得向他人提供规避技术措施的技术、装置或部件。

(1) 教学或科研活动。为学校课堂教学或者科学研究，通过信息网络向少数教学、科研人员提供已经发表的作品、表演、录音录像制品，而该作品、表演、录音录像制品只能通过信息网络获取，这时可以规避技术措施进而利用作品等信息。

（2）向盲人提供作品。不以营利为目的，通过信息网络以盲人能够感知的独特方式向盲人提供已经发表的文字作品，而该作品只能通过信息网络获取，这时可以规避该技术措施利用作品。

（3）执行公务活动。执行公务活动就是国家机关包括立法、行政、司法等机关依照行政、司法程序执行公务而破解技术措施的行为。从法律上讲，国家机关对于自己的某些行政和司法行为享有豁免权，这一点在技术措施的规避上也不例外。因此，国家机关依照行政、司法程序执行公务可以规避技术措施，但不得向他人提供规避技术措施的技术、装置或者部件，不得侵犯权利人依法享有的其他权利。

（4）安全测试。安全测试是指经过适当授权，接触计算机、计算机系统或者计算机网络，其唯一的目的是测试、调查或更正潜在的或实际发生的安全缺陷、脆弱性或执行步骤中的问题。因此，在信息网络上对计算机及其系统或者网络的安全性能进行测试，可以规避相应的技术措施。

第二节 权利管理信息的保护

一、权利管理信息的概念和特征

权利管理信息是指说明作品及其作者、表演及其表演者、录音录像制品及其制作者、广播电视节目及其广播电台、电视台的信息，作品、表演、录音录像制品以及广播电视节目权利人的信息和使用条件的信息以及表示上述信息的数字或者代码。

需要说明的是，我国《著作权法》和《信息网络传播权保护条例》均采取权利管理电子信息的表述。严格意义上讲，权利管理电子信息是权利管理信息之一种，是依附在作品上的特定电子信息，非电子形态的信息自然不能包含在内。不过，世界知识产权组织的 WCT 和 WPPT 所使用的权利管理信息，实际上就是权利管理电子信息。鉴于非电子形态的权利管理信息采取的是纸介质，不易被人删除或更改，而且即便是被删除或更改，其侵权损害程度和范围也较为有限，因此在没有特殊交代的情形下，著作权法所保护的权利管理信息，实际上指向的就是权利管理电子信息。

权利管理信息的主要表现形式包括：(1) 作品的名称和标识作品的其他信息，包括著作权标记指明的信息。(2) 作品的作者的姓名和有关作品的作者的其他标识信息。(3) 著作权和相关权人的姓名、名称和有关该著作权人、相关权的其他标识信息，包括著作权和相关权标记指明的信息。(4) 使用作品、表演、录音录像制品、广播电视节目的期限和条件的信息。(5) 表明这类信息的数字、符号或可以引至这类信息的链接。(6) 其他经确认的任何此类信息。

有学者指出，将著作权人的姓名或者名称纳入权利管理信息的范围不妥。因为著作权人的姓名或名称中的很大一部分应属于署名权或作者身份权的范畴，所以当他人擅自改动、删除作者的署名时，应属于署名权的控制范围，因此没有必要由权利管理信息去覆盖。所以，准确地说，权利管理信息中的"信息"，应该是指关于作品本身的信息、关于作者以外的版权人的信息、关于使用作品的信息、关于使用作品的条件和期限的信息、识别或链接上述信息的数字或标记。[1] 笔者不同意这样的观点，认为权利管理电子信息的表现形态应该是所有能够彰显权利存在、变动和状态的信息。其中，权利人的姓名和名称构成了权利存在状态的基础，应为权利管理信息之一种。

一个软件在注册表中的信息是否为"权利管理电子信息"？对此存在不同的看法。有学者认为，由于它主要是操作系统引导软件安装和运行的信息，而非用于识别软件的信息，也不是关于软件使用条件的信息，应该不属于法律规定的主要用于辨识作品权利状况的"权利管理信息"。[2]笔者赞同这种观点。权利管理信息应该是有助于识别作品、作者、著作权利用条件等内容的信息，软件注册表中的信息不具有这样的功能，当然不是权

[1] 李扬：《网络知识产权法》，湖南大学出版社 2002 年版，第 33 页。

[2] 邵建东、方小敏主编：《案说反不正当竞争法》，知识产权出版社 2008 年版，第 59 ~ 60 页。

利管理信息。

【实例1】　　　影视作品权利管理电子信息示范

第一部分：作品识别管理信息。

1. 作品名称；

2. 著作权人：

3. 导演：

4. 主要演员：

5. 发行人：

联系人：

电话：

传真：

地址：

E-mail：

6. 发行地区：

第二部分：授权声明。

1. 著作权人仅授权购买本影视作品载体的使用者在发行地区供家庭使用。

2. 前款“家庭使用”的范围不包括于电影院、俱乐部、录像带播映场所、旅馆房间、供公众使用之交通工具或其他供不特定人进出场所等的使用行为。

3. 除经著作权人书面授权外，任何人不得就本影视作品载体之全部或一部分著作权法中所规定的复制、发行、表演、出租、信息网络传播等任何受现行著作权法所规范的行为。但符合著作权法合理使用规定之行为，不在此限。

第三部分：上述关于影视作品识别及授权声明，均受到著作权法之保护，未经授权同意，任何人不得为变更或移除之行为。

【实例2】　　　网站权利管理电子信息示范

第一部分：网站识别电子信息。

1. 网站名称：

2. 网站所有人：

如欲利用网站之全部或部分内容者，请向下列联系人洽谈授权事宜。

联系人：

电话：

传真：

地址：

E-mail：

第二部分：授权声明。

1. 本网站刊载之内容，包括但不限于文字叙述、图片、程序、录音、影像与其他信息，均受著作权法保护。

2. 非经授权同意，任何人不得就本网站内容之全部或一部分复制、发行、信息网络传播、表演、广播、演绎等受现行著作权法规范之行为。但符合著作权法有关合理使用和法定许可规定的行为，不在此限。

第三部分：上述关于网站识别及授权声明，均受到著作权法之保护，未经授权同意，任何人不得为变更或移除之行为。

二、权利管理信息保护的内容

权利管理信息保护的内容就是通过著作权法的途径保护权利管理信息，禁止规避权利管理信息，禁止提供权利管理信息被规避后的作品、表演、录音录像制品和广播节目，以及禁止标示虚假的权利管理信息。不同的立法例在权利管理信息的保护内容上有所差异，需要结合具体规定进行理解分析。

（一）禁止删除或改变权利管理信息

删除或改变权利管理电子信息是指在著作权人为作品等信息设置了权利管理电子信息的情况下，删除部分或者全部信息内容，或者将部分或全部信息内容进行篡改、变造的行为。《信息网络传播权保护条例》第5条规定，任何组织或者个人不得故意删除或者改变通过信息网络向公众提供的作品、表演、录音录像制品的权利管理电子信息。第18条规定，故意删除或者改变通过信息网络向公众提供的作品、表演、录音录像制品的权利管理电子信息的，应当承担相应的法律责任。对上述两个条文可从以下方面进行分析：

首先，删除或改变权利管理电子信息的行为是直接实施的规避行为。从行为的方式上看，可以是行为人删除部分权利管理信息、全部管理信息，也可以是改变部分权利管理电子信息或者全部权利管理信息。

其次，删除或改变权利管理电子信息的行为者是故意为之。也就是说，行为人明知权利管理电子信息是经过权利人自己或授权他人合法标记，但是仍然按照自己的意志改变或删除权利管理电子信息的全部或部分内容。

最后，故意删除或改变权利管理电子信息的行为应承担民事责任、行政责任和刑事责任。除了民事责任外，删除或改变权利管理电子信息还可能危害到公众的利益，影响到消费者对作品的利用，破坏了正常的市场秩序，所以应从消费者及市场环境角度考虑，追究侵权人的行政责任和刑事责任。

（二）禁止提供权利管理信息被规避后的信息

所谓提供权利管理电子信息被规避后的信息，是指在明知或应知权利管理电子信息被删除或者改变的情况下，仍然通过信息网络向他人或者公众提供该受保护作品、表演、录音录像制品的行为。《信息网络传播权保护条例》第5条规定，未经权利人许可，任何组织或者个人不得通过信息网络向公众提供明知或者应知未经权利人许可被删除或者改变权利管理信息的作品、表演、录音录像制品。第18条规定，通过信息网络向公众提供明知或者应知未经权利人许可而被删除或者改变权利管理电子信息的作品、表演、录音录像制品的权利管理电子信息的，应当承担相应民事责任、行政责任乃至刑事责任。

（三）禁止标示虚假权利管理信息

标示虚假权利管理信息是指在受保护的作品等信息上本来并不存在某类或者相应的权利管理信息，而故意在作品等信息上按照自己的意志标示相应权利管理信息的行为。在美国法上，明确禁止标示虚假权利管理信息。我国立法对此未予以规定。WCT和WPPT的规定也均未涉及虚假的权利管理信息的标注问题。实际上，按照我国著作权法的规定，制作、销售假冒他人署名的作品的，构成侵犯著作权的行为。所以，在并非他人创作的作品标示虚假的姓名、名称等权利管理信息的，也将可能构成对著作权的侵害。如果虚假标示的不是姓名、名称等权利管理信息，也可能构成不正当竞争，进而受到竞争法的调整。

三、权利管理信息保护的限制

在著作权法规定对权利管理信息提供保护的同时，也应设定相应的限制措施，以平衡权利人利益和公共利益。也就是说，在某些特定情况下，法律允许使用人不经权利人的许可删除或改变权利管理信息，但这种删除或改变必须满足法定条件。

（一）基于公共利益的限制

基于公共利益的需要，可删除或改变权利管理电子信息。对此，我国立法没有进行明确规定。出于国家安全的考虑，立法应允许国家机关及其工作人员不经权利人的许可删改权利管理信息，权利管理信息的保护不能对抗政府或其授权机构有合法授权的调查、执法、计算机系统的信息安全或情报活动。具体来说，国家机关、国家机关工作人员和经合法授权的其他组织为调查、保护、情报收集或者为识别和查明政府部门计算机、计算机系统、计算机网络的弱点而删改权利管理信息，不承担法律责任。

（二）基于技术要求的限制

我国《信息网络传播权保护条例》第5条规定，由于技术上的原因无法避免删除或者改变权利管理电子信息的，可以作为例外情况，享受法律上的豁免。这主要包括在播放广告或者其他节目时，使用作品、录音录像制品的片断，因时间短，无法在播放节目的同时表明权利管理电子信息；或者在实行数字/模拟信号转换时无法保存权利管理电子信息等情况。[1]

[1] 张建华主编：《信息网络传播权保护条例释义》，中国法制出版社2006年版，第24页。

第十章　著作权的保护

著作权是权利人对作品、表演、录音录像制品、广播节目等客体依法享有的专有权利，除法律另有规定外，未经著作权人许可，任何他人不得擅自实施其著作权控制的行为，否则构成对著作权的侵犯，就要承担相应的法律责任。从承担责任的形式上看，著作权的保护可区分为民事保护、行政保护和刑事保护三种类型。著作权侵权发生后的民事、行政和刑事救济程序适用一般程序法的规定和要求，自无疑问。但是侵犯著作权的行为有其自身的特点，许多国家的著作权法和《知识产权协定》专门就著作权侵权诉讼作出了一些特殊规定，以从程序上保障权利人能够及时得到救济。就此而言，著作权的保护又涵盖了实体法保护和程序法保护两个层次。本章拟结合著作权法的规定，探讨著作权的民事保护、行政保护、刑事保护以及著作权侵权救济的程序保障。

第一节　著作权的民事保护

一、著作权侵权行为

依照我国的民法学理论和侵权责任法体系，侵权行为是指行为人不法侵害他人人身、财产和其他合法权益的不法行为。著作权侵权行为也称作侵犯著作权的行为，它是侵权行为的一种，具有其一般特征，是指行为人未经授权也没有法律依据而擅自行使著作权的违法行为。

（一）法律规定的著作权侵权行为类型

我国《著作权法》第47条和第48条规定了两种类型的著作权侵权行为。第47条是仅仅需要承担民事责任的侵权行为，第48条是应该承担民事责任、行政责任乃至刑事责任的侵权行为。其中，违法性程度和侵权情节较轻，一般只是涉及侵犯著作权人个人利益的行为，可称为普通的著作权侵权行为；而那些违法性程度和侵权情节较重，侵权目的是为了获取非法利益，侵权数额较大，侵权后果严重，一般不仅损害著作权人利益，而且侵害他人利益，扰乱文化市场管理秩序，损害社会公共利益的行为，也被称为严重的著作权侵权行为。

具体来说，我国《著作权法》第47条规定的普通著作权侵权行为包括：（1）未经著作权人许可，发表其作品的；（2）未经合作作者许可，将与他人合作创作的作品当作自己单独创作的作品发表的；（3）没有参加创作，为谋取个人名利，在他人作品上署名的；（4）歪曲、篡改他人作品的；（5）剽窃他人作品的；（6）未经著作权人许可，以展览、摄制电影和以类似摄制电影的方法使用作品，或者以改编、翻译、注释等方式使用作品的，本法另有规定的除外；（7）使用他人作品，应当支付报酬而未支付的；（8）未经电影作品和以类似摄制电影的方法创作的作品、计算机软件、录音录像制品的著作权人或者与著作权有关的权利人许可，出租其作品或者录音录像制品的，本法另有规定的除外；（9）未经出版者许可，使用其出版的图书、期刊的版式设计的；（10）未经表演者许可，从现场直播或者公开传送其现场表演，或者录制其表演的；（11）其他侵犯著作权以及与著作权有关的权益的行为。

我国《著作权法》第48条规定的严重著作权侵权行为有：（1）未经著作权人许可，复制、发行、表演、放映、广播、汇编、通过信息网络向公众传播其作品的，本法另有规定的除外；（2）出版他人享有专有出版权的图书的；（3）未经表演者许可，复制、发行录有其表演的录音录像制品，或者通过信息网络向公众传播其表演的，本法另有规定的除外；（4）未经录音录像制作者许可，复制、发行、通过信息网络向公众传播其制作的录音录像制品的，本法另有规定的除外；（5）未经许可，播放或者复制广播、电视的，本法另有规定的除外；（6）未经著作权人或者与著作权有关的权利人许可，故意避开或者破坏权利人为其作品、录音录像制品等采取的保护著作权或者与著作权有关的权利的技术措施的，法律、行政法规另有规定的除外；（7）未经著作权人或者与著作权有关的权利人许可，故意删除或者改变作品、录音录像制品等的权利管理电子信息的，法律、行政法规另有规定的除外；（8）制作、出售假冒他人署名的作品的。

此外，在我国的著作权行政法规中，也根据著作权法的精神，列举出针对特殊客体或权利而发生的著作权侵权行为，比较典型的代表是《计算机软件保护条例》和《信息网络传播权保护条例》。

《计算机软件保护条例》第 23 条规定普通的软件著作权侵权行为包括：（1）未经软件著作权人许可，发表或者登记其软件的；（2）将他人软件作为自己的软件发表或者登记的；（3）未经合作者许可，将与他人合作开发的软件作为自己单独完成的软件发表或者登记的；（4）在他人软件上署名或者更改他人软件上的署名的；（5）未经软件著作权人许可，修改、翻译其软件的；（6）其他侵犯软件著作权的行为。第 24 条规定的严重的软件著作权侵权行为有：（1）复制或者部分复制著作权人的软件的；（2）向公众发行、出租、通过信息网络传播著作权人的软件的；（3）故意避开或者破坏著作权人为保护其软件著作权而采取的技术措施的；（4）故意删除或者改变软件权利管理电子信息的；（5）转让或者许可他人行使著作权人的软件著作权的。

《信息网络传播权保护条例》第 18 条规定了以下严重侵犯信息网络传播权的行为：（1）通过信息网络擅自向公众提供他人的作品、表演、录音录像制品的；（2）故意避开或者破坏技术措施的；（3）故意删除或者改变通过信息网络向公众提供的作品、表演、录音录像制品的权利管理电子信息，或者通过信息网络向公众提供明知或者应知未经权利人许可而被删除或者改变权利管理电子信息的作品、表演、录音录像制品的；（4）为扶助贫困通过信息网络向农村地区提供作品、表演、录音录像制品超过规定范围，或者未按照公告的标准支付报酬，或者在权利人不同意提供其作品、表演、录音录像制品后未立即删除的；（5）通过信息网络提供他人的作品、表演、录音录像制品，未指明作品、表演、录音录像制品的名称或者作者、表演者、录音录像制作者的姓名（名称），或者未支付报酬，或者未依照规定采取技术措施防止服务对象以外的其他人获得他人的作品、表演、录音录像制品，或者未防止服务对象的复制行为对权利人利益造成实质性损害的。

（二）直接侵权与间接侵权

从理论上看，著作权侵权行为可划分为直接侵权行为和间接侵权行为两种类型。直接侵权是指他人未经著作权人的许可，直接实施著作权人所享有的专有权利，进而直接利用了相关作品的行为。由于著作权人享有的专有权利均控制一定的行为，如果未经著作权人的许可，又缺乏“合理使用”“法定许可”等抗辩理由，实施受专有权利控制的行为，就构成了直接侵权。我国《著作权法》以及相应行政法规所列举的侵犯著作权的行为，无论是普通侵权行为还是严重侵权行为，均是从直接侵权的角度进行梳理和分类。实际上，著作权直接侵权行为与著作权的内容紧密联系在一起，因此可根据权利内容的构成进行分类。就此而言，著作权直接侵权行为包括侵犯著作权、出版者权、表演者权、录音录像制作者权和广播电视组织者权等类型；侵犯著作权又可分为侵犯著作人身权和侵犯著作财产权两类；依据我国《著作权法》，侵犯著作财产权又可细分为侵犯复制权、发行权、出租权、展览权、表演权、放映权、广播权、信息网络传播权、摄制权、改编权、翻译权、汇编权等。例如，甲网站未经许可，将乙撰写的论文进行了上传，此时，由于乙享有信息网络传播权，在无合理使用和法定许可等抗辩理由存在时，甲的行为就侵犯了信息网络传播权。因此，即便立法没有具体列举著作权直接侵权行为，也可以从著作权的内容上推演出其具体类别。

在实践中判定著作权直接侵权时，仅仅依据权利内容还不能进行判定，还需要比对原作品和被控侵权作品。一般来说，实践中采取“接触＋实质相似”的标准。“接触”原则表明，被控侵权人应该有机会接触到原权利人创作的作品。或者说，被控侵权人并不是独立创作完成该作品。“实质相似”原则则意味着被控侵权作品与原告作品完全相同、部分相同或者在表述上实质相似。在“李某诉石某、作家出版社侵犯知识产权纠纷上诉案”[1]中，法院明确指出：“实质性相似”是指在后作品与在先作品在表达上存在实质性的相同或近似，使“读者”产生相同或近似的欣赏体验。也有研究者认为，判断“实质性相似”首先需要并列比对原被告作品，确认诉争作品片段，而后“过滤”不受著作权法保护的表达。其次，在原告作品和被告作品各自的语境中考察各个诉争作品片段，并列比较，整合判断，确定各个片段在两个作品中是否传递“实质相似的信息”，表现“实质相似的意义”，构成“实质相似的表达”。最后，结合各个诉争作品片段在原被告作品中的“表达相似度”，独创性高度和创作空间，考察它们的总体效果相对于原告作品整体而言是否达到著作权法可归责的“实质性程度”。[2]

著作权间接侵权是指即使行为人并未直接实施受专有权利控制的行为，如果其行为与他人的直接侵权行为之间存在特定关系，也可基于公共政策原因而被法律认定为侵权行为。由于这类行为构成侵权的原因，并非是其直接侵犯了著作权人的专有权利，因此被称为“间接侵权”。[3] 根据学者的研究，间接侵权行为具有以下类型：

1. 教唆和引诱他人侵权及故意帮助他人侵权

教唆、引诱他人进行侵权，或明知他人行为构成侵权，但仍然给予实质性帮助的，构成共同侵权，这也是间接侵权的主要类型。《侵权责任法》第 9 条规定：“教唆、帮助他人实施侵权行为的，应当与行为人承担连带责任。教唆、帮助无民事行为能力人、限制民事行为能力人实施侵权行为的，应当承担侵权责任；该无民事行为能力人、限制民事行为能力人的监护人

---

[1] 北京市第二中级人民法院民事判决书〔2008〕二中民终字第 02232 号。

[2] 何怀文：《著作权侵权的判定规则研究》，知识产权出版社 2012 年版，第 112 ~ 113 页。

[3] 王迁：《著作权法学》，北京大学出版社 2007 年版，第 251 页。

未尽到监护责任的，应当承担相应的责任。”我国著作权法没有规定教唆、引诱、帮助他人侵犯著作权构成“间接侵权”。有些国家的立法却有着明确的规定。例如，英国立法就规定，侵权工具提供者、公共娱乐场所所有人、播放设备所有人及唱片或电影拷贝提供者如果知晓或有理由知晓他人的直接侵权行为，但仍然通过向他人提供侵权工具，允许他人使用娱乐场所，提供播放设备或唱片、电影拷贝的行为实质性地帮助他人实施直接侵权，构成间接侵权。[1]

2. 直接侵权的预备行为和扩大侵权后果的行为

某些行为并未直接侵犯著作权人的专业权利，也不属于教唆、引诱或帮助他人侵权，但极有可能导致“直接侵权”或扩大其侵权行为的后果。一些国家的立法者出于防止“直接侵权”和避免其损害后果扩大的政策考虑，也将这类行为规定为间接侵权。例如，制作专门用于侵犯著作权工具的行为，可认定为间接侵权行为。[2]

3. 网络服务提供者的间接侵权行为

某些类型的网络服务提供者，如提供定位服务和存储空间的网络服务提供者，并没有直接实施侵犯著作权的行为，但是在知晓或有充足理由知晓侵权行为发生，或者经过权利人通知仍不积极采取删除措施的，也应该被认定为构成间接侵权。

二、著作权侵权责任

在我国民法理论和制度体系中，民事责任是一项重要的创新。侵权民事责任是侵犯民事权利所应当承担的不利法律后果。由于区分侵权行为之债和侵权民事责任，同时又没有以侵权之债为核心构建相应的法律系统，所以在我国民法学语境中，应该围绕侵权责任理解侵权行为产生的法律后果。《侵权责任法》的出台坚持和巩固了这样的传统。因此，在著作权法

---

[1] 王迁：《著作权法学》，北京大学出版社 2007 年版，第 253 页。

[2] 同上。

中，侵犯著作权行为和侵犯著作权的责任应该区分开来，避免在侵权行为中按照“侵权行为之债”的传统民法理论去讨论过错或损害结果，而仅将侵权行为理解为侵犯著作权的客观不法行为，进而在侵犯著作权民事责任中讨论构成要件、归责原则和责任形式等问题。

（一）归责原则

归责原则是在加害行为导致他人损害发生后据以确定损失由何方当事人承担的原则，归责原则实质上是指损害赔偿责任的归责原则。著作权侵权责任应坚持以过错责任为原则，具体理由归纳如下：第一，无过错责任原则主要适用于“特殊侵权行为”，此类行为往往本身具备合法性，只是法律出于弥补受害者损失，平衡损益双方所处的社会地位、风险承担能力等考虑，才在侵权人的侵权行为不具备主观过错的情况下，依法直接认定其应承担赔偿责任。著作权侵权行为不属于“特殊侵权行为”，为此不宜适用无过错责任原则作为著作权侵权责任的归责原则。第二，著作权本身具有极强的谦抑性，适用无过错责任原则会为著作权提供超强度保护，损害著作权法中的平衡精神。著作权立法必须考虑一般公众对作品的学习、使用需求及社会整体的文明进步，这一目标较著作权人的个人利益更具长远性、广泛性，从而决定了对著作权的保护不宜过强，因此不应适用无过错责任原则。第三，从民法学理论上看，著作权侵权责任的归责原则是损害赔偿的责任原则，而不是停止侵害或者赔礼道歉等责任的归责原则。不能因为停止侵害等责任形式中不需要行为人主观过错，就错误认定这是无过错责任原则的适用。第四，虽然境外有少数国家要求无过错的侵权人也要支付一定数额的法定赔偿金[1]，《知识产权协定》第 45 条也允许成员方

---

[1] 《美国版权法》第 504 条（c）（2）款规定：如果法院判定版权侵权者不知道也没有理由认为其行为构成对版权的侵犯，法院可酌情决定将法定损害赔偿金减少到不少于 200 美元的数额。

可以进行这样的规定[1]，但是我国现有法律并没有作出类似规定，同时也并不违反国际公约的要求。

在著作权侵权责任以过错责任原则为归责原则的同时，过错推定也发挥着重要作用。过错原则包含一般过错原则和过错推定原则。过错推定是一般过错原则的补充，可以充分缓解著作权人的举证压力，实现对著作权人的充分救济。过错责任和过错推定原则均以侵权行为人的主观过错的确证作为追究其损害赔偿责任的前提，两者的差异在于对行为人的主观过错进行确证的过程中，过错推定采取了举证责任倒置的做法，这决定了过错推定只是过错责任原则的一种适用方法，并不具有作为独立归责原则的价值。《著作权法》第53条规定，复制品的出版者、制作者不能证明其出版、制作有合法授权的，复制品的发行者或者电影作品或者以类似摄制电影的方法创作的作品、计算机软件、录音录像制品的复制品的出租者不能证明其发行、出租的复制品有合法来源的，应当承担法律责任。这是过错推定原则在著作权侵权责任归责原则中的运用和体现。

（二）责任要件

著作权侵权责任的构成要件是指追究侵犯著作权行为人的损害赔偿民事责任所必须满足的条件。由于著作权侵权责任以过错责任为归责原则，所以需要有行为人的过错才承担民事责任。因此，著作权侵权责任的要件有以下四个方面：（1）著作权侵权行为。加害人客观上实施了侵犯著作权的行为，这是侵害著作权责任的前提。关于著作权侵权行为的含义和类别，前文已经有详细分析，此处不再赘述。（2）损害事实。损害事实是指著作权人的财产或人身遭受不利影响，包括财产损害和精神损害两种。著作权包括精神权利和财产权利，侵犯著作权的行为发生后，也会导致权利人财

---

[1] 该协定第45条第2款规定：在适当情况下，即使侵权人不明知或不应知从事的行为构成侵权，各成员仍可授权司法当局判令侵权人返还侵权利润，以及/或支付法定赔偿额或定额赔偿额。但这一规定并不具有强制性，而且也有美国学者认为，“不明知或不应知”仍构成法律上的过错。张广良：《知识产权侵权民事救济》，法律出版社2003年版，第91页。

产损失和精神利益损害。(3) 因果关系。因果关系是各种现象之间的引起与被引起的关系。如果侵犯著作权的行为客观上引起了权利人的财产损害或精神损害，就应该承担相应的民事责任。如果侵权行为与损害后果之间具有相当因果关系，在其他构成要件具备时也可以构成著作权侵权责任。(4) 过错。过错是指行为人应该受责难的主观状态。在侵权行为之债的语境下，侵权行为本身也会受到是否具备过错的检视。在我国，只有在承担侵权责任时才应该考虑主观过错问题。过错分为故意和过失两种：故意是指行为人明知自己的行为会发生侵害他人权益的后果并且希望或者放任这种结果发生的主观状态；过失是指行为人应当预见行为可能发生侵害他人权益的后果，但却因为疏忽大意没有预见或者已经预见而轻信能够避免的主观状态。

(三) 替代责任

普通的著作权侵权责任是行为人对自己的过错行为承担法律责任，但在特殊情形下，行为人也会为他人的侵权行为承担责任，这就是著作权侵权的替代责任。该种责任形式中行为人并没有实施任何侵权行为，所以并不是间接侵权行为引发的责任；同时，行为人不论是否有过错，只要具有监督控制侵权人的能力，且从中获得经济利益，就应该承担责任，因此是一种不以过错为要件的民事责任，是一种严格责任，属于著作权侵权责任过错责任原则的例外。例如，某人从一场侵权演出中获益，他监管或者他有权控制或监管这场演出，那么他就应同实际的演出者一样承担责任。一个旅馆或舞厅的老板雇佣乐队为顾客演奏提供娱乐，该老板就应承担乐队指挥或乐手的责任，即使这些雇员是独立的签约人，并且该旅馆或舞厅的老板没有能力判断他们演出作品的详细情况。[1] 可见，如果民事主体对于他人的侵权行为具有监督的权利和能力，同时又从侵权行为中获得了直接经济利益，即使其不知道他人的侵权行为，也应该承担损害赔偿的法律责

[1] ［美］阿瑟·米勒、迈克尔·戴维斯著，周林等译：《知识产权法概要》，中国社会科学出版社 1998 年版，第 222 ~ 223 页。

任。因此，替代责任是著作权侵权责任中的一种特殊形态。

（四）责任形式

在传统民法中，侵权责任的方式就是侵权损害赔偿。我国《民法通则》和《侵权责任法》将民事责任独立出来，除了损害赔偿以外，还规定了停止侵害、排除妨碍、返还财产、恢复原状、消除影响、恢复名誉、赔礼道歉等责任方式。在我国著作权法中，侵犯著作权的民事责任形式也包括停止侵害、消除影响、赔礼道歉和赔偿损失。正是基于这种差异，在我国著作权侵权责任的构成要件和责任形式之间并不是一一对应的关系。也就是说，前述所谓的责任要件，仅仅针对损害赔偿责任而言，对于停止侵害、消除影响和赔礼道歉这三种责任形式而言，并不要求具备前述所有责任要件，特别是不需要有实际损害和主观过错这样的要求。

1. 停止侵害

停止侵害是指责令正在实施侵害他人著作权的行为人立即停止其侵权行为。理论上讲，停止侵害责任形式既可基于侵权行为而行使，也可基于作为绝对权的知识产权之上存在的“物上请求权”而行使。[1] 实践中看，如果法院在下达判决时侵权行为仍在继续，可以直接依据《著作权法》的规定责令行为人承担停止侵害的民事责任。

2. 消除影响和赔礼道歉

消除影响和赔礼道歉是两种独立的民事责任方式，我国著作权法对此有明确的规定。消除影响是指责令侵权行为人在一定的范围内澄清事实，以消除人们对权利受害人或其作品的不良印象；赔礼道歉是责令侵权行为人在一定的范围内，向受害人承认错误，表示歉意。我国法律并未规定在何种情况下或权利人的何种权利受到侵害时，侵权人将承担此两种责任，一般认为，它们主要适用知识产权人的人身权或者精神权利受到侵害的情

[1] 吴汉东：“试论知识产权的‘物上请求权’与侵权赔偿请求权”，载《法商研究》2001 年第 5 期。

形。❶ 因此，当行为人纯粹侵犯著作财产权时，通过判决损害赔偿就可以使著作权人获得充分救济，不宜再适用赔礼道歉的民事责任。

3. 赔偿损失

赔偿损失是最常见的民事责任形式，它是指责令侵权行为人以自己的财产弥补受害人因其侵权行为而造成的损失。《著作权法》第 49 条规定，侵犯著作权或者与著作权有关的权利的，侵权人应当按照权利人的实际损失给予赔偿；实际损失难以计算的，可以按照侵权人的违法所得给予赔偿。赔偿数额还应当包括权利人为制止侵权行为所支付的合理开支。权利人的实际损失或者侵权人的违法所得不能确定的，由人民法院根据侵权行为的情节，判决给予 50 万元以下的赔偿。可见，计算侵权损害赔偿额度有三种方式：（1）按照权利人的实际损失计算。根据《最高人民法院关于审理著作权民事纠纷案件适用法律若干问题的解释》第 24 条规定，权利人的实际损失，可以根据权利人因侵权所造成复制品发行减少量或者侵权复制品销售量与权利人发行该复制品单位利润乘积计算。发行减少量难以确定的，按照侵权复制品市场销售量确定。（2）按照侵权人的违法所得计算。违法所得一般指向侵权人因为侵权行为所获得的实际利润，它是侵权销售的总数与侵权复制品单价的乘积。（3）法定赔偿额。我国著作权法规定了不超过 50 万元的法定赔偿金数额。根据司法解释，人民法院在确定赔偿数额时，应当考虑作品类型、合理使用费、侵权行为性质、后果等情节综合确定。如果当事人就法定赔偿的数额达成协议，根据意思自治的原则，人民法院应当准许。需要注意的是，上述三种赔偿方式有明确先后顺序，只有在无法计算实际损失时，才能按照侵权人的违法所得计算赔偿额，当侵权违法所得也无法确定时，才能适用法定赔偿金。

在确定著作权损害赔偿额时，权利人为制止侵权所支付的合理开支也应涵盖在内。根据司法解释，制止侵权所支付的合理开支包括权利人或者委托代理人对侵权行为进行调查、取证的合理费用。人民法院根据当事人

❶ 张广良：《知识产权侵权民事救济》，法律出版社 2003 年版，第 211 ~216 页。

的诉讼请求和具体案情，可以将符合国家有关部门规定的律师费用计算在赔偿范围内。

除了上述损害赔偿责任外，实践中，如果无过错的侵权人从侵权行为中获得了利润，仍然应该将利润返还给著作权人。例如，《最高人民法院关于审理著作权民事纠纷案件适用法律若干问题的解释》第20条第3款规定：出版者尽了合理注意义务，著作权人也无证据证明出版者应当知道其出版涉及侵权的，依据《民法通则》第117条第1款的规定，出版者承担停止侵权、返还其侵权所得利润的民事责任。事实上，这种返还侵权所得利润的规定，体现了不当得利之债的效力和精神。

【深度探索】　　侵犯著作权的精神损害赔偿问题

精神损害赔偿，又称非财产利益损害赔偿，是加害人因其侵权行为引起受害人精神利益损害而依法应承担的赔偿责任。作者著作权与作者人格、身份有着密切的联系，作者的精神利益因为著作权侵害也会受到影响，著作人身权受到侵害也应该获得精神损害赔偿。

在界定著作权精神损害赔偿时，以下几点值得注意[1]：（1）著作权人的精神权利受侵害后，在要求侵权人赔偿经济损失的同时，有权请求精神损害赔偿。（2）对著作权人精神权利的损害，无论是否给著作权人带来经济损失，都可以适用精神损害的物质赔偿。（3）著作权精神损害涉及被侵权人生理、心理和人格利益的损害，因此在计算损害额时应当综合考虑侵权情节、时间、后果以及受害人和侵权人情况。（4）著作权侵权精神损害赔偿受到一定的限制。这主要表现为：一是著作权精神损害只适用于对侵犯著作权中人身权这一精神利益的保护，而获得精神损害赔偿的主体只能是作者，而不能是作者以外的著作权人。二是对著作权精神损害赔偿应首先适用停止侵权、消除影响、赔礼道歉等民事责任形式。用这些方式足以补偿著作权人的精神损害时，就不应再给予精神损害赔偿。三是著作权精神损害赔偿程度较轻、社会影响较小，一般可以不考虑精神损害赔偿；精神损害程度一般，但同时造成经济损失的，除对造成的经济损失进行赔偿外，同时适用停止侵权、消除影响、赔礼道歉等民

[1] 冯晓青：《著作权法》，法律出版社2010年版，第245～246页。

事责任形式；精神损害所造成的后果严重的，应结合侵权人主观过错、侵权情节与后果，给著作权人一定的经济赔偿。四是著作权精神损害赔偿额度不能过高，应该控制在一个适当范围之内。

（五）免责事由

侵权责任的免责事由，是指免除或者减轻侵权责任的条件，有些学者也称之为抗辩事由。当被告被起诉侵犯原告的著作权时，被告可以基于以下事由为自己进行抗辩：其一，基于侵权责任的一般免责事由抗辩。包括依法执行公务、受害人同意、不可抗力、意外事件、受害人过错和第三人过错等。其二，主张被告所指控之侵权客体不受著作权法保护。其三，主张被告没有利用原告的作品。其中，可供参考的理由有：被告自行创作完成作品；被告利用的是原告作品中的思想而非表达；同原告一样，被告利用的是其他人的作品。其四，主张适用合理使用和法定许可等著作权法允许的权利限制条款。其五，其他法律规定的事由。例如，网络服务提供者根据“避风港”规则，可主张免受侵权责任的追究。

三、著作权合同违约责任

著作权人借助合同利用自身享有的合法权利，由此与使用者之间形成合同之债的法律关系。如果一方违反合同约定，或者履行合同不符合要求的，或者提前解除合同的，在没有法定或约定的免责事由情形下，可以通过追究违约方的责任而实现对守约方的保护。《著作权法》第 54 条规定，当事人不履行合同义务或者履行合同义务不符合约定条件的，应当依照《中华人民共和国民法通则》《中华人民共和国合同法》等有关法律规定承担民事责任。

四、著作权侵权民事制裁

民事制裁是指人民法院依法对违反民事法律应负民事责任的行为人所处的制裁、处罚措施，包括训诫、责令其悔过、收缴进行非法活动的财物和非法所得、罚款和拘留等。《著作权法》第 52 条规定，人民法院审理案件，对于侵犯著作权或者与著作权有关的权利的，可以没收违法所得、侵权复制品以及进行违法活动的财物。《民法通则》第134条第3款还允许施加罚款。可见，人民法院在审理著作权民事案件中，除了根据当事人的请求追究行为人的民事责任外，还可以对侵权人施加民事制裁，民事制裁的手段包括没收和罚款等。如果著作权行政管理部门对相同的侵权行为已经给予行政处罚的，人民法院不再予以民事制裁。

【实例】陈佩斯、朱时茂诉湖北扬子江音像出版社等侵犯著作权纠纷案*

1999年，由湖北扬子江音像出版社（简称扬子江出版社）提供版号、出具复制和销售委托书，由广东中凯文化发展有限公司（简称中凯公司）负责实施，两家共同出版发行了6辑“开心一刻”系列VCD光盘，其中有一辑称为《开心果经典精品：陈佩斯小品》。在这枚“开心果”中，这两家单位未经陈佩斯、朱时茂许可，使用了他们在春节晚会上合作表演的《烤羊肉串》《大变活人》《宇宙体操队选拔赛》3个小品。不久，经营音像制品的上海天鼎公司（简称天鼎公司）向中凯公司购进“陈佩斯小品”，然后在上海地区批发销售。

陈佩斯、朱时茂经过一番调查了解后，于2000年岁末之际，将这3家单位告到上海市第二中级人民法院。他们以侵害著作权为由，请求法院判令三被告立即停止制作、发行、销售侵权VCD光盘；在媒体上公开赔礼道歉，消除影响；赔偿经济损失人民币100万元；同时要求被告承担本案全部诉讼费。

湖北扬子江出版社接到法院送达的起诉书副本后立即对本案的管辖提出异议，认为这一案件应由自己单位所在地的武汉市中级人民法院管辖。管辖异议先后被上海市二中院与上海市高院驳回，理由是侵权结果发生地人民法院有权管辖。

2001年12月19日，上海市二中院对本案作出判决：（1）被告湖北省扬子江音像出版社、广东中凯文化发展有限公司停止出版、发行《开心果经典精品：陈佩斯小品》VCD；（2）被告扬子江音像出版社、中凯文化发展有限公司于判决生效之日起30日内，在《中国电视报》《文汇报》刊登声明，向

* 上海市第二中级人民法院〔2001〕沪二中知初字第1号。

两原告赔礼道歉，消除影响；（3）被告扬子江音像出版社、中凯文化发展有限公司于判决生效之日起10日内赔偿两原告经济损失人民币30万元，并承担连带责任；（4）被告上海天鼎音像制品有限公司停止销售《开心果经典精品：陈佩斯小品》VCD。判决宣告之后，原、被告都没有上诉，该判决已发生法律效力。

（一）著作权归属之争

原、被告的主要争执是陈佩斯、朱时茂二人究竟是不是《烤羊肉串》等3个小品的著作权人。

在扬子江出版社等被告看来，3个小品本是原告在春节晚会上表演的节目，而春节晚会则是包括中央电视台的导演、摄像、服装、化妆、编辑等人员共同创作的作品。根据《著作权法》规定，电视作品的导演、编剧等作者只享有著作权中的署名权，而著作权的其他权利则应由制片人享有。因此，春节晚会的整体著作权属中央电视台，而两位原告只享有小品作者和表演者的署名权。正是基于这一点，被告认为有权将3个小品许可他人出版发行的是中央电视台而不是陈佩斯、朱时茂二原告，因此他们不具备诉讼主体资格。

但两位原告认为：他们在春节晚会上表演的小品是自己历经艰辛创作的，尽管中央电视台有关人员在录制过程中确实也付出了一定的劳动，小品本身也根据中央电视台编导的意见进行过修改与完善，但中央电视台的这种行为并不构成对小品的改编或创作。所以即使中央电视台对整台春节晚会享有著作权，也不能推定原告对他们创作和表演的小品因此而丧失了著作权。由此推出的结论是，被告擅自出版发行原告的小品VCD构成了对原告的侵权。

法院认为，原告对3个小品虽然无法提供剧本之类的文字材料，即没有固定的物质形态（诸如文字之类）作为载体，但原告在法庭上对于小品创作过程从创意构思直至个性完成的整个陈述是自然、客观、可信的，这个过程是两原告同心合力边编边演，边演边完善的创作过程。因此，这3个小品完全符合《著作权法》关于口述作品的要求，原告毫无疑义是小品的作者。被告对原告是3个小品的作者并未表示异议，只是认为中央电视台的编导等也是作者，根据证据规则，法院可将被告的这种“承认”作为证据予以认定。

（二）30万元赔偿如何算出来

两位原告提出100万元的赔偿要求，但法院仅判决被告赔偿30万元，这样判决的依据何在呢？在陈佩斯、朱时茂案中，两原告认为自己损失和被告获利都无法计算，所以要求适用法定额赔偿规定确定被告的赔偿额，也就是他们提出的100万元。而被告扬子江出版社、中凯公司则认为，自己在出版发行VCD过程中并未获利，因此不同意赔偿。但是两被告也没有能够提供制作、发行“陈佩斯小品”完整的财务账册和凭证。由于原告实际损失难以计算，被告获利情况也无法查清，所以法院根据案件的具体情况酌情确定两被告的赔偿额。

鉴于两位原告是我国著名的喜剧演员，在演艺界具有较高知名度，被侵权的3个小品深受公众喜爱；扬子江出版社和中凯公司是专业出版社和音像制品经营者，他们明知出版、发行音像制品应获得授权却故意侵权，又加上他们在1999年到2000年之间在全国发行“陈佩斯小品”，侵权时间长、地域广；中凯公司的法定代表人在法院采取证据保全措施时，故意不提供相关财务账册和凭证等诸多因素，法院酌情确定两被告赔偿两原告包括合理费用在内的经济损失人民币30万元整，并互相承担连带责任。同时还判决该两名被告在报刊上刊登致歉声明、消除影响。

（三）销售者的责任

本案中，法院对第三被告上海天鼎音像制品有限公司仅判令停止销售涉案VCD，并未要求其承担赔偿、道歉等责任。这样判决的原因何在？根据我国的法律，认定著作权民事侵权所适用的是过错责任原则。销售侵权音像制品是否构成侵权，主要看销售者主观上有无过错，判断有无过错的原则就是审查他销售的音像制品来源是否合法，譬如音像制品是否由具有合法资质的出版社出版，进货渠道是否正当等。天鼎公司销售的“陈佩斯小品”，是由具有出版资质的扬子江出版社出版的，是向具有音像制品经营许可证的中凯公司购进的，当时中凯公司还向天鼎公司出示了扬子江出版社的销售委托书，推定没有过错，因此法院认定天鼎公司销售的VCD来源合法，不承担损害赔偿的民事责任。但由于“陈佩斯小品”已被判定为侵权音像制品，因此天鼎公司应当停止销售。可见，停止侵害民事责任并不以是否有过错为判断要件。

第二节 著作权的行政保护

一、著作权行政管理

著作权行政管理是指著作权行政管理机关代表国家对著作权工作进行管理的行为。我国《著作权法》规定，国务院著作权行政管理部门主管全国的著作权管理工作；各省、自治区、直辖市人民政府的著作权行政管理部门主管本行政区域的著作权管理工作。著作权行政管理的性质是一项行政行为。行政行为是指国家行政机关依照法律实施行政权而产生法律效果的行为。著作权行政管理，就是国家著作权行政管理机关依据《著作权法》及相关法规实施行政权的行为。我国《著作权法》将行政管理分为中央管理和地方管理两个层级。国家版权局作为国务院著作权行政管理部门，主管全国的著作权管理工作；地方著作权行政管理部门主管本行政区域的著作权管理工作。

（一）国务院著作权行政管理部门的职能

（1）贯彻著作权法律、法规，制定与著作权行政管理有关的办法。此项职能主要指监督和检查《著作权法》实施的情况，向立法部门反映《著作权法》实施过程中存在的问题并提出补充、修改、废止等意见，起草、制定以国务院著作权行政管理部门名义颁布的行政规章、办法等文件。

（2）查处在全国有重大影响的著作权侵权案件。国务院著作权行政管理部门查处的侵权行为主要有：在全国有重大影响的侵权行为；涉外侵权行为；认为应当由其查处的侵权行为。上述侵权行为必须是严重的侵权行为，且这些侵权行为必须是损害了公共利益。

（3）批准设立著作权集体管理机构、涉外代理机构和合同纠纷仲裁机构，并监督、指导其工作。如国家版权局批准成立的“中国音乐著作权协会”，由其从事音乐著作权的集体管理工作。

(4) 负责著作权涉外管理工作。如与外国著作权主管部门商谈互相保护著作权问题，参加著作权保护的国际活动，管理涉外版权贸易等。

(5) 负责国家享有的著作权管理工作。如负责民间文学艺术作品和丧失著作权作品的使用管理工作等。

(6) 指导地方著作权行政管理部门的工作。此项职能主要是：制定要求地方著作权行政管理机关具体实施的有关规定，听取地方著作权行政管理部门的工作汇报，批复地方著作权行政管理部门的请示报告，帮助地方著作权行政管理部门开展工作等。

(7) 颁发强制许可证。我国《著作权法》虽还没有明确这一问题，但强制许可制度在《伯尔尼公约》和《世界版权公约》中均有规定，而我国已加入这两个公约，因此国家著作权行政管理部门应具备这一职能。

(8) 承担国务院交办的其他著作权管理工作。

(二) 地方著作权行政管理部门的职能

地方著作权行政管理部门是指各省、自治区、直辖市人民政府的版权局，它们属于地方政府的行政职能部门，受地方政府领导，与国家版权局无行政隶属关系，但在业务上受国家版权局指导。地方著作权行政管理部门的职能主要有：

(1) 检查本地区内著作权法的实施情况，了解本地区著作权法实施过程中存在的问题，提出解决问题的建议，并及时向国家版权局反映。

(2) 对于发生在本地区的侵权行为，行使行政处罚权。

(3) 接待来信、来访，并为著作权人及有关部门提供法律咨询、服务。

(4) 宣传、普及著作权法律知识，组织本地区内的各种宣传工作，为各行业部门举办讲座、培训，编写出版有关著作权保护的资料、刊物。

(5) 在人民法院需要时，为其处理著作权纠纷案件提供帮助。

二、著作权违法行为的行政责任

著作权违法行为的行政责任是指著作权行政管理机关依照法律规定对

侵犯著作权行为人责令停止侵权行为，或者给予的行政处罚，它具有以下特征：（1）它是行政机关依照职权主动追究违法者的法律责任。实践中，行政机关可以在执法检查和执法行动中积极主动发现违法线索，也可在权利人报案后认定符合立案条件进而采取相应行政执法措施。（2）它只针对侵权行为中危害公共利益的行为和其他严重违法行为。或者说，只有在发生法律和行政法规所规定的严重违法行为时，才能够对行为人采取行政处罚措施。严重侵权行为是相对普通侵权行为而言，它一般以营利为目的，侵权行为严重，损害后果重大，不仅侵害当事人利益，而且危害社会公共秩序和市场秩序。其他严重违法行为是指在著作权管理中的危害公共利益行为，例如著作权集体管理组织设立中的违法行为等。（3）权利人并不能从行政处罚中获得民事赔偿。行政处罚所没收的物品和所获得的罚款，应该上交国库。（4）侵犯著作权的行政责任包括责令停止侵权行为和给予行政处罚。责令停止侵权行为不是我国《行政处罚法》上的行政处罚措施，但却是著作权法所规定的行政责任形式之一。侵犯著作权的行政处罚措施包括警告、罚款和没收三种。其中的没收行为又主要包括没收违法所得、没收侵权制品、没收安装存储侵权制品的设备、没收主要用于制作侵权制品的材料、工具、设备等。具体采取何种处罚措施，应结合违法行为的程度、性质、情节、侵害后果等因素决定。（5）只能是享有行政执法和处罚权限的国家机关作出行政责任决定。在我国，除著作权行政管理部门享有行政执法权外，“扫黄打非”办公室、文化执法大队以及其他相关行政机关依据法律规定，也可以享有著作权执法权限，可以作出要求行为人承担相应行政责任的决定。（6）行政机关作出的行政责任决定具有可诉性。当事人对国家版权局的行政处罚不服的，可以向国家版权局申请行政复议；当事人对地方著作权行政管理部门的行政处罚不服的，可以向该部门的本级人民政府或者其上一级著作权行政管理部门申请行政复议。当事人对行政处罚或者行政复议决定不服的，可以依法提起行政诉讼。

根据《著作权法》第48条规定，著作权行政管理机关可视其情节，责令停止侵权行为，对于严重的著作权侵权行为分别给予没收违法所得，没收、销毁侵权复制品，处以罚款及没收主要用于制作侵权复制品的材料、工具、设备等。著作权行政管理部门可以处非法经营额3倍以下的罚款；非法经营额难以计算的，可以处10万元以下的罚款。《著作权法实施条例》第36条规定，有著作权法第48条所列侵权行为，同时损害社会公共利益的，著作权行政管理部门可以处非法经营额3倍以下的罚款；非法经营额难以计算的，可以处10万元以下的罚款。《计算机软件保护条例》第24条规定，严重侵犯计算机软件著作权，同时损害社会公共利益的，由著作权行政管理部门责令停止侵权行为，没收违法所得，没收、销毁侵权复制品，可以并处罚款；情节严重的，著作权行政管理部门可以没收主要用于制作侵权复制品的材料、工具、设备等。《信息网络传播权保护条例》第18条和第19条也规定，著作权行政管理部门对于侵犯信息网络传播权并损害公共利益的，可以由著作权行政管理机关予以警告，责令停止侵权行为，没收违法所得，没收、销毁侵权复制品，没收主要用于避开、破坏技术措施的装置或者部件等行政处罚措施；并可处以10万元以下的罚款；情节严重的，著作权行政管理部门还可以没收主要用于提供网络服务的计算机等设备等。《著作权集体管理条例》第41条规定，著作权集体管理组织自国务院民政部门发给登记证书之日起超过6个月无正当理由未开展著作权集体管理活动，或者连续中止著作权集体管理活动6个月以上的，由国务院著作权管理部门吊销其著作权集体管理许可证，并由国务院民政部门撤销登记。第44条规定，擅自设立著作权集体管理组织或者分支机构，或者擅自从事著作权集体管理活动的，由国务院著作权管理部门或者民政部门依照职责分工予以取缔，没收违法所得。

2013年1月16日国务院第231次常务会议通过对上述《著作权法实施条例》《信息网络传播权保护条例》和《计算机软件保护条例》的修改决定。将“可以处10万元以下的罚款”修改为“非法经营额5万元以上的，可处非法经营额1倍以上5倍以下的罚款；没有非法经营额或者非法经营额5万元以下的，根据情节轻重，可处25万元以下的罚款”。将《计算机软件保护条例》第24条第2款修改为：“有前款第（一）项或者第（二）

项行为的，可以并处每件 100 元或者货值金额 1 倍以上 5 倍以下的罚款；有前款第（三）项、第（四）项或者第（五）项行为的，可以并处 20 万元以下的罚款。”❶

此外，国务院著作权行政管理部门依据上述法律和行政法规的精神，在 2005 年和 2009 年分别出台了规范网络著作权行政保护和规范著作权行政处罚的行政规章。

2005 年 4 月 30 日，为加大网络版权的行政保护力度，国家版权局、信息产业部联合发布了《互联网著作权行政保护办法》。根据该办法，各级著作权行政管理部门依照法律、行政法规和本办法对互联网信息服务活动中的信息网络传播权实施行政保护。国务院信息产业主管部门和各省、自治区、直辖市电信管理机构依法配合相关工作。互联网信息服务提供者明知互联网内容提供者通过互联网实施侵犯他人著作权的行为，或者虽不明知，但接到著作权人通知后未采取措施移除相关内容，同时损害社会公共利益的，著作权行政管理部门可以根据法律规定责令停止侵权行为，并给予行政处罚。如果网络连接服务提供者未记录互联网内容提供者的接入时间、用户账号、互联网地址或者域名、主叫电话号码等信息，由国务院信息产业主管部门或者省、自治区、直辖市电信管理机构予以警告，可以并处 3 万元以下罚款。

2009 年 4 月 21 日，国家版权局通过《著作权行政处罚实施办法》，就著作权行政处罚类型、管辖和适用、处罚程序、执行程序等进行了详细规定。根据该办法，国家版权局以及地方人民政府享有著作权行政执法权的有关部门，在法定职权范围内就其列举的违法行为实施行政处罚。违法行为，由侵权行为实施地、侵权结果发生地、侵权制品储藏地或者依法查封

---

❶ 根据《计算机软件保护条例》第 24 条规定，这五项软件著作权侵权行为分别是：(1) 复制或者部分复制著作权人的软件的；(2) 向公众发行、出租、通过信息网络传播著作权人的软件的；(3) 故意避开或者破坏著作权人为保护其软件著作权而采取的技术措施的；(4) 故意删除或者改变软件权利管理电子信息的；(5) 转让或者许可他人行使著作权人的软件著作权的。

扣押地的著作权行政管理部门负责查处。法律、行政法规另有规定的除外。侵犯信息网络传播权的违法行为由侵权人住所地、实施侵权行为的网络服务器等设备所在地或侵权网站备案登记地的著作权行政管理部门负责查处。除行政处罚法规定适用简易程序的情况外，著作权行政处罚适用《行政处罚法》规定的一般程序。当事人收到行政处罚决定书后，应当在行政处罚决定书规定的期限内予以履行。当事人申请行政复议或者提起行政诉讼的，行政处罚不停止执行。

三、著作权侵权盗版的综合治理

著作权行政管理机关在实施国家知识产权战略中，可以综合协调或调动其他行政管理部门、行业协会、高校、社区以及各种社会组织的力量，对著作权进行统筹协调保护。特别是进入数字网络时代，著作权的保护牵涉到方方面面，各种侵权活动更为便捷、隐蔽，具备潜在侵权可能性的群体逐渐增多，各种新型侵权手段和方式层出不穷，著作权行政管理部门仅靠一家之力，仅凭行政执法很难有效打击各种侵犯著作权的行为。为此，著作权行政保护中应该切入综合治理的意识，通过调动各方面的积极性，普及社会公众的著作权意识，形成合力打击著作权侵权盗版行为的态势。

【实例】　　国外高校在整治网络盗版方面的举措*

2003年，佛罗里达大学启用“限制用户服务的计算机应用整合控制”。这套系统能扫描网络用户的计算机，以检查是否有病毒、蠕虫以及像KazaA之类的文件分享软件。当学生注册使用学校网络时，必须保证不会分享他人拥有版权的文件。如果试图分享文件，第一次被发现时会收到一份警告，提醒他们不要这么做，接着是一份电子邮件，然后中断网络30分钟。第二次这么做时，将中断网络5天。第三次尝试的话，将受到学校处罚，而且无限制中断网络。

宾夕法尼亚州立大学于2003年年底与改头换面开始收费的Napster作了一单买卖，为其学生提供优质的音乐服务。这项服务允许学生在40家广播电台

* ［美］约翰·冈茨、杰克·罗切斯特著，周晓琪译：《数字时代，盗版无罪》，法律出版社2008年版，第137页。

网站和 1 个在线杂志与讨论区进行无限制的下载。只要 1 美元，学生可以下载 1 首歌并永久持有，而且还能复制到其他媒体上。

四、著作权行政保护与司法保护的衔接

著作权行政保护与司法保护的衔接，涉及两个方面的内容：

其一，在追究行政责任后，著作权人向人民法院提起民事诉讼，行政执法中的证据材料、判定标准、处罚措施与民事司法保护的衔接。对此，《最高人民法院关于审理著作权民事案件适用法律若干问题的解释》第 3 条规定，对著作权行政管理部门查处的侵犯著作权行为，当事人向人民法院提起诉讼追究该行为人民事责任的，人民法院应当受理。人民法院审理已经过著作权行政管理部门处理的侵犯著作权行为的民事纠纷案件，应当对案件事实进行全面审查。

其二，著作权行政管理部门在查处侵犯著作权案件过程中，发现该行为涉嫌构成犯罪的，应当依照有关规定将案件移送司法部门，此时涉及著作权行政保护与刑事司法问题的衔接。其中包括行政执法机关与行政执法机关、行政执法机关与检察机关、检察机关与法院等方面的衔接。从具体实践角度，需要解决执法衔接移交机制、侵权判断标准、证据规则等方面有较强操作性的问题。[1]《著作权行政处罚实施办法》第 8 条规定，著作权行政管理部门发现查处的违法行为，根据我国刑法规定涉嫌构成犯罪的，应当由该著作权行政管理部门依照国务院《行政执法机关移送涉嫌犯罪案件的规定》将案件移送司法部门处理。著作权行政管理部门决定移送司法部门处理的案件，应当制作涉嫌犯罪案件移送书，并连同有关材料和证据及时移送有管辖权的司法部门。

《关于办理侵犯知识产权刑事案件适用法律若干问题的意见》规定，行政执法部门依法收集、调取、制作的物证、书证、视听资料、检验报告、

---

[1] 曹新明、梅术文：《知识产权保护战略研究》，知识产权出版社 2010 年版，第 247 页。该书对行政执法与司法保护衔接的证据规则、判定标准、程序要求、工作机制和战略规划等问题进行了较为详细全面的探讨。

鉴定结论、勘验笔录、现场笔录，经公安机关、人民检察院审查，人民法院庭审质证确认，可以作为刑事证据使用。行政执法部门制作的证人证言、当事人陈述等调查笔录，公安机关认为有必要作为刑事证据使用的，应当依法重新收集、制作。

第三节　著作权的刑事保护

一、概述

著作权的刑事保护是通过公安机关立案、人民检察院提起公诉或当事人自诉、人民法院依法审判，进而追究著作权犯罪嫌疑人刑事责任的保护方式。刑事责任是最为严厉的法律责任形式，具有最高的威慑力和强制性，它是依照刑法的要求，对各类著作权犯罪行为追究相应的法律后果。近年来，随着侵犯著作权的事件日趋严重，著作权刑事保护有加强的趋势。这一方面是由于美国等部分发达国家在后 TRIPs 时代推波助澜，坚信刑事保护最具有威慑力，对于打击全球范围内的著作权违法行为至关重要。另一方面，我国已经开始实施国家知识产权战略，在此背景下，有必要理顺著作权民事保护、行政保护和刑事保护的关系，促进文化事业和文化产业的繁荣与发展。

我国在 1994 年通过的《关于惩治侵犯著作权犯罪的决定》中首次建立著作权犯罪的刑事责任制度。1997 年我国《刑法》修订时在第三章第七节中增设了侵犯著作权罪和销售侵犯著作权的复制品罪。1998 年 12 月，最高人民法院通过《关于审理非法出版物刑事案件具体应用法律若干问题的解释》。根据《刑法》的规定，2001 年修订的《著作权法》首次在著作权立法中规定著作权的刑事保护制度。为了增加追究著作权犯罪的可操作性，加大对这类犯罪行为的打击力度，最高人民法院、最高人民检察院、公安部通过了一系列重要的司法解释。2004 年 11 月，最高人民法院、最高人民检察院联合通过了《关于办理侵犯知识产权刑事案件具体应用法律若干问题的解释》(以下简称《知识产权刑事司法解释》)。2007 年 4 月，最高人民法院、最高人民检察院又通过了《关于办理侵犯知识产权刑事案件具体应用法律若干问题的解释（二)》（以下简称《知识产权刑事司法解释(二)》。2008 年 6 月，最高人民检察院、公安部发布《关于公安机关管辖的刑事案件立案追诉标准的规定》，其中第 26 条和第 27 条对侵犯著作权罪和销售侵权复制品罪的刑事立案追诉标准进行规范。2011 年，最高人民法院、最高人民检察院、公安部印发《关于办理侵犯知识产权刑事案件适用法律若干问题的意见》的通知，对侵犯知识产权犯罪案件的管辖、行政执法部门收集调取证据效力、抽样取证、委托鉴定、自诉案件、侵犯著作权犯罪案件中“以营利为目的”和“未经著作权人许可”的认定、发行、通过信息网络传播侵权行为定罪处罚标准等问题进行了界定和解释。

追究知识产权刑事责任有公诉和自诉两种。一般情况下，侵犯知识产权刑事案件且严重危害社会秩序和国家利益的，应该由人民法院依法提起公诉。同时，根据我国刑事诉讼法和相应司法解释的规定，被害人有证据证明的轻微刑事案件，或者权利人有证据证明著作权受到侵害应追究行为人刑事责任，但是公安机关不予追究刑事责任的案件，也可以依法提起自诉。《知识产权刑事司法解释（二)》第 5 条规定：“被害人有证据证明的侵犯知识产权刑事案件，直接向人民法院起诉的，人民法院应当依法受理；严重危害社会秩序和国家利益的侵犯知识产权刑事案件，由人民检察院依法提起公诉。”

在我国，著作权犯罪的刑事责任主要包括罚金和有期徒刑两种，二者可以单独适用，也可合并适用。符合缓刑条件的，依法适用缓刑。但是根据司法解释，有下列情形之一的，一般不适用缓刑：(1）因侵犯知识产权被刑事处罚或者行政处罚后，再次侵犯知识产权构成犯罪的；(2）不具有悔罪表现的；(3）拒不交出违法所得的；(4）其他不宜适用缓刑的情形。

二、侵犯著作权罪

在我国，侵犯著作权的犯罪行为包括侵犯著作权罪和销售侵权复制品罪两种类型。其中，侵犯著作权罪是指以营利为目的，违反著作权管理法规，侵犯他人著作权，违法所得数额较大或有其他严重情节的行为。由于追究刑事责任的行为必须是犯罪行为，因此，欲追究严重侵犯著作权行为人的刑事责任，必须使之满足犯罪行为的构成要件。具体来说，侵犯著作权罪的构成要件有：(1) 侵犯著作权罪的主体可以是自然人，也可以是单位。(2) 侵犯著作权罪客体是著作权人对其作品所享有的著作权及国家对文化市场的管理秩序。(3) 侵犯著作权罪的主观方面表现为故意，且以营利为目的。(4) 侵犯著作权罪的客观方面表现为法律和行政法规中所规定的严重侵权行为。

1. 侵权著作权罪的行为

《刑法》第217条规定，以营利为目的，有下列侵犯著作权情形之一，违法所得数额较大或者有其他严重情节的，处3年以下有期徒刑或者拘役，并处或者单处罚金；违法所得数额巨大或者有其他特别严重情节的，处3年以上7年以下有期徒刑，并处罚金：(1) 未经著作权人许可，复制发行其文字作品、音乐、电影、电视、录像作品、计算机软件及其他作品的；(2) 出版他人享有专有出版权的图书的；(3) 未经录音录像制作者许可，复制发行其制作的录音录像的；(4) 制作、出售假冒他人署名的美术作品的。

除了《刑法》第217条列举的犯罪行为外，在我国《著作权法》《信息网络传播权保护条例》《计算机软件保护条例》中也有关于严重侵权行为应该承担刑事责任的规定。但是，这些规定并不是严格意义上的“附属刑法”规范，因为法律在列举这些侵权行为时并没有具体的刑罚规定，而只能根据《刑法》规定定罪量刑；凡是《刑法》没有规定的，就应属于“法律没有规定为犯罪的，不得定罪量刑”的情形。[1]

针对《刑法》规定的行为类型，司法解释在以下方面进行了说明：

---

[1] 贺志军：《我国著作权刑法保护问题研究》，中国人民公安大学出版社2011年版，第22页。

(1)《刑法》规定中“复制发行”的含义。《知识产权刑事司法解释(二)》第2条规定，侵犯著作权罪中的“复制发行”，包括复制、发行或者既复制又发行的行为。侵权产品的持有人通过广告、征订等方式推销侵权产品的，属于“发行”。非法出版、复制、发行他人作品，侵犯著作权构成犯罪的，按照侵犯著作权罪定罪处罚。(2) 针对侵犯信息网络传播权行为的解释。《知识产权刑事司法解释》第11条第3款规定，通过信息网络向公众传播他人文字作品、音乐、电影、电视、录像作品、计算机软件及其他作品的行为，应当视为刑法第217条规定的“复制发行”。(3) 关于知识产权共同犯罪行为。司法解释认为，明知他人实施侵犯知识产权犯罪，而为其提供贷款、资金、账号、发票、证明、许可证件，或者提供生产、经营场所或者运输、储存、代理进出口等便利条件、帮助的，以侵犯知识产权犯罪的共犯论处。

【深度探索】　侵犯信息网络传播权行为的刑事责任 *

虽然《信息网络传播权保护条例》和《著作权法》已经将侵犯著作权犯罪行为范围加以扩大，但由于《刑法》的相关条文没有修改，因此，未经著作权人或邻接权人许可，通过信息网络向公众传播作品表演、录音录像制品的行为在实践中难以追究侵权人的刑事责任。《知识产权刑事司法解释》虽然为应对实践需要，对于刑法第217条的发行作了扩大解释，认为通过信息网络向公众传播他人文字作品、音乐、电影、电视、录像作品、计算机软件及其他作品的行为，应当视为刑法第217条规定的“复制发行”。但是这一解释毕竟有违法理。因为发行权和信息网络传播权在本质上是两个截然不同的著作权权能。所以司法解释也只能算作应急之需。再加上司法解释的效力位阶所受到的质疑，其能否对法律作如此的解释的确在正当性上也存有疑虑。所以，在我国，按照“罪刑法定”的原则，侵犯信息网络传播权的行为按照现行法的规定固然可以追究刑事责任，但是还需要在《刑法》中加以完善和体现。

鉴于此，我国《刑法》在修改时应明确某些情形下侵犯信息网络传播权

* 梅术文：《著作权法上的传播权研究》，法律出版社2012年版，第236~244页。

构成侵犯著作权罪的要件。或者按照学者主张，因应知识产权案件的特征，改进刑法立法技术。可以考虑借鉴美国、德国等国家在行政法、民法等附属刑法中设置具有独立罪名和法定型的刑法规范的成功经验，[1] 在刑法中以空白罪状形式，授权单行法、行政法规定具体的罪状条款。这样，在《著作权法》修改时，就可以因应现代科学技术的发展，直接依照刑法条文的授权确立新罪名和具体的犯罪构成要件。

2. 侵犯著作权罪的追诉标准

构成侵犯著作权罪，除了具备上述条件外，《刑法》还将“违法所得数额较大”和“具有其他严重情节”作为犯罪构成必备条件。根据相关司法解释，以营利为目的，实施上述侵犯著作权行为之一，违法所得数额在3万元以上的，属于“违法所得数额较大”；具有下列情形之一的，属于“有其他严重情节”，应当以侵犯著作权罪判处三年以下有期徒刑或者拘役，并处或者单处罚金：（1）非法经营数额在5万元以上的；（2）未经著作权人许可，复制发行其文字作品、音乐、电影、电视、录像作品、计算机软件及其他作品，复制品数量合计在500张（份）以上的；未经录音录像制作者许可，复制发行其制作的录音录像制品，复制品数量合计500张（份）以上的；（3）其他严重情节的情形。以营利为目的，实施上述侵犯著作权行为之一，违法所得数额在15万元以上的，属于“违法所得数额巨大”；具有下列情形之一的，属于“有其他特别严重情节”，应当以侵犯著作权罪判处三年以上七年以下有期徒刑，并处罚金：（1）非法经营数额在25万元以上的；（2）未经著作权人许可，复制发行其文字作品、音乐、电影、电视、录像作品、计算机软件及其他作品，复制品数量合计在2 500张（份）以上的；（3）其他特别严重情节的情形。

上述追诉标准中，非法经营数额是指行为人在实施侵犯知识产权行为过程中，制造、储存、运输、销售侵权产品的价值。已销售的侵权产品的

[1] 储槐植主编：《附属刑法规范集解》，中国检察出版社1992年版，第346页以后部分。

价值，按照实际销售的价格计算。制造、储存、运输和未销售的侵权产品的价值，按照标价或者已经查清的侵权产品的实际销售平均价格计算。侵权产品没有标价或者无法查清其实际销售价格的，按照被侵权产品的市场中间价格计算。多次实施侵犯知识产权行为，未经行政处理或者刑事处罚的，非法经营数额、违法所得数额或者销售金额累计计算。

3. 关于“以营利为目的”

我国《刑法》第217条规定，侵犯著作权罪的主观要件不仅是故意，而且必须以营利为目的。现实中，从事销售活动进而追求营利收入，当然构成“以营利为目的”。但是在此之外，哪些情况属于“以营利为目的”却存在不同的看法。根据司法解释的规定，除销售外，具有下列情形之一的，可以认定为“以营利为目的”：（1）以在他人作品中刊登收费广告、捆绑第三方作品等方式直接或者间接收取费用的；（2）通过信息网络传播他人作品，或者利用他人上传的侵权作品，在网站或者网页上提供刊登收费广告服务，直接或者间接收取费用的；（3）以会员制方式通过信息网络传播他人作品，收取会员注册费或者其他费用的；（4）其他利用他人作品牟利的情形。

针对网络环境下传播作品的行为客观上并不存在营利目的的情形，有学者指出，我国刑法有必要对侵犯信息网络传播权的行为特别规定“非以营利为目的”的“故意”侵权为犯罪。但对故意侵犯发行权、出租权、表演权、广播权等权利的行为，还是坚持规定以营利为目的作为实施刑事制裁的要件为妥。[1] 笔者认为对这样的观点应结合我国的有关政策来综合分析。取消侵犯信息网络传播权犯罪行为归责的“营利性”目的，虽然可以对那些以娱乐等非营利性为目的的侵权人追究刑事责任，但是却可能损害普通消费者以及网络产业的发展。特别是在我国网络产业刚刚起步的时刻，过于严苛的制度设计会让网络经营者陷入动辄犯罪的境地。实际上，我国

[1] 张伟君：“网络环境下侵犯著作权之刑事责任初探”，见沈仁干主编：《数字技术与著作权观念、规范与实例》，法律出版社2004年版。

刑法中的“非法经营罪”已经可以追究那些具有竞争性的非营利侵权者的刑事责任，因此现阶段并没有必要将侵犯信息网络传播权的刑事责任主观要件进行单独规定。但是，随着网络产业的进一步发展，普通公众网络文化消费习惯获得改善，与之相对照的却是非营利性侵犯信息网络传播权行为的社会危害性越来越严重时，可以根据实际情况再反思“非营利性”侵犯信息网络传播权的入罪问题。

4. 关于“未经著作权人许可”

《刑法》第217条规定的“未经著作权人许可”，是指没有得到著作权人授权或者伪造、涂改著作权人授权许可文件或者超出授权许可范围的情形。一般应当依据著作权人或者其授权的代理人、著作权集体管理组织、国家著作权行政管理部门指定的著作权认证机构出具的涉案作品版权认证文书，或者证明出版者、复制发行者伪造、涂改授权许可文件或者超出授权许可范围的证据，结合其他证据综合予以认定。在涉案作品种类众多且权利人分散的案件中，上述证据确实难以一一取得，但有证据证明涉案复制品系非法出版、复制发行的，且出版者、复制发行者不能提供获得著作权人许可的相关证明材料的，可以认定为“未经著作权人许可”。但是，有证据证明权利人放弃权利、涉案作品的著作权不受我国著作权法保护，或者著作权保护期限已经届满的除外。

三、销售侵权复制品罪

销售侵权复制品罪，是指以营利为目的，销售明知是侵犯他人著作权、专有出版权的文字作品、音乐、电影、电视、录像、计算机软件、图书及其他作品以及假冒他人署名的美术作品，违法所得数额巨大的行为。根据相关解释，违法所得数额在10万元以上的，或者违法所得数额虽未达到上述数额标准，但尚未销售的侵权复制品货值金额达到30万元以上的，属于“违法所得数额巨大”。我国《刑法》第218条规定，构成销售侵权复制品罪的，处3年以下有期徒刑或者拘役，并处或者单处罚金。

有些情况下，侵犯著作权犯罪行为既可能触犯侵犯著作权罪，也可能触犯销售侵权复制品罪，对此应该如何处理？《知识产权刑事司法解释》第14条规定，实施《刑法》第217条规定的侵犯著作权犯罪，又销售该侵权复制品，构成犯罪的，应当依照《刑法》第217条的规定，以侵犯著作权罪定罪处罚。实施《刑法》第217条规定的侵犯著作权犯罪，又销售明知是他人的侵权复制品，构成犯罪的，应当实行数罪并罚。

【深度探索】　　我国著作权刑法保护的制度评价*

当前我国著作权刑法保护正从“被动回应型”向“主动保护型”转变。著作权刑法在制裁体系中处于“补充法”地位，其适用不应逾越正当边界。著作权保护必须贯彻谦抑原则，以民法为基础，以行政法为辅助，以刑法为保障。行政处罚与刑事处罚“双轨制”，使我国著作权保护不比其他国家逊色。我国应维持“违法—犯罪”二元主义模式，合理配置著作权违法与犯罪比例，并强化经济违法行为与犯罪行为的并行打击；而不能盲目跟进西方国家对著作权违法行为的犯罪化立法。通过研究TRIPs协定刑事条款中“盗版”“商业规模”“蓄意”和“可使用的救济”等概念的含义可知，我国著作权刑法中有关犯罪行为的构成行为、刑事门槛、主观要件和刑罚规定等与该协定规定相符合，我国在立法上已经符合TRIPs协定义务的最低要求。

应重视著作权刑法保护制度的自我完善，就立法论而言，可以考虑以下框架建议：其一，对《刑法》第217条（侵犯著作权罪）和第218条（销售侵权复制品罪）存在的体系矛盾，若维持第217条之“复制发行”是复制或发行或既复制又发行的“两种行为论”，就宜删除第218条关于销售侵权复制品罪的规定。其二，结合数字网络技术下刑法“有限扩张”的需要，《刑法》宜另外增加“新的”第218条，规定侵犯信息网络传播权并且情节严重的行为应予以刑罚制裁，并不应以“营利目的”为要件。其三，至于技术措施和权利管理信息的刑法保护，美国DMCA第1204条的专门刑罚规定不足为我国所取。它们主要属于“犯罪的参与”问题，其规制宜慎重，主要可考虑通过刑法理论“挂靠”于既有的著作权刑法规范来完成对其进行保护的任务。

---

* 贺志军：《我国著作权刑法保护问题研究》，中国人民公安大学出版社2011年版。

第四节　著作权侵权救济的程序保障

一、著作权纠纷解决方式

著作权纠纷发生后，必须借助法律允许的途径解决。我国《著作权法》第55条规定，著作权纠纷可以调解，也可以根据当事人达成的书面仲裁协议或者著作权合同中的仲裁条款，向仲裁机构申请仲裁。当事人没有书面仲裁协议，也没有在著作权合同中订立仲裁条款的，可以直接向人民法院起诉。可见，解决著作权纠纷的主要途径有三种：调解、仲裁和诉讼。

（一）调解

调解，是指著作权纠纷的当事人在调解组织的主持下达成的和解。根据我国《著作权法》规定，主持调解的组织是著作权行政管理部门和其他组织。采取调解这种途径处理著作权纠纷完全取决于当事人的自愿。调解组织在调解的过程中，只能采取说服教育的方式，不得以强迫的方式来促使当事人达成协议。当事人之间是否愿意达成协议、达成什么样的协议，取决于当事人的自由意志。同时，调解并不是解决纠纷的法定必须程序，调解协议不具备法律效力。达成协议后一方反悔的，当事人可以采取其他途径解决纠纷。

（二）仲裁

仲裁，是指仲裁机构依照一定的仲裁程序和法律，对当事人之间的著作权纠纷进行裁决的一种活动。仲裁机构受理著作权纠纷仲裁申请，应遵循法律的规定。根据我国《著作权法》和《仲裁法》规定，当事人向仲裁机构申请仲裁，其依据是合同中的仲裁条款或事后达成的书面仲裁协议，缺少这一条件，仲裁机构不得受理当事人的申请，可告知当事人向人民法院起诉。仲裁机构对著作权纠纷作出的仲裁，具备法律效力。一方当事人不履行仲裁裁决，另一方当事人可向人民法院申请强制执行。同时，当事人一方认为仲裁机构的仲裁在程序上不符合法律的规定，或仲裁员有贪赃枉法裁判的行为，或仲裁裁决适用法律有错误，可以向人民法院申请撤销仲裁，或向人民法院申请裁定不予执行。除此之外，仲裁裁决是终局裁决，当事人不得就裁决结果向人民法院再行起诉。

（三）诉讼

诉讼是指通过向具有管辖权的法院起诉的形式解决纠纷的法律行动。著作权诉讼包括民事诉讼、行政诉讼和刑事诉讼三类。其中，民事诉讼是平等主体之间发生民事纠纷后，一方当事人向人民法院起诉要求对方当事人承担民事责任的诉讼活动。行政诉讼是著作权行政管理部门与著作权人、作品使用者等相对人之间因具体行政行为引起的诉讼活动。刑事诉讼是公安机关立案侦查的著作权刑事犯罪经由检察机关提起公诉，或者受害人在满足一定条件时提起自诉，进而追究犯罪嫌疑人刑事责任的诉讼活动。

我国《著作权法》中所规定的通过诉讼程序解决著作权纠纷，针对的是通过民事诉讼程序解决著作权争议的活动。它主要包括以下案件类型：（1）著作权及与著作权有关权益权属、侵权、合同纠纷案件；（2）申请诉前停止侵犯著作权、与著作权有关权益行为，申请诉前财产保全、诉前证据保全案件；（3）其他著作权、与著作权有关权益纠纷案件。

二、著作权诉讼管辖

著作权诉讼管辖是司法机关在受理著作权民事、行政和刑事案件时在不同司法机关内部的分工和地域权限划分，主要包括级别管辖和地域管辖两种情形。著作权诉讼中存在民事诉讼管辖、刑事诉讼管辖和行政诉讼管辖三种情况。

著作权民事诉讼管辖是指各级法院之间和同级法院之间受理第一审民事案件的分工和权限，它是在法院内部确定著作权案件由哪个法院行使民事审判权的一项制度。我国著作权诉讼管辖坚持民事诉讼管辖的一般规定，但是也存在着一些特别的要求。根据《最高人民法院关于审理著作权民事纠纷案件适用法律若干问题的解释》第2条规定，著作权民事纠纷案件，由中级以上人民法院管辖。各高级人民法院根据本辖区的实际情况，可以确定若干基层人民法院管辖第一审著作权民事纠纷案件。第4条规定，因侵犯著作权行为提起的民事诉讼，由侵权行为的实施地、侵权复制品储藏地或者查封扣押地、被告住所地人民法院管辖。这里的侵权复制品储藏地，是指大量或者经营性储存、隐匿侵权复制品所在地；查封扣押地，是指海关、版权、工商等行政机关依法查封、扣押侵权复制品所在地。第5条规定，对涉及不同侵权行为实施地的多个被告提起的共同诉讼，原告可以选择其中一个被告的侵权行为实施地人民法院管辖；仅对其中某一被告提起的诉讼，该被告侵权行为实施地的人民法院有管辖权。

著作权刑事诉讼管辖是指公安机关、检察机关和审判机关等在直接受理著作权刑事案件上的权限划分以及审判机关系统内部在审理第一审刑事案件上的权限划分。根据《关于办理侵犯知识产权刑事案件适用法律若干问题的意见》，侵犯知识产权犯罪案件由犯罪地公安机关立案侦查。必要时，可以由犯罪嫌疑人居住地公安机关立案侦查。侵犯知识产权犯罪案件的犯罪地，包括侵权产品制造地、储存地、运输地、销售地，传播侵权作品、销售侵权产品的网站服务器所在地、网络接入地、网站建立者或者管理者所在地，侵权作品上传者所在地，权利人受到实际侵害的犯罪结果发生地。对有多个侵犯知识产权犯罪地的，由最初受理的公安机关或者主要犯罪地公安机关管辖。多个侵犯知识产权犯罪地的公安机关对管辖有争议的，由共同的上级公安机关指定管辖，需要提请批准逮捕、移送审查起诉、提起公诉的，由该公安机关所在地的同级人民检察院、人民法院受理。对于不同犯罪嫌疑人、犯罪团伙跨地区实施的涉及同一批侵权产品的制造、储存、运输、销售等侵犯知识产权犯罪行为，符合并案处理要求的，有关公安机关可以一并立案侦查，需要提请批准逮捕、移送审查起诉、提起公诉的，由该公安机关所在地的同级人民检察院、人民法院受理。

著作权行政诉讼管辖是指在行政诉讼中，人民法院系统内确定审判第一审行政案件的权限分工，明确当事人在哪一个人民法院起诉，由哪一个人民法院受理的法律制度。根据行政诉讼法的规定，行政诉讼由最初作出具体行政行为的行政机关所在地人民法院管辖，经复议的案件，复议机关改变原具体行政行为的，也可以由复议机关所在地人民法院管辖。著作权行政诉讼主要是由著作权行政处罚而引起的诉讼，在级别管辖和地域管辖方面应遵循上述规定。

三、著作权侵权的执法措施

为了加强对著作权的法律保护，我国著作权法专门规定了诉前停止侵权行为、诉前证据保全和诉前财产保全等三种执法措施。这是落实《知识产权协定》要求的举措❶，也在一定程度上细化和完善了我国民事诉讼法的有关规定。

（一）诉前停止侵权行为

当权利人有证据证明他人正在实施或者即将实施侵犯其权利的行为，如不及时制止将会使其合法权益受到难以弥补的损害的，可以在起诉前向人民法院申请采取责令停止有关行为的措施。诉前停止侵权行为具有以下法律特征和要求：（1）停止侵权行为的诉讼请求发生于诉前。民事救济可分为诉前救济、诉中救济和诉终救济三种。❷ 诉前停止侵权行为属于诉前救济，类似于英美法系的临时禁令制度，因此也被称为诉前禁令。我国的司法解释也认可了诉中救济，允许权利人提起先予执行或先行停止侵害的裁定，相应的程序比照诉前禁令处理。❸ 民事责任中的停止侵权责任，则属于诉终救济。（2）法院裁定诉前停止侵权行为，应该考虑申请人是否具有胜诉可能性。申请人证明自己是著作权权利人以及被申请人实施了侵权

---

❶ 该协定第50条规定，为了制止侵犯知识产权的行为，以及为了保存与侵权有关的证据，各成员的司法当局可以下令采取及时有效的临时措施，以保障知识产权所有人的合法权益。

❷ 张广良：《知识产权侵权民事救济》，法律出版社2003年版，第38～39页。

❸ 《最高人民法院关于诉前停止侵犯注册商标专用权行为和保全证据适用法律问题的解释》第16条规定："商标注册人或者利害关系人向人民法院提起商标侵权诉讼时或者诉讼中，提出先行停止侵犯注册商标专用权请求的，人民法院可以先行作出裁定。前款规定涉及的有关申请、证据提交、担保的确定、裁定的执行和复议等事项，参照本司法解释有关规定办理。"

行为，例如制作了侵权复制品等，就可以满足这一要求。(3) 只有当侵权行为急迫，不及时处置会带来不可挽回的损失时，才可以要求诉前停止侵权行为。(4) 一般来说，诉前停止侵权行为裁定的做出必须衡量对公共利益是否造成损害。如果作出诉前停止侵权会损害公共利益，法院可以裁量不予准许。不过就目前的司法实践看，在版权诉讼中较少因为公共利益因素而不作出临时禁令的裁定。

我国《著作权法》虽然规定了诉前责令停止侵权行为，但是没有就其适用条件和具体程序进行法律解释。鉴于诉前停止侵犯著作权行为与诉前停止侵犯专利权行为、诉前停止侵犯商标权行为具有相同的法律基础，所以人民法院在处理该类案件时，可以参照《最高人民法院关于诉前停止侵犯注册商标专用权行为和证据保全适用法律问题的解释》和《最高人民法院关于对诉前停止侵犯专利权行为适用法律问题的若干规定》进行处理。

根据前述两个司法解释，著作权人和邻接权人申请诉前停止侵权行为，应当向侵权行为地或被申请人所在地的人民法院提起，并递交书面申请状和缴纳有关费用。申请状应当载明：(1) 当事人及其基本情况；(2) 申请的具体内容、范围；(3) 申请的理由，包括有关行为如不及时制止，将会使权利或者利害关系人的合法权益受到难以弥补的损害的具体说明。人民法院作出诉前停止侵犯著作权行为，应当限于申请的范围。申请人提出诉前停止侵权行为的申请时应当提供担保。在执行停止有关行为裁定过程中，被申请人可能因采取该项措施造成更大损失的，人民法院可以责令申请人追加相应的担保。申请人不追加担保的，可以解除有关停止措施。停止侵权行为裁定所采取的措施，不因被申请人提供担保而解除，但申请人同意的除外。

人民法院接受停止侵权行为的申请后，经审查符合条件的，应当在48小时内作出书面裁定，并且立即开始执行。人民法院作出诉前责令停止有关行为的裁定，应当及时通知被申请人，最迟不得超过5日。当事人对诉前责令停止侵权行为裁定不服的，可以在收到裁定之日起10日内申请复议一次。复议期间不停止裁定的执行。

申请人在人民法院采取停止有关行为或者保全证据的措施后15日内不起诉的，人民法院应当解除裁定采取的措施。申请人不起诉或者申请错误造成被申请人损失的，被申请人可以向有管辖权的人民法院起诉请求申请人赔偿，也可以在侵权诉讼中提出损害赔偿请求，人民法院可以一并处理。停止侵权行为裁定的效力，一般应维持到终审法律文书生效时止。人民法院也可以根据案情，确定停止有关行为的具体期限；期限届满时，根据当事人的请求及追加担保的情况，可以作出继续停止有关行为的裁定。

（二）诉前证据保全

为制止侵权行为，在证据可能灭失或者以后难以取得的情况下，权利人可以在起诉前向人民法院申请保全证据。人民法院在接受申请后，必须在48小时内作出裁定。裁定采取保全措施的，应当立即开始执行。人民法院可以责令申请人提供担保，申请人不提供担保的，驳回申请。申请人在人民法院采取措施后15日内不起诉的，人民法院应当解除保全措施。

根据司法解释，申请人递交的申请状应当载明：（1）当事人及其基本情况；（2）申请保全证据的具体内容、范围、所在地点；（3）请求保全的证据能够证明的对象；（4）申请的理由，包括证据可能灭失或者以后难以取得，且当事人及其诉讼代理人因客观原因不能自行收集的具体说明。申请人申请诉前保全证据可能涉及被申请人财产损失的，人民法院可以责令申请人提供相应的担保。

（三）诉前财产保全

当权利人有证据证明他人正在实施或者即将实施侵犯其权利的行为，如不及时制止将会使其合法权益受到难以弥补的损害的，可以在起诉前向人民法院申请采取财产保全的措施。根据《民事诉讼法》的规定，申请人应当提供担保，不提供担保的，驳回申请。人民法院在接受申请后，必须在48小时内作出裁定。裁定采取保全措施的，应当立即开始执行。申请人在人民法院采取措施后15日内不起诉的，人民法院应当解除保全措施。申请有错误的，申请人应当赔偿被申请人因财产保全所遭受的损失。

四、著作权侵权的举证责任

当事人对自己提出的主张有收集或提供证据的义务，并有运用该证据证明主张的案件事实成立或有利于自己的主张的责任，否则将承担其主张不能成立的风险。2001 年 12 月 6 日通过了《最高人民法院关于民事诉讼证据的若干规定》，该规定于 2002 年 4 月 1 日施行。它的实施弥补了当前民事诉讼中证据立法的不足，为我国民事举证责任制度的司法适用提供了依据。著作权侵权诉讼中也应该遵循民事举证责任的一般要求，按照“谁主张，谁举证”的要求进行举证。

但是，著作权与其他知识产权一样，具有客体的非物质性，由权利人举证证明被告侵犯了自己的权利，在有些时候存在一定困难。为此，有必要针对某些侵权行为建立举证责任倒置的规则。举证责任倒置，指基于法律规定，将通常情形下本应由提出主张的一方当事人就某种事由不负担举证责任，而由他方当事人就某种事实存在或不存在承担举证责任，如果该方当事人不能就此举证证明，则推定对方的事实主张成立的一种举证责任分配制度。著作权举证责任倒置是过错推定原则在著作权归责原则中有条件适用的结果。它意味着在某些侵权损害赔偿责任证明中，著作权人仅仅对侵权行为、损害后果和因果关系提供证据，而由侵权人就自己是否存在过错提供证明。当侵权人不能提供自己并无过错的证据时，就应该承担损害赔偿责任。对此，我国《著作权法》第 53 条规定：“复制品的出版者、制作者不能证明其出版、制作有合法授权的，复制品的发行者或电影类作品、计算机软件、录音录像制品的复制品的出租者不能证明其发行、出租的复制品有合法来源的，应当承担法律责任。”

五、著作权侵权的诉讼时效

著作权侵权诉讼时效是指著作权人认为自己的权利受到侵害后请求法院给予保护的期间。在法定的诉讼时效期间届满之后，权利人行使请求权的，人民法院就不再予以保护。根据我国法律规定，当事人之间因著作权发生纠纷可以直接向人民法院起诉。向人民法院请求保护著作权的诉讼时效期间为 2 年，时效期间起算的时间为从著作权人知道或应当知道权利被侵犯时开始。

著作权侵权行为如果持续发生，其诉讼时效应该如何计算？也就是说，如果著作权人知道侵权行为发生已经经过两年，但是该侵权行为始终处于连续发生的状态，权利人提起的民事诉讼能否得到法院的保护？对此，2002 年发布的《最高人民法院关于审理著作权民事纠纷案件适用法律若干问题的解释》第 28 条规定："侵犯著作权的诉讼时效为两年，自著作权人知道或者应当知道侵权行为之日起计算。权利人超过两年起诉的，如果侵权行为在起诉时仍在持续，在该著作权保护期内，人民法院应当判决被告停止侵权行为；侵权损害赔偿数额应当自权利人向人民法院起诉之日起向前推算两年计算。"

第十一章　网络服务提供者侵犯著作权的法律责任

网络服务提供者是对提供网络内容和相关服务的各种实体的总称。数字环境下，网络服务提供者具有重要的作用：著作权人需要通过它才能发布信息，行使权利；社会公众获取网络信息也依赖它，成为所谓的“网民”。正是由于网络服务提供者在数字时代的特殊地位和日益突出的影响，如何设定网络服务提供者在著作权法上的权利、义务和责任规则，就成为数字时代著作权法变革和发展的最为重要内容之一。本章拟结合法律规定和相应实例，探讨网络服务提供者的概念、地位和类型，阐释网络服务提供者侵犯著作权法律责任的一般原理，分析网络服务提供者责任豁免的“避风港”规则。

第一节　概　　述

一、网络服务提供者的概念和地位

（一）概念

网络服务提供者的概念界定中，存在广义说、中义说和狭义说之分。

广义说认为，网络服务提供者包括网络内容提供者（ICP）和提供各种网络服务的经营实体（IAP）以及网络终端用户。按照该种学说，一切通过互联网提供信息服务和内容服务的自然人、法人或团体均可以成为网络服务提供者。例如,《德国多媒体法》规定:“网络服务提供者是以自身或第三方的资源向公众提供多媒体信息服务或提供接入服务的自然人、法人或团体。”我国2005年通过的《互联网著作权行政保护办法》将网络服务提供者涵盖网络内容提供者、网络连线提供者以及互联网发布相关内容的上网用户。

中义说认为,网络服务提供者是指通过信息网络向公众提供信息或者获取网络信息等目的提供服务的机构。2000年颁布并于2003年、2006年修改的《最高人民法院关于审理涉及计算机网络著作权纠纷案件适用法律若干问题的解释》,将网络服务提供者作为总概念,用以涵盖包括提供内容服务的所有网络服务提供者。2012年通过的《最高人民法院关于审理侵害信息网络传播权民事纠纷案件适用法律若干问题的规定》废止了上述司法解释,但仍然采取中义的网络服务提供者概念,并将网络用户与网络服务提供者区别开来,也就是说,网络服务提供者不包括网络用户。此外,我国2006年通过的《信息网络传播权保护条例》虽然没有明确界定网络服务提供者的含义,但是从立法意旨上看,采用的也是中义说。

狭义说认为,网络服务提供者仅仅指的是接入服务提供者,包括提供管道服务、缓存服务、搜索服务、链接服务和存储空间服务的网络服务提供者。根据狭义说,网络服务提供者是与网络内容提供者相互对应的两个平行概念。例如,《美国版权法》第512条明确规定:“网络服务提供者是指按照用户的要求在两用户或多用户之间提供传输、邮件路由、提供网上实时数字通讯或者是提供资料检索,并且不对其接收和发送的信息做任何修改的服务实体。”

鉴于国内立法和司法解释的实际情况,中义说更为妥当。具体言之,网络服务提供者是指通过信息网络向公众提供信息或者获取网络信息等目的提供服务的机构。包括为公众提供接入互联网服务、传输服务对象的信息,或者为单位或者个人出租网页,或者提供搜索或者链接服务,或者通过网络提供自己制作、搜集的信息等。这些机构既包括各种营利性网站、电信公司,也包括通过信息网络提供作品、表演、录音录像制品的非营利性图书馆、教育机构、国家机关等，还包括通过信息网络提供交互式广播电视节目的电台、电视台等。[1] 根据该界定，网络用户与网络服务提供者是相互区别但也存在一定联系的两个不同范畴：在多数情况下，网络用户是网络信息的消费者，是网络服务提供者拟定提供服务的对象；在某些情况下，网络用户也可以借助相应的技术手段，向网络空间或者是其他共享用户提供置放在特定空间上的信息，进而成为网络服务提供者。

（二）地位

关于网络服务提供者的法律地位，学者们的观点也不尽相同。一种观点认为，网络服务提供者起着信息传输者的作用，因此其地位应该是出版者或新闻媒体。另一种观点认为，网络服务提供者是一个全新的法律主体，它不同于传统的出版者，不能以出版者的义务要求网络服务提供者。[2] 笔者基本认同后一种观点，认为应该从以下方面把握网络服务提供者的法律地位。

首先，网络服务提供者是一种全新的法律主体。《信息网络传播权保护条例》规定网络服务提供者的义务、责任和责任限制，既可以看作是对权利人信息网络传播权的保护，也表明网络服务提供者的地位特殊性。或者说，网络服务提供者是互联网上极其重要的利益相关者。

其次，网络服务提供者具有多元性，不同服务提供者在法律上地位不完全相同，有的甚至有巨大差异。网络服务提供者的类型多样，网络经营产业也具有多元化的特征。不同的网络服务提供者在责任承担和责任豁免规则上有不同的法律规定。例如，网络内容提供者和网络连接服务提供者的地位不一样，定位服务提供者和存储空间服务提供者的地位不一样。因此，有必要结合具体的网络服务提供者类别综合判定各自的法律地位。

最后，作为网络服务提供者之一种的内容提供者，是继报纸、广播、

---

[1] 张建华主编：《信息网络传播权保护条例释义》，中国法制出版社 2006 年版，第 52 页。

[2] 张新宝主编：《互联网上的侵权问题研究》，中国人民大学出版社 2003 年版，第 34～35 页。

电视之后兴起的“第四媒体”。对于网络服务提供者的媒介作用，虽然可以类比报纸、广播、电视等新闻媒体，但是它在著作权法上的地位却有其特殊性。作为一种新型的传播者，网络服务提供者还没有在法律上获得邻接权人的身份。虽然著作权法上有出版者权、广播电视组织者权，但并不存在网络服务提供者权。也就是说，网络服务提供者虽然是著作权法上的传播者，但并不享有传播者权。此外，即便是作为新的传播媒介，网络服务提供者在传播作品、表演、录音录像制品和广播电视节目时，具有自由、高速、效率、综合、容纳、宏大、中性等特征，因此网络服务提供者所应承担的义务和所能享有的责任豁免规则，也与传统媒介有着很大的差别。

二、网络服务提供者的分类

就目前的技术发展状况而言，网络服务提供者主要包括提供传输通道服务的网络服务提供者、提供系统缓存服务的网络服务提供者、提供信息存储空间服务的网络服务提供者、提供搜索服务的网络服务提供者、提供链接服务的网络服务提供者、提供对等网络服务的网络服务提供者、网络内容提供者等。下面分别对它们各自的基本含义进行简要阐述。

（1）提供传输通道服务的网络服务提供者。这是指通过其所控制或营运之系统或网络，提供信息传输、发送、联机或在此过程中的暂时储存或中介服务，该服务是由网络服务提供者以外之人所发动或请求自动生成，且未就该信息作任何修改的服务提供者。

（2）提供系统缓存服务的网络服务提供者。这是指应使用者的要求传输信息后，通过其控制或营运或委托他人管理的系统或网络，依当时技术将该信息为暂时储存或中介服务，供其后的使用者存取该信息，以加速网络传输的服务提供者。经过系统缓存，后续用户对相同信息的访问要求不需另行从源网站重新取得，既降低了对服务提供商的带宽要求，又减少了用户的等待时间。

（3）提供信息存储空间服务的网络服务提供者。这是指通过其所控制或营运的系统或网络，应使用者的要求提供信息储存的服务提供者。它主要有以下形式：①向他人出租或免费提供磁盘空间，供不具有独立开办网站能力的组织或者个人通过网站向公众提供信息，营造虚拟的单位网站或者个人主页。这些虚拟网站或个人主页由使用者自己“经营”、自己提供信息，网络服务提供者一般不予干预，类似现实世界出租房屋的情况。②网络服务提供者利用这些磁盘空间开辟公共交流平台，如设立网络聊天室、公共论坛等，供上网公众上载信息、交流意见。③网络服务提供者利用这些磁盘空间向服务对象有偿或者免费提供存储服务，存储服务对象的作品、表演、录音录像制品等，如建立家庭相册，供服务对象将自己的照片数字化后上载到网络服务提供者提供的磁盘空间中。[1] ④视频及其他类型作品的分享网站。网络服务提供者提供存储空间供公众上传视频、论文、音乐等内容。

（4）提供搜索服务的网络服务提供者。这是指给使用者有关网络信息的索引、参考、搜寻等项目的服务提供者。它主要包括两种情形：①普通的搜索服务。通过该种服务，使用者可以获取网络上有关信息的排列和索引。②专业的搜索服务。通过该种服务，使用者可以专门获取图片、音乐、学术资料等内容和特定类型、格式信息的排列和索引，或者在某一特定的网络、空间获取相应的排列和索引。目前专门搜索图片、音频和视频的搜索引擎已经出现。

（5）提供链接服务的网络服务提供者。网络链接是万维网的核心技术，就链接表现及技术层次而言，一般划分为一般性链接和深层次链接，前者指在跨越性链接中设链者的页面瞬间转变为被链接者的页面及具体文字、图像；深层次链接在跨越性链接中把他人网页上的内容部分或者全部转变为设链者页面的内容，被链接的网站名称、网页标志往往被隐去。

上述第4种和第5种类型的网络服务提供者在法律性质和法律地位上具有若干相同的特征，在我国《信息网络传播权条例》中将它们置放在一

---

[1] 张建华主编：《信息网络传播权保护条例释义》，中国法制出版社2006年版，第83~84页。

起进行规范，并统称为提供搜索或链接服务的网络服务提供者，在理论上，也可称为提供定位服务的网络服务提供者。

（6）提供对等网络服务的网络服务提供者。对等网络即 P2P（peer to peer）网络，由若干互联协作的计算机构成，其系统依存于网络终端（非中央式服务器）设备的主动协作，每个成员直接从其他成员而不是从服务器的参与中受益，系统中成员同时扮演服务器与客户端的角色，系统应用的用户能够意识到彼此的存在，构成一个虚拟或实际的群体的网络系统。对等网络与传统的服务器/客户端（C/S）模式不同。在对等网络架构中，每一个节点的地位是对等的，在数据传输中每个节点既承担服务器的角色，又承担客户端的角色。

（7）网络内容提供者。网络内容提供者是指拥有自己的主页，通过互联网定期或不定期地向网络用户提供信息服务并以此为业的网络经营者。它们一般有自己的信息资源，能为用户提供全方位的信息和较大区域内的联网能力；它们一般对其网页上的内容进行有组织的采集、筛选、加工，并将信息置于公众可以访问的状态。

三、网络服务提供者的义务

网络服务提供者在提供网络信息服务时，必须履行相应的法律义务。不同国家的法律，对于网络服务提供者的义务要求不尽相同；不同类型的网络服务提供者，在法律上应该履行的义务也有所区别。具体来说，网络服务提供者的义务主要包括以下方面。

（1）信息披露义务。由于网络服务提供者从技术上讲，可能掌握着其注册用户身份的记录，所以在符合法律规定条件下，网络服务提供者有义务提供侵权人的各种必要信息。《信息网络传播权保护条例》第 13 条规定：著作权行政管理部门为了查处侵犯信息网络传播权的行为，可以要求网络服务提供者提供涉嫌侵权的服务对象的姓名（名称）、联系方式、网络地址等资料。该法律只规定了行政执法机关责令信息披露的制度，而没有规定权利人在诉讼中申请由法院责令网络服务商披露信息的规则。实践中，法院也会支持权利人的申请，毕竟这是开展诉讼所不可缺少的环节，也符合《民事诉讼法》有关证人提供真实信息的义务和要求。

实践中，有些网络服务提供者以商业秘密为由拒绝或者拖延提供其服务对象的有关资料，应该如何处理？《信息网络传播权保护条例》第25条规定，网络服务提供者无正当理由拒绝提供或者拖延提供涉嫌侵权的服务对象的姓名（名称）、联系方式、网络地址等资料的，由著作权行政管理部门予以警告；情节严重的，没收主要用于提供网络服务的计算机等设备。

【深度探索】　　网络服务提供者的信息披露义务*

信息披露义务的发生一般有三种情况：第一，权利人在发现侵权后，径行向网络服务商提出请求，要求披露有关用户的信息；第二，权利人在发现侵权后向国家行政管理部门投诉，或者知识产权管理部门依照职权在查处违法案件时，由行政执法部门责令披露有关信息；第三，权利人在发现侵权后向法院起诉，通过司法程序诉请网络服务商提供有关信息。

对于第一种情况，大多数国家并不允许。因为这种不受控制的状态会导致网络用户个人隐私、商业秘密的泄露，无法保证通信自由。特别是有的服务对象与网络服务商签署了书面保密合同，提供服务对象的资料还会直接违反合同规定。但我国2006年颁布的《最高人民法院关于审理涉及计算机网络著作权纠纷案件适用法律若干问题的解释》第5条规定："网络内容提供者对于著作权人要求其提供侵权行为人在其网络的注册资料以追究行为人的侵权责任，无正当理由拒绝提供的应承担民事责任。"这一规定将网络内容提供者置于不经司法程序就径直披露信息的境地，容易产生权利人滥用权利、网络服务商违背约定以及网络用户隐私、民事权益受到侵害等系列不良后果。2012年通过的《最高人民法院关于审理侵害信息网络传播权民事纠纷案件适用法律若干问题的规定》废止上述司法解释，也没有再对此作出规定。

对于第二种情况，主要发生在存有知识产权行政执法的国家。例如，我国《信息网络传播权保护条例》规定，著作权行政管理部门为了查处侵权行为，需要了解涉嫌侵权的服务对象的资料，网络服务商有责任予以协助。

---

* 梅术文：《著作权法上的传播权研究》，法律出版社2012年版，第220~222页。

对于第三种情况比较常见，也为大多数国家所采用。《美国数字千年版权法》（DMCA）第512节（h）规定：为了限制网络服务商的法律责任，著作权人可以从联邦法院获得一项要求网络服务商提供被诉从事侵权活动的人的身份资料的传票。在此种情况下披露其用户的个人信息不承担侵权责任。英国的法律也规定，原告有权要求网络服务商提供侵权信息，但必须向法院申请强制令。

（2）告知义务。网络服务提供者应通过适当的手段宣传著作权政策，设定相应的警示标语，告知使用者应该遵循相应的著作权规范，如在网络首页以契约形式载明“著作权保护政策”的链接，或者张贴资讯时跳出警示信息等。同时，告知网络服务提供者自身的信息，包括网络服务提供者的名称、联系人、网址等内容，或者告知用户有些技术手段能够阻止或选择某种服务。

（3）排除著作权继续侵害的义务。网络服务提供者乃是可以最低限度排除著作权侵害之人，因此，在有能力控制侵权或者在明知侵权的情形下，网络服务提供者应该负有排除继续侵害的义务。按照法律的规定，网络服务提供者在接到权利人通知请求删除违法信息的，只要满足法律规定的条件和程序要求，网络服务提供者应该删除相应的信息。比利时法律还要求服务提供者在发现违法行为或者用户提供的违法信息后，应当及时通知相关司法或行政机关。

（4）审查义务。审查义务是指具有“编辑控制权”的信息发布者对控制的信息进行实质性审查与选择，判定作品等信息的内容是否构成侵权，并最终决定是否将其公布的义务。审查义务广泛存在于模拟环境下的出版社、杂志社、报社、广播电台、电视台等媒体。从性质上看，著作权审查义务是私法审查义务，不包括信息发布者根据国家公共管理需要对反动、淫秽、色情、暴力等信息的公法审查义务。就此而言，它可区分为一般审查义务和特定审查义务：前者是对所有可控制的信息都应该进行审查，后者则仅仅针对某些类型或者特定范围的信息进行审查。在数字环境下，并非所有的网络服务提供者都应该承担一般审查义务。一般而言，网络内容提供者被认为类似于模拟环境下的出版社等媒体。这些服务提供者不仅聘请专业的编辑审稿人员，具有“编辑控制权”，而且其基本的运作模式也可以被理解为是网络出版、网络广播等。至于其他服务提供者，则往往没有一般审查义务。

（5）监控义务。监控义务不同于审查义务，它旨在运用技术手段（包括技术标准、过滤技术和指纹技术）等主动控制和避免某些作品在互联网上传播。一般来说，网络服务商没有监控网络活动的义务，相反在提供服务时却负有保持中立地位的义务。[1]《欧盟电子商务指令》第15条也明确规定：成员国不得规定网络服务商负有监视其传输或存储的信息的义务，以及积极发现相关侵权事实的义务。美国DMCA第512条（m）款规定：网络服务商没有监视网络、寻找侵权活动的义务。但上述规定并不意味着在某些情况下[2]，为某种类型的网络服务商设定监控义务。例如，可以要求网络服务提供者监控反复侵权活动，或者采纳通用技术标准和过滤技术等监控特定类型的作品。

（6）注意义务。网络服务提供者对其经营或者管理的网站负有作为善良管理人的合理注意义务。这既是权利人主张侵权诉讼时认定网络服务提供者是否存在主观过错的判定标准，也是网络服务提供者在主张责任豁免时的必要条件。当然，网络服务提供者提供服务的性质不同，上传对象不同，所从事的行为不同，都会导致不同的注意义务。例如，根据司法解释规定，在某些情形下，提供信息存储空间和定位服务的网络服务提供者应该承担更高的注意义务。例如，网络服务提供者从服务活动中直接获得经济利益，或者对于热播影视作品等设置榜单、目录、索引、描述性段落、内容简介等方式进行推荐，将热播影视作品等置于首页或者其他主要页面，或者对热播影视作品按照主题、内容主动进行选择、编辑、整理、推荐或

[1] 蒋志培主编：《著作权新型疑难案件审判实务》，法律出版社2007年版，第30页。

[2] 《欧盟电子商务指令》序言第47项指出，成员国可以根据本国立法在特定情形下为服务商设置监控义务。美国DMCA在规定“避风港”制度时，要求网络服务提供者采取符合行业要求的技术标准。

者设立专门的排行榜等。因此，判定网络服务提供者侵权责任的主观要件和责任豁免“避风港”规则的主观要件，都必须对网络服务提供者是否尽到合理的注意义务进行综合判定。

第二节 网络服务提供者的侵权责任

一、网络服务提供者的直接侵权责任

网络服务提供者的直接侵权责任是指网络服务提供者由于直接侵权行为而应承担的民事责任。实践中，网络服务提供者实施的直接侵权行为主要有以下情况：（1）服务提供者未经著作权人同意擅自将网下报纸、杂志、文字图片上载网络。（2）网络服务提供者未经著作权人同意擅自转载网络著作权人的作品。（3）网络服务提供者未经著作权人同意擅自公开或传播协议不公开的著作权人作品等。❶（4）网络服务提供者以提供网页快照、缩略图等方式实质替代其他网络服务提供者向公众提供相关作品的。❷（5）网络服务提供者通过信息网络擅自向公众提供他人作品、表演、录音录像制品的其他行为。

一般来说，网络内容提供者是可以承担普通侵权责任的主体。在此种情形下，侵权者可能表现为网络出版者、数据库制作者、数字图书馆、远程教育机构、P2P服务中的用户，等等。至于其他服务提供者，因为并不直接复制、点播、广播和表演作品等信息，公众也并不能在该服务提供者处直接获得作品、表演和录音录像制品，因此不会构成直接侵犯著作权的法律责任。

网络内容提供者承担直接侵权的损害赔偿责任应以过错为主观要件。

---

❶ 乔生：《信息网络传播权研究》，法律出版社2004年版，第92页。

❷ 根据司法解释，该提供行为不影响相关作品的正常使用，且未不合理损害权利人对该作品的合法权益，网络服务提供者主张其未侵害信息网络传播权的，人民法院应予支持。

一般情形下，该损害赔偿责任既可因故意亦可由过失而发生。在具体判断其是否应知侵权行为发生时，由于网络内容提供者与期刊社、出版社具有相同的审查义务，所以可以参照有关规定处理。具言之，如果网络内容提供者明知是侵权作品而在互联网上提供，或者应该知道上传的是侵权作品却未尽到审查义务时，都可以认定为具有主观过错，应该承担损害赔偿责任。

【实例】　　陕视网案*

萧亚轩演唱的《萧亚轩 Elva》等专辑分别收录了“没有人”“一个人的精彩”等歌曲。江美琪演唱的《恋人心中有一首歌》等专辑分别收录了“晴天娃娃”“父亲你是安静的”等歌曲。上述 CD 专辑的外包装上均注明百代公司版权所有。陕西电视台 - 陕视网 www. sxtvs. com 在视听频道 www. sxtvs. com 传播上述 CD 音乐作品。2006 年 12 月 7 日，上海天闻律师事务所律师受百代公司的委托，给陕西电视台发送了律师函，认为陕视网向公众提供的百代公司享有录音制作者权的曲目的在线播放服务，侵犯了百代公司的合法权益。请求陕西电视台停止提供以上所列曲目的在线播放服务；赔礼道歉；协商赔偿事宜。因双方协商未果，百代公司诉至法院，请求判令陕西电视台：立即停止对百代公司享有录音制作者权的歌曲之网络传播权的侵害，停止提供涉案歌曲的在线播放服务；在其经营的网站主页及《法制日报》上向百代公司公开赔礼道歉；赔偿百代公司损失 525 000 元人民币、为调查侵权行为所支出的合理费用 31 000元，计 556 000元；承担本案的全部诉讼费。西安中院经审理认为，百代公司依法享有争讼之作品的著作权；陕西电视台未经许可，在其经营的网站上向公众提供涉案歌曲的在线播放服务，构成侵权，判决：陕西电视台赔偿百代公司损失 50 000元；驳回百代公司其余诉讼请求。

二、网络服务提供者的间接侵权责任

网络服务提供者的间接侵权责任是指网络服务提供者就其间接侵权行

* 孙海龙、姚建军：“向公众提供歌曲在线播放服务可能构成侵权”，载 http：//www. nipso. cn/gnwzscqxx/bqdt/t20080104_ 95848. asp，2008 年 1 月 8 日访问。

为而应该承担的民事责任。此时，网络服务提供者并没有直接实施侵权行为，而是因引诱教唆行为和帮助行为等间接侵权行为而承担责任。《侵权责任法》第 36 条第 3 款规定："网络服务提供者知道网络用户利用其网络服务侵害他人民事权益，未采取必要措施的，与该网络用户承担连带责任。"《最高人民法院关于审理侵害信息网络传播权民事纠纷案件适用法律若干问题的规定》第 7 条第 1 款规定："网络服务提供者在提供网络服务时教唆或者帮助网络用户实施侵害信息网络传播权行为的，人民法院应当判令其承担侵权责任。" 这些均是对网络服务提供者间接侵权责任的明确规定。

具体来说，网络服务提供者承担间接侵权损害赔偿责任的构成要件有：(1) 明知或应知他人利用网络服务侵害著作权；(2) 实施了间接侵权行为，主要包括帮助行为、教唆行为、引诱行为等；(3) 存在多个侵权人，而网络服务提供者是作为间接侵权人的身份出现。

从客观方面讲，网络服务提供者实施了间接侵权行为。主要包括帮助侵权行为、引诱侵权行为和其他间接侵权行为。帮助侵权行为是指对于他人实施的侵害传播权行为提供物质、空间、通道等服务上帮助的侵权行为。网络服务提供者实施的帮助侵权行为主要包括以下情形：(1) 提供信息传播通道；(2) 提供系统缓存服务；(3) 提供搜索服务；(4) 提供链接服务；(5) 提供信息存储空间。根据司法解释规定，网络服务提供者明知或者应知网络用户利用网络服务侵害信息网络传播权，未采取删除、屏蔽、断开链接等必要措施，或者提供技术支持等帮助行为的，人民法院应当认定其构成帮助侵权行为。引诱教唆行为是指利用言语、广告或者采取鼓励措施开导、说服或者刺激、利诱、怂恿等方法使他人实施侵犯著作权的行为。网络服务提供者实施的引诱教唆行为主要发生于 P2P 服务和存储空间服务中。根据司法解释，网络服务提供者以言语、推介技术支持、奖励积分等方式诱导、鼓励网络用户实施侵害信息网络传播权行为的，人民法院应当认定其构成教唆侵权行为。其他间接侵权行为是指网络服务提供者与他人以分工合作等方式共同提供作品、表演、录音录像制品，构成共同侵权行为的情况。

从主观方面讲，网络服务提供者知道侵权行为的发生而未采取必要措施。此处的“知道”包括“明知”和“应知”两种。在间接侵权场合，网络服务提供者往往没有审查义务，所以网络服务提供者未对网络用户侵害信息网络传播权的行为主动进行审查的，人民法院不应据此认定其具有过错。只有在网络服务提供者接到权利人以书信、传真、电子邮件等方式提交的通知，未及时采取删除、屏蔽、断开链接等必要措施的，才应当认定其明知相关侵害信息网络传播权行为。对此，《侵权责任法》第36条第2款规定：“网络用户利用网络服务实施侵权行为的，被侵权人有权通知网络服务提供者采取删除、屏蔽、断开链接等必要措施。网络服务提供者接到通知后未及时采取必要措施的，对损害的扩大部分与该网络用户承担连带责任。”

至于“应知”的判定，则尤为复杂。较好的做法是根据网络服务提供者应该承担的注意义务进行综合判定。也就是说，各行为人对损害后果是否应该具有共同的认识和预见，要根据一个合理的、谨慎的人是否应该预见和认识损害后果来加以判断。[1] 但是，不同类型的网络服务提供者在不同情况下所应该尽到的注意义务是不同的，为统一裁判标准，有必要就相应的考量因素进行司法解释。《最高人民法院关于审理侵害信息网络传播权民事纠纷案件适用法律若干问题的规定》第9条规定，人民法院应当根据网络用户侵害信息网络传播权的具体事实是否明显，综合考虑以下因素，认定网络服务提供者是否构成应知：（1）基于网络服务提供者提供服务的性质、方式及其引发侵权的可能性大小，应当具备的管理信息的能力；（2）传播的作品、表演、录音录像制品的类型、知名度及侵权信息的明显程度；（3）网络服务提供者是否主动对作品、表演、录音录像制品进行了选择、编辑、修改、推荐等；（4）网络服务提供者是否积极采取了预防侵权的合理措施；（5）网络服务提供者是否设置便捷程序接收侵权通知并及

---

[1] 王利明：《侵权行为法研究（上卷）》，中国人民大学出版社2004年版，第699页。

时对侵权通知作出合理的反应；（6）网络服务提供者是否针对同一网络用户的重复侵权行为采取了相应的合理措施；（7）其他相关因素。

网络服务提供者提供服务时是否营利，对于判断其注意义务会产生影响。司法解释规定，网络服务提供者从网络用户提供的作品、表演、录音录像制品中直接获得经济利益的，人民法院应当认定其对该网络用户侵害信息网络传播权的行为负有较高的注意义务。网络服务提供者针对特定作品、表演、录音录像制品投放广告获取收益，或者获取与其传播的作品、表演、录音录像制品存在其他特定联系的经济利益，应当认定为直接获得经济利益。网络服务提供者因提供网络服务而收取一般性广告费、服务费等，不属于该情形。

网络服务提供者提供热播影视作品、设置榜单或推荐时，虽然不需要承担审查义务，但却同样需要承担更高的注意义务。司法解释规定，网络服务提供者在提供网络服务时，对热播影视作品等以设置榜单、目录、索引、描述性段落、内容简介等方式进行推荐，且公众可以在其网页上直接以下载、浏览或者其他方式获得的，人民法院可以认定其应知网络用户侵害信息网络传播权。有下列情形之一的，人民法院可以根据案件具体情况，认定提供信息存储空间服务的网络服务提供者应知网络用户侵害信息网络传播权：（1）将热播影视作品等置于首页或者其他主要页面等能够为网络服务提供者明显感知的位置的；（2）对热播影视作品等的主题、内容主动进行选择、编辑、整理、推荐，或者为其设立专门的排行榜的；（3）其他可以明显感知相关作品、表演、录音录像制品为未经许可提供，仍未采取合理措施的情形。

【实例】香港正东唱片有限公司诉北京世纪悦博科技有限公司案*

香港正东唱片有限公司（以下简称“正东唱片公司”）诉北京世纪悦博科技有限公司（以下简称“世纪悦博公司”）一案。被告世纪悦博公司所拥有的CHINAMP3音乐极限网站是一家颇有影响的专业音乐网站。他们通过网络搜索

---

* 闫文锋：“‘我’的歌岂容随意链接”，载《中国知识产权报》2004年12月7日。

的方式，收集大量有关音乐网站的信息，如地区、歌手、歌单、歌词等，并将有关信息进行选择、编排整理，提供给用户浏览使用。正东唱片公司发现，由歌星陈慧琳演唱、他们享有录音制作者权的35首歌曲也可以在该网站上进行下载。自己录制的歌曲在网络上被鼠标一点即可下载欣赏，毫无疑问，自己的利益受到了损害。正东唱片公司将世纪悦博公司告上法庭，要求世纪悦博公司停止侵权，并且提出70万元的赔偿请求。经过审理，一审法院于2005年年初作出一审判决，判决世纪悦博公司停止侵权，赔偿10万元。世纪悦博公司认为自己提供的只是链接服务，而非下载，是被链接网站侵权，自己并不需要审查链接内容的合法性，遂提起上诉。二审法院经审理认为，世纪悦博公司设置链接的行为，为侵权录音制品的传播提供渠道和便利，使用户得以下载侵权的录音制品，从而使被链接网站的侵权行为得以实施、扩大和延伸，因此，世纪悦博公司客观上参与、帮助了被链接网站实施侵权行为，侵害了正东唱片公司对其录音制品享有的合法权益。而且，从世纪悦博公司提供服务的方式来看，其完全有能力对链接信息的合法性进行逐条甄别，有能力注意到被链接信息的合法性。同时，该公司的音乐网站为专业性网站，其提供服务有明显的商业目的，应当负有更高的对所提供服务的合法性的注意义务，因此其主观上具有过错，所以构成对正东唱片公司的侵权，应当承担相应的民事责任。于是，二审法院维持一审判决。

三、网络服务提供者的替代责任

网络服务提供者的替代责任是指网络服务提供者在具有监督直接侵权行为的权利和能力的同时，又从直接侵权行为中获得直接经济利益，由此而应承担的民事责任。现实中，网络服务商承担替代责任的情形主要有：（1）服务提供者与网络用户之间有特定关系。例如，只要网站同意某网友作为版主，无论双方是否签订合同，是否有报酬，都不改变网站和版主之间的雇佣法律关系。版主根据法律规定或网站自己制定的论坛“删帖标准”删除用户帖子属于一种职务行为，代表了网络平台服务提供者的意思，自然应由网络平台服务商承担法律责任。❶（2）企业内部网、图书馆局域网与网络用户之间具有监督、管理的关系，因而对用户在网络上实施的侵权行为，网络管理者或所有者有可能承担替代责任。❷（3）网络服务提供者在某一侵权行为的经营服务活动中获得了直接经济利益，而实际上从技术上又能够控制这一侵权行为的发生。例如，《美国数字千年版权法》规定，当网络服务提供商从上传的侵权作品、表演和录音录像制品中获取了经济利益，而其又能够且有权利监督他人的侵权行为，就要对此承担责任。显然，DMCA的“替代责任”要求大部分服务提供商为使用者的侵权活动承担责任，这给他们带来高风险。❸因此，在进行制度选择时，可以适度强化技术控制能力的标准，只让某些具有较强监控能力的网络服务提供者承担替代侵权责任。在我国的民事立法中，雇主对于雇员的行为承担替代责任自无疑问。❹只是在著作权法中，还没有其他替代责任的规定。但在某些特定情形下，如果不对网络服务提供者课以替代责任，会放纵某些网络服务提供者。建议通过立法规定，网络平台提供者、履行深层链接功能的服务提供者和履行信息搜索功能的网络服务提供者在下列情况下应该承担侵权责任：（1）与直接侵权者存在特殊的关系，例如雇佣关系或者委托关系；（2）对于侵权者的行为有监督义务；（3）从侵权者的直接侵权行为中获得利益。

【实例】美国博库公司诉北京讯能公司和香港汤姆公司案*

被告“香港汤姆有限公司”（以下简称“汤姆公司”）是一家提供综合信息的门户网站，它将网站中文学欣赏栏目“文学频道”的设计与制作，通过

---

❶ 胡鸿高、赵丽梅：《网络法概论》，法律出版社2003年版，第525页。

❷ 张今：《版权法中私人复制问题研究：从印刷机到互联网》，中国政法大学出版社2009年版，第211页。

❸ 王迁、［荷］吉博特（Lucie Guibault）：《中欧网络版权保护比较研究》，法律出版社2008年版，第71～72页。

❹ 《民法通则》第43条明确规定：“企业法人对他的法定代表人和其他工作人员的经营活动，承担民事责任。”

* 北京市第二中级人民法院民事判决书〔2001〕二中知初字第13号。

北京讯能公司全部委托给了另一家规模较小的网络公司“今日视点文化事务发展中心”（以下简称“今日视点”）。而今日视点通过直接网站链接的方式，将自己经营的“今日作家网”的一些内容设定为汤姆公司文学频道的主要内容。原告发现汤姆公司文学频道中出现了其享有版权的作品，且未经原告授权。于是，原告将汤姆公司起诉至法院。但是法院最终认为汤姆公司文学频道显示的侵权文章，实际上是存在于今日视点网站服务器中，而汤姆公司的网站仅仅建立了链接。由于汤姆公司没有直接提供侵权文章，除非其在接到版权人侵权通知之后仍然不删除链接，汤姆公司不承担任何侵权责任。这个案例中，汤姆公司对今日视点提供的侵权内容负有监督的义务，且该公司能从这些侵权内容的传播中获得直接的经济收益。这完全符合替代责任的构成要件，因此汤姆公司应负侵权责任。而法院却判决汤姆公司不承担侵权责任，符合现行法规定但却并不利于惩罚侵权者。

第三节　网络服务提供者的“避风港”规则

一、“避风港”规则的概念

什么是网络服务提供者的“避风港”规则？学者对此有不同认识，主要有三种观点：第一种观点认为，“避风港”规则就是网络服务提供者不承担损害赔偿责任的具体要求。也就是指在线服务商只要按照技术标准，根据用户的指令提供服务，就不必为其提供的服务造成的侵权行为承担赔偿责任。[1] 或者说，就法律性质而言，“避风港”规则不应理解为网络服务商侵权的判断依据，而是网络服务提供商的免责依据（或抗辩理由）。[2]第二种观点认为，“避风港”是“通知—删除”条款。这项条款是指版权持有人一旦发现有人在互联网上侵犯他的版权，他可以迅速联络提供服务的

---

❶ 张今：《版权法中私人复制问题研究：从印刷机到互联网》，中国政法大学出版社2009年版，第222页。

❷ 史学清、汪涌：“避风港还是风暴角”，载《知识产权》2009年第2期。

网站负责人，命令其停止这项服务。[1] 第三种观点认为，“避风港”规则是在运用“通知—删除”程序以后所获得的效果，也就是由此而免除了网络服务商的损害赔偿责任，但还必须满足其他前提条件。

“避风港”规则最初以“通知—删除”程序为其体现，但在随后的发展中，逐渐成为网络服务提供者“免责条款”之统称，它的具体内容在不同的国家和地区有不同的体现。为不同性质的网络服务提供者设定责任豁免规则，是“避风港”规则在立法上的具体体现。《信息网络传播权保护条例》在制定过程中，对于是否要确认“避风港”规则，存在两种不同意见：一种意见认为，没有必要规定“避风港”规则。因为提供传输通道、临时存储、网络链接等服务是信息网络正常运行所必需的；只要网络服务提供者无主观故意，且技术上不可避免，由此产生的著作权纠纷就应该对网络服务提供者给予免责。DMCA 虽然是从免责的角度进行规定，但是似乎仍加重了网络服务提供者的责任，因为，如果网络服务提供者出现了“避风港”之外的行为，就有可能受到追究。另一种意见认为，应当规定“避风港”规则。因为信息网络作为传输信息的媒介或者平台，网络服务提供者提供的网络服务难免会与第三人产生著作权纠纷，如果法律不规定哪些网络服务可以免责，就可能使网络服务提供者陷入无休止的侵权纠纷中，无暇顾及自身业务的发展，这对网络产业的发展是十分不利的。[2]《信息网络传播权保护条例》最终采纳了第二种意见，在第 20 条至第 23 条规定了四种网络服务提供者免除损害赔偿责任的条款。

我国《信息网络传播权保护条例》第 14 ~ 17 条规定的“通知—删除”程序，以及第 20 ~ 23 条的免责条款都可以理解为是“避风港”规则的体现。这与《侵权责任法》的第 36 条形成鲜明对比。在《侵权责任法》中，“通知—删除”程序和“知道”规则，都是以“归责条款”的形式，确立

---

[1] ［美］约翰·冈茨、杰克·罗切斯特著，周晓琪译：《数字时代，盗版无罪》，法律出版社 2008 年版，第 151 页。

[2] 张建华主编：《信息网络传播权保护条例释义》，中国法制出版社 2006 年版，第 76 ~ 77 页。

了网络服务提供者承担民事责任的基本要件。

鉴于此，“避风港”规则是网络服务提供者免除损害赔偿责任的各种要求的统称，是典型的“免责条款”。随着数字网络技术的发展，网络服务提供者的“避风港”规则应该与“归责条款”区分开来，同时还应具有高度的概括性和统摄力。《最高人民法院关于审理侵害信息网络传播权民事纠纷案件适用法律若干问题的规定》第6条规定：“原告有初步证据证明网络服务提供者提供了相关作品、表演、录音录像制品，但网络服务提供者能够证明其仅提供网络服务，且无过错的，人民法院不应认定为构成侵权。”这是我国首次对“避风港”规则的主观和客观要求进行了规定。

可见，“避风港”规则是指网络服务提供者在保持技术中立的客观环境下，没有理由知道侵权行为发生，根据权利人通知有能力移除且及时删除了侵权信息的，免除损害赔偿责任的制度规则。它包括两种情形：第一种情形是，网络服务提供者保持技术中立，没有理由知道侵权事实存在，也没有能力移除侵权信息的，可以直接免除损害赔偿责任；第二种情形是，网络服务提供者保持技术中立，没有理由知道侵权事实存在，在技术上能够移除侵权信息，在接到权利人通知后及时删除侵权信息的，可以免除损害赔偿责任。

二、“避风港”规则的客观要件

“避风港”规则的客观要件，是指从现有的技术手段上看，网络服务提供者所提供的技术服务在性质上决定了它无法对作品等信息进行控制和审查。因此，网络内容提供者不能进入“避风港”。相反，只有管道提供者、系统缓存提供者、定位提供者和存储空间提供者才可以适用“避风港”规则。

就目前的技术水平而言，主要包括四种情形：（1）自动接入服务提供者或者自动传输服务提供者未选择并且未改变所传输的作品、表演、录音录像制品，并且是向指定的服务对象提供并防止指定的服务对象以外的其他人获得。（2）系统缓存服务提供者为提高网络传输效率，自动存储从其他网络服务商获得的作品等信息，既未改变这些信息，也不影响原网络服务商掌握服务对象获取该信息，而且在原网络服务商修改、删除或者屏蔽信息时，会根据技术安排自动予以修改、删除或者屏蔽。（3）在现有技术条件下，采取统一的“过滤技术标准”，提供信息存储空间服务和定位服务的网络服务提供者。

三、“避风港”规则的主观要件

网络服务提供者要想进入“避风港”，还必须在主观上“没有理由知道”侵权事实的存在。根据美国的立法，这一主观要求应包括三个层次：（1）并不实际知晓在系统或网络上使用材料的行为是侵权的；（2）在缺乏该实际知晓状态时，没有意识到能够从中明显推出侵权行为的事实或情况；（3）在知晓或意识到（侵权行为）之后，迅速移除材料或屏蔽对它的访问。[1] 从具体的要求看，“避风港”规则的主观要件，与侵权责任的归责条款中的“主观要件”是相互连通的关系。网络服务提供者也可以从相同的角度证明自己并不知道侵权行为的发生。只是从程序上看，作为归责条款的“过错”的证明取决于原告，而能否进入“避风港”是由被告举证。由于原告已经按照要求证明过网络服务提供者是否“明知”或者“应知”，因此，网络服务提供者在抗辩中所能预留的主观空间证明范围较小。它主要是从自己的技术实践和提供服务的实际步骤等方面证明自己“没有理由知道”侵权行为的发生。常见的做法就是证明在自己的服务中出现的侵权作品并没有达到类似于“红旗”一样显明的程度，从而表明自身的“善意”。

在我国的司法解释中正式明确，将热播影视作品等置于首页或者其他主要页面等能够为网络服务提供者明显感知的位置的，或者对热播影视作品等的主题、内容主动进行选择、编辑、整理、推荐，或者为其设立专门的排行榜的，可以直接认定构成“应知”，网络服务提供者应该承担侵权

---

[1] U. S. C. 512（c）（1）（A）.

损害赔偿责任。这是从“归责条款”的角度进行的分析。但是即便如此，如果网络服务提供者的确有理由证明该“热播影视作品”不是“红旗”，自己完全是出于“善意”进行整理或者制作排行榜，仍可以免除损害赔偿责任。实际上，“随着网络的普及与发展，通过网络电视等方式来观看大片成为观众的新选择，而票房也不再是制片方的唯一收入，更多的制片方选择了贴片广告的模式来回收投资资金……不断地有发行商在各大网站注册，并上传电影电视，也不断地有广告商做着同样的事情”[1]。因此，即使在通常情况下原告已经证明网络服务提供者按照“常识标准”应该承担损害赔偿责任，法律仍应留有余地，允许网络服务提供者根据技术发展和商业模式变革的具体情况，允许网络服务提供者根据其履行注意义务的实际情况进行抗辩，一旦提供证据证明自己“没有理由知道侵权行为的存在”，也应认定满足“避风港”规则的主观要件。

四、“通知—删除”程序

“通知—删除”程序与“避风港”规则的关系，有着不同的认识。一般认为，网络服务提供者履行了“通知—删除”程序并不必然导致进入“避风港”，它必须在同时具备无过错主观要件时才可免除损害赔偿责任。笔者认为“通知—删除”程序既是权利人自助解决纠纷的方式之一，也是网络服务提供者进入“避风港”的要件之一。不少的权利人为免除诉讼的烦扰，可以通过“通知”的方式要求网络服务提供者删除侵权信息，既可以减少纠纷，又降低纠纷解决的社会成本。同时，“通知—删除”程序对于判定网络服务提供者的法律责任也具有重要作用。具体表现为以下四种不同的情况：（1）网络服务提供者接到通知后及时删除了侵权信息，权利人不再追究，案结事了。（2）网络服务提供者接到通知后及时删除了侵权信息，在满足“技术中立”和主观上没有理由知道该侵权信息的条件时，

---

[1] 游闽键：“从《疯狂的石头》案看网络服务提供商侵权责任认定”，载《东方法学》2009 年第 1 期。

可以不再承担损害赔偿责任。(3) 网络服务提供者接到通知后及时移除侵权信息，但权利人同时证明在其通知之前网络服务提供者就有过错的，即使网络服务提供者证明自己是“技术中立”，也不能满足“避风港”归责的全部要件，仍应对“通知”前发生的间接侵权行为承担损害赔偿责任。(4) 网络服务提供者没有及时删除侵权信息的，则按照“归责条款”的要求，可以由权利人据此证明该网络服务提供者有过错，要对损失的扩大部分承担损害赔偿责任。

根据我国法律的规定，“通知—删除”程序应该遵循以下步骤和要求。

1. 通知

《信息网络传播权保护条例》第 14 条规定，对提供信息存储空间或者提供搜索、链接服务的网络服务提供者，权利人认为其服务所涉及的作品、表演、录音录像制品，侵犯自己的信息网络传播权或者被删除、改变了自己的权利管理电子信息的，可以向该网络服务提供者提交书面通知，要求网络服务提供者删除该作品、表演、录音录像制品，或者断开与该作品、表演、录音录像制品的链接。通知书应当包含下列内容：(1) 权利人的姓名（名称）、联系方式和地址；(2) 要求删除或者断开链接的侵权作品、表演、录音录像制品的名称和网络地址；(3) 构成侵权的初步证明材料。权利人应当对通知书的真实性负责。

需要说明的是，在我国适用“通知—删除”程序并进而免责的网络服务提供者的范围是有限的。也就是说，在我国并非所有的网络服务提供者均可以运用该规则免责。对于像网络内容提供者、网络终端用户等具有信息控制能力的主体而言，往往依据其审查义务判定是否存在主观过错。而对于那些履行管道自动接入、自动存储的服务提供者，确立它们的主观过错是根据行为和技术的客观状态进行判断。所以，能够运用“通知—删除”程序的，正是《信息网络传播权保护条例》所规定的两种类型：履行信息存储空间功能或者履行搜索、链接功能的网络服务提供者。

2. 对通知的处理

《信息网络传播权保护条例》第15条规定，网络服务提供者接到权利人的通知书后，应当立即删除涉嫌侵权的作品、表演、录音录像制品，或者断开与涉嫌侵权的作品、表演、录音录像制品的链接，并同时将通知书转送提供作品、表演、录音录像制品的服务对象；服务对象网络地址不明、无法转送的，应当将通知书的内容同时在信息网络上公告。

我国的司法解释对此进行了修正，只是要求网络服务提供者“及时”采取删除、屏蔽、断开链接等必要措施。同时规定，人民法院认定网络服务提供者采取的删除、屏蔽、断开链接等必要措施是否及时，应当根据权利人提交通知的形式，通知的准确程度，采取措施的难易程度，网络服务的性质，所涉作品、表演、录音录像制品的类型、知名度、数量等因素综合判断。

3. 反通知

《信息网络传播权保护条例》第16条规定，服务对象接到网络服务提供者转送的通知书后，认为其提供的作品、表演、录音录像制品未侵犯他人权利的，可以向网络服务提供者提交书面说明，要求恢复被删除的作品、表演、录音录像制品，或者恢复与被断开的作品、表演、录音录像制品的链接。书面说明应当包含下列内容：（1）服务对象的姓名（名称）、联系方式和地址；（2）要求恢复的作品、表演、录音录像制品的名称和网络地址；（3）不构成侵权的初步证明材料。服务对象应当对书面说明的真实性负责。

4. 恢复

《信息网络传播权保护条例》第17条规定，网络服务提供者接到服务对象的书面说明后，应当立即恢复被删除的作品、表演、录音录像制品，或者可以恢复与被断开的作品、表演、录音录像制品的链接，同时将服务对象的书面说明转送权利人。权利人不得再通知网络服务提供者删除该作品、表演、录音录像制品，或者断开与该作品、表演、录音录像制品的链接。

5. 错误通知的责任

《信息网络传播权保护条例》第24条规定，因权利人的通知导致网络服务提供者错误删除作品、表演、录音录像制品，或者错误断开与作品、表演、录音录像制品的链接，给服务对象造成损失的，权利人应当承担赔偿责任。

第四节 不同类型网络服务提供者的责任限制

一、提供传输通道服务的网络服务提供者责任限制

《信息网络传播权保护条例》第20条规定：网络服务提供者根据服务对象的指令提供网络自动接入服务，或者对服务对象提供的作品、表演、录音录像制品提供自动传输服务，并具备下列条件的，不承担赔偿责任：(1)未选择并且未改变所传输的作品、表演、录音录像制品；(2)向指定的服务对象提供该作品、表演、录音录像制品，并防止指定的服务对象以外的其他人获得。

这一规定借鉴了美国和欧盟的做法。《美国数字千年版权法》规定，网络服务提供者在履行这一功能的过程中如符合下列条件，则对他人利用其系统或网络实施的侵权行为，不承担赔偿损失责任，只承担停止侵权的责任：(1)信息的传输是由他人发动的；(2)传输、路由、连接、复制必须是通过自动化的技术过程实现的，且信息没有经过ISP的选择；(3)服务提供商不能决定信息的接收者；(4)网络服务提供者在系统或网络中任何中间或暂时所形成的复制件，除能被预订的接收者获得外，通常不能被其他任何人获得，而且这些复制件保存的时间不能超过合理所需的时间；(5)信息在传输过程中不能有任何内容上的改变。

《欧盟电子商务指令》第12条规定：(1)若信息社会服务的内容是在通信网络中传输由服务接受者提供的信息，或者为通信网络提供接入，成员国应当确保服务提供者不对传输的信息承担责任，条件是服务提供者：

（a）不是首先开始传输的一方；（b）没有对传输的接受者进行筛选；以及（c）没有筛选或更改传输包含的信息。（2）本条第（1）款所指的信息传输以及提供接入也包括自动地、中间性地、过渡性地存储传输的信息，其前提是此种行为仅仅是为了在通信网络中传输信息，而且信息的存储时间不得超过进行传输所需的合理必要的期间。（3）本条不应当影响法院或行政机构根据成员国的法律制度，要求服务提供者终止或者预防侵权行为的可能性。

比照"避风港"规则的一般要求，上述立法中对于传输通道网络服务提供者责任豁免的规定是比较妥当的，它确立了该类网络服务提供者进入避风港的客观要求，也就是必须具有技术上的绝对中立性。事实上正是由于这种技术上的绝对中立性，也基本上可以推定该类服务提供者不知道也没有理由知道侵权事实的存在，进而在主观上也没有过错。

【实例】中国音乐著作权协会诉网易公司等侵犯信息网络传播权纠纷案*

原告中国音乐著作权协会（以下简称"音乐著作权协会"）因与被告广州网易计算机系统有限公司（以下简称"网易公司"）、北京移动通信有限责任公司（以下简称"移动通信公司"）发生侵犯信息网络传播权纠纷，向北京市第二中级人民法院提起诉讼。

原告诉称：我协会受曲作者苏越委托，管理音乐作品《血染的风采》的公开表演权、广播权、录制发行权和信息网络传播权。网易公司在其所属的www.163.com网站（以下简称"163网站"）的"铃声传情"服务中，擅自将歌曲《血染的风采》提供给移动电话用户作为音乐振铃下载使用；移动通信公司在向移动电话用户提供有偿信息服务时，使移动电话用户可以随意下载该歌曲。二被告的上述商业性行为，构成了对《血染的风采》曲作者著作权的侵害。

原告的诉讼请求是：二被告立即停止使用音乐作品《血染的风采》，公开赔礼道歉，共同赔偿经济损失113 182.5元，并赔偿原告为制止侵权行为所花

* 北京市第二中级人民法院〔2002〕二中民初字第3119号。

费的合理支出 6 300元。

被告网易公司辩称：原告提供的证据无法证明苏越就是《血染的风采》歌曲的著作权人。由于移动通信公司已收取一定数额的服务费和不均衡通信费，故不能以 163 网站中显示的歌曲点击数量作为我公司收益的根据。原告要求我公司按盈利的 5 倍赔偿其损失，没有法律依据。

被告移动通信公司辩称：我公司作为电信运营商，在移动通信服务中仅起传输管道的作用，没有侵权的过错，原告要求我公司承担侵权责任，没有法律依据。

北京市第二中级人民法院经审理查明：

《血染的风采》的曲作者为苏越。1994 年 1 月 18 日，苏越与原告音乐著作权协会签订了音乐著作权合同，将该音乐作品的公开表演权、广播权和录制发行权委托音乐著作权协会管理。2001 年 10 月 9 日，苏越与音乐著作权协会签订了补充合同，将该音乐作品的有关互联网络的上载、下载及传输的权利亦授权音乐著作权协会管理。

被告网易公司在其开办的 163 网站中，设有“网易短信中心”推荐服务项目，其中的“铃声传情”栏目收录了众多音乐作品，用户可选择其中的作品为移动电话的振铃下载使用。网易公司将《血染的风采》收录该栏目的民歌曲目中时，未经苏越本人或者音乐著作权协会的许可，亦未支付任何报酬。

网易公司的上述服务是通过移动通信部门提供的专用设备和技术条件进行的。移动电话用户在 163 网站中选择该服务时，首先要通过电信部门的互联网登录 163 网站，在网站的相关网页上选择所需歌曲，然后由网易公司的服务器将该歌曲编辑成二进制编码，通过互联网发送至移动通信部门的移动短信平台，并由移动短信平台发送至移动电话用户。全国各地的移动电话用户，都须通过本地区的移动通信部门实施上述下载过程。在 163 网站的页面上，有公众对每一音乐作品的点击次数的统计显示，该数字即为全国各地的移动电话用户通过移动通信部门试听或下载该音乐作品的次数。

2001 年 11 月 21 日，网易公司与移动通信公司签订了合作协议。双方约定：移动通信公司代网易公司收取用户下载歌曲的费用，网易公司向移动通信公司支付 15% 的服务费，双方以移动通信公司计费系统出账的当月应收信息费的全部金额为准。此外，移动通信公司在为网易公司提供传输音乐信息服务时，另向网易公司按每条0.05元收取不均衡通信费。

根据现有技术条件，移动通信公司提供传输音乐信息服务时，无法对所传输的音乐信息进行识别、记录和编辑等处理，亦无法将某一特定的音乐信息单独予以剔除、过滤。有关的信息在通过自动化设备进行接收、传输的过程中，无法进行人工控制。

网易公司向移动电话用户提供下载每首歌曲服务的收费标准为：普通质量的铃声1元，高保真质量的铃声2元。截至2001年11月28日，在163网站对歌曲《血染的风采》显示的点击次数为15 091次。

上述事实，有音乐著作权协会与苏越签订的音乐著作权合同、补充协议、作品登记表、公证书、网页材料、移动梦网客户手册入网费用收据、移动通信公司提供的《北京移动通信有限责任公司与广州网易计算机系统有限公司移动梦网短信业务合作有关问题的说明》以及各方当事人的陈述等证据证明。

北京市第二中级人民法院认为：

根据当事人的举证情况，应认定苏越为歌曲《血染的风采》的曲作者。苏越与音乐著作权协会签订的著作权委托管理合同合法有效，双方办理的有关登记手续亦真实有效。网易公司对苏越与音乐著作权协会之间办理的登记手续虽然提出了质疑，但未能提供证据支持其主张，故不予采信。音乐著作权协会依据苏越的授权及有关的法律规定，作为原告提起本案诉讼，对于其诉讼主体资格，应予确认。

根据《中华人民共和国著作权法》第10条第1款第（12）项的规定，著作权人享有作品的信息网络传播权，即通过互联网或其他有线或者无线的信息传输网络向公众提供作品的权利，未经许可，将他人的作品上网传播、供人使用的行为构成对著作权人的信息网络传播权的侵害。网易公司未经许可，将音乐作品《血染的风采》直接收录进163网站的栏目中公开展示，并有偿向移动电话用户提供下载使用服务的行为，构成了对著作权人信息网络传播权的侵犯，应承担停止侵害、赔偿损失的民事责任。但音乐著作权协会未能证明网易公司的行为侵犯了著作权人苏越的人身权利，给苏越本人或者作品带来了不良影响，因此，对音乐著作权协会要求网易公司向苏越和音乐著作权协会赔礼道歉的诉讼请求，不予支持。对于网易公司侵权行为的赔偿问题，由于音乐著作权协会主张的赔偿数额没有法律依据，故应根据网易公司对涉案作品使用的方式、实际获利数额等因素予以酌定。

原告音乐著作权协会要求移动通信公司承担侵权责任，应证明移动通信公司是以直接发布的形式将涉案侵权的作品在网络上进行传播，或者对接受及传播的信息负有审查义务却疏于审查，或者在权利人告知其传输了侵权信息后，能够停止该侵权信息的传送而不作为。在本案中，移动通信公司为网易公司提供网络信息传送的服务是技术性的和被动的，具体就是为接收网易公司发送的信息及向移动电话用户发送该信息提供基础性的技术连接服务，实现从移动电话到互联网或者从互联网到移动电话的双向沟通。在提供该项网络信息的连接服务时，移动通信公司所接收的信息是由网易公司发布的，移动通信公司在接收和发送信息过程中，所传送的信息始终处于二进制编码状态，移动通信公司无法对其传送的信息内容进行遴选，也无法对其中的某一信息单独予以删除，且移动通信公司在向移动通信的客户和网络公司提供传送服务时，对具体的传送信息内容并不负有审查的责任，实际上亦无法进行审查，故在主观上对侵权结果的发生，不存在法律上的过错，要求其承担共同侵权责任，缺乏法律依据。从本案的实际情况看，判决侵权信息的提供者网易公司停止发布侵权信息，即足以制止侵权行为的继续。如再判决仅仅是提供了基础技术性服务的移动通信公司共同承担侵权责任，对社会公众利益和网络技术的应用与发展都是无益的。移动通信公司提供基础设备服务而收取费用的行为，不能作为要求其承担侵权责任的理由。因此，移动通信公司的行为不构成对歌曲《血染的风采》著作权的侵害。

综上，北京市第二中级人民法院依照《著作权法》第10条第1款第(12)项、第47条第1款第(1)项之规定，于2002年9月20日判决：

一、广州网易计算机系统有限公司立即停止在互联网上向公众传播歌曲《血染的风采》。

二、广州网易计算机系统有限公司于本判决生效后10日内向中国音乐著作权协会支付赔偿费1万元；公证费 1 300元。

三、驳回中国音乐著作权协会的其他诉讼请求。

案件受理费3 900元，由中国音乐著作权协会负担1 000元，由广州网易计算机系统有限公司负担2 900元。

宣判后，双方当事人均未提起上诉，判决已经发生法律效力。

二、提供系统缓存服务的网络服务提供者的责任限制

《信息网络传播权保护条例》第21条规定：网络服务提供者为提高网络传输效率，自动存储从其他网络服务提供者获得的作品、表演、录音录像制品，根据技术安排自动向服务对象提供，并具备下列条件的，不承担赔偿责任：（1）未改变自动存储的作品、表演、录音录像制品；（2）不影响提供作品、表演、录音录像制品的原网络服务提供者掌握服务对象获取该作品、表演、录音录像制品的情况；（3）在原网络服务提供者修改、删除或者屏蔽该作品、表演、录音录像制品时，根据技术安排自动予以修改、删除或者屏蔽。

这一规定同样借鉴了美国和欧盟的做法。《美国数字千年版权法》对提供系统缓存服务的网络服务提供者责任豁免规定下列条件：（1）这种存储必须是中介和暂时性的通过自动化的技术过程实现的，其目的在于为后续访问者提供方便；（2）网络提供商不得改变缓存信息的内容；（3）网络提供商必须遵守业界普遍确立的信息“刷新”规则；（4）网络提供商不得干预将用户点出信息反馈给信息提供者的技术手段；（5）网络服务提供者必须根据信息提供者附加的访问条件（密码保护）限制不符合条件的用户访问；（6）一旦被告知其缓存的信息已在源址被除去、阻挡，必须立即除去或阻止访问缓存在其系统中的信息。

《欧盟电子商务指令》第13条对履行缓存功能服务提供商规定的责任限制条款为：（1）若提供的信息社会服务包括在通信网络中传输由服务接受者提供的信息，只要对信息的存储是为了这些信息能根据其他服务接受者的请求而被更有效地传输给他们，成员国应当确保服务提供者不因为自动地、中间性地、暂时地存储信息而承担责任，条件是：（a）提供者没有更改信息；（b）提供者遵守了获得信息的条件；（c）提供者遵守了更新信

息的规则，该规则以一种被产业界广泛认可并运用的方式确定；（d）提供者不干预技术的合法使用，该技术已为产业界广泛认可并运用以获得关于信息使用的数据；以及（e）提供者在知道信息传输的原始来源已经在网络中被删除，或者已经被阻止获得，或者法院或行政机构已经下令进行上述删除或阻止获得的行为的事实后，迅速地删除了其储存的信息或阻止他人获得这种信息。（2）本条不应当影响法院或行政机构根据成员国的法律制度，要求服务提供者终止或者预防侵权行为的可能性。

比照"避风港"规则的一般要求，上述立法中对于自动缓存服务提供者责任豁免的规定是比较妥当的：它要求该类网络服务提供者必须是技术上中立且主观上没有过错，仅仅提供网络服务，因此可以获得责任的豁免。

三、提供信息存储服务的网络服务提供者的责任限制

《信息网络传播权保护条例》第22条规定：网络服务提供者为服务对象提供信息存储空间，供服务对象通过信息网络向公众提供作品、表演、录音录像制品，并具备下列条件的，不承担赔偿责任：（1）明确标示该信息存储空间是为服务对象所提供，并公开网络服务提供者的名称、联系人、网络地址；（2）未改变服务对象所提供的作品、表演、录音录像制品；（3）不知道也没有合理的理由应当知道服务对象提供的作品、表演、录音录像制品侵权；（4）未从服务对象提供作品、表演、录音录像制品中直接获得经济利益；（5）在接到权利人的通知书后，根据规定删除权利人认为侵权的作品、表演、录音录像制品。

这一规定也是借鉴美国和欧盟的做法。《美国数字千年版权法》规定，服务提供商根据用户要求在其系统或网络中存储侵权信息时，如要享受责任限制待遇，必须符合下列条件：（1）服务提供商实际不知道或没有意识到侵权行为的发生。（2）服务提供商没有直接从侵权行为中获得经济利益。在收到侵权告知后，服务提供商必须立即撤下该侵权信息或阻挡对该信息的访问。一旦服务提供商在收到侵权告知后立即撤下侵权信息或阻挡对该信息的访问后，即可被免除经济赔偿责任。服务提供商对任何因其在

上述情况下撤下信息的投诉不负任何责任。

《欧盟电子商务指令》第14条对履行存储功能网络服务提供者的责任限制实体规定：（1）若提供的信息社会服务包括在通信网络中存储由服务接受者提供的信息，成员国应当确保服务提供者不因根据接受服务者的要求存储信息而承担责任，条件是：（a）提供者对违法活动或违法信息不知情，并且就损害赔偿而言，提供者对显然存在违法活动或违法信息的事实或者情势不知情；或者（b）提供者一旦知情，就主动地删除了信息或者阻止他人获得此种信息。（2）本条第（1）款不适用于服务接受者在提供者的监督或控制之下进行活动的情形。（3）本条不应当影响法院或行政机构根据成员国的法律制度，要求服务提供者终止或者预防侵权行为的可能性。本条也不影响成员国制定程序规则以规制删除信息或者阻止他人获得此种信息的行为的可能性。

比照“避风港”规则的一般要求，我国立法上的规定存在以下问题：（1）明确标示该信息存储空间是为服务对象所提供，并公开网络服务提供者的名称、联系人、网络地址，这可以规定为网络服务提供者的“法定义务”，但却并不是进入“避风港”的必要条件。网络服务提供者进行了“明确标示”和“信息公开”，可以从表面印证其技术是“中立的”；反之，网络服务提供者未进行“明确标示”和“信息公开”，却并不等于其技术一定是“非中立的”，也不意味着就一定不能进入“避风港”。（2）未从服务对象提供作品、表演、录音录像制品中直接获得经济利益，这是从美国法律中移植而来，并不适合中国侵权法的体系。由于美国存在“替代责任”的规范，所以该免责条款是针对这种类型侵权责任而言的；我国著作权法中，还没有著作权替代责任的规定，是否直接获得经济利益往往是判定注意义务的考虑因素。因此，即便网络服务提供者从提供行为中直接获得经济利益，也并不意味着必然不能进入“避风港”，而是要求其尽到更高的注意义务，否则就认定其主观上有过错。相应的司法解释已经就此进行了明确的规定。《最高人民法院关于审理侵害信息网络传播权民事纠纷案件适用法律若干问题的规定》第11条第1款规定：“网络服务提供者从网络用户提供的作品、表演、录音录像制品中直接获得经济利益的，人民法院应当认定其对该网络用户侵害信息网络传播权的行为负有较高的注意义务。”因此，不应将直接获得经济利益作为进入“避风港”的条件。

因此，网络服务提供者为服务对象提供信息存储空间，供服务对象通过信息网络向公众提供作品、表演、录音录像制品，并具备下列条件的，不承担赔偿责任：（1）未改变服务对象所提供的作品、表演、录音录像制品；（2）不知道也没有合理的理由应当知道服务对象提供的作品、表演、录音录像制品侵权；（3）在接到权利人的通知书后，根据规定删除权利人认为侵权的作品、表演、录音录像制品。

四、提供搜索或者链接服务的网络服务提供者的责任限制

《信息网络传播权保护条例》第23条规定：网络服务提供者为服务对象提供搜索或者链接服务，在接到权利人的通知后，按规定断开与侵权的作品、表演、录音录像制品的链接的，不承担赔偿责任；但是，明知或者应知所链接的作品、表演、录影录像制品侵权的，应当承担共同侵权责任。

这一规定借鉴了美国的做法，《欧盟电子商务指令》对此未作规定。《美国数字千年版权法》规定，服务提供商在通过提供诸如超级链接、网上索引、搜索引擎等信息搜索工具，将用户引向或链接到载有侵权信息的网址的行为时，如果要享受责任限制待遇，服务提供商必须符合以下条件：（1）服务提供商实际不知道或没有意识到侵权行为的发生。（2）服务提供商没有直接从侵权行为中得到经济利益。在收到侵权告知后，服务提供商必须立即清除该信息或阻止对该信息的访问。一旦服务提供商在收到侵权告知后清除或阻止对侵权信息的访问后，就不会因此承担任何责任。

比照“避风港”规则的一般要求，我国立法上的规定存在以下问题：（1）立法的后半段规定“明知或者应知所链接的作品、表演、录影录像制品侵权的，应当承担共同侵权责任”，这是侵权责任“归责条款”的表述，不符合“避风港”归责作为“免责条款”的要求。（2）没有对链接技术的中立性提出要求。

因此，网络服务提供者为服务对象提供搜索或者链接服务，并具备下列条件的，不承担赔偿责任：（1）未改变搜索或者链接的作品、表演、录音录像制品；（2）不知道也没有合理的理由应当知道搜索或者链接的作品、表演、录音录像制品侵权；（3）在接到权利人的通知书后，根据规定删除权利人认为侵权的作品、表演、录音录像制品。

【实例1】　步升诉百度案 *

百度是世界上最大的搜索引擎服务商之一。除了普通信息搜索模式之外，百度还开设了“MP3”专栏。在该专栏的页面上，设有“新歌TOP100”“歌曲TOP500”等栏目。用户只要点击这些标题，就能进入相应的歌曲列表。再点击其中任一链接，就可以将选定歌曲下载到硬盘上加以保存。上海步升公司是数张流行歌曲录音制品的权利人，当发现公众可以通过百度“MP3”专栏下载其享有录音制品制作者权的歌曲后，就以百度侵犯信息网络传播权为由提起诉讼。一审法院于2005年9月16日作出判决。该判决指出，由于在下载过程中，网页上自动弹出的下载框注明相关的歌曲文件来自百度，百度的行为已超出了搜索引擎的服务范围，“在未能明确相关MP3文件的合法来源、未经原告许可的情况下，此行为阻碍了原告在国际互联网上传播其录音制品”。因此，法院认定百度侵犯了步升公司的“信息网络传播权”，责令其承担停止侵权、赔偿损失的法律责任。

【实例2】　环球、百代、华纳、索尼等唱片公司诉百度案 **

2005年9月，包括环球、百代、华纳、索尼等在内的全球七大著名唱片公司都向百度提起诉讼，要求百度停止其免费的MP3搜索。七大唱片公司在起诉书中表示，百度公司在网站上将陈慧琳演唱的《记事本》、李克勤演唱的《红日》、张柏芝演唱的《星语心愿》等137首歌曲提供给网民免费下载，侵犯了七大唱片公司对这137首歌曲的信息网络传播权，因此，要求百度公司立即停止侵权，并赔偿经济损失。2006年11月17日，一审法院对此案件作出判

---

* 北京市海淀区人民法院〔2005〕海民初字第14665号；北京市第一中级人民法院〔2006〕一中民终字第2491号。

** 北京市第一中级人民法院〔2005〕一中民初字第7978号民事判决书。

决。法院认为，搜索引擎的出现和发展是互联网发展的必然，其服务旨在帮助网民在浩如烟海的信息中迅速地定位并显示其所需要的信息，百度提供的MP3搜索服务并没有侵犯他人信息网络传播权的主观过错，原告指控百度侵权的主张缺乏法律依据。据此驳回唱片公司的诉讼请求。

参考文献

1 ［法］克洛德·科隆贝著. 世界各国著作权和邻接权的基本原则. 高凌瀚译. 上海：外语教育出版社，联合国教科文组织，1995.

2 ［美］伦纳德·D. 杜博夫著. 艺术法概要. 周林等译. 北京：中国社会科学出版社，1995.

3 ［日］中山信弘著. 多媒体与著作权. 北京：专利文献出版社，1997.

4 ［西］德利娅·利普希克著. 著作权与邻接权. 联合国教科文组织译. 北京：中国对外翻译公司，2000.

5 ［美］劳伦斯·莱斯格著. 思想的未来. 李旭译. 北京：中信出版社，2004.

6 ［美］劳伦斯·莱斯格著. 代码：塑造网络空间的法律. 李旭等译. 北京：中信出版社，2004.

7 ［德］M. 雷炳德著. 著作权法. 张恩民译. 北京：法律出版社，2005.

8 ［加］迈克尔·盖斯特主编. 为了公共利益：加拿大版权法的未来. 李静译. 北京：知识产权出版社，2008.

9 ［美］保罗·戈斯汀著. 著作权之道：从谷登堡到数字点播机. 金海军译. 北京：北京大学出版社，2008.

10 ［美］约翰·冈茨，杰克·罗切斯特著. 数字时代，盗版无罪. 周晓琪译. 北京：法律出版社，2008.

11 ［美］威廉·W 费舍尔著. 说话算数：技术、法律以及娱乐的未来. 李旭译. 上海：三联书店，2008.

12 ［德］约格·莱因伯特，西尔克·冯·莱温斯基著. WIPO 因特网条约评注. 万勇，相靖译. 北京：中国人民大学出版社，2008.

13 ［匈牙利］米哈依·菲彻尔著. 版权法与因特网（上）（下）. 郭寿康，万勇，相靖译. 北京：中国大百科全书出版社，2009.

14 ［美］劳伦斯·莱斯格著. 免费文化：创意产业的未来. 王师译. 北京：中信出版社，2009.

15 ［荷］约斯特·斯密尔斯，玛丽克·范·斯海恩德尔著. 抛弃版权：文化产业的未来. 刘金海译. 北京：知识产权出版社，2010.

16 郑成思. 知识产权法. 北京：法律出版社，1997.

17 郑成思编著. 著名版权案例评析. 北京：专利文献出版社，1997.

18 吴汉东，曹新明，王毅，胡开忠. 西方诸国著作权制度研究. 北京：中国政法大学出版社，1998.

19 戴建志. 合作作品的著作权. 北京：法律出版社，1998.

20 杨振山主编. 民商法实务研究（著作权卷）. 山西：经济出版社，1998.

21 薛虹著. 网络时代的知识产权法. 北京：法律出版社，2000.

22 何山，肖水. 中华人民共和国著作权法新释. 北京：中国法制出版社，2001.

23 章忠信. 著作权大哉问. 台北：书泉出版社，2001.

24 陈传夫. 国家信息化与知识产权，后 TRIPS 时期国际版权制度研究. 湖北：湖北人民出版社，2002.

25 赖文智. 图书馆与著作权法. 台北：益思科技法律事务所，2002.

26 全国人大常委会法制工作委员会民法室编.《中华人民共和国著作权法》修改立法资料选. 北京：法律出版社，2002.

27 赖文智. 数位著作权法. 台北：益思科技法律事务所，2003.

28 刘春田主编. 知识产权法. 北京：高等教育出版社，2003.

29 冯晓青. 知识产权法哲学. 北京：中国人民公安大学出版社，2003.

30 李明德. 美国知识产权法. 北京：法律出版社，2003.

31 胡开忠编著. 知识产权法比较研究. 北京：中国人民公安大学出版社，2004.

32 乔生. 信息网络传播权研究. 北京：法律出版社，2004.

33 沈仁干主编. 数字技术与著作权观念、规范与实例. 北京：法律出版社，2004.
34 章忠信. 著作权法的第一堂课. 台北：书泉出版社，2004.
35 罗明通. 著作权法（1）（2）. 台北：台英国际商务法律事务所，2004.
36 汤宗舜. 著作权法. 北京：知识产权出版社，2005.
37 吴汉东. 著作权合理使用制度研究. 北京：中国政法大学出版社，2005.
38 吴汉东等. 知识产权基本问题研究. 北京：中国人民大学出版社，2005.
39 曹新明主编. 知识产权法学. 辽宁：东北财经大学出版社，2006.
40 张建华主编. 信息网络传播权保护条例释义. 北京. 中国法制出版社，2006.
41 李雨峰. 枪口下的法律：中国版权史研究. 北京：知识产权出版社，2006.
42 王兰萍. 近代中国著作权法的成长. 北京：北京大学出版社，2006.
43 何炼红. 工业版权研究. 北京：中国法制出版社，2007.
44 蒋志培主编. 著作权新型疑难案件审判实务. 北京：法律出版社，2007.
45 王迁. 著作权法学. 北京：北京大学出版社，2007.
46 萧雄淋. 著作权概论. 台北：五南图书出版股份有限公司，2007.
47 杨延超. 作品精神权利论. 北京：法律出版社，2007.
48 李明山，常青等. 中国当代版权史. 北京：知识产权出版社，2007.
49 蔡惠如. 著作权之未来展望——论合理使用之价值创新. 台北：元照出版有限公司，2007.
50 梁志文. 数字著作权论——以《信息网络传播权保护条例》为中心. 北京：知识产权出版社，2007.
51 北京市第一中级人民法院知识产权庭编著. 知识产权审判分类案件综述. 北京：知识产权出版社，2008.
52 饶明辉. 当代西方知识产权理论的哲学反思. 北京：科学出版社，2008.
53 王迁，王凌红. 知识产权间接侵权研究. 北京：中国人民大学出版社，2008.

54 曾胜珍. 论网络著作权之侵害. 台北：元照出版有限公司，2008.
55 邹忭,孙彦主编. 案说信息网络传播权保护条例. 北京：知识产权出版社，2008.
56 吴伟光. 数字技术环境下的版权法危机与对策. 北京：知识产权出版社，2008.
57 王迁，［荷］Lucie Guibault. 中欧网络版权保护比较研究. 北京：法律出版社，2008.
58 王迁. 网络版权法. 北京：中国人民大学出版社，2008.
59 张今. 版权法中私人复制问题研究：从印刷机到互联网. 北京：中国政法大学出版社，2009.
60 孙雷. 邻接权研究. 北京：中国民主法制出版社，2009.
61 易健雄. 技术发展与版权扩张. 北京：法律出版社，2009.
62 来小鹏. 版权交易制度研究. 北京：中国政法大学出版社，2009.
63 郑成思. 版权法（上）（下）. 北京：中国人民大学出版社，2009.
64 原晓爽. 表演者权利研究. 北京：法律出版社，2010.
65 冯晓青. 著作权法. 北京：法律出版社，2010.
66 曹伟. 计算机软件保护的反思与超越. 北京：法律出版社，2010.
67 全红霞. 网络环境著作权限制的新发展. 长春：吉林大学出版社，2010.
68 曹新明,梅术文. 知识产权保护战略研究. 北京：知识产权出版社，2010.
69 陈明涛. 网络服务提供商版权责任研究. 北京：知识产权出版社，2011.
70 王振清主编. 网络著作权经典判例（1999—2010）. 北京：知识产权出版社，2011.
71 王迁. 网络环境中的著作权保护研究. 北京：法律出版社，2011.
72 卢海君. 版权客体论. 北京：知识产权出版社，2011.
73 朱理. 著作权的边界：信息社会著作权的限制与例外研究. 北京：北京大学出版社，2011.
74 贺志军. 我国著作权刑法保护问题研究. 北京：中国人民公安大学出版

社，2011.
75 韦景竹.版权制度中的公共利益研究.广州：中山大学出版社，2011.
76 何贵忠.版权与表达自由：法理、制度与司法.北京：人民出版社，2011.
77 费安玲.著作权权利体系之研究.武汉：华中科技大学出版社，2011.
78 胡开忠,陈娜，相靖.广播组织权保护研究.武汉：华中科技大学出版社，2011.
79 马晓莉.近代中国著作权立法的困境与抉择.武汉：华中科技大学出版社，2011.
80 肖尤丹.历史视野中的著作权模式确立：权利文化与作者主体.武汉：华中科技大学出版社，2011.
81 罗向京.著作权集体管理组织的发展与变异.北京：知识产权出版社，2011.
82 刘铁光.录音制品二次使用的法律问题研究.厦门：厦门大学出版社，2011.
83 熊琦.著作权激励机制的法律构造.北京：中国人民大学出版社，2011.
84 宋慧献.版权保护与表达自由.北京：知识产权出版社，2011.
85 许辉猛.著作权基本原理.北京：知识产权出版社，2011.
86 李雨峰.著作权的宪法之维.北京：法律出版社，2012.
87 梅术文.著作权法上的传播权研究.北京：法律出版社，2012.
88 于玉.著作权合理使用制度研究.北京：知识产权出版社，2012.
89 李明德等.《著作权法》专家建议稿说明.北京：法律出版社，2012.
90 何怀文.著作权侵权的判定规则研究.北京：知识产权出版社，2012.
91 黄虚峰.美国版权法与音乐产业.北京：法律出版社，2012.
92 张曼.著作权法定许可制度研究.厦门：厦门大学出版社，2013.
93 北京市高级人民法院知识产权庭编.知识产权经典判例7（著作权卷）.北京：知识产权出版社，2013.
94 吴伟光.著作权法研究——国际条约、中国立法与司法实践.北京：清华大学出版社，2013.

95 李琛.著作权基本理论批判.北京：知识产权出版社，2013.

96 W. R. Cornish. *Intellectual Property*：*Patent*，*Copyright*，*Trademark and Allied Rights*. London：Sweet Maxwell，1996.

97 Paul Goldstein. *Copyright*，*Patent*，*Trademark and Related State Doctrine*. Foundation Press，1999.

98 Robert P. Merges，Peter S. Menell，Mark A. Lemley，Peter Seth Menell. *Intellectual Property in the New Technological Age*（3rd edition），Aspen Law & Business，2003.

99 Tina Hart、Linda Fazzani，*Intellectual Property Law*（影印本）.北京：法律出版社，2003.

100 N Elikin-Koren & Neil Netanel. *The Commodification of Information*（影印本），北京：中信出版社，2003.

101 Arthur R. Miller & Michael H. Davis. *Intellectual Property Law*（影印本）.北京：法律出版社，2004.

102 L. Ray Patterson & Stanley W. Lindberg，the Nature of Copyright. *A Law of Users' Right*. Georgia：the University of Georgia Press，1991.

103 James Boyle，*Shamans*，*Software*，*and Spleens*. *Law and the Construction of the Information Society*. Harvard University Press，1996.

104 Marshall A. Leaffer，*Understanding Copyright Law*，（Third Edition）. Matthew Bender & Company Incorporated，1999.

105 Julie E. Cohen，Lydia Pallas Loren，Ruth Gana Okediji，Maureen A. o'Rouke. *Copyright in a Global Information Economic*.（影印本），北京：中信出版社，2003.

106 Michael A Einhorn，*Media. Technology and Copyright*：*Integrating Law and Economy*. Edward Elgar Publishing. Inc. 2004.

107 Jonathan Griffiths & Uma Suthersanen（ed.）. *Copyright and Free Speech. Comparative and International Analyses*. Oxford University Press 2005.

108 Tanya Aplin. *Copyright Law in the Digital Society. The Challenges of Multimedia*, *Hart Publishing*, 2005.

109 Paul Goldstein. *Goldstein on Copyright* (Third Edition). Aspen Publisher Alphen: Wolters Kluwer, 2007.

110 Giuseppe Mazziotti. *EU Digital Copyright Law and the End-User*. Berlin: Springer, 2008.

111 Neil Netanel. *Copyright's Paradox*. Oxford University Press, 2008.

112 Jessica Reyman. *The Rhetoric of Intellectual Property. Copyright Law and the Regulation of Digital Culture*. London: Routledge, 2010.

后　记

2012年3月12日，我因工作调动从武汉来到南京，朋友戏称“宁汉合流”。离开相守整整20年的中南故土，内心难掩激动和惶惑。回望来时路，青春挥洒于小南湖畔的碧波弄柳之中。如今狠心离开，与其感伤和唏嘘，不如挥手自兹去，西辞黄鹤下扬州，轻舟易过，扬帆再渡。

本书是我初至南京理工大学后撰写的首部专著，以教材的体例，阐发学术的幽思。适其时也，国家知识产权局、工信部和江苏省政府共建南京理工大学知识产权学院。生逢盛世，不免寄寓更多情思。因此，它既是教学经验体会的凝结，也是多年来浓厚学术兴趣的喷发，更是显现个人学术追求的节点。实际上，自打研习著作权法以来，常常夙夜思之，不敢丝毫懈怠。然而毕竟才疏学浅，虽着力颇多但仍有功力不济。职是之故，本书错漏之处肯定不少，恳请学界先贤和同仁不吝批评指正！

本书得以出版，实在要感谢来宁后关心帮助我的各位领导和同事朋友。王贵农书记、钱建平院长、况志华院长、梅锦春处长、曾培芳教授、朱显国教授、董新凯教授、吴广海副教授、杜伟副教授、王涛副院长、朱元祥主任、曹佳音主任、蒋民主任、王赫主任、于翔科长等领导无私提携和倾情扶持，让我得以尽快适应新的工作环境。赵峻岭博士、孟伟律师、严畅处长、姚树昌局长、刘昌海局长、张鹏博士、李国英博士、郑伦幸博士、徐升权博士、陈太清博士、聂鑫博士、王鸿博士、林小爱博士、韩兴博士等诸多朋友同事让我在美丽的紫金山麓未曾感到孤单。同船共渡，当勉力共进。此外，知识产权出版社刘睿编辑为本书的出版亦费力颇多，一并致谢。

本书得到江苏省知识产权发展研究中心和南京理工大学知识产权学院资助，特别铭记说明。

梅术文

2014 年 3 月 18 日